AF092932

Kohlhammer

Die Herausgeberin und Herausgeber

Dr. Katja Scholtes
Zentrale Notaufnahme, Krankenhaus Köln-Merheim, Kliniken der Stadt Köln gGmbH.

Prof. Dr. Thomas Wurmb
Sektion Notfall- und Katastrophenmedizin, Klinik und Poliklinik für Anästhesiologie, Universitätsklinikum Würzburg.

Prof. Dr. Peer Rechenbach
Institut für Notfallmedizin, Asklepios Kliniken, Hamburg.

Katja Scholtes
Thomas Wurmb
Peer Rechenbach (Hrsg.)

Risiko- und Krisenmanagement im Krankenhaus

Alarm- und Einsatzplanung

Verlag W. Kohlhammer

Dieses Werk einschließlich aller seiner Teile ist urheberrechtlich geschützt. Jede Verwendung außerhalb der engen Grenzen des Urheberrechts ist ohne Zustimmung des Verlags unzulässig und strafbar. Das gilt insbesondere für Vervielfältigungen, Übersetzungen, Mikroverfilmungen und für die Einspeicherung und Verarbeitung in elektronischen Systemen.

Die Wiedergabe von Warenbezeichnungen, Handelsnamen und sonstigen Kennzeichen in diesem Buch berechtigt nicht zu der Annahme, dass diese von jedermann frei benutzt werden dürfen. Vielmehr kann es sich auch dann um eingetragene Warenzeichen oder sonstige geschützte Kennzeichen handeln, wenn sie nicht eigens als solche gekennzeichnet sind.

Es konnten nicht alle Rechtsinhaber von Abbildungen ermittelt werden. Sollte dem Verlag gegenüber der Nachweis der Rechtsinhaberschaft geführt werden, wird das branchenübliche Honorar nachträglich gezahlt.

1. Auflage 2018

Alle Rechte vorbehalten
© W. Kohlhammer GmbH, Stuttgart
Gesamtherstellung: W. Kohlhammer GmbH, Stuttgart

Print:
ISBN 978-3-17-032117-5

E-Book-Formate:
pdf: ISBN 978-3-17-032118-2
epub: ISBN 978-3-17-032119-9
mobi: ISBN 978-3-17-032120-5

Für den Inhalt abgedruckter oder verlinkter Websites ist ausschließlich der jeweilige Betreiber verantwortlich. Die W. Kohlhammer GmbH hat keinen Einfluss auf die verknüpften Seiten und übernimmt hierfür keinerlei Haftung.

Inhalt

Geleitwort 13
Von Henriette Reker, Oberbürgermeisterin der Stadt Köln

Die Autorinnen und Autoren 15

Abkürzungsverzeichnis 18

In diesem Buch genannte Gesetze und Verordnungen 19

Vorwort der Herausgeber 21

1		Basiswissen	23
	1.1	Die Kritische Infrastruktur Krankenhaus	23
		Peer Rechenbach	
	1.2	Notwendigkeit einer Planung aus juristischen Aspekten	25
		Thorsten Helm und Hartfrid Wolff	
		1.2.1 Einleitung	25
		1.2.2 Die Geschäftsleitung in der Verantwortung	26
		1.2.3 Abgrenzung des Notfallmanagements vom Katastrophenmanagement	28
		1.2.4 Abgrenzung von Risiken und Krisen	29
		1.2.5 Der Katastrophenbegriff	29
		1.2.6 Maßnahmen	31
		1.2.7 Fazit	37
		Literatur	38
	1.3	Rechtliche Rahmenbedingungen der Krankenhausalarm- und Einsatzplanung	39
		Alex Lechleuthner	
		1.3.1 Hintergrund	39
		1.3.2 Rechtliche Strukturierung der Krankenhausalarm- und Einsatzplanung	40
		1.3.3 Beispiel 1 – Krankenhauseinsatzplanung Hessen	41
		1.3.4 Beispiel 2 – Krankenhauseinsatzplanung Berlin	42
		1.3.5 Zusammenfassung	44
	1.4	Top-Down: Die entscheidende Rolle der Geschäftsführung	44
		Andreas Tyzak	
		1.4.1 Allgemeines	45
		1.4.2 Grundsätzliche Voraussetzung für den Erfolg: Umdenken ...	46

		1.4.3	Ökonomische und strategische Entscheidungen	48
		1.4.4	Rechtliche Aspekte	49
	1.5	Zahlen, Daten, Fakten		50
		Willy Marzi		
		1.5.1	Krankenhausstatistik	50
		1.5.2	Gesetzliche Regelungen zur Mitwirkung der Krankenhäuser im Katastrophenfall	56
		1.5.3	Krankenhausalarm- und Einsatzpläne	58
		1.5.4	Sanitätsmaterialbevorratung	63
	1.6	Verwundbarkeit und Resilienz: Konzepte für ein ganzheitliches Risiko- und Krisenmanagement im Krankenhaus		63
		Gabriele Hufschmidt		
		1.6.1	Einführung	63
		1.6.2	Die Konzepte Verwundbarkeit und Resilienz	64
		1.6.3	Fazit	70
		Literatur		70
	1.7	Risikomanagement und Krankenhausalarmplanung aus Sicht des Bundesamts für Bevölkerungsschutz und Katastrophenhilfe		72
		Kathrin Stolzenburg und Barbara Kowalzik		
		1.7.1	Die gesamtstaatliche Verantwortung im Bevölkerungsschutz	72
		1.7.2	Krankenhäuser als Kritische Infrastrukturen	73
		1.7.3	Risikomanagement im Krankenhaus	74
		1.7.4	Krankenhausalarm- und Einsatzplanung	76
		Literatur		76
2	Projektplan			78
	Thomas Wurmb, Katja Scholtes, Felix Kolibay und Dieter Dersch			
	2.1	Der Risiko- und Krisenmanager/Leiter der Projektgruppe KAEP		79
	2.2	Aufgaben des Leiters KAEP		81
		2.2.1	Vorbereitung	81
		2.2.2	Umsetzung	82
		2.2.3	Weitere wesentliche Handlungsfelder des Leiters KAEP	84
		2.2.4	Rolle des Leiters KAEP im Schadensfall	85
	2.3	Kompetenzen des Leiters KAEP		86
	2.4	Erforderliche Qualifikationen des Leiters KAEP		87
		Zusammenfassung		88
	Literatur			88
3	Grundsätze bei der Erstellung eines Krankenhausalarm- und Einsatzplans			89
	3.1	Grundsätze der Krankenhausalarm- und Einsatzplanung nach einem 13-Punkte-Plan		89
		Katja Scholtes		
		3.1.1	Projektgruppe Krankenhausalarm- und Einsatzplanung	91
		3.1.2	Risikoanalyse im eigenen Krankenhaus	92
		3.1.3	Bauliche Gegebenheiten	93

		3.1.4	Evakuierungswege, Sammelplätze	94
		3.1.5	Kommunikation	95
		3.1.6	Alarmierung dienstfreien Personals, Mitarbeitertreffpunkt	96
		3.1.7	Führungsstruktur: Krankenhauseinsatzleitung (KEL)	97
		3.1.8	Planstruktur mit Erstellen von Handlungsanweisungen	99
		3.1.9	Ressourcenmanagement	100
		3.1.10	Öffentlichkeitsarbeit	102
		3.1.11	Psycho-soziale Notfallversorgung	103
		3.1.12	Abstimmung mit ortsansässigen Behörden	103
		3.1.13	Schulungen und Übungen	104
	3.2	Die Fortschreibung des Plans – Nach dem Plan ist vor dem Plan	106
		Katja Scholtes		
		Literatur		107
	3.3	Die Übung des Planes – Training und Verbesserung durch Einsatzübungen	107
		Ines Lampe		

4	**Problemfelder im Krankenhaus**			**115**
	4.1	Führung im Krankenhaus bei Notfällen und Krisen	115
		Peter Berger		
		4.1.1	Was kann Management? Notfall- und Krisenmanagement am Beispiel nosokomialer Infektionen	115
		4.1.2	Was soll Führung?	118
		4.1.3	Krisenprävention durch Führung	119
		4.1.4	Führungsverhalten in der Krise	123
		4.1.5	Qualifizierung von Führungskräften in Krankenhäusern	127
		Literatur		127
	4.2	Führungsorganisation in der Krise	129
		Peter Gretenkort		
		4.2.1	Einleitung	129
		4.2.2	Reale Führungsmodelle	129
		4.2.3	Aspekte und Kriterien	134
		4.2.4	Praxistipps	136
		4.2.5	Zusammenfassung	136
		Literatur		136
	4.3	Der Faktor Mensch: Psychologische Grundlagen des Notfall- und Krisenmanagements	137
		Gesine Hofinger		
		4.3.1	Einleitung	137
		4.3.2	Notfall – Krise	137
		4.3.3	Psychologische Herausforderungen des Krisenmanagements	139
		4.3.4	Verhalten Betroffener von Katastrophen und Krisen	143
		4.3.5	Fürsorge auch und gerade in Krisen: Psycho-soziale Notfallversorgung	145
		4.3.6	Zusammenfassung	145
		Literatur		146

	4.4	Zusammenspiel Raum und Organisation im Brandfall	147
		Marcus Mehlkop	
		4.4.1 Identifizierung von Mängeln und Maßnahmen zur Risikominimierung	150
		4.4.2 Basiswissen	153
		4.4.3 Räumliche Gegebenheiten und Sicherheit	156
		Literatur	160
	4.5	Information und Alarmierung	161
		Rüdiger Giebler	
		4.5.1 Interinstitutioneller Informationsaustausch	162
		4.5.2 Organisation der Alarmarchitektur – Vulnerable Stellen	165
		4.5.3 Technik und Logistik der Alarmierung	166
		Literatur	169
	4.6	Exponierte Positionen	169
		4.6.1 Rolle der Notaufnahme in der Krise	169
		Björn Hossfeld und Matthias Helm	
		4.6.2 Die Rolle des Empfangs in der Krise	174
		Michael Schneider	
5	**Kommunikation und Öffentlichkeit**		**179**
	5.1	Grundsätze der Krisenkommunikation mit Mitarbeitern und Angehörigen	179
		Monika Funken	
		5.1.1 Was ist eine Krise?	180
		5.1.2 Mögliche Folgen einer Krise im Krankenhaus	180
		5.1.3 Status der Krisenprävention in deutschen Krankenhäusern ...	181
		5.1.4 Ursprünge von Krisen im Krankenhaus	182
		5.1.5 Unterschiedliche Krisentypen und mögliche Reaktionen	182
		5.1.6 Übersicht der Strategien zur Wiederherstellung der Reputation	183
		5.1.7 Kommunikationsstrategien in der Krise	184
		5.1.8 Besonderheiten bei der Krisenkommunikation im Krankenhaus	185
		5.1.9 Wie gehe ich vor? Mit welchen Schritten beginne ich?	185
		5.1.10 Wer sind die Stakeholder eines Krankenhauses?	186
		5.1.11 Kommunikation mit Patientinnen, Patienten und Angehörigen	187
		5.1.12 Crisis Communication begins at home?	188
		5.1.13 Intern gleich extern? Es gibt kein Standardrezept für die Kommunikation in der Krise	188
		Zusammenfassung	189
		Literatur	189
	5.2	Krisenkommunikation mit den Medien: Hinweise für eine kommunikative Intervention im Ernstfall. Eine Entscheidungshilfe. ...	191
		Matthias Brandstädter	
		5.2.1 Krisenkommunikation – Was sie ist, was nicht	191
		5.2.2 Proaktiv: Erfolgskritische Faktoren erkennen und bewerten ...	193

	5.2.3	Im Krisenfall – Ein Schema im Abriss	195
5.3		Information der Bevölkerung	199
	Peer Rechenbach		
	5.3.1	Einleitung	199
	5.3.2	Ziele der kontinuierlichen Informationsbereitstellung	199
	5.3.3	Informationskanäle	201
	5.3.4	Internet + Intranet	201
	5.3.5	Soziale Medien	202
	5.3.6	Bevölkerung	203

6 Kooperationspartner 204

6.1		Kooperation mit dem Rettungsdienst	204
	Peer Rechenbach, Thomas Wurmb und Katja Scholtes		
	6.1.1	An- und Abfahrtswege	206
	6.1.2	Verteilung der Patienten im MANV	206
	6.1.3	Materialversorgung für den Rettungsdienst:	207
	6.1.4	Verlegung von Einheiten des Katastrophenschutzes an die Krankenhäuser	207
	6.1.5	Dekontamination	208
	6.1.6	Vorgehen bei einem Massenanfall infizierter Patienten (B-Lage)	208
	6.1.7	Vorgehen bei Gefahrenlagen innerhalb eines Krankenhauses	208
	6.1.8	Zusammenfassung	208
6.2		Kooperation mit den Hilfsorganisationen	208
	Peer Rechenbach		
6.3		Kooperation mit der Feuerwehr	213
	Peer Rechenbach		
6.4		Kooperation mit der Polizei	215
	Dieter Dersch		
	6.4.1	Aufgaben der Polizei	215
	6.4.2	Einsatzlagen der Polizei	215
	6.4.3	Größere Einsatzlagen im Krankenhaus	216
	6.4.4	Führung der Polizei	218
	6.4.5	Aufgaben der Polizei	220
	6.4.6	Aufgaben des Krankenhauses aus Sicht der Polizei	221
	6.4.7	Erwartungen der Polizei an die Krankenhausleitung	222
6.5		Kooperation mit der örtlich zuständigen Gefahrenabwehrbehörde	223
	Peer Rechenbach		
	6.5.1	Einleitung	223
	6.5.2	Gemeinde oder Stadt als örtlich zuständige Gefahrenabwehrbehörde	223
	6.5.3	Kreis oder kreisfreie Stadt als örtlich zuständige Gefahrenabwehrbehörde	223
	6.5.4	Polizei als örtlich zuständige Gefahrenabwehrbehörde	225
6.6		Abstimmung mit benachbarten Krankenhäusern	226
	Peer Rechenbach und Thomas Wurmb		

		Zusammenfassung	227
		Literatur	228
	6.7	Kooperation mit dem Öffentlichen Gesundheitsdienst	228
		Martin Dirksen-Fischer	
		6.7.1 Gliederung und Aufgaben des Öffentlichen Gesundheitswesens	228
		6.7.2 Anforderungen des ÖGD an die Kommunikation mit der Klinik	229
		Literatur	231
	6.8	Aspekte der Anpassung der Planungen an örtliche Bedingungen	232
		Martin Dirksen-Fischer	
		Literatur	234
7	**Spezielle Planungssituationen**		**236**
	7.1	Grundsätze der Evakuierung	236
		Ernst-Peter Doebeling	
		7.1.1 Räumung oder Evakuierung	236
		7.1.2 Die Räumung	238
		7.1.3 Die Evakuierung	241
		7.1.4 Ergänzende Maßnahmen	246
		7.1.5 Evakuierungsgrundsätze	247
	7.2	Strategische Überlegungen bei der Evakuierung von Intensivpatienten	248
		Jörg Brederlau	
		7.2.1 Einleitung	248
		7.2.2 Beispiele	250
		7.2.3 Zusammenfassung	252
		Literatur	252
	7.3	Besonderheiten bei der Evakuierung von psychiatrischen Patienten	252
		7.3.1 Besonderheiten bei der Evakuierung bei psychiatrischen Patienten aus Sicht der medizinischen Versorgung	252
		Claudia Fuchs-Meyer und Marc Graf	
		7.3.2 Besonderheiten der Evakuierung bei psychiatrischen Patienten aus der operativ-taktischen Sicht der Werkfeuerwehr einer psychiatrischen Großklinik	257
		Uli Hofmaier	
	7.4	Besonderheiten der Evakuierung von Kinder- und Neonatologischen Stationen	261
		Felix Kolibay	
		7.4.1 Kinder und Jugendliche	262
		7.4.2 Neugeborene und Säuglinge	262
		7.4.3 Intensivstationen	262
		Zusammenfassung	264
8	**Aspekte ausgewählter Einsatzsituationen**		**265**
	8.1	Das konsequenzbasierte Modell	265
		Thomas Wurmb	

		8.1.1	Traditionelle Nomenklatur der Krankenhausalarm- und Einsatzplanung	265

		8.1.1	Traditionelle Nomenklatur der Krankenhausalarm- und Einsatzplanung	265
		8.1.2	Das konsequenzbasierte Modell der Krankenhausalarm- und Einsatzplanung	266
		Literatur		267
	8.2	Ereignisse mit primärer Störung der Funktionalität		267
		8.2.1	»Bedrohliche Lagen« – Bombendrohung .... *Björn Hossfeld und Matthias Helm*	267
		8.2.2	IT-Störungen im Krankenhaus am Beispiel des Lukaskrankenhauses Neuss .... *Klaus Reinartz*	274
		8.2.3	Erfahrungen aus realen Brandereignissen .... *Georgios Leledakis*	279
		8.2.4	Ausfall der elektrischen Energieversorgung .... *Dirk Fähling*	285
	8.3	Ereignisse mit primärer Überlastung der Kapazität		290
		8.3.1	MANV/MANI und der Stellenwert des Krankenhauses ...... *Peter Sefrin*	290
		8.3.2	Krisenmanagement am Beispiel von EHEC und HUS, Mai/Juni 2011 in Hamburg .... *Elke Huster-Nowack*	294

Stichwortverzeichnis 301

Geleitwort

Von Henriette Reker, Oberbürgermeisterin der Stadt Köln

Krankenhäuser gehören zu den neun Sektoren, die man der Kritischen Infrastruktur zuordnet. Hiermit sind Institutionen gemeint, die im Rahmen ihrer Daseinsfürsorge für die Bevölkerung von höchster Bedeutung sind. Exemplarisch seien hier die Telekommunikation, der Schienenverkehr, der Rettungsdienst und die Krankenhäuser genannt.

Um dieser herausragenden Anforderung gerecht zu werden, verfügen Krankenhäuser nicht nur über exzellent ausgebildetes Personal, sondern auch über hoch technisierte und komplexe Strukturen, die eine Patientenversorgung an 365 Tagen im Jahr rund um die Uhr ermöglichen.

Krankenhäuser sind in unserer hoch technisierten Gesellschaft verwundbar geworden. Es sind viele Risiken, die einen reibungslosen Ablauf stören oder gefährden. Ein Brandereignis, der Ausfall der elektrischen Energieversorgung oder der Informationstechnologie können dramatische Folgen für die Handlungsfähigkeit eines Krankenhauses haben. Naturereignisse können gleichermaßen Krankenhäuser nachhaltig treffen. Genannt seien beispielsweise die Folgen von Starkregen oder Stürmen.

Seit den erneuten Terroranschlägen von Paris, Brüssel, Würzburg und Ansbach wissen wir um die große Bedeutung einer effektiven Gefahrenabwehrplanung in allen Lebensbereichen. Hoch ansteckende und tödliche Infektionskrankheiten, wie Influenza oder gar Ebola erfordern gleichermaßen detaillierte Handlungspläne in den Krankenhäusern. Die Palette der möglichen Schadensereignisse, die den Betrieb von Krankenhäusern in ihrem Alltag beeinträchtigen und sogar zum kompletten Funktionsausfall führen können, erweitert sich zunehmend.

Zielgerichtete Planungen der Krankenhausträger zur Gefahrenabwehr bedingen zunächst eine systematische Identifizierung und Analyse der denkbaren Schäden. Anschließend muss eine Abschätzung und Bewertung des Gefahrenpotenzials erfolgen. Die sich daraus ergebenden Maßnahmen werden in einem Alarm- und Einsatzplan festgelegt und kontinuierlich fortgeschrieben. Eine Kontrolle der Wirksamkeit dieser Planungen muss in regelmäßigen Übungen mit unterschiedlichen Ausgangssituationen erfolgen. Eine effektive Umsetzung dieser Planungs- und Trainingsprozesse trägt in schwierigen Situationen entscheidend zur Sicherstellung der Handlungsfähigkeit von Krankenhäusern bei. Deshalb haben die Bundes- und Landesgesetzgeber Krankenhäuser verpflichtet, geeignete Krankenhausalarm- und Einsatzpläne zu erstellen, sie fortzuschreiben und regelmäßig zu üben.

Geeignete Rahmenempfehlungen durch die Aufsichtsbehörden stehen nur vereinzelt als Arbeitshilfe zur Verfügung. Bedingt durch die wirtschaftlichen Zwänge der Krankenhäuser im Alltag werden die planerischen Verpflichtungen häufig zurückgestellt.

Es gilt nun den Krankenhäusern geeignete Arbeitshilfen an die Hand zu geben. Durch gezielte Planungen kann das Unternehmen Krankenhaus seine Vulnerabilität senken. Ein gut funktionierender Krankenhausalarm- und Einsatzplan, der regelmäßig fortgeschrieben und trainiert wurde, senkt die Vulnerabilität und stärkt die Resilienz. Krankenhäuser können diese notwendige und besondere Leistungsfähigkeit den Menschen der Region bekannt machen, damit diese wissen, dass sie auch bei einer unerwarteten Störung oder einem Schadenereignis gut versorgt werden.

Durch ihre breit aufgestellten Erfahrungen ist es den Herausgebern gelungen, mit diesem Managementbuch ein wichtiges Hilfsmittel den verantwortlichen Akteuren in den Krankenhäusern und Pflegeheimen zur Verfügung zu stellen.

Ich wünsche dem Buch einen großartigen Erfolg, damit die Menschen auch im Krankenhaus immer sicher sind!

Die Autorinnen und Autoren

Prof. Dr. Peter Berger
Professor für Human Resource Management an der Hochschule für Angewandte Wissenschaften Hamburg, Gründer und Geschäftsführer der professore.de GmbH.

Dr. Matthias Brandstädter
Leiter Unternehmenskommunikation und Pressesprecher des Universitätsklinikums Aachen.

Prof. Dr. Jörg Brederlau
Chefarzt der Klinik für Intensivmedizin, HELIOS Klinikum Berlin-Buch, Berlin.

Dieter Dersch
Bis 2015 Leiter der Direktion Gefahrenabwehr und Einsatz des Landes Nordrhein-Westfalen.

Dr. med. Martin Dirksen-Fischer
Arzt für das Öffentliche Gesundheitswesen und Psychiatrie; am Institut für Hygiene und Umwelt, Hamburg tätig.

Prof. Dipl.-Ing. Ernst-Peter Doebeling
Branddirektor, Hochschule Furtwangen, Fachbereich Security & Safety Engineering, Ludwigshafen.

Dipl.-Ing., Dipl.-Wirt.-Ing Dirk Fähling
Seit 2009 Technischer und Kaufmännischer Leiter der medfacilities Energie GmbH und seit 2011 Technischer Leiter der medfacilities Betrieb GmbH.

Claudia Fuchs-Meyer
Diplomierte Qualitätsmanagerin; Qualitätsbeauftragte Forensisch Psychiatrische Klinik, Universitäre Psychiatrische Kliniken, Basel, Schweiz.

Monika Funken
Pressesprecherin, Leiterin Unternehmenskommunikation, Kliniken der Stadt Köln gGmbH.

Rüdiger Giebler
Brandschutzbeauftragter Klinikum Stuttgart.

Prof. Dr. med. Marc Graf
Chefarzt und Klinikdirektor, Forensisch Psychiatrische Klinik, Universitäre Psychiatrische Kliniken, Basel, Schweiz.

Dr. med. Peter Gretenkort
Chefarzt Anästhesie, Allgemeines Krankenhaus Viersen.

Prof. Dr. med. Matthias Helm
Oberstarzt, Beauftragter für Rettungsmedizin, Leiter Sektion Notfallmedizin, Klinik für Anästhesiologie & Intensivmedizin, Bundeswehrkrankenhaus, Ulm.

Dr. Thorsten Helm
Wirtschafsprüfer, Rechtsanwalt und Steuerberater; seit 2010 Partner bei KPMG in den Bereichen Steuern und Recht; hat einen Lehrauftrag für Steuerrecht und öffentliches Wirtschaftsrecht an der Ruprechts-Karls-Universität Heidelberg inne.

Dr. Gesine Hofinger
Partnerin bei Team HF – Hofinger, Künzer & Mähler PartG, Ludwigsburg.

Uli Hofmaier
Leiter Werkfeuerwehr, Zentrum für Psychiatrie (ZFP) Emmendingen.

Dr. med. Björn Hossfeld
Oberfeldarzt, Oberarzt, Klinik für Anästhesiologie & Intensivmedizin, Sektion Notfallmedizin, Bundeswehrkrankenhaus, Ulm.

Dr. Gabriele Hufschmidt
Wissenschaftliche Mitarbeiterin Arbeitsgruppe Prof. Schrott – KaVoMa, Universität Bonn.

Elke Huster-Nowack
Versorgungsplanung, BGV – Behörde für Gesundheit und Verbraucherschutz.

Dr. Felix Kolibay
Facharzt für Anästhesiologie; Ärztlicher Leiter Krisenmanagement an der Uniklinik Köln.

Dr. Barbara Kowalzik, M. Sc.
Referatsleiterin, Referat III.3 Schutz der Gesundheit, Bundesamt für Bevölkerungsschutz und Katastrophenhilfe, Bonn.

Ines Lampe MPM,
Katastrophenschutzreferentin, Behörde für Gesundheit und Verbraucherschutz, Amt für Gesundheit, Fachabteilung Versorgungsplanung, Hamburg

Prof. Dr. med. Dr. rer. nat. Alex Lechleuthner
Ärztlicher Leiter Rettungsdienst der Stadt Köln.

Georgios Leledakis
Klinik für Anästhesiologie, operative Intensivmedizin und Schmerztherapie, HELIOS Klinikum Krefeld.

Dr. Willy Marzi
Wissenschaftlicher Direktor im Bundesministerium des Innern a.D.

Dipl.-Ing. Marcus Mehlkop
Einsatzführungsdienstbeamter und Sachgebietsleiter im Vorbeugenden Brandschutz bei der Berufsfeuerwehr Aachen.

Prof. Dr. Peer Rechenbach (Herausgeber)
Institut für Notfallmedizin, Asklepios Kliniken, Hamburg

Dr. Klaus Reinartz
Leitender Arzt der Zentralambulanz, Städtische Kliniken Neuss – Lukaskrankenhaus.

Michael Schneider
Leiter Patientenservice, Kliniken der Stadt Köln gGmbH

Dr. Katja Scholtes (Herausgeberin)
Zentrale Notaufnahme, Krankenhaus Köln-Merheim, Kliniken der Stadt Köln gGmbH.

Prof. Dr. Peter Sefrin
Vorsitzender, agbn - Arbeitsgemeinschaft der in Bayern tätigen Notärzte e.V., Würzburg.

Dr. Kathrin Stolzenburg
Referat II.4 - Risikomanagement und Schutzkonzepte Kritischer Infrastrukturen/Kulturgutschutz nach Haager Konvention, Abteilung II - Risikomanagement, Internationale Angelegenheiten, Bundesamt für Bevölkerungsschutz und Katastrophenhilfe, Bonn.

Andreas Tyzak
LL.M., Verwaltungsdirektor Evangelisches Krankenhaus Unna, Holbeinstraße 10, 59423 Unna; Rechtsanwalt in eigener Kanzlei in Gütersloh.

Hartfrid Wolff
Seit 1999 Rechtsanwalt bei KPMG, seit 2007 bei KPMG Rechtsanwaltsgesellschaft mbH. Er nimmt die Aufgabe als »Head of Security« bei KPMG im Öffentlichen Sektor in Deutschland wahr.

Prof. Dr. Thomas Wurmb (Herausgeber)
Sektion Notfall- und Katastrophenmedizin, Klinik und Poliklinik für Anästhesiologie, Universitätsklinikum Würzburg.

Abkürzungsverzeichnis

ABC	atomar, biologisch, chemisch	ICM	Institute for Crisis Management
AGBF	Arbeitsgemeinschaft der Leiter der Berufsfeuerwehren in der Bundesrepublik Deutschland	IT	Informationstechnik
		KAEP	Krankenhausalarm- und Einsatzplan
AG ETKC der DGU	Arbeitsgruppe Einsatz-, Katastrophen- und Taktische Chirurgie der Deutschen Gesellschaft für Unfallchirurgie	KEL	Krankenhauseinsatzleitung
		KHEP	Krankenhauseinsatzplan
		Ko-KlinEL	Koordinierende Klinikeinsatzleitung
AKNZ	Akademie für Krisenmanagement, Notfallplanung und Zivilschutz	LKatSG Ba-Wü	Landeskatastrophenschutzgesetz Baden-Württemberg
		LKG Berlin	Landeskrankenhausgesetz Berlin
AVEP	Alarm-, Verständigungs- und Evakuierungsplan	MANE	Massenanfall von Erkrankten
BBK	Bundesamt für Bevölkerungsschutz und Katastrophenhilfe	MANV	Massenanfall von Verletzten
		NKHG	Niedersächsisches Krankenhausgesetz
BdP	Bundesverband deutscher Pressesprecher e.V	PDCA	Plan, Do, Check, Act
BHKG NRW	Gesetz über den Brandschutz, die Hilfeleistung und den Katastrophenschutz Nordrhein-Westfalen	PSNV	Psycho-soziale Notfallversorgung
		OP	Operationssaal
		SCCT	Situational Crisis Communication Theory
BSI	Bundesamt für Sicherheit in der Informationstechnik	ZSKG	Gesetz über den Zivilschutz und die Katastrophenhilfe des Bundes (Zivilschutz- und Katastrophenhilfegesetz)
CBRN	chemisch, biologisch, radionuklear		
DAKEP	Deutsche Arbeitsgemeinschaft für Krankenhauseinsatzplanung		
FW DV 100	Feuerwehr-Dienstvorschrift 100		

In diesem Buch genannte Gesetze und Verordnungen

Hinweis: Gesetze des Bundes sind fett hervorgehoben, Gesetze in Normalschrift sind Ländergesetze

Arbeitsschutzgesetz (ArbSchG)

Bayerisches Katastrophenschutzgesetz (BayKSG)
Bayerisches Staatsministerium des Innern (2006): *Hinweise für das Anlegen von Krankenhausalarm- und Einsatzplänen.*
Bremisches Hilfeleistungsgesetz (BremHilfeG)
Bremisches Krankenhausgesetz (BremKrhG)
Bundesdatenschutzgesetz (BDSG)

Gesetz über den Brandschutz, die Hilfeleistung und den Katastrophenschutz des Landes Brandenburg (Brandenburgisches Brand- und Katastrophenschutzgesetz – BbgBKG)
Gesetz über den Katastrophenschutz in Mecklenburg-Vorpommern (Landeskatastrophenschutzgesetz LKatSG M-V)
Gesetz über den Katastrophenschutz in Schleswig-Holstein (Landeskatastrophenschutzgesetz LKatSG)
Grundgesetz (GG)

Hamburgisches Gesundheitsdienstgesetz (HmbGDG)
Hamburgisches Krankenhausgesetz (HmbKHG)
Hessische Bauordnung (HBO)
Hessisches Brand- und Katastrophenschutzgesetzes (HBKG)
Hessisches Rettungsdienstgesetz (HRDG)

Infektionsschutzgesetz IFSG

Katastrophenschutzgesetz, Berlin (KatSG)
KHEP-»Verordnung zur Durchführung des Hessischen Rettungsdienstgesetzes«
Gesetz zur Kontrolle und Transparenz in Unternehmen (KonTraG)
Krankenhausgesetz Hessen (Zweites Gesetz zur Weiterentwicklung des Krankenhauswesens in Hessen – Hessisches Krankenhausgesetz)
Krankenhausgesetz Mecklenburg-Vorpommern (Landeskrankenhausgesetz LKHG M-V)
Krankenhausgestaltungsgesetz des Landes Nordrhein-Westfalen (KHGG NRW)
Krankenhausverordnung, Berlin (KhsVO)

Landesgesetz über den Brandschutz, die allgemeine Hilfe und den Katastrophenschutz (Brand- und Katastrophenschutzgesetz), Rheinland-Pfalz (LBKG)
Landeskatastrophenschutzgesetz, Baden-Württemberg (LKatSG)
Landeskrankenhausgesetz, Berlin (LKG)
Landeskrankenhausgesetz Baden-Württemberg
Landeskrankenhausgesetz, Rheinland-Pfalz (LKG)

Niedersächsisches Krankenhausgesetz (NKHG) vom 19. Januar 2012

Ordnungswidrigkeitengesetz (OWiG)

Patientenrechteverbesserungsgesetz (PatRVG)
Rettungsgesetzes NRW (RettG NRW).
Richtlinien für das Strafverfahren und Bußgeldverfahren (RiStBV)

Saarländisches Krankenhausgesetz (SKHG)
Sächsisches Gesetz über den Brandschutz, Rettungsdienst und Katastrophenschutz (SächsBRKG)
Sächsisches Krankenhausgesetz (SächsKHG)
Strafgesetzbuch (StGB)

Thüringer Gesetz über den Brandschutz, die Allgemeine Hilfe und den Katastrophenschutz (Thüringer Brand- und Katastrophenschutzgesetz – ThürBKG –)
Thüringer Krankenhausgesetz (ThürKHG)

Trinkwasserverordnung (TrinkWV)

Verordnung zur Alarm- und Einsatzplanung zur Vorsorge bei Notfällen, Notfallereignissen mit einer größeren Anzahl von Verletzten oder Kranken, Großschadenslagen und Katastrophen in saarländischen Krankenhäusern – Krankenhausalarmplanungsverordnung, Saarland (KHAlarmV)

Gesetz über den Zivilschutz und die Katastrophenhilfe des Bundes (ZSKG)

Vorwort der Herausgeber

Krankenhaus – Das bedeutet für unsere Patienten ärztliche Behandlung, Pflege, Fürsorge und medizinische Versorgung mit allen dazugehörigen Komponenten. Um diese wichtige und hochstehende Aufgabe erfüllen zu können, benötigen Krankenhäuser gut ausgebildete Ärzte, Pflegekräfte, medizinisches Assistenzpersonal, eine leistungsfähige Geschäftsführung, eine Verwaltung und eine reibungslos funktionierende Infrastruktur aus Technik und Logistik. Wie ein Uhrwerk müssen all diese Menschen und Strukturen ineinandergreifen, um eine sichere und optimale Patientenversorgung und einen störungsfreien Betriebsablauf zu gewährleisten. Man kann sich vorstellen, was für ein Aufwand und welche Technik dahinterstecken.

Durch die vielen menschlichen und technischen Einflüsse werden Krankenhäuser anfällig für Störungen. Die Beseitigung kleinerer Probleme gehört zum Alltag und wirkt sich in der Regel nicht auf die Patientenversorgung aus. Wie aber sieht es mit Ereignissen größeren Ausmaßes aus? Hierzu zählen Brandereignisse, ein Ausfall der Informationstechnologie, ein Versorgungsengpass mit Wasser oder Energie. Auch ein plötzlicher Anstieg der Patientenzahlen, wie der Massenanfall von Verletzten nach einem schweren Unfall oder auch die Versorgung von Terroropfern, stellt eine große Herausforderung für das betroffene Krankenhaus dar und wird einen erheblichen Einfluss auf die Versorgungskapazität und/oder die Funktionalität eines Krankenhauses haben.

Um sich bestmöglich auf solche Ereignisse vorzubereiten und die Auswirkungen auf die Versorgungskapazität und die Funktionalität möglichst gering zu halten, ist eine umfassende Planung und Vorbereitung seitens der Krankenhäuser nötig. Das Ergebnis dieser Vorbereitung und Planung ist der Krankenhausalarm- und Einsatzplan. Seine Erstellung ist ein wichtiger, spannender und herausfordernder Prozess, der von vielen Schultern im Krankenhaus getragen werden muss.

In unserem Buch beleuchten wir die unterschiedlichen Aspekte der Krankenhausalarm- und Einsatzplanung. Hierbei hoffen wir mit den Beiträgen namhafter Experten und Spezialisten, der hohen Komplexität und der Vielseitigkeit des Themas Rechnung zu tragen. Wir hoffen, dass die Lektüre des Buches dazu beiträgt, Krankenhäuser auf außergewöhnliche Ereignisse vorzubereiten, um auch in Extremsituationen eine sichere Patientenversorgung zu ermöglichen. Darum geht es uns in diesem Buch.

1 Basiswissen

1.1 Die Kritische Infrastruktur Krankenhaus

Peer Rechenbach

Seit einigen Jahren ist der Begriff »Kritische Infrastrukturen« in der öffentlichen und politischen Diskussion. Doch was ist damit gemeint und inwieweit betrifft es die Krankenhäuser?

Im Kontext mit den nationalen und europäischen Regelungen sind die Kritischen Infrastrukturen wie folgt definiert:

- Kritische Infrastrukturen sind Organisationen oder Einrichtungen mit wichtiger Bedeutung für das staatliche Gemeinwesen, bei deren Ausfall oder Beeinträchtigung nachhaltig wirkende Versorgungsengpässe, erhebliche Störungen der öffentlichen Sicherheit oder andere dramatische Folgen, insbesondere für Leib und Leben der Menschen eintreten würden.

Die Kritischen Infrastrukturen sind in folgende Gruppen gegliedert:

- Energie;
- Transport und Verkehr;
- Gefahrenstoffe;
- Information und Kommunikation;
- Finanz-, Geld- und Versicherungswesen;
- Versorgung;
- Behörden, Verwaltung, Justiz, staatliche Einrichtungen und
- sonstige.

In der Gruppe der »Versorgung« ist die »Gesundheit« als Untergruppe aufgeführt.

Gruppe 6: Versorgung

- Gesundheit,
- Katastrophenschutz,
- Not- und Rettungsfall,
- Lebensmittel
- Abfallentsorgung,
- Mülldeponien und Müllverbrennung sowie
- Abwasserentsorgung

Weiterhin ist das »öffentliche Gesundheitswesen« in der Gruppe »Behörden, Verwaltung, Justiz sowie staatliche Einrichtungen« gleichermaßen genannt.

Gruppe 7: Behörden, Verwaltung, Justiz sowie staatliche Einrichtungen

- Öffentliches Gesundheitswesen
- Personenstandswesen
- Gerichte
- Polizei
- Feuerwehr
- Rettungsdienst

Dies bedeutet, dass alle Organisationen oder Einrichtungen zur Kritischen Infrastruktur gehören, wenn durch eine Einschränkung der Kapazität oder der Funktionalität ein Versorgungsengpass zu erwarten ist. Dies gilt insbesondere dann, wenn dies Folgen für Leib und Leben der Menschen hat. Daraus folgt, dass die Krankenhäuser grundsätzlich zu den Kritischen Infrastrukturen gehören.

Auf der Basis der Krankenhausgesetze der Länder mit den entsprechenden Krankenhausbedarfsplänen gehören sowohl die staatlichen Krankenhäuser als auch gewerbliche oder gemeinnützige Krankenhäuser zu den Kritischen Infrastrukturen, da sie im Rahmen der Daseinsvorsorge einen Versorgungsauftrag in einer Region erfüllen. Dies gilt insbesondere in den Regionen, wo nur ein einziges Krankenhaus zur medizinischen Grundversorgung der Menschen in kurzer Entfernung zu erreichen ist (bspw. strebt Nordrhein-Westfalen als flächendeckende Zielvorgabe an, dass innerhalb von 20 km ein Krankenhaus zur Grundversorgung verfügbar ist). Sofern in einem Gebiet mit einem maximalen Radius von ca. 20 km mehrere Krankenhäuser für die medizinische Grundversorgung zur Verfügung stehen und die verschiedenen Krankenhäuser bei einem Totalausfall des größten Hauses dies mit einer Kapazitätserweiterung von 10 % kompensieren können, dann wäre in der Region eine ausreichende Redundanz gegeben. Dies ist jedoch nur in einigen wenigen Ballungsräumen Deutschlands gegeben.

Die Menschen in einer Region kennen die verschiedenen Krankenhäuser und wissen in der Regel, wie diese schnellstmöglich zu erreichen sind. Insbesondere bei der Not- und Unfallversorgung oder Geburten haben die Menschen die Erwartungshaltung, dass ihnen in jedem Krankenhaus soweit geholfen wird, dass die Vitalfunktionen so stabilisiert bzw. erhalten werden, dass eine Weiterbeförderung in ein besser geeignetes Krankenhaus gewährleistet ist. Aus dieser Erwartungshaltung folgt, dass sich jedes Krankenhaus darauf vorbereiten muss, die Versorgungskapazität kurzfristig zu steigern (z. B. infolge eines Massenanfalls von Patienten) und die Funktionalität auch unter schwierigen oder extremen Rahmenbedingungen zu sichern.

Daraus folgt, dass in jedem Krankenhaus Vorbereitungen zu treffen sind. Dabei ist insbesondere zu gewährleisten, dass bei einer Störung anderer Kritischer Infrastrukturen keine Einschränkung der Kapazität oder Funktionalität eintritt. Beispielhafte Engpässe, wie

- der Ausfall der elektrischen Energieversorgung über mehrere Tage,
- eine fehlende Abfallbeseitigung bei Arbeitskämpfen oder
- die Unpassierbarkeit der Verkehrswege infolge extremer Schneefälle,

dürfen die Versorgungskapazität und Funktionalität des Krankenhauses nicht nachhaltig beeinträchtigen. Dies kann nur gelingen, wenn entsprechende geeignete Vorbereitungen geplant, fortgeschrieben und regelmäßig trainiert werden.

Mit einer detaillierten Risikobewertung kann abgeschätzt werden, welche Effekte die Funktionalität eines Krankenhauses beeinträchtigen, wenn es zu Störungen bei Kritischen Infrastrukturen kommt. Weiterhin ist bei einer Reihe von Störungen zu erwarten, dass die Versorgungskapazität gesteigert werden muss (z. B. bei einem Ausfall der elektrischen Energieversorgung über mehrere Tage werden Patienten aus Pflegeeinrichtungen ohne Ersatzstromanlage in die Krankenhäuser verlegt werden müssen).

Das Ergebnis der detaillierten Risikobewertung zeigt auf, welche Handlungsprozesse vorbereitet, geplant, fortgeschrieben und trainiert werden müssen, um bei unterschiedlichen Störungen der Kritischen Infrastrukturen effektiv handeln zu können. So führten die extremen Schneefälle in Norddeutschland im Winter 1978/79 (Die Schneekatastrophe von Norddeutschland startete am 30. Dez. 1978 und endete am 13. Feb. 1979.) zur Unpassierbarkeit der Straßen und Autobahnen mit erheblichen Einschränkungen des Warenverkehrs und gleichzeitig zu einem großflächigen Ausfall der elektrischen Energieversorgung, der partiell mehrere Tage andauerte.

Mit der Krankenhauskrisenplanung muss geklärt werden, welche Verbrauchsmittel in welchen Mengen für die Grundversorgung zwingend erforderlich sind und wie schnell diese von wo geliefert werden können. Dabei muss berücksichtigt werden, ob und inwieweit bei Störungen der Verkehrsinfrastruktur eine zeitgerechte Lieferung garantiert ist. Vergleichbare Überlegungen sind bezüglich der Instandhaltung, Wartung und Prüfung der Medizingeräte oder anderer technischer Einrichtungen anzustellen. So ist zu klären, wie schnell der Kraftstoffversorgung für die Ersatzstromanlage aufgefüllt werden muss, damit ein Betrieb über mehrere Tage uneingeschränkt garantiert werden kann und wie diese auch bei extremen Rahmenbedingungen vom Prozess her gestaltet werden muss.

Bei Störungen der Kritischen Infrastrukturen ist zu erwarten, dass zusätzliche personelle Ressourcen benötigt werden müssen. Bei einem flächendeckenden Ausfall der Stromversorgung ist zeitgleich der Ausfall der Kommunikationsmittel (Telefon, Mobilfunknetz und dgl.) zu erwarten. Dies bedeutet, dass die üblichen Alarmierungswege zur Aktivierung des Personals nicht funktionieren. Es muss in der Krankenhauskrisenplanung herausgearbeitet und ins Bewusstsein aller Mitarbeiterinnen und Mitarbeiter transportiert sein, dass alle ohne weitergehende Aufforderung schnellstmöglich ihren Arbeitsplatz aufsuchen. Dort wird dann entschieden, ob ihr Einsatz sofort oder zu vorgegebenen Zeiten erfolgen soll.

Krankenhäuser als Kritische Infrastruktur können auch Opfer von Cyberangriffen oder technischen Störungen sein. Deshalb muss im Rahmen der Krankenhauskrisenplanung ein Handlungskonzept entwickelt werden, das die sach- und fachgerechte Versorgung der Patienten auch dann gewährleistet, wenn die Unterstützung der Kommunikations- und Informationstechnik nicht gegeben ist. Die laufende politische Diskussion, welche Krankenhäuser im Rahmen der Rechtsverordnungen zu den Kritischen Infrastrukturen gehören und welche erweiterten Sicherheitsmaßnahmen geplant, vorbereitet, trainiert und kontinuierlich fortgeschrieben werden müssen, darf nicht zu einem abwartenden Verhalten bezüglich der Vorbereitungen führen. Unabhängig der Tatsache, ob Schwellenwerte (z. B. mehr als 500 Versorgungsbetten, 30 000 Patienten pro Jahr oder Versorgungsgebiet mit mehr als 500 000 Einwohnern) für die Verpflichtung weitergehende Sicherheitsmaßnahmen vorzubereiten sind, muss sich jedes Krankenhaus oder Pflegeeinrichtung darüber im Klaren sein, welcher Imageschaden bei einem Engpass in der Kapazität oder in der Funktionalität, die aufgrund fehlender oder unzureichender Planungen bzw. Vorbereitungen eintritt, folgt. Die lapidare Aussage: » […] dazu waren wir nicht verpflichtet […]«, wird den wirtschaftlichen Schaden nicht aufwiegen. Es ist in der heutigen Kommunikationsgesellschaft mit allen sozialen Medien nicht davon auszugehen, dass eine Beeinträchtigung der Versorgungskapazität oder Funktionalität eines Krankenhauses nicht kommuniziert wird.

1.2 Notwendigkeit einer Planung aus juristischen Aspekten

Thorsten Helm und Hartfrid Wolff

1.2.1 Einleitung

Krankenhäuser müssen hohe medizinische Anforderungen bei der Diagnose und Therapie erfüllen und zugleich den regulatorischen Anforderungen in einem relativ stark kontrollierten Bereich genügen, um ihren Versorgungsauftrag zugunsten der Bevölkerung zu erfüllen (Schmola, 2014). Unter zunehmendem Kostendruck im Gesundheitswesen gestaltet sich dies nicht immer leicht (Schmola/Rapp, V.). Verstoßen Kliniken gegen normierte Anforderungen, drohen Reputationsschäden, Forderungen auf Honorarrückzahlungen und Schadensersatz bis hin zu drohenden Strafzahlungen und dem drohenden Entzug der Zulassung (Schmola/Rapp, 2016). Zudem kann es auch in Deutschland zu Situationen kommen, in denen die Funktion von Krankenhäusern durch externe Faktoren, z. B. durch Terrorakte, Umweltkatastrophen und Pandemien, nachhaltig beeinträchtigt wird, sodass die medizinische Versorgung und somit die körperliche Unversehrtheit und das Leben der Patienten gefährdet und das öffentliche Gesundheitswesen in seinem Beitrag zur Daseinsvorsorge negativ tangiert wird (Unger, 2008). Großschadensereignisse weiten sich im internationalen Kontext oftmals dann zu einer humanitären Katastrophe aus, wenn das Gesundheitssystem zusammenbricht (Unger, 2008). Krankenhäuser und Einrichtungen des Gesundheitssektors zählen laut dem Bundesamt für Bevölkerungsschutz- und Katastrophenhilfe zu den sogenannten Kritischen Infrastrukturen und hängen wiederum von anderen Kritischen Infrastrukturen ab, z. B. der öffentlichen Wasserversorgung, Telefon- und Internetverbindung, Lebensmittel- und Energieversorgung sowie von Finanzinstituten (BBK, S. 6). Deshalb bedarf es zum einen einer Implementierung eines umfassenden Risikomanagementsystems, das Risiken präventiv erkennt und minimiert, sowie einer umfassenden Vorsorge- und Abwehrplanung im Rahmen eines Krankenhausalarm- und Einsatzplans, der sich an diversen Szenarien orientiert. Des Weiteren ist eine sensibilisierte und transparente Geschäftsführung von Nöten, die dafür Sorge trägt, dass die Prozesse ineinander verzahnt, organisiert, dokumentiert, regelmäßig überprüft und eintrainiert sowie im akuten Katastrophenfall auf allen Ebenen umgesetzt werden.

Ziel des Risiko-und Krisenmanagements im Krankenhaus ist die Sicherstellung eines fortwährenden Betriebs auch mit geringen Mitteln, bei dem so wenige Personen wie möglich Schaden an Leib und Leben nehmen (Vgl. Kern). Hierbei befindet sich die Geschäftsleitung stets im Spannungsfeld zur umfassenden Risikobeurteilung und der Notwendigkeit, entsprechende Reaktionsstrategien zu entwickeln. Diese Verantwortung kann neben der Geschäftsführung auch andere Gesellschaftsorgane, wie z. B. den Aufsichtsrat berühren, zu dem auch ehrenamtliche Mitglieder zählen (Helm/Haaf, 2015). Vorliegend soll der Fokus auf einer juristischen und wirtschaftlichen Betrachtungsweise liegen und auf potenzielle strafrechtliche Sanktionen wird bis auf Einzelheiten, die einen wirtschaftlichen Bezug aufweisen, nicht näher eingegangen.

1.2.2 Die Geschäftsleitung in der Verantwortung

Im Rahmen der Daseinsvorsorge ist der Staat gemäß Art. 25, 28 GG verpflichtet, eine hinreichende Gesundheitsversorgung sicherzustellen. Aufgrund des Umstandes, dass die Krankenhausplanung Ländersache ist, haben die Bundesländer rechtliche Regelungen in den Krankenhausgesetzen oder in den Katastrophenschutzgesetzen erlassen.[1] Diesen Regelungen ist zu entnehmen, dass die Träger der Gesundheitseinrichtungen ver-

---

[1] BW: § 5 Abs. 2 Nr. 2 LKatSG; BAY: Art. 8 Abs. 1 BayKSG; BER: § 27 LKG; BRB: § 20 Abs. 3 BbgBKG; HAM: § 3 Abs. 2 HmbKHG; HE: § 36 Abs. 3 HBKG; MV: § 13a LKatSG M-V; NDS: § 14 NKHG; NRW: § 24 Abs. 3 BHKG; RP: § 22 Abs. 1 LBKG; SAAR: § 10 Abs. 2 SKHG; SACHSEN: § 56 Abs. 1 SächsBRKG; SACHSEN-ANHALT: § 14b Abs. 1 und 2 KHG LSA; S-H: § 22 LKatSG; THÜR: § 36 Abs. 3 ThürBKG

pflichtet sind, Alarm- und Einsatzpläne zu erstellen. Gemäß den Artikeln 30 und 70 GG liegt die Zuständigkeit für den Katastrophenschutz in Friedenszeiten grundsätzlich bei den Ländern (Deutscher Bundestag, Drucksache 17/ 5672, 27.04.2011). Unter Beachtung der konkurrierenden Gesetzgebung des Bundes zählt auch das Krankenhausrecht zu den Gesetzgebungskompetenzen der Länder (Deutscher Bundestag, Drucksache 17/ 5672, 27.04.2011). Besonders Krankenhäuser, die öffentlich-rechtlich geführt sind, haben aufgrund ihrer Stellung in der Gesellschaft und dem damit einhergehenden öffentlichen Interesse besondere Aufmerksamkeit darauf zu legen, dass die Geschäftsleitung ordnungsgemäß handelt. Grundsätzlich ergibt sich bei Kliniken öffentlich-rechtlicher Träger die Verpflichtung der Geschäftsführung, ein Risiko- und Krisenmanagementsystem zu implementieren, schon aus haushaltsrechtlichen Vorgaben der Länder oder des Bundes (BBK, 2008). Des Weiteren ist die »bedarfsgerechte Versorgung der Bevölkerung mit leistungsfähigen, wirtschaftlich gesicherten und eigenverantwortlich wirtschaftenden Krankenhäusern« in § 1 Abs. 1 LKHG (Landeskrankenhausgesetz) gesetzlich normiert. Es handelt sich bei der bedarfsgerechten Versorgung der Bevölkerung gemäß § 1 Abs. 1 LKHG »um eine Dienstleistung von allgemeinem wirtschaftlichen Interesse.« Vor dem Hintergrund des LKHG BW[2] steht die Klinikleitung in Bezug auf das Legalitätsprinzip in der Verantwortung, sich um die Patienten zu kümmern und den Betrieb auch im Krisenfall aufrechtzuerhalten. Gemäß § 3a LKHG BW müssen die Krankenhäuser insbesondere in Notfällen mit anderen Stellen, wie z. B. Ärzten und Sozialstationen, kooperieren, um eine bedarfsgerechte Versorgung sicherzustellen. Mit dem Gesetz zur Kontrolle und Transparenz im Unternehmensbereich (KonTraG)

---

2 Exemplarisch auch für andere Krankenhausgesetze, z. B. für: LKHG, 17. Dezember 2015 (GBl, S. 1205) Gliederungs-Nr.: 2120-2, in der Fassung vom 29. November 2007 (GBl. 2008 S. 13), zuletzt geändert durch Artikel 2 des Gesetzes vom 17. Dezember 2015 (GBl. S. 1205); Bayerisches Krankenhausgesetz (BayKrG) in der Fassung der Bekanntmachung vom 28. März 2007 (GVBl. S. 288) BayRS 2126-8-G (in Kraft getreten am 01.01.17); Landeskrankenhausgesetz (LKG), vom 18. September 2011 (GVBO. S. 483), Gliederungs-Nr.: 2128-5; Landeskrankenhausgesetz (LKG), vom 18. September 2011 (GVBO. S. 483), Gliederungs-Nr.: 2128-5; Brandenburgisches Krankenhausentwicklungsgesetz. BbgKHEG) vom 8. Juli 2009 (GVBl. I/09, [Nr. 13] , S. 313); Bremisches Krankenhausgesetz (BremKrhG) vom 12. April 2011 (Brem. GBl, S. 252), Gliederungs-Nr.: 2128-b-1; Hamburgisches Krankenhausgesetz (HmbKHG) vom 17. April 1991, HmbGVBl, 1991, S. 127, zuletzt geändert am 29. Dezember 2014; Zweites Gesetz zur Weiterentwicklung des Krankenhauswesens in Hessen (Hessisches Krankenhausgesetz 2011 – HKHG 2011), gültig ab dem 01.01.2011; Gliederungs-Nr.: 351-84. Fundstelle: GVBl, I 2010 S. 587 vom 23.12.2010; NKHG Fundstelle. Nds. GVBl. 2012, 2 Gliederungs-Nr: 21065, letzte berücksichtige Änderung: § 16 neu gefasst durch Gesetz vom 14.07.2015 (Nds. GVBl. S. 148); Krankenhausgestaltungsgesetz des Landes Nordrhein-Westfalen (KHGG NRW), Gliederungs-Nr.: 2128, vom 11. Dezember 2007 (GV. NRW. S. 702. 2008 S. 157), zuletzt geändert durch Artikel 2 des Gesetzes vom 6. Dezember 2016 (GV. NRW. S. 1062); Krankenhausgesetz von Rheinland-Pfalz (LKG) 28.11.1986 Fundstelle: GVBl. 1986, 342, Gliederungs-Nr. 2126-3, Stand: letzte berücksichtigte Änderung: §§ 5 und 30 a geändert durch § 116 des Gesetzes vom 19.12.2014 (GVBl, S. 302); Gesetz Nr. 1573 Saarländisches Krankenhausgesetz Landesrecht Saarland, (SKGH, Sl), Gliederungs-Nr.: 2126-3, in der Fassung der Bekanntmachung vom 6. November 2015 (Amtsbl. I S. 857); Sächsisches Krankenhausgesetz vom 19. August 1993 (SächsGVBl. S. 675), das zuletzt durch Artikel 2 des Gesetzes vom 7. August 2014 (SächsGVBl, S. 446) geändert worden ist; Fsn.-Nr.: 252-2; Krankenhausgesetz Sachsen-Anhalt (KHG LSA) in der Fassung der Bekanntmachung vom 14. April 2005, Fundstelle: GVBl.LSA 205, 203 Gliederungs-Nr.: 2126.1; Schleswig-Holstein: Gesetz zur Ausführung des Krankenhausfinanzierungsgesetzes (AG-KHG) vom 12. Dezember 1986 Fundstelle: GVOBl. 1986, 302, Gliederungs-Nr.: 2120-6; Thüringer Krankenhausgesetz in der Fassung der Bekanntmachung vom 30. April 2003 (ThürKHG) gültig ab dem 28.02.2003, Fundstelle: GVBl. 2003, 262, Gliederungs-Nr.: 2126-1.

vom 27. April 1998 wurde § 91 Abs. 2 AktG angefügt, wonach der Vorstand geeignete Maßnahmen zu treffen hat und ein Überwachungs- und Risikomanagementsystem implementieren muss, damit Entwicklungen, die den Fortbestand der Gesellschaft gefährden könnten, rechtzeitig erkannt werden (Herke, 2005, ID 86021). Daraus geht die allgemeine Verantwortung der Geschäftsführung hervor, ein angemessenes Risiko- und Krisenmanagement einzuführen und ein Frühwarnsystem zu implementieren (BBK, 2008). Es betrifft direkt Krankenhäuser, die in Form einer Aktiengesellschaft, oder - aufgrund einer Ausstrahlungswirkung - einer GmbH organisiert sind oder als Tochtergesellschaft einer solchen existieren (BBK, 2008). Des Weiteren normiert § 93 Abs. 1 S. 1 AktG, dass der Vorstand bei der Führung der Geschäfte die Sorgfalt eines ordentlichen und gewissenhaften Geschäftsleiters anzuwenden hat. Äquivalente Haftungsnormen finden sich auch im GmbHG, mit den §§ 6, 43 GmbHG. Gem. § 111 AktG hat der Aufsichtsrat die Geschäftsführung zu überwachen, sofern ein solcher existiert (Nemmer et al.). Ein Aufsichtsrat kann sowohl aus hauptamtlichen als auch ehrenamtlichen Mitgliedern bestehen, die vergleichbare Verantwortung tragen (Nemmer et al., 2016). Kliniken, die einen karitativen Zweck verfolgen, sind von dieser Mitbestimmungsvorgabe grundsätzlich ausgenommen (Nemmer et al., 2016). Diese bilden oft einen fakultativen Aufsichtsrat (Nemmer et al., 2016). Dieser beruht nicht auf dem Gesetz, sondern auf dem Gesellschaftsvertrag (Nemmer et al., 2016). Des Weiteren kann sich die Verantwortung des Aufsichtsrates und des Geschäftsführers aus der Satzung des Krankenhauses ableiten. Hinsichtlich der Siemens/Neubürger-Entscheidung des LG München (LG München I, 10.12.2013 – 5 HK O 1387/10) ist heutzutage ersichtlich, dass das Unterlassen der Geschäftsleitung, ein funktionierendes *Compliance Management System* zu errichten, zu Bußgeldzahlungen führen kann (Kremer/Baldamus/Bayer, S. 184). Eine gesetzliche Verpflichtung zur *Compliance* wird teilweise aus den §§ 130, 9, 30 OWiG abgeleitet (Moosmayer; Weber et al.). Jedoch handelt es sich vorliegend um eine Bußgeldnorm, womit jedoch keine ersichtliche positiv zivilrechtliche Verpflichtung zur *Compliance* abgeleitet wird (Weber et al.). Werden Aufsichtspflichten verletzt, so haftet der Verantwortliche mit bis zu einer Million Euro. Gemäß § 130 Abs. 2 S. 1 OWiG betrifft dies auch öffentlich-rechtliche Unternehmen. Nach den §§ 130, 9, 30 OWiG können Ansprüche auf Bußgeldzahlungen in Höhe von bis zu 10 Mio. € im Falle einer Aufsichtspflichtverletzung entstehen (Heckelmann et al., 2016). Gemäß § 14 StGB ist die Führungsebene im Rahmen der Stellvertreterhaftung für vorsätzliches und fahrlässiges Handeln verantwortlich. Eine juristische Grundlage hinsichtlich des Katastrophen- und Risikomanagements findet sich auf Bundesebene im Gesetz über den Zivilschutz und die Katastrophenhilfe des Bundes (ZSKG) (LG München I, 10.12.2013 – 5 HK O 1387/10). Die Verpflichtung der Krankenhäuser im Katastrophenfall richtet sich schwerpunktmäßig nach den Landeskatastrophenschutzgesetzen, z. B. ist das Landeskatastrophenschutzgesetz Baden-Württemberg (LKatSG) am 1. Juli 1979 in Kraft getreten.

1.2.3 Abgrenzung des Notfallmanagements vom Katastrophenmanagement

Bevor man einen Alarm- und Einsatzplan im Rahmen des Risiko- und Krisenmanagements entwirft, müssen zunächst die Begriffe unter den beteiligten Akteuren definiert werden: Unter Notfallmanagement versteht man die diagnostische und medizinische Erstversorgung von individuellen Notfallpatienten, um das Leben zu retten oder gravierende Gesundheitsschädigungen abzuwenden (Kern, S. 43). Unter Katastrophenmanagement sind Sachverhalte zu subsumieren, bei denen eine Vielzahl von Menschen als Folge einer Naturkatastrophe oder eines anderen Unglücksfalls unter hohem Zeitdruck und ungünstigen Umweltbedingungen medizinische Versorgung benötigt (Kern).

1.2.4 Abgrenzung von Risiken und Krisen

Krisen kennzeichnet, dass sie überraschend und unvorhergesehen eintreffen, dass sie auf einen bestimmten Zeitraum begrenzt sind, leicht eskalieren können, ein großes öffentliches Interesse erzeugen und einzigartig sind, sowie – trotz eines großen Informationsdefizites – zum Handeln zwingen (Vogel/Schmola). Dabei kann es sich beispielsweise um einen Hygieneskandal oder um ärztliches Versagen mit schweren Behandlungsfehlern und mangelnder Qualifikation handeln (Vogel/Schmola). Neben infizierten Blutreserven oder der Häufung an Infektionen kann auch ein Stromausfall in kritischen Bereichen, wie dem OP-Saal oder der Intensivstation, eine Krise darstellen (Jürgensen et al.). Ein Stromausfall kann nicht zuletzt durch externe Faktoren, wie etwa kriminelle, oder terroristische Anschläge auf das Stromnetz, erfolgen und zeigt somit die Notwendigkeit einer umfassenden Planung für den Ernstfall. Unter dem Begriff Risiko versteht man hingegen »die Möglichkeit oder Erwartung, dass ein Ereignis eine bestimmte Auswirkung auf eine Einrichtung hat.« (BBK, 2008) Vor dem Hintergrund des Bevölkerungsschutzes sind mit den Auswirkungen insbesondere Verluste, wie die von Menschenleben, sowie die Beeinträchtigung der Gesundheit gemeint, aber auch die Einschränkung von wirtschaftlichen Aktivitäten und Dienstleistungen sowie Infrastrukturen zählt zu den Auswirkungen der Risiken (BBK, 2008). Krisenmanagement hat die bestmögliche Bewältigung einer Krise in Bezug »auf die zur Verfügung stehenden Ressourcen und Informationen« zum Ziel (BBK, 2008). Effektives Risiko- und Krisenmanagement umfasst alle Verfahren und Maßnahmen, die geeignet sind, planvoll mit Risiken umzugehen (BBK, 2008). Dazu zählt eine offene Risikokommunikationsstruktur, die alle Akteure miteinbezieht. Denn oft liegen Krisen Fehler in der Kommunikation zu Grunde (Wieler/Biedebick, o. J.).

1.2.5 Der Katastrophenbegriff

Interner und externer Katastrophenbegriff

Bei der Erstellung von Alarm- und Einsatzplänen wird traditionell zwischen dem externen und dem internen Katastrophenbegriff unterschieden (Wurmb et al., 2016). Diese Differenzierung hilft dem Krankenhaus aufgrund des vereinheitlichten Sprachgebrauchs zwar dabei, einzuschätzen, ab wann in den Katastrophenbetrieb übergegangen werden muss, jedoch werden bei dieser Betrachtungsweise oft die Gegebenheiten nicht ganzheitlich, sondern nur aus einem Blickwinkel heraus bewertet (Wurmb et al., 2016). Unter einer externen Katastrophe versteht man ein Ereignis, das von außen auf das Krankenhaus einwirkt und dieses an die jeweilige Belastungsgrenze bringt. Hierbei sind Katastrophen zu nennen, die einen Massenanfall von verletzten, vergifteten, oder infizierten Personen zur Folge haben, die schnellstmöglich und gleichzeitig behandelt werden müssen (Wurmb et al., 2016). Dieser Fall der Katastrophe beschränkt sich nicht auf die klassischen Umweltkatastrophen, wie Hochwasser, Erdbeben und Unwetter. Er bezieht sich auch auf solche Fälle des Amoklaufs oder eines Terroranschlags oder auf Einzelfälle, wie die der Massenpanik auf der Love Parade 2010. Vom externen Katastrophenbegriff zu unterscheiden ist der interne Katastrophenbegriff: Hierzu zählen etwa Brände an der Einrichtung, der Ausfall von Versorgungsstrukturen (Wasser, Strom etc.) oder auch der Ausfall der Informationstechnologie (Hoffmann/Thiele, 2010).

Konsequenzbasiertes Modell

Die traditionelle Einteilung der verschiedenen Szenarien hilft den Kliniken bei der grundlegenden Strukturierung der zu ergreifenden Maßnahmen (Wurmb et al., 2016). Des Weiteren hat sich die traditionelle Einteilung in externe und interne Katastrophen weitgehend durchgesetzt. Somit hat sich ein einheitlicher Sprachgebrauch entwickelt, der bei der Zusammenarbeit von Krankenhäusern in der Region von Vorteil ist (Wurmb et al., 2016). Die traditionelle Einteilung hat jedoch auch Nachteile: Es wird suggeriert, dass die Verantwortung bei einer internen Lage bei der betroffenen Klinik liegt und bei einer externen Lage nicht (Wurmb et al., 2016). Dies spiegelt jedoch nicht die Komplexität der Verantwortlichkeit wider (Wurmb et al., 2016). Es ist z. B. Aufgabe der Polizei, bei Gefahren- und Großschadenslagen die Sicherheit und Ordnung aufrechtzuhalten. So liegt z. B. bei einigen vermeintlich internen Gefahrenlagen wie z. B. im Falle einer Geiselnahme die Hauptverantwortung bei polizeilichen Einheiten oder bei Großbränden bei der Feuerwehr oder beim technischen Hilfswerk etwa bei größeren Naturkatastrophen (Deutscher Bundestag, Drucksache 17/ 5672, 27.04.2011). Auf der anderen Seite ist bei einem Massenanfall von Patienten das jeweilige Krankenhaus für die Organisation und die Behandlung der Patienten verantwortlich. Eine unzureichende Risiko- und Katastrophenplanung für den Einzugsbereich der Klinik kann fatale Folgen haben (Holtel/Arndt, 2010). Zudem blendet die traditionelle Einteilung der Katastrophenszenarien potenzielle Mischformen aus (Wurmb et al., 2016). Ein Beispiel eines klassischen externen Katastrophenfalls ist der Massenanfall von Patienten, der jedoch nicht nur durch externe Katastrophen, z. B. durch einen Terrorakt, sondern auch durch interne Faktoren, wie einen Großbrand im Krankenhaus ausgelöst werden kann (Wurmb et al., 2016). Also kann ein grundsätzlich externes Szenario eine unmittelbar interne Auswirkung haben (Wurmb et al., 2016). Andersherum kann z. B. ein Hackerangriff von außerhalb die internen IT- und computergestützten medizinischen Hilfsprogramme intern aushebeln. Aufgrund dessen wird in letzter Zeit ein neues Modell angeregt, das *konsequenzbasierte* Modell. Innerhalb dieses Modells wird zwischen der Einschränkung der Funktionalität und der Überschreitung der Kapazität unterschieden (Wurmb et al., 2016). Da der Satzungsauftrag eines Krankenhauses stets die bestmögliche Versorgung der Patienten, auch im Katastrophenfall, zum Inhalt haben sollte, ist es wichtig, ganzheitlich zu planen. Es ist somit ratsam, das *konsequenzbasierte* Modell in die Risiko-und Katastrophenplanung zu implementieren, um beim Umgang mit Katastrophen nachhaltige Erfolge zu erzielen und die Gesundheitsversorgung lückenlos zu gewährleisten.

Einschränkung der Funktionalität

Eine Einschränkung der Funktionalität liegt dann vor, wenn das Krankenhaus seinen originären Aufgaben nicht mehr nachkommen kann (Wurmb et al., 2016). Dies ist z. B. der Fall, wenn etwa die Infrastruktur des Krankenhauses gestört ist und es zu personellen Engpässen kommt. Die Einschränkung der Funktionalität hat auch immer eine Einschränkung der Kapazität zur Folge (Wurmb et al., 2016).

Überschreitung der Kapazität

Kommt es zu einem raschen Anstieg der zu behandelnden Patienten, so liegt schnell eine Überschreitung der Kapazität vor, z. B. wenn nicht genügend Betten und Personal zur Verfügung stehen (Wurmb et al., 2016). Je nach Größe des Massenanfalls von Verletzten (MANV) kann also die Überschreitung der Kapazität auch eine Einschränkung der Funktionalität zur Folge haben, z. B. wenn die Ressourcen knapp werden.

Konsequenz für die Geschäftsleitung

Damit die Geschäftsleitung ihrer Verantwortung gerecht wird, bietet sich bei der Erstellung der Alarm- und Einsatzplanung die Berücksichtigung der möglichen Einschränkungen der Funktionalität und Kapazitäten an, da nur unter diesem Gesichtspunkt eine gewissenhafte Organisation erfolgen kann. Die Verantwortung der Geschäftsführung insbesondere gemäß § 93 Abs. 1 S. 1 AktG und den §§ 6, 43 GmbHG, ist auch im Rahmen der ordnungsgemäßen Erstellung eines funktionsfähigen Alarm- und Einsatzplanes zu berücksichtigen.

Neue Formen von Katastrophen

Bei der Erstellung neuer Alarm- und Einsatzpläne und der Aktualisierung bestehender Pläne ist auf die Einbeziehung neuer Gefahren zu achten, die in der Vergangenheit noch eine untergeordnete Rolle gespielt haben. Um die Schwierigkeit und die Planungsbedürftigkeit greifbarer zu machen, sei hier der Hackerangriff auf Server und Netzwerkeinrichtungen der Klinik genannt. Die Einbindung medizinischer Software in die Patientenbehandlung und den Klinikalltag bringen nicht nur Vorteile mit sich, sondern bergen auch erhebliche Gefahren. Unter genannten Szenarien wird die Bedeutung der Planerstellung unter der Berücksichtigung der Sicherung von Funktionalität und Kapazität deutlich. Bei einem Angriff von außen auf die informationstechnologische Infrastruktur der jeweiligen Klinik wird die Funktionalität der Klinik in einem erheblichen Maße gestört. Umgekehrt hat ein derartiger Angriff auch Auswirkungen auf die Kapazität des Krankenhauses.

1.2.6 Maßnahmen

Fraglich ist, inwieweit die Geschäftsleitung unter Beachtung von »Good Practice«-Standards sowie anderen Maßnahmen den Balanceakt zwischen der Implementierung eines ausreichenden Risikomanagementsystems und eines Risikoabwehrplans in der akuten Katastrophe meistern kann und bestenfalls für etwaige Schäden nicht haften muss. Des Weiteren ist es fraglich, welche Analogien zur Risiko-Umgehung in anderen Feldern gezogen werden können.

Corporate Governance, Good Practice und Compliance im Krankenhaus

Good Practice bedeutet, dass Handlungsweisen in der Vergangenheit nachhaltig zum Erfolg geführt haben und dadurch gute Ergebnisse erzielt wurden und deshalb auch in Zukunft als Model empfohlen werden können (FAO, Good Practice Template, 01.03.2014). Es handelt sich hierbei um eine erfolgreiche Erfahrung, die getestet und analysiert wurde und somit mit vielen Personen geteilt werden kann (FAO, Good Practice Template, 01.03.2014). Somit können diese Normen zu sogenannter »soft law« werden, also verdichtet werden und sich so zur allgemeinen Übung herauskristallisieren. Die B. Braun-Stiftung bietet seit 1990 (Thöne, 2016) Workshops zur Thematik *Good Clinical Practice* an, die sich Ärzte als Fortbildung von der Ärztekammer Berlin anrechnen lassen können (B. Braun-Stiftung, Sharing Experience, http://www.gcp-workshop.de/). Die Deutsche Krankenhaus Gesellschaft (DKG e.V.) bietet Anhaltspunkte, wie die *Good Practice* ausgestaltet werden kann: So wird z. B. von der DKG e.V. auf das von der EU beauftragte Projekt *PASQ – European Union Network for Patient Safety and Quality of Care* verwiesen, das sich zum Ziel gesetzt hat europaweit die Standards der *Good Practice* in den Krankenhäusern der Mitgliedsstaaten zu sammeln und online zur Verfügung zu stellen, um eine Möglichkeit zum Austausch, zur Inspiration und schließlich zur Vereinheitlichung der *Good Practice* zu ermöglichen (www.dkev.de; www.pasq.eu.). Hinsichtlich der guten klinischen Praktiken wurde ein internationaler Standard erstellt, der sowohl ethische als auch wissenschaftliche Standards in Bezug auf die Planung, Durchführung und Dokumentation sowie Berichterstattung umfasst und sich mit den klinischen Prüfungen am Menschen befasst und somit für mehr Sicherheit, Klarheit und Transparenz für die Patienten sorgt (ICH GCP, http://ichgcp.net/de/introduction). Dieser gilt jedoch grundsätzlich in alltäglichen Situationen und bei klinischen Prüfungen, ist jedoch nicht auf die speziellen Anforderungen einer Katastrophe ausgerichtet. Durch »Codes of Good Practice« soll regelkonformes Vorgehen empfohlen werden (Koss et al.). Fraglich ist, inwieweit dieses Verhalten in Ausnahmesituationen vorgezeichnet werden kann und welche Regelungen, Gesetze und Normen hier greifen. Hinsichtlich der *Good Practice* im Krankenhaus soll auf den Versorgungsauftrag als Grundlage und Maßstab verwiesen werden. Somit sollte die Einhaltung gewisser Regeln, die sich an dem Versorgungsauftrag orientieren, im Mittelpunkt stehen: Z. B. könnte es sich hier um Hygieneregelungen handeln und dass der Patient im Mittelpunkt jeder Behandlung stehen muss sowie Transparenz- und Aufklärungspflichten, aber auch architektonische und brandschutzrechtliche Vorkehrungen. Diese Normen sollten als *Good Practice Code of Conduct* für alle Arbeitnehmer und das Führungspersonal sichtlich formuliert und ausgehängt werden sowie durch Vorleben der Geschäftsleitung aktiv in die Unternehmenskultur integriert werden. Ständiges Wiederholen von z. B. Brandschutzmaßnahmen und Katastrophenszenario-Übungen internalisiert das Vorgehen im Krisenfall, sodass Verhaltensweißen automatisiert werden und im Krisenfall von allen Beteiligten einfach abgerufen werden können. Besonders bei Änderungen des rechtlichen Umfelds entstehen häufig rechtliche und regulatorische Risiken (Schmola/Rapp, 2016). Dies ist besonders in regulierten Branchen wie dem Gesundheitswesen gegeben (Schmola/Rapp, 2016).

CMS und Risikomanagement

Durch die Summierung kleiner Fehler entstehen im Klinikbetrieb oft Risiken, die häufig nicht unvorhersehbar sind (Pippig, 2005). *Compliance* dient der Prävention von Haftungsfällen für die Organe und Mitarbeiter eines Unternehmens (Schmola/Rapp, 2016). Dabei bedeutet *Compliance* nicht nur die Einhaltung juristischer Regelungen (Englisch: »to comply with« – d. h. übereinstimmen mit«) (Schmola/Rapp, 2016), sondern auch eine Institutionalisierung von systematischen und organisatorischen Prozessen, die sicherstellt, dass alle im Unternehmen beschäftigten Mitarbeiter sich stets regelkonform verhalten und dieses Verhalten ausreichend dokumentiert wird (Schmola/Rapp, 2016). Dies macht Transparenz, Kommunikation und Kooperation auf allen Ebenen, d. h. von der Geschäftsleitung, der Verwaltung bis zu der Ärzteschaft, dem Pflegepersonal, dem Labor und anderen Klinikangestellten, zwischen den einzelnen Branchen und der ambulanten und stationären Abteilung, Zeitarbeitern und Zulieferanten, (externen) Reinigungsfirmen, Kantine und nicht zuletzt mit den Patienten unumgänglich (Helm/Menger, 2015). *Compliance* ist seiner heutigen Ausprägung nach stärker auf Risiken bezogen und nicht speziell auf akute Katastrophenbewältigung ausgerichtet.

Ein effektives *Compliance Management System* (*CMS*) hat zum Ziel, die Risiken zu entdecken und so zu steuern, dass sie keine existenzielle Gefahr darstellen und der tägliche Betrieb weiterlaufen kann. Während sich die Risikoprävention mit der Eintrittswahrscheinlichkeiten von Risiken befasst, geht es bei *Compliance* darum, rechtliche Normen umzusetzen und eine transparente und regelkonforme Unternehmenskultur zu etablieren (Steuber et al.). Beim Risikomanagement stehen die Analyse, Dokumentation und Kommunikation der Risiken im Mittelpunkt, während es beim *CMS* unterstützender Prozesse und Anreizsysteme durch die Geschäftsleitung bei regelkonformen Verhalten bedarf, damit dieses tatsächlich umgesetzt wird (Steuber et al.). Im Klinikbereich sollte vor allem ein Frühwarn-Ausbruchsmanagement, das in Katastrophenübungen bei Fortbildung trainiert werden sollte, implementiert und stets auf dem neuesten Stand der Forschung z. B. in Hinblick auf neue Krankheitserregergruppen gehalten werden, um in Katastrophen adäquat zu handeln (Vgl. Helm/Menger, 2015). Im Risikomanagement-System des Krankenhauses müssen Bewältigungsstrategien in Form eines strukturierten Zwischenfallmanagements unter juristischen Kriterien implementiert sein, die dann greifen, sobald sich ein solcher Zwischenfall ereignet (Bock/Euteneier). Diese Verpflichtung der Krankenhäuser zur Qualitätssicherung auch in Form eines Risikomanagement- und Fehlermeldesystems wird durch die §§ 135 a, 137 Abs. 1 Satz 3 Nr. 6 SGB V vorgegeben (Bock/Euteneier). Diese Vorschriften ermöglichen auch ein Beschwerdemanagement durch die Patienten, das schon früh auf Missstände hindeuten kann (Bock/Euteneier). Die Erstellung eines Qualitätsberichts kann der Krankenhausleitung auch als Wettbewerbsvorteil in Form von Benchmarking nutzen (Holtel/Arndt, 2010).

Compliance Officer, Haftung der Geschäftsleitung und Business Judgement Rule

Selbst wenn die Umsetzung des *CMS* an den *Compliance Officer* delegiert wird, so haftet die Geschäftsleitung bei Schäden und Sorgfaltspflichtverletzungen (Weber et al.). Der *Compliance Officer* kann aufgrund seiner Garantenstellung strafrechtlich haften, wenn er Rechtsverstöße nicht meldet (Weber et al.). Der *Compliance Officer* muss die unternehmensspezifischen Risikobereiche und die relevanten Vorschriften ermitteln, die Prozesse konzipieren, Mitarbeiter schulen sowie die Einhaltung von einschlägigen *Compliance*-Vorschriften kontrollieren, z. B. durch *Self-Audits*, deren Ergebnisse erneut das *CMS* verbessern sollen, und durch Stichprobenkontrollen (Weber et al.). Grundsätzlich sollten bei der Risikoprävention stets Kontrollen, etwa das Vier-Augen-Prinzip, gelten, um potenzielle Risiken zu minimieren. Im Kontext des Risikomanagements sollten analytische Prüfungshandlungen durchgeführt werden, um Auffälligkeiten im Krankenhaus und den einzelnen Stationen schnell erfassen zu können, z. B. Häufungen von Keimbelastung bis hin zu Häufungen von Todesfällen. Wenn alle Daten umfangreich erfasst werden, fallen die Unregelmäßigkeiten auf und erzwingen eine umfassende Analyse der Ursachen. Neben dem *CMS* und dem Risikomanagement-System kann es zu begrüßen sein, eine integrierte Whistleblower-Hotline einzurichten, die es Angestellten ermöglicht, Auffälligkeiten anonym und ohne negative Konsequenz zu melden.

Handelt die Geschäftsführung auf Grundlage angemessener Informationen, bei denen sie vernünftigerweise annehmen muss, dass sie zum Wohle des Unternehmens handelt, so greift im Falle einer unternehmerischen Entscheidung, die sich im Nachhinein als wirtschaftlich nachteilig und risikoreich herausstellt, die sogenannte *Business Judgement Rule* (Wecker/Ohl, 2003). Die *Business Judgement Rule* schützt die Geschäftsführung dann vor der Haftung, wenn sie eine Abwägung getroffen hat (Kremer et al.). Die *Business Judgement Rule* kommt in der Praxis nur relativ selten zum Tragen.

Patientengesetze und Aufklärungspflichten

Eine Besonderheit im Krankenhausmanagement liegt darin, dass hier nicht nur die Beziehung zwischen Vorgesetzten und Angestellten regeltreu sein muss, sondern v.a. auch die Beziehung zwischen Arzt und Patienten bzw. Klinikpersonal und Patienten, was auch in der Verantwortung der Geschäftsleitung mündet, dafür Sorge zu tragen, dass das medizinische Personal der Klinik den Patienten ausreichend aufklärt und Sorgfaltspflichten eingehalten werden (Bock/Euteneier).

Der Patient hat ein Recht auf die beste Behandlung durch den Arzt und das Klinikpersonal, das die Mindestanforderungen an den Berufstand abdecken muss (Finn et al., 2016). Im Zuge des Inkrafttretens des Patientenrechteverbesserungsgesetzes (PatRVG) ist 2013 ein Handlungsbedarf bei Ärzten und Klinikträgern im Bereich der Akteneinsichtsgewährung, Dokumentation und Aufklärung sowie ärztlichen Offenbarungspflichten bei Behandlungsfehlern entstanden (Finn et al.). Unterschreitet der behandelnde Arzt eines Fachgebietes den dort geltenden Standard (»Facharztstandard«) bei seiner ärztlichen Behandlung, so liegt ein Behandlungsfehler vor (Finn et al.). Gemäß § 630a BGB sind die vertragstypischen Pflichten beim Behandlungsvertrag geregelt. Die hinreichende Dokumentation über die Behandlung kann spätere Haftungsrisiken minimieren bzw. ausschließen: Krankenhausträger und die behandelnden Ärzte tragen die Beweis- und Darlegungslast im Falle eines Prozesses »über die ordnungsgemäße Aufklärung des Patienten und dessen wirksame Einwilligung.« (Finn et al., 2016) Dies ergibt sich nicht zuletzt aus der Körperverletzungsdoktrin im Deliktsrecht, die besagt, dass bereits bei einem körperlichen Eingriff durch den Arzt eine Körperverletzung vorliegt, solange der Patient nicht seine Einwilligung erteilt, die folglich einen juristischen Rechtfertigungsgrund für den behandelnden Arzt darstellt (Bock/Euteneier). Darum ist es stets ratsam, eine zeitnahe Beweissicherung durchzuführen, dies kann z. B. in Form von Gedächtnisprotokollen direkt nach der Aufklärung des Patienten in der Krankenakte notiert werden. Die Archivierungsfrist beträgt zwar gemäß § 630g Abs. 3 BGB 10 Jahre nach Behandlungsabschluss, jedoch ist hinsichtlich der Verjährungshöchstfrist in Höhe von 30 Jahren ab der Pflichtverletzung, gemäß § 199 Abs. 2 BGB eine dementsprechende Archivierung zu empfehlen (Finn et al., 2016). Durch das Patientenrechtegesetz wird das Klinikpersonal verpflichtet, dem Patienten gemäß § 630e BGB unaufgefordert Abschriften der Unterlagen, die im Zuge der Aufklärung und Einwilligung von beiden Seiten unterschrieben werden, auszuhändigen (Finn et al., 2016). Datenschutzvorschriften gemäß des Bundesdatenschutzgesetzes (BDSG) müssen stets eingehalten werden, dies betrifft in Krankenhäusern v. a. die Verarbeitung von patientenbezogenen Daten sowie den Arbeitnehmerdatenschutz gemäß § 32 BDGS (Heckelmann et al.). Die Nichteinhaltung wird mit Straftatbeständen und Bußgeldtatbeständen gemäß §§ 44, 43 Abs. 2 BDSG und Schadensersatz- und Unterlassungsansprüchen der betroffenen Patienten sanktioniert (Heckelmann et al.). § 43 BDSG sieht etwa ein Bußgeld in Höhe von 300 000 € vor (Heckelmann et al.). Darüber hinaus ist in § 9 MBO-Ä die ärztliche Schweigepflicht geregelt, die 1997 von der Bundesärztekammer verabschiedet wurde und die als Kammergesetz auf den Landes-Heilberufegesetzen basiert. In Zeiten der Industrie 4.0 und der zunehmenden Digitalisierung der Patientenakten und Datenspeicherung, z. B. durch sogenannte *E-Health*-Projekte und -Anwendungen, die die zunehmende Vernetzung im Gesundheitswesen voranbringt, z. B. durch die elektrische Gesundheitskrankenkarte (eGK) oder telemedizinische Leistungen, spielt Datenschutz eine sehr wichtige Rolle und stellt eine zu berücksichtigende Grenze des gesetzlich Möglichen dar (Vgl. Müller et al.). Die elektronische Archivierung und die digitale Weitergabe von Daten wird ausgebaut und das vermehrte Speichern auf der Cloud fordert die Implementierung von *IT-Compliance*-Strukturen, z. B. nach der DIN EN 80001, um vor Datenmissbrauch und Fahrlässigkeitshaftungsrisiken zu schützen (Distelrath/Penter). So kann ein Nachweis über ein IT-Risikomanagement-System eine exkulpierende Wirkung haben (Distelrath/Penter). Im Falle eines Hackerangriffs können alle Daten betroffen sein und es gilt, besondere Vorsichtsmaßnahmen zu treffen, z. B. in Form modernster Verschlüsselung, Passwortsystemen und der Speicherung der Daten auf diversen Datenträgern sowie analoge Hilfsgutachten mit verschlüsselten Patientennamen, sodass diese z. B. im computergestützten System als Ziffer erscheinen und ihre Identität so unkenntlich gemacht wird. Immer moderner werdende Formen des Datenraubs können eine vollständige Sicherheit der Systeme nicht absolut garantieren. Im potenziellen Katastrophenfall eines Feuers oder Erdbebens und dergleichen sollte bereits im Vorfeld sichergestellt werden, dass sich die Daten extern an einem sicheren Ort bzw. verschlüsselt auf möglichst ausfallsicheren Servern befinden, sodass auch im Katastrophenfall und danach Zugriff auf die wichtigsten Daten besteht.

Krisenmanagement und Errichtung eines Krisenstabs

Auf Grundlage einer umfassenden und methodisch sowie systematisch nachvollziehbaren Risikoanalyse und der Erstellung eines Risikoinventars soll das Risiko- und Krisenmanagement entwickelt werden (BBK, 2008). Vorschriften hierzu finden sich auf Länderebene, so z. B. die »Allgemeinen Ausführungsbestimmungen zum Krankenhaus-Einsatzplan des Landes Hessen (KHEP)[3], das die genaue Risikoevaluation auch hinsichtlich der besonderen Vulnerabilität von Kliniken festlegt (BBK, 2008). In Hessen wirken die Gefahrenabwehrbehörden an der Risikoanalyse für Krankenhäuser mit und deshalb soll keine methodische Vorfestlegung stattfinden (BBK, 2008). Trotzdem sollte die Risikoanalyse eine Gefährdungsanalyse, eine Abschätzung und Evaluation des Gefahrenpotenzials, Schutzziele sowie eine ausreichende Dokumentation berücksichtigen – stets im Hinblick auf individuelle Gegebenheiten, die sich je nach Region und Rechtsform sowie Struktur des Krankenhauses unterscheiden können und in Kooperation mit den zuständigen Gefahrenabwehr- und Gesundheitsbehörden erfolgen (BBK, 2008).

Gem. § 28 Abs. 2 Landeskrankenhausgesetz (LKHG) exemplarisch für viele Länderregelungen haben die Klinken auch im Falle eines Massenanfalls von Verletzten (MANV) eine ordnungsgemäße Versorgung der Ver-

---

3 Sonderschutzplan, Sanitätswesen, Krankenhaus-Einsatzplan (KHEP) für die Krankenhäuser in Hessen, Bereich 5, Plan Nr. 5, Az: HSM V7b 18c 12.13.52, durch das Hessische Sozialministerium (HSM) mit Erlass vom 12.06.2007 in Kraft gesetzt; vergleichbar mit allgemeinen Krankenhausplänen andere Bundesländer, z. B. dem Krankenhausplan 2010 Beschluss der Landesregierung vom 9. November 2010; Krankenhausplan des Freistaats Bayern des Bayerischen Staatsministeriums für Gesundheit und Pflege, Stand: 1. Januar 2016 (41. Fortschreibung); Krankenhausplan 2016 des Landes Berlin, Senatsverwaltung für Gesundheit und Soziales; Dritter Krankenhausplan des Landes Brandenburg vom 10. Juni 2008 (ABl./08, [Nr. 27], S. 1589); Krankenhausplan 2020 der Freien und Hansestadt Hamburg Behörde für Gesundheit und Verbraucherschutz.

letzten zu gewährleisten (MANV-Konzept Baden-Württemberg, 01.08.2016, Az.: 6-14441/73, S. 10). Hinsichtlich der Notfallbetten sind die Krankenhäuser zwar nicht verpflichtet, die Bettenkapazität auszubauen, jedoch müssen sie dafür Sorge tragen, dass die Aufnahmekapazität sowie die Therapiemöglichkeiten bei einem MANV kurzfristig erhöht werden können (MANV-Konzept Baden-Württemberg, 01.08.2016, Az.: 6-14441/73, S. 10). Das Regierungspräsidium/Gesundheitsamt kann im Falle einer Katastrophe dieser Verpflichtungen durchsetzen (MANV-Konzept Baden-Württemberg, 01.08.2016, Az.: 6-14441/73, S. 10).

Gemäß § 23 RiStBV hat die Staatsanwaltschaft ein Recht darauf, die Öffentlichkeit über die Krisenvorfälle im Krankenhaus zu unterrichten, was krankenhausintern schwierig sein kann, da oftmals der Sachverhalt zu Beginn von z. B. *Compliance*-relevanten Vorfällen noch nicht geklärt ist (Weber et al.). Darum ist im akuten Krisenfall stets ein strategischer, mediengeschulter, transparenter und ehrlicher Umgang der Klinikleitung mit den Medien gefragt, was von Handlungsstärke und Professionalität zeugt und nicht dem Vorwurf der Vertuschung standhalten muss (Jürgen et al.). Die Planung des Krisenmanagements hat bereits im Normalbetrieb zu erfolgen und muss den gesetzlichen Bestimmungen entsprechen, z. B. Bestimmungen zur Ersten Hilfe, dem Brandschutz, Infektionsschutzgesetz (IfSG) und Evakuierung gem. § 10 ArbSchG sowie die Rollen der Leitung klar und systematisch vorschreiben, so dass im akuten Fall der Krise kein Chaos herrscht und die Ansprechpartner und Verantwortlichen bekannt sind (Jürgen et al.). Basierend auf den gesetzlichen Vorschriften sollen die Pläne mit implementierten Regeln, Maßnahmen, Checklisten und Alarmierungsstufen festgelegt werden; zu erwägen ist, bereits bei den ersten Planungsschritten des Risiko- und Krisenmanagement-Systems externe und unabhängige Beratungsgesellschaften beratend mit in die Prozesse einzubeziehen. Dabei kann die konkrete Dokumentation, die Erarbeitung der Zielsetzung, die Implementierung der organisatorischen Anforderungen und die externe wie interne Kommunikation inklusive einer Einführung einer entsprechenden Sicherheitskultur Gegenstand sein. Im Krisenkonzept oder -handbuch sollte auch ein Krisenstab festgelegt werden, der einen Leiter des Krisenstabs sowie ausgebildete Notfallmanager und die Bereiche Recht und *Compliance*, Qualitätsmanagement, Krankenhaus-IT, HR-Bereich, Krankenhaussicherheit und Dokumentationszentrum umfasst (Jürgen et al.). Durch Schulungen, Trainings und Simulationen anhand von Szenarien, wie z. B. Stromausfall mit Wasserknappheit durch Ausfallen der Wasserleitungen, Amoklauf und Pandemien sowie Hackerangriffe, sollte die Krisenkompetenz des Krisenstabes sowie des Klinikpersonals und des Managements in regelmäßigen Abständen ausgebaut werden (Jürgen et al.). Dies sollte die Geschäftsleitung kontrollieren. Informationen über Kontaktmöglichkeiten der Mitglieder sowie interne und externe Informationsketten und Kommunikations- und Dokumentationsregeln sollten allen Mitgliedern im Krisenfall zur Verfügung stehen (Jürgen et al.). Hinsichtlich diverser Szenarien, z. B. einer Ausbreitung eines Vektor-Virus, wie z. B. dem *Chikungunyafiebers*, ein hämorrhagisches Fieber, dass über die asiatische Tigermücke (*Aedes albopictus*) übertragen wird, ist es etwa sinnvoll, externe Stellen, wie die WHO (http://www.who.int/en/) (World Health Organization) für die Recherche aktueller Gesundheitsinformationen, das Robert-Koch-Institut (https://www.rki.de/DE/Content/InfAZ/I/Influenza/Pandemieplanung/Nationaler_Influenzapandemieplan.html), das eine aktive Beratungsfunktion laut nationalem Pandemieplan innehat, oder das Paul-Ehrlich Institut (http://www.pei.de/DE/infos/pu/genehmigung-klinische-pruefung/genehmigung-klinische-pruefung-node.html), das für die Genehmigung klinischer Prüfungen verantwortlich ist, mit in die Risiko- und Krisenmanagementplanung zu integrieren und somit die Inzidenz, Prävalenz, Morbidität, Mortalität, Krankheitsdauer sowie zukünftiges Risiko z. B. durch Klimaerwärmung und Mückenverbreitung abzuschätzen (Milz, 2013). Nicht alle Risiken enden in einer Krise, manche Pandemien kündigen sich über einen längeren Verlaufszeitraum an (Wurmb et al., 2016). Bereits dann sollte der Krisenstab handeln und beginnen, die ersten Schritte des Notfallplans so umzusetzen, dass bereits genügend Betten und Isolationszimmer zur Verfügung stehen, damit die Klinik im akuten Fall besser mit der Situation umgehen kann (BBK, 2008).

Ressourcenorientierter Ansatz

Um einer Katastrophe professionell zu begegnen, sei auf einen theoretischen Ansatz verwiesen, der auf den vorhandenen und einzuplanenden Ressourcen basiert: Nur eine gute Prävention auch in Form einer nachhaltigen Vorhaltung an Ressourcen kann in einer akuten Katastrophe die Beteiligten darin unterstützen, die Katastrophe so zu bewältigen, dass die Krankenversorgung der Bevölkerung möglichst gesichert ist. Diese Ressourcen können z. B. genügend

- Notstromaggregate auch auf Intensivstationen,
- Notfall-OP-Zimmern und Ausrüstung,
- Sauerstoff,
- Blutkonserven,
- Desinfektionsmittel,
- Kühl-Akkus und ausreichend Notstromaggregate für Kühlschränke, die lebenserhaltende Medikamente und Organe vor Transplantationen kühlen,
- destilliertes Wasser und grundsätzlich Wasservorräte sowie
- hinreichend Verbandsmaterial und Vorräte an Medikamenten (z. B. auch ausreichende Iod-Tabletten für den Fall eines atomaren Unglücksfalls, vergleichbar mit Tschernobyl oder Fukushima), Impfstoffe, Transfusionsgeräte, Notfallbetten, ausreichend Notfallpersonal und Transportfahrzeuge umfassen

und sollten stets fest in das Katastrophenmanagement eingeplant werden.

Ziel jeder Maßnahme sollte eine bestmögliche Risikoabwendung bei gleichzeitig bestmöglicher Katastrophenversorgung sein. Risikoquellen sollten möglichst abgestellt werden und die Kommunikation zu der Leitung des Krisenstabs stets aufrechterhalten werden. Das Benutzen von Notstromaggregaten und anderen Ressourcen, z. B. Notbrunnen (Vgl. BBK, Auszug von der CD in: Praxis im Bevölkerungsschutz – Band 2) und Feuerlöschern, sowie Isolationstransportern sollte mit in die Alarmplanung und Katastrophensimulation aufgenommen werden, um erwünschtes Verhalten adäquat trainieren zu können. Zusätzlich ist auf die Einhaltung von Hygienemaßnahmen zu achten, da diese auch in Katastrophenfällen hinsichtlich einer Seuchengefahr nicht vernachlässigt werden dürfen. In der Vergangenheit hat es sich stets bewährt, nicht an der falschen Stelle zu sparen. Trotz finanziellen Drucks auf den Gesundheitssektor ist es aus juristischer Sicht im Hinblick auf Haftungsfragen stets anzuraten, über ein organisiertes Ressourcenlager zu verfügen, auf das im Falle einer Katastrophe schnell zugegriffen werden kann.

1.2.7 Fazit

Der Gegenbegriff von Risiko-und Krisenmanagement ist eine opportunistische Laissez-Faire-Haltung, die in einem gefährlichen Chaos enden kann. Um ein solches zu vermeiden, existieren im Bereich Gesundheitswesen für den Krisen- und Katastrophenfall verschiedene Kodizes und andere *Soft-law*-Regelungen, die z. B. aus eigenen Kliniksatzungen und deren hauseigenen Kodizes hervorgehen. So leitet man aus diesen *Soft-law*-Bestimmungen allgemein gültige Regelungen ab. Nachdem man diese Normen im internen System implementiert hat, lässt sich daraus das Sorgfaltsprogramm ableiten. Danach wird überprüft, was andere Krankenhäuser machen und ob das interne System gut funktioniert und den eigenen Bedürfnissen für das Risiko- und Krisenmanagement entspricht. Im Hinblick auf andere Systeme wird z. B. in Form von Benchmarking ausgewertet, welches System sich am besten eignet, um die Ziele des Risiko-und Krisenmanagements zu erreichen, nämlich die Aufrechterhaltung der Basisfunktionen im Krankenhaus auch im Katastrophenfall, um somit die Sicherung der Gesundheit der Bevölkerung zu gewährleisten.[4]

Literatur

Baden-Württemberg. Ministerium für Inneres, Digitalisierung und Migration: Konzeption des Ministeriums für Inneres, Digitalisierung und Migration für die Einsatzplanung und Bewältigung eines Massenanfalls von Verletzten (ManV-Konzept) vom 1. August 2016, - Az.: 6-1441/73 (eingesehen auf: https://www.lfs-bw.de/Fachthemen/RechtOrganisation/Documents/ManV_Konzept_2016.pdf)

Baden-Württemberg, Ministerium für Arbeit und Sozialordnung, Familien und Senioren: Krankenhausplan 2010 Baden-Württemberg, Beschluss der Landesregierung vom 9. November 2010, eingesehen auf: https://sozialministerium.baden-wuerttemberg.de/fileadmin/redaktion/m-sm/intern/downloads/Downloads_Krankenh%C3%A4user/KH-Plan_Textteil_2010.pdf

Baldamus, E.-A., Bayer, W., Kremer, T. (2013): Gesellschaftsrecht in der Diskussion. Gesellschaftsrechtliche Vereinigung (Hrsg.), Band 18, Köln.

Bundesamt für Bevölkerungsschutz und Katastrophenhilfe (2008): Schutz Kritischer Infrastruktur: Risikomanagement im Krankenhaus – Leitfaden 2008 (lange Version).

Deutscher Bundestag, 17. Wahlperiode (2011): Bericht des Ausschusses für Bildung, Forschung und Technologenabschätzung (18. Ausschuss) gemäß § 56a der Geschäftsordnung Technikfolgenabschätzung (TA), Drucksache 17/5672, 27.04.2011

Deutsche Krankenhaus Gesellschaft e.V., eingesehen am 20.02.17 auf: http://www.dkgev.de/dkg.php/cat/42/aid/11590/title/Projekt_%E2%80%9EEuropean_Union_Network_for_Patient_Safety_and_Quality_of_Care%E2%80%9C_

Euteneier, A. (2015): Handbuch Klinisches Risikomanagement Grundlagen, Konzepte, Lösungen- medizinisch, ökonomisch, juristisch. Heidelberg.

Erle, B., Goette, W., et al. (Hrsg.): Juristische Aspekte des klinischen Risikomanagements, 19.1, S. 218.

Festschrift für Peter Hommelhoff. Compliance - moving target. Seibert, U.: Was ist Corporate Governance und warum beschäftigt sie die Gesetzgebung so intensiv?

Freie und Hansestadt Hamburg Behörde für Gesundheit und Verbraucherschutz Amt für Gesundheit – Fachabteilung Versorgungsplanung G 14. Krankenhausplan 2020 der Freien und Hansestadt Hamburg, 1. Auflg. 2016. eingesehen auf: http://www.hamburg.de/contentblob/4659138/801fc86b22508ccb2024996c7c0ce5ea/data/krankenhausplan2020-broschuere.pdf

Helm, T., Menger, M. (2015): Strategie für die Zukunft – Herausforderungen und Chancen im Krankenhausmanagement. Gesundheitsbarometer Ausgabe 3, S. 20 ff.

Helm, T., Haaf, P. (2015): Steuerliche Compliance in öffentlichen Unternehmen. Public Governance.

Herke, M. D.: Risikomanagement entsprechend dem KonTraG. Betriebswirtschaft im Mittelpunkt 01.04.2005. AUSGABE 04/ 2005 Seite 99 ID 86021.

Hoffmann, H., Thiele, S. (2010): Notfallmanagement im Krankenhaus. Im Rahmen der Lehrveranstaltung: Management von Sicherheit. Westfälische Hochschule Zwickau 7.06.2010.

Holtel, M., Arndt, C. (2010): Risikomanagement im Krankenhaus: Fehler systematisch aufspüren, Deutsches Ärzteblatt 107(43): A-2096/B-1821/C.1793.

ICH GCP: International Conference on Harmonisation of technical requirements for registration of pharmaceuticals for human use. eingesehen auf: http://ichgcp.net/de/introduction

Klaßmann, R. (2011), Siebenmorgen, Jörg, Notz, Ursula: Die Besteuerung der Krankenhäuser. 4. Auflage. Düsseldorf.

---

[4] Mit Dank an Frau Christina Vondracek, die uns bei der Erstellung dieses Beitrags unterstützt hat.

Laufs, A. Katzenmeier, C., Lipp, V. (2015): Arztrecht. 7. Auflage München.

Lorenz, H.: Was tun, wenn's brennt? Katastrophenmanagement im Krankenhaus. 21.02.2014. eingesehen auf http://www.e-fellows.net/e-fellows.net-Stipendium/Infos-speziell-fuer/Mediziner/Wissen-fuer-Mediziner/Katastrophenmanagement

Minnik, W. (2014): Keine einfachen Lösungen für Kliniken in Sicht. Verlag Versicherungsgesellschaft GmbH. Karlsruhe.

Merkle, W. (Hrsg.) (2014): Risikomanagement und Fehlervermeidung im Krankenhaus. Heidelberg

Milz, H. (2013): Pandemieszenario in der PKV Verlag Versicherungsgesellschaft GmbH Karlsruhe.

Penter, V. (Hrsg.) (2015): Gesundheitsbarometer Gesundheitswirtschaft KPMG. Ausgabe 1. Heft 25, 8. Jahrgang.

Pippig, M. (2005): Risikomanagement im Krankenhaus, Working Paper, Wismarer Diskussionspapiere, Heft 5.

Sauerbier, C. (2014): Compliance im Gesundheitswesen – Was verbirgt sich dahinter? WzS 2014m 346-350

Schmola, G., Rapp, B. (2016): Compliance, Governance und Risikomanagement im Krankenhaus. Berlin.

Rechtliche Anforderungen- Praktische Umsetzung- Nachhaltige Organisation. Wiesbaden 2016

Thöne, A. (2016): Imagebroschüre 2016 der B. Braun-Stiftung. Eingesehen auf: https://www.bbraun-stiftung.de/documents/Service/B._Braun-Stiftung_Imagebroschuere_2016.pdf

Unger, C. (2008): Schutz Kritischer Infrastruktur: Risikomanagement im Krankenhaus. Eingesehen auf: https://www.bbk.bund.de/SharedDocs/Downloads/BBK/DE/Publikationen/Praxis_Bevoelkerungsschutz/Band_2_Praxis_BS_Risikomanagm_Krankenh_Kritis.pdf?__blob=publicationFile

Wieler, L., Biederbick, W.: Vorüberlegungen zum »Grünbuch« – Szenario »Pandemie in Deutschland«. Zukunftsforum öffentliche Sicherheit e.V. Eingesehen auf: http://zoes-bund.de/wp-content/uploads/2015/10/Gruenbuch_Anhang_6.pdf

Wecker, G., Ohl, B. (2013): Compliance in der Unternehmerpraxis, Grundlagen, Organisation und Umsetzung. 3. Auflage. Wiesbaden.

Wurmb, T., Rechenbach, P., Scholtes, K (2016): Alarm- und Einsatzplanung an Krankenhäusern: Das konsequenzbasierte Modell. Medizinische Klinik – Intensivmedizin und Notfallmedizin. Berlin.

1.3 Rechtliche Rahmenbedingungen der Krankenhausalarm- und Einsatzplanung

Alex Lechleuthner

1.3.1 Hintergrund

Die Gesetzgebung für die Krankenhäuser ist Sache der Länder, womit diese im Wesentlichen eine flächendeckende Versorgung der Einwohner sicherstellen möchten. Gleichwohl gibt es zahlreiche Bundeseinflüsse, die sich jedoch überwiegend um die Finanzierung drehen (z. B. Krankenhausfinanzierungsgesetz, Krankenhausentgeltgesetz). Letztlich gibt es damit in Deutschland eine »duale Finanzierung« der Krankenhäuser. Im föderalen System entsteht dabei ein wohlbekanntes Phänomen, das sich als Spannungsfeld zwischen den Ländern auf der einen und dem Bund auf der anderen Seite beschreiben lässt.[5] Vordergrün-

---

5 Siehe dazu auch: Basanta Thapa: Die duale Krankenhausfinanzierung als Beispiel eines effizienzsenkenden Interessenkonflikts in der Sozialpolitik. Universität Münster 2007. http://www.basantathapa.de/wp-content/uploads/Thapa-Sozialpolitik.pdf (zuletzt abgerufen am 5.3.2017)

dig scheint alles geregelt zu sein. Die Länder sind zuständig für die Krankenhausinvestitionen, der Bund kümmert sich mit den ihm zur Verfügung stehenden Instrumenten (SGB V, G-BA etc.) um die Frage, wie der laufende Krankenhausbetrieb und in welchem Umfang er im Wesentlichen durch die Krankenkassen finanziert wird. Die Länder gehen dabei mit ihrem Teil der Verpflichtung sehr unterschiedlich um. Im Prinzip gilt die Faustformel, dass wohlhabende Bundesländer mehr für die Krankenhausinvestitionen übrig haben, weniger wohlhabende eher weniger. Dabei stellt sich die Frage, inwieweit Krankenhäuser zu Vorbereitungsmaßnahmen z. B. bei MANV-Situationen bei plötzlichen Epidemien etc. verpflichtet werden können, und in welchem Umfang sie das müssen und wie diese Vorbereitungen finanziert werden. Auch diese Fragen sind alles andere als trivial, obwohl sie eindeutig dem Betrieb eines Krankenhauses zugerechnet werden können. Dies wird deutlich daran, dass alle Vorgaben zur Krankenhausalarm- und Einsatzplanung, rechtlich durch das jeweilige Bundesland erfolgen müssen. Die Finanzierung dieser Maßnahmen muss dann zwangsläufig über den Betrieb und damit über die Krankenkassen erfolgen. Bekanntlich sind die Krankenkassen wenig begeistert darüber, wenn sie Maßnahmen der »Daseinsfürsorge« finanzieren sollen, die man landläufig dem »Katastrophenschutz« oder zumindest der staatlichen Gefahrenabwehr zurechnet. Scheitert die Refinanzierung dieser Vorbereitungsmaßnahmen am Widerspruch der Kostenträger, ist der durch Landesrecht verpflichtete Krankenhausträger versucht, sein Geld bei dem zu holen, der die »Musik bestellt hat«, dem Land.

Es darf deshalb nicht überraschen, wenn man in den landesrechtlichen Vorgaben zur Krankenhausalarm- und Einsatzplanung relativ wenig findet. Erfreulicherweise gibt es aber auch gute Beispiele für eine landesrechtliche Gestaltung, die Vorgaben für eine vernünftige und fachgerechte Krankenhausalarm- und Einsatzplanung macht.

Da die Krankenhausgesetzgebung in den 16 Bundesländern einem beständigen Wandel unterliegt, muss jeder selbst die dazugehörigen Vorschriften seines Bundeslandes im Auge behalten und sich danach richten. In diesem Abschnitt wird deshalb nur beispielhaft erläutert, wie man als Gesetzgeber schon jetzt offensichtlich viel für eine wirksame und flächendeckende Krankenhausalarm- und Einsatzplanung tun kann.

Zunächst einmal gilt es festzustellen, was alles zu einer fachgerechten Krankenhausalarm- und Einsatzplanung gehört, auf welche Szenarien sich das Krankenhaus vorbereiten soll und welche Maßnahmen dafür nötig sind. Da Festlegungen und Beschreibungen dazu bereits an anderer Stelle in diesem Buch gemacht werden, bleibt hier nur die Bezugnahme auf einige ausgewählte Beispiele.

1.3.2 Rechtliche Strukturierung der Krankenhausalarm- und Einsatzplanung

Soweit ein Bundesland die Krankenhausalarm- und Einsatzplanung als regelungsbedürftig ansieht, stellt sich die Frage, mit welchem rechtlichen Instrumentarium es dabei vorgeht.

Die Aufnahme in das *Landes-Krankenhausgesetz* hat den Vorteil, dass es tatsächlich eine Verpflichtungswirkung für alle darin adressierten Träger im Geltungsbereich entfaltet. Der Nachteil ist, dass ein Gesetz nicht ständig anpassbar ist und in einem Gesetzestext nicht alle Besonderheiten berücksichtigt werden können. Hinzu kommt die (in der Regel zwangsläufigen) Auseinandersetzung mit möglichen Gegnern einer solchen gesetzlichen Vorschrift.

Die nächst »niedrigere« Möglichkeit besteht in der Ausarbeitung einer spezifischen Verordnung, wozu jedoch im Gesetz zunächst eine Ermächtigung geschaffen werden muss. Auch die Verordnung bindet alle Adressaten im Geltungsbereich.

Schneller und einfacher erstellen und umsetzen lassen sich hingegen Verwaltungsvorschriften, die von den Ministerien unmittelbar ausgearbeitet werden können. Solche Verwaltungsvorschriften werden meist Erlass oder – bei der Adressierung aller nachgeordneten Behörden – Runderlass genannt. In einigen Fällen gibt es auch Verwaltungsvorschriften, die irreführenderweise als Verordnung bezeichnet werden, ohne die gleiche Bindungskraft einer echten, vom Landesparlament beschlossenen Verordnung zu besitzen.

Verwaltungsvorschriften finden ihre Grenze darin, dass sie nur Bindungskraft für die »Verwaltung«, also die nachgeordneten Behörden, haben, nicht aber für alle Träger, Organisationen oder Unternehmen, die sich nicht im unmittelbaren Einfluss einer Verwaltung befinden.

Eine beliebte und durchaus erfolgreiche Steuerung gelingt auch mit sogenannten »Klarstellungserlassen«, in denen die (oberste) Behörde die Bedeutung einer Gesetzesvorschrift erläutert und damit auslegt.

Ein weiteres behördliches Instrument einer rechtlichen Verpflichtung ist die Aufstellung sogenannter »Pläne«. Dieses Instrument gewinnt mehr und mehr an Bedeutung und ermöglicht es, fachliche Gesichtspunkte, Daten, Berechnungen etc. für die Planung heranzuziehen und darauf aufzubauen. Durch eine behördliche Inkraftsetzung, oder durch den Beschluss eines Stadtrates, Kreistages oder Landesparlaments wird der Plan dann »gültig« und ist durch die Adressaten zu beachten. Hier können auch Kostenträger, soweit die geplanten Verpflichtungen außerhalb der öffentlichen Hand finanziert werden sollen, mit eingebunden und damit beteiligt werden.

Ein gelungenes Beispiel dafür ist der § 12 des Rettungsgesetzes NRW (RettG NRW). Darin werden die Träger des Rettungsdienstes verpflichtet, Rettungsdienstbedarfspläne aufzustellen, fortzuschreiben und im Hinblick auf kostenbildende Qualitätsmerkmale mit den Krankenkassen einvernehmlich abzustimmen. Ebenso sind Leistungserbringer im Rettungsdienst zu beteiligen, die ihrerseits auch Vorschläge einbringen können. Letztlich tritt der abgestimmte Rettungsdienstbedarfsplan durch Beschluss des Stadtrates oder Kreistages in Kraft und die daraus entstehenden Kosten werden im wirtschaftlichen Rahmen durch die Kostenträger auch refinanziert.

Ein solches Instrument wäre auch für die Krankenhausalarm- und Einsatzplanung auf Landesebene sinnvoll, wobei es dabei nicht an Vorgaben für eine Krankenhausalarm- und Einsatzplanung fehlt. Es fehlt auch nicht an Beispielen für außerordentlich gelungene Krankenhausalarm- und Einsatzplanung. Seine Grenzen bestehen darin, fachlich sinnvolle, dem Stand der Technik entsprechende Strukturierungen und Umfänge so vorzugeben, dass diese verpflichtend einbezogen und umgesetzt werden müssen. Insbesondere die Aufforderung und Kontrolle der Umsetzung weisen vielerorts noch – trotz rechtlicher Verpflichtung – Lücken auf.

Gleichwohl ist nach der hier vertretenen Auffassung ein Krankenhausalarm- und Einsatzplan das geeignete Instrument dafür und eine landesweit geltende Vorgabe dazu hilfreich, wenn nicht sogar notwendig.

1.3.3 Beispiel 1 – Krankenhauseinsatzplanung Hessen

Die rechtliche Ausgangslage ist der § 9 des Krankenhausgesetzes Hessen (Zweites Gesetz zur Weiterentwicklung des Krankenhauswesens in Hessen - Hessisches Krankenhausgesetz), in dem in Absatz 1 die Krankenhäuser verpflichtet werden, mit dem zuständigen Träger des Rettungsdienstes nach § 5 Abs. 1 des Hessischen Rettungsdienstgesetzes vom 16. Dezember 2010 (GVBl. I S. 646), geändert durch das Gesetz vom 13. Dezember 2012 (GVBl. S. 622), Vereinbarungen über die Organisation eines Bettennachweises zu treffen. In Abs. 2 werden die Krankenhäuser zur Mitwirkung im Brand- und Katastrophenschutz verpflichtet, Alarm- und Einsatzpläne aufzustellen und diese mit den für den Brand- und Katastrophenschutz sowie den für den Infektionsschutz zuständigen Stellen abzustimmen sowie gemeinsame Übungen durchzuführen. Benachbarte Krankenhäuser haben dabei ihre Alarm- und Einsatzpläne aufeinander abzustimmen und sich gegenseitig zu unterstützen.

In Absatz 3 schafft das zuständige Gesundheitsministerium die Ermächtigung für eine Rechtsverordnung, in der Näheres über den Inhalt der Alarm- und Einsatzpläne sowie das Verfahren der gegenseitigen Abstimmung und Unterstützung im Brand- und Katastrophenfall bestimmt werden kann.

Der Krankenhaus-Einsatzplan (KHEP) für die Krankenhäuser in Hessen wurde durch das Hessische Sozialministerium (HSM) mit Erlass vom 12.06.2007, Az.: V7 b – StS/V7 b – 18c 12.13.52, in Kraft gesetzt (KHEP Hessen 2007: https://innen.hessen.de/sites/¬ default/files/media/hmdis/sp_ab_5_plan_3_¬ khep_hessen_2007.pdf (zuletzt aufgerufen am 9.3.2017)). Er findet seine Basisvorschrift jedoch in der »Verordnung zur Durchführung des Hessischen Rettungsdienstgesetzes«. Dort heißt es im § 22 »Krankenhaus-Einsatzplan« (Fassung vom 3.1.2011):

(1) Die Krankenhäuser haben in einem Krankenhaus-Einsatzplan festzulegen, welche zusätzlichen Maßnahmen für die Aufnahme einer erhöhten Zahl von notfallmedizinisch erstversorgten Personen und zur Bewältigung interner Gefahrenlagen erforderlich sind. Der Krankenhaus-Einsatzplan muss unter Berücksichtigung jeweiliger Besonderheiten mindestens die Maßnahmen nach den §§ 18 bis 21 bestimmen und ist mit den Planungen der für den Rettungsdienst, der Gemeindefeuerwehr sowie der für den Brandschutz und den Katastrophenschutz zuständigen Dienststellen abzustimmen.
(2) Der Krankenhaus-Einsatzplan ist regelmäßig fortzuschreiben.
(3) Der Krankenhaus-Einsatzplan ist vollständig oder in Teilen dem von den Festlegungen jeweils betroffenen Personal zur Kenntnis zu geben.
(4) Der Krankenhaus-Einsatzplan ist in den Katastrophenschutzplan nach § 31 des Hessischen Brand- und Katastrophenschutzgesetzes aufzunehmen.

Dieser Krankenhausalarm- und Einsatzplan findet sich auch in dem landesweiten Hessischen Katastrophenschutz« (Hessischer Katastrophenschutz 2016: https://innen.hes¬ sen.de/sites/default/files/media/hmdis/kats_¬ konzept_2016.pdf (zuletzt aufgerufen am 9.3.2017)), einem Landes-Sondereinsatzplan, wo er unter der Ziffer 1.15. Einsatz- und Gefahrenabwehrplanung aufgenommen wurde.

Damit wird in Hessen der Krankenhauseinsatzplan (KHEP) gesetzlich für alle Adressaten (die Krankenhäuser) verpflichtend eingeführt, konkretisiert in Rechtsverordnungen und ausgeführt mittels Verwaltungsvorschrift (Erlass) in Form des Krankenhauseinsatzplans (KHEP). Mit der Aufnahme in den Sonderschutzplan »Hessischer Katastrophenschutz« wird er darüber hinaus zum Baustein der gesamten Katastrophenschutz-Einsatzplanung in Hessen.

1.3.4 Beispiel 2 – Krankenhauseinsatzplanung Berlin

Auf der Homepage der Senatsverwaltung für Gesundheit, Pflege und Gleichstellung finden sich unter »Gesundheitlicher Bevölkerungsschutz >> Notfallvorsorge im Krankenhaus >> Grundlagen« (Berliner Senatsverwaltung: https://www.berlin.de/sen/gesund¬ heit/themen/gesundheitlicher-bevoelkerungs¬ schutz/notfallvorsorge-im-krankenhaus/¬ grundlagen/ (zuletzt aufgerufen am 9.3. 2017)) ausführliche Hinweise, wie die Krankenhauseinsatzplanung im Land Berlin geregelt ist. Dort heißt es unter »Rechtlichen Grundlagen«:

Rechtliche Grundlagen der Notfallvorsorge der Krankenhäuser in Berlin

Die Paragrafen 21, 27 und 29 im Landeskrankenhausgesetz (LKG) sowie die Paragrafen 32 und 42 bis 46 in der Krankenhausverordnung (KhsVO) gehen u. a. auf die medizinische Versorgung in möglichen Katastrophensituationen, die medizinische Versorgung von Notfallpatienten sowie besondere Gefahrenlagen im Krankenhaus ein.

Die genannten Paragrafen kann man sich über einen Downloadbutton sofort herunterladen. Dabei heißt es im § 27 Landeskrankenhausgesetz Berlin:

§ 27 – Katastrophenschutz, besondere Gefahrenlagen, Zusammenarbeit mit Rettungsdiensten, Notfallversorgung

> *(1) Krankenhäuser sind verpflichtet, im Rahmen des Katastrophenschutzgesetzes vom 11. Februar 1999 (GVBl. S. 78), das zuletzt durch Gesetz vom 26. Januar 2004 (GVBl. S. 25) geändert worden ist, in der jeweils geltenden Fassung beim Katastrophenschutz mitzuwirken. Krankenhäuser stellen durch geeignete Vorkehrungen sicher, dass im Katastrophenfall oder bei besonderen Gefahrenlagen Patientinnen und Patienten ordnungsgemäß versorgt werden und der Krankenhausbetrieb aufrechterhalten wird.*
> *(2) Krankenhäuser sind verpflichtet, im Rahmen des Rettungsdienstgesetzes vom 8. Juli 1993 (GVBl. S. 313), das zuletzt durch Nummer 33 der Anlage zu § 1 Absatz 1 des Gesetzes vom 4. März 2005 (GVBl. S. 125) geändert worden ist, in der jeweils geltenden Fassung mit den Rettungsdiensten zusammenzuarbeiten.*
> *(3) Krankenhäuser, die nach dem Krankenhausplan an der Notfallversorgung teilnehmen, müssen die im Krankenhausplan festgelegten Voraussetzungen erfüllen. Sie sind insbesondere verpflichtet,*
> *1. jederzeit die für die Notfallversorgung erforderlichen Kapazitäten in allen für das Krankenhaus im Krankenhausplan ausgewiesenen Fachdisziplinen vorzuhalten,*
> *2. eine geeignete zentrale Anlaufstelle für Notfallpatientinnen und -patienten (Notaufnahme) zu betreiben,*
> *3. bei Notfallpatientinnen und -patienten eine Ersteinschätzung und -versorgung durchzuführen und diese bei Bedarf im Rahmen der vorhandenen Kapazitäten aufzunehmen und*
> *4. der Leitstelle der Berliner Feuerwehr Behandlungskapazitäten zu melden und darüber jederzeit aktuelle Auskunft zu erteilen.*

Die erste in Absatz 1 enthaltene Verpflichtung ist der Bezug zum Katastrophenschutzgesetz Berlin und die darin enthaltene Verpflichtung, im Katastrophenschutz mitzuwirken und dabei den Krankenhausbetrieb aufrechtzuerhalten. Absatz 2 enthält eine gleichartige Verpflichtung zur Zusammenarbeit mit dem Rettungsdienst. Absatz 3 konkretisiert die Vorhalteverpflichtung, die Aufnahmebereiche und -verpflichtung sowie die Rückmeldung der Kapazitäten an die Leitstelle der Berliner Feuerwehr.

Eine weitere Konkretisierung der Krankenhauseinsatzplanung findet sich in der »Krankhaus-Verordnung (KhsVO) Berlin«, deren Ermächtigungsgrundlage sich im Krankhausgesetz im § 29 Nr. 6 (LKG Berlin) findet. In dieser Krankenhaus-Verordnung finden sich im Teil IV ab § 42 KhsVO Vorgaben für die Aufstellung von Krankenhauseinsatzplänen, die Alarmierung, die Fortschreibung etc.

In den Absätzen 5 und 6 der KhsVO heißt es in Bezug auf Übungen:

§ 42
...

> *(5) Die Krankenhäuser überprüfen die Alarmierungspläne durch regelmäßige Übungen, die sie in eigener Verantwortung durchführen.*
> *(6) Übungen zur Erprobung der Einsatzbereitschaft aller Funktionsbereiche des Krankenhauses werden in Abstimmung mit den zuständigen Behörden durchgeführt. Die für das Gesundheitswesen zuständige Senatsverwaltung entscheidet über den Umfang der Kostenübernahme bei diesen Übungen.*

Hier ist ein besonderes Augenmerk auf den Abs. 6 Satz 2 KhsVO zu richten. Dort wird die Finanzierung der verpflichtenden Übungen durch das Land zumindest in Aussicht gestellt. Diese Kostenregelung fördert natürlich die Realisierung von notwendigen Übungen. Vergleichbare Regelungen finden sich auch im Land Hamburg.

Grundsätzlich scheint die staatliche Finanzierung Krankenhauseinsatzübungen auch in anderen Bundesländern nicht vollständig ausgeschlossen, da durch den – häufig gesetzlich verankerten – Bezug zum Katastrophenschutz, das Krankenhaus Teil der Katastrophenschutz-Organisation ist und die Katastrophenschutzübungen vielerorts auch durch die Katastrophenschutzbehörden bezuschusst oder sogar finanziert werden. Ein Beispiel dafür ist auch die Fondsfinanzierung in Bayern (siehe Art. 12 BayKSG), in dem die Krankenhäuser als mögliche Nutzer zumindest nicht von vorneherein ausgeschlossen sind.

1.3.5 Zusammenfassung

In Deutschland sind die Aufgaben der Gefahrenabwehr und des Katastrophenschutzes Ländersache. In vielen Ländern werden die Krankenhäuser als Teil des Katastrophenschutzes rechtlich qualifiziert. Die Verpflichtung zur Aufstellung von Krankenhauseinsatzplänen ist in den rechtlichen Vorschriften der Länder enthalten. Dort finden sich zahlreiche Vorgaben zur Art und zum Umfang der Pläne, zur Zusammenarbeit mit anderen und zur Beübung. Allerdings haben nur wenige Länder (z. B. Berlin, Hamburg) bislang konkrete Finanzierungszusagen für Krankenhauseinsatzübungen gemacht. Dies mag auch daran liegen, dass Einsatzpläne und Übungen zu den Betriebskosten des Krankenhauses gezählt werden können und damit durch die Nutzungsentgelte refinanziert werden müssten.

Die entsprechenden Vorgaben zur Krankenhausalarm- und Einsatzplanung muss sich letztlich jedes Krankenhaus in aktueller Form aus seinen landesrechtlichen Unterlagen ermitteln. Die Kaskadenzusammenhänge (Gesetze, Verordnungen, Erlasse, Pläne) sind allerdings nicht einfach zu verstehen und zu bewerten. Krankenhauseinsatzübungen sind aufwändig und kostenträchtig. Soweit sich in den landesrechtlichen Materialien keine Finanzierungszusagen für Krankenhauseinsatzübungen finden, sollte die Refinanzierung entweder über die Kostenträger versucht oder bei den entsprechenden staatlichen Stellen beantragt werden. Ohne gesicherte Finanzierung wird man weiterhin auf die Bereitschaft der Krankenhäuser vertrauen müssen, derartige Übungen aus Eigenmitteln zu finanzieren.

1.4 Top-Down: Die entscheidende Rolle der Geschäftsführung

Andreas Tyzak

Die Projektgruppe Krankenhausalarm- und Einsatzplanung zu unterstützen, ist eine wesentliche Voraussetzung für das erfolgreiche Erarbeiten eines effektiven Plans– der entscheidende Förderer: die Geschäftsführung.

Die Erstellung eines solchen Alarmplanes ist zwingend notwendig, um den Versorgungsauftrag eines Krankenhauses jederzeit sicherzustellen. Sie gehört zu den nicht vergüteten Leistungen eines Hauses; es braucht Sachkenntnis sowie Engagement bei der Erstellung und noch viel mehr bei der Implementierung im Hause. Ohne Rückhalt der Geschäftsleitung droht das Projekt daher an verschiedenen Stellen zu scheitern.

1.4.1 Allgemeines

Immer wieder im Alltag unterschätzt, weil nicht unmittelbar in die Patientenversorgung eingreifend oder für die Abrechnung von Leistungen relevant, ist das Thema Krankenhausalarm- und Einsatzplan. Zugegeben, sich mit theoretischen Szenarien auseinanderzusetzen ist kein Thema, welches man auf der Prioritätenliste des Arbeitsalltags unbedingt an die erste Stelle setzt. Der Erstellung eines Krankenhausalarm- und Einsatzplans sollte dennoch eine entsprechende Priorität und Wichtigkeit eingeräumt werden, besonders in Zeiten, in denen durch ökonomische Zwänge und permanent veränderte gesundheitspolitische Vorgaben die Belastung mit nicht kurativen oder nicht pflegerischen Aufgaben steigt.

Selten wird man ein derart komplexes und besonderes Arbeitsumfeld vorfinden, wie in einem Krankenhaus. Neben den unmittelbar am Patienten arbeitenden ärztlichen, pflegerischen und therapeutischen Berufsgruppen ist eine Vielzahl von im Hintergrund agierenden Gruppen, wie Haustechnik, Reinigung, Servicepersonal und Verwaltung, täglich am reibungslosen Ablauf des Krankenhausbetriebes beteiligt. Krankenhäuser sind als Teil der Daseinsvorsorge wichtige Bestandteile der öffentlichen Infrastruktur. Ihre Handlungsfähigkeit soll 24 Stunden am Tag an 365 Tagen im Jahr sichergestellt werden.

Was nun, wenn es zu einer Beeinträchtigung des regulären Dienstbetriebes in einem Krankenhaus kommt? Abweichungen von Routinen kann in einer solch komplexen Einrichtung wie einem Krankenhaus nur erfolgreich begegnet werden, wenn das Personal hierauf theoretisch und praktisch vorbereitet ist. Dies ist schon deshalb zwingend, da in einem Krankenhaus jede Beeinträchtigung des Routinebetriebes mittelbar oder unmittelbar Menschenleben in Gefahr bringen kann. Daher muss sich ein Krankenhaus mit den spezifischen Gefahren, die sich aus seinem Betrieb ergeben, und solchen, die entstehen, weil es Teil der öffentlichen Daseinsvorsorge ist, zwingend auseinandersetzen. Nur eine gute Vorbereitung ist der Schlüssel zum Erfolg, wenn ein relevantes Schadensereignis eintritt.

Wie ein Blick in die jüngere Presselandschaft zeigt, sind derartige Beeinträchtigungen aus den unterschiedlichsten Gründen gar nicht so unwahrscheinlich, wenngleich bisher auch nicht alltäglich. Im Oktober 2016 brannte es im Bergmannsheil in Bochum. Es sind zwei tote Patienten zu beklagen, eine davon war die Verursacherin des Feuers in suizidaler Absicht (http://www.derwesten.¬de/staedte/bochum/brand-im-bergmannsheil-¬polizei-bestaetigt-suizid-verdacht-id12248339.¬html (abgerufen am 08.01.2017)). Im Juli 2016 tötete ein Amokläufer in München neun Menschen und verletzt vier Personen mit Schussverletzungen, weitere 32 Personen verletzten sich. Allein das Klinikum Großhadern hatte alle 4.800 Ärzte und Pflegekräfte aus diesem Grunde zeitgleich durch Großalarm einbestellt (http://www.sueddeut¬sche.de/muenchen/amoklauf-in-muenchen-¬so-reagierten-die-krankenhaeuser-auf-den-¬muenchner-amoklauf-1.3092715 (abgerufen 08.01.2017)). Aufgrund einer akuten Extremwetterlage und eines übergetretenen Flusses, wodurch Wassermassen in Häuser drangen, mussten im Juni 2016 in einem Wuppertaler Krankenhaus zehn Patientenzimmer geräumt werden (http://www.wz.¬de/lokales/wuppertal/unwetter-ueberschwem¬mt-die-stadt-1.2202998 (abgerufen 08.01.2017)). Ein Sturmtief war im März 2013 der Grund dafür, dass die Notaufnahme einer Bitterfelder Klinik zeitweise den Betrieb einstellen muss (http://www.mz-web.de/bit¬

terfeld/sturmtief-niklas-in-bitterfeld-patienten-koennen-nicht-in-der-notaufnahme-aufgenommen-werden-1112762 (abgerufen 08.01.2017)). Im August 2012 brannte ein Nebentrakt des Krankenhauses Northeim, was zu einer Evakuierung führte (http://www.haz.de/Nachrichten/Der-Norden/Uebersicht/Klinik-in-Northeim-nach-Brand-evakuiert (abgerufen 08.01.2017)). Im Dezember 2011 mussten in Koblenz zwei Krankenhäuser wegen einer Bombenentschärfung kurzfristig evakuiert werden (http://www.stern.de/panorama/weltgeschehen/bombenfund-in-koblenz-eine-stadt-wird-geraeumt-3441910.html (abgerufen 08.01.2017)). Das Loveparade-Unglück im Juli 2010 in Duisburg führte zu einer starken Inanspruchnahme der Krankenhäuser in und um die Stadt Duisburg (Ackermann et al., in: Dtsch Arztebl Int 2011; 108(28-29): 483-9). Keime unterschiedlichster Art bei mehreren Babys führten in Lippstädter (2014) (https://derpatriot.de/Koli-Bakterien-in-Klinik-Saeugling-gestorben-a4efe466-e4c6-4fb5-aa38-5-ff43e7dcac2-ds (abgerufen 08.01.2017)), Bremer (2011) (http://www.fr-online.de/panorama/saeuglingstod-fruehchen-in-bremer-klinik-gestorben,1472782,11092902.html (abgerufen 08.01.2017)) und Mainzer (2010) (https://www.welt.de/vermischtes/weltgeschehen/article9158323/Mainzer-Uniklinik-sucht-toedlichen-Systemfehler.html (abgerufen 08.01.2017)) Kliniken zu Beeinträchtigungen des Routinebetriebes. Das Münsterländer Schneechaos im Jahr 2005 verursachte erhebliche infrastrukturelle Beeinträchtigungen, insbesondere teilweise mehrtägige Ausfälle der Stromversorgung (https://de.wikipedia.org/wiki/Münsterländer_Schneechaos (abgerufen 08.01.2017)).

Nun ist es nicht so, dass diese Ereignisse allesamt zu verhindern gewesen wären. Eine solche Annahme wäre leider auch eine Illusion. Aber eine Vorbereitung auf die individuellen Risiken der eigenen Einrichtung ist möglich und sollte von der Geschäftsführung aktiv eingefordert sowie unterstützt werden.

1.4.2 Grundsätzliche Voraussetzung für den Erfolg: Umdenken

Vermutlich wird man in den Krankenhäusern nur wenige Mitarbeitende finden, denen die Möglichkeit des Eintritts der oben beispielhaft aufgezeigten Ereignisse in dem Sinne bewusst ist, dass sie sich mit solchen Szenarien und ihrer Bewältigung im Vorfeld aktiv auseinanderzusetzen haben. Ein solches Denken muss aber genauso selbstverständlich sein, wie die Kenntnis über Behandlungspfade und andere Prozessvorgaben in der alltäglichen Patientenversorgung. Die Geschäftsführung wird durch die eigene Priorisierung des Themas Krankenhausalarm- und Einsatzplan daran mitwirken müssen, die Akzeptanz für derlei Risiken und die notwendige Vorbereitung hierauf im Unternehmen zu erzeugen.

Um zu verstehen, welche Art von Umdenken erforderlich ist und warum diese Veränderung unbedingt von der Geschäftsführung begleitet werden muss, um erfolgsversprechend zu sein, lohnt es sich, die Aufgaben und Arbeitsweisen von Krankenhäusern mit denen der Feuerwehren bzw. des Katastrophenschutzes zu vergleichen.

Im Krankenhaus steht die optimale Versorgung einzelner Patienten im Vordergrund. In der Regel ist der Krankenhausalltag davon geprägt, dass Material- und Ressourcenknappheit keine Rolle spielt. Die gesundheitsökonomische Einschränkung dieser These wäre Gegenstand einer anderen Diskussion und soll daher für diesen Beitrag außer Acht gelassen werden. Auch die zur Patientenversorgung zur Verfügung stehende Zeit ist zumindest nicht durch äußere Rahmenbedingungen an präklinischen Einsatzstellen limitiert. Umgekehrt ist die Arbeitsbelastung in der Klinik rein quantitativ an der Zahl der täglich zu versorgenden Patienten nicht mit der Anzahl an Einsätzen/Versorgungen der genannten Organisationen vergleichbar.

Demgegenüber müssen sich Feuerwehren und Hilfsorganisationen mit Einsatzkonstellationen beschäftigen, deren konkreten Grund, Zeitpunkt und Rahmenbedingungen sie bis zur Alarmierung und Eintreffen an der Einsatzstelle nicht kennen. Sie müssen sich unter anderem auf unbekannte Arbeitsbedingungen in Bezug auf die räumliche Situation und die Wetterverhältnisse einstellen. Dabei ist davon auszugehen, dass während der Akutphase eines Einsatzes immer wieder mit weiteren Gefahren für betroffene Personen und Einsatzkräfte zu rechnen ist. Bei größeren Schadenslagen muss Hilfe geleistet werden, obgleich die zur Verfügung stehenden Ressourcen an Personen und Material (zunächst) nicht ausreichend sind, da weitere Einheiten die Einsatzstelle erst erreichen oder gar erst alarmiert werden müssen. Aufgrund dieses Ressourcenbedarfes kommt es gerade bei größeren Schadenslagen immer wieder zur Zusammenarbeit verschiedener Einheiten, möglicherweise auch organisationsübergreifend und somit zur Zusammenarbeit von Personen, die sich persönlich nicht kennen und somit nicht so routiniert miteinander arbeiten können wie die Teams gemeinsamer Schichten im Krankenhaus. Bei Feuerwehren und Hilfsorganisationen wird daher großer Wert auf die Ausbildung von Führungskräften gelegt. Die Ausbildung solcher Kräfte erfolgt in der Regel auf Basis eines gemeinsamen Führungsverständnisses gemäß der fachspezifischen Dienstvorschrift 100, welche für die verschiedenen Dienste vorhanden ist.

Dieses Verständnis von Führung und damit verbunden von Einsatztaktiken ist in Krankenhäusern für den Alltag weder von Nöten noch wäre es vermutlich für die individuelle Patientenversorgung im Sinne eines effizienten Ressourceneinsatzes zielführend. Ist nun aber das Krankenhaus von einer möglichen Schadenslage betroffen, kann sich gerade das Fehlen derartiger Qualifikationen und Arbeitsweisen als misslich herausstellen, da Krankenhausmitarbeiter nunmehr im Grunde völlig anders arbeiten müssen und Entscheidungen auf abstrakteren Ebenen über den Erfolg oder Misserfolg entschieden, aber auch getroffen werden müssen. Nun mag es den einen oder anderen Leitenden Notarzt im Hause geben, möglicherweise auch einzelne Mitarbeiter, die in der Feuerwehr oder einer Hilfsorganisation ehrenamtlich engagiert und dort sogar als Führungskraft ausgebildet sind. Fraglich ist aber gerade dann, ob diese Personen bei einem entsprechenden Ereignis dem Krankenhaus zur Verfügung stehen oder im Rahmen ihrer Freizeit möglicherweise im Ehrenamt an der Bewältigung des Schadensereignisses mitwirken. Die breite Masse der Mitarbeiter wird von Einsatztaktik, Gefahrenmatrix, Führungsvorgang, Kommunikationsplänen etc. im Zweifel keine Kenntnis haben.

Die Ereignisse, für die ein Krankenhausalarm- und Einsatzplan geschrieben wird, stellen die Denk- und Handlungsweisen des Krankenhauspersonals auf den Kopf. Gerade deshalb bedarf es bereits im Vorfeld einer Sensibilität und Offenheit, sich mit diesen Ereignissen und ihrer Bewältigung, trotz vieler anderer alltäglicher Aufgaben, regelmäßig auseinanderzusetzen. Soll ein solches Umdenken einsetzen, muss sich die Geschäftsführung das Thema Krankenhausalarm- und Einsatzplan zu Eigen machen. Wenn die Mitarbeiter im Fall der Fälle auf ein relevantes Ereignis bestmöglich vorbereitet sein sollen, dann ist es zwingend notwendig, sich theoretisch mit möglichen Schadenslagen zu beschäftigen und idealerweise diese Theorie regelmäßig zu büben. Es gilt also ein Bewusstsein in der Mitarbeiterschaft zu schaffen, dass die Vorbereitung auf unbekannte Ereignisse wie bei Feuerwehren und Hilfsorganisationen zwingend zum Arbeitsalltag gehören muss.

Dieses Bewusstsein wird aber nur zu erreichen sein, wenn die Geschäftsführung selbst für derartige Fragestellungen sensibilisiert ist und den Fachleuten der Krankenhausalarm- und Einsatzplanung hinreichende Kompetenz und Bedeutung verleiht, dieses Thema in der eigenen Einrichtung ohne Wenn und Aber zu etablieren. Dabei muss die Geschäftsführung deutlich machen, dass weder bei der Bearbeitung noch bei der anschließenden Implementierung des Krankenhausalarm- und Einsatzplanes eine Bottom-Up-Diskussion über Einzelheiten des Planes zielführend ist. Sie muss also die von ihr beauftragten Personen mit so viel Kompetenz ausstatten und ihnen den Rücken stärken, dass sie zur Not gegen den Willen unbeteiligter Mitarbeiter notwendige Entscheidungen treffen können und werden, um nicht bereits in der Entstehungsphase des Krankenhausalarm- und Einsatzplanes an Partikularinteressen einzelner Personen/Abteilungen zu scheitern.

1.4.3 Ökonomische und strategische Entscheidungen

Um einen erfolgreichen Plan zu erstellen, müssen vor, bei und nach der Planung wichtige Weichen durch die Geschäftsführung gestellt werden.

Zunächst sind in der Planungsphase personelle Ressourcen der einzelnen Berufsgruppen im Krankenhaus zur Verfügung zu stellen, soweit sie für die Planung eines Alarmplanes von Relevanz sind. Dies dürfte mindestens auf den ärztlichen, pflegerischen und technischen Dienst zutreffen. Je nach Größe und Struktur eines Hauses mögen weitere Berufsgruppen oder mehrere Personen aus den genannten Gruppen nötig sein, um die bestmögliche Planung für den Ernstfall zu ermöglichen. Bereits bei der Auswahl der beteiligten Personen sowie bei der Festlegung der Gruppengröße muss die Geschäftsführung Top-Down diese Auswahl treffen, wenn nicht bereits die Diskussion über die Gruppenzusammensetzung den Start der Planungsphase verzögern soll. Es müssen die richtigen Personen in richtiger Anzahl zusammengebracht werden. Wählt sie die falschen Leute aus, droht der Plan entweder hinsichtlich seiner Qualität oder der Schnelligkeit seiner Verfügbarkeit bereits früh riskiert zu werden. Bedacht werden sollte ferner, dass die beteiligten Personen oder zumindest ein Teil von ihnen, in der Lage ist, den erarbeiteten Plan so zu schulen, dass eine tiefe hausinterne Durchdringung erreicht wird. Außerdem bedarf es im Hinblick auf die notwendige Fortschreibung und kritische Würdigung eines solchen Planes einer Auswahl von nachhaltig interessierten Personen, die sich den Plan im Auftrag der Geschäftsführung zu eigen machen und so immer wieder für dessen Aktualität Sorge tragen. Die Gruppe muss auch so legitimiert sein, dass sie in der Planungsphase weitere Personalkapazitäten, soweit notwendig, für Teilaspekte hinzuziehen kann.

Sind die benötigten Personen identifiziert, besteht möglicherweise die Notwendigkeit, diese durch Lehrgänge zunächst in die Lage zu versetzen, einen solchen Plan zu entwickeln. Demgegenüber besteht alternativ die Möglichkeit, sich durch externe Berater bei der Entwicklung eines Planes helfen zu lassen. Doch auch in diesem Fall müssen Mitarbeiter aus den genannten Berufsgruppen dem Berater für hausindividuelle Fragen mindestens beratend zur Verfügung stehen. Die grundlegende Herangehensweise ist eine strategische Entscheidung, welche von der Geschäftsführung zu treffen ist. Beide Optionen bieten unterschiedliche Chancen und Risiken, möglicherweise ist auch die Kombination aus beiden Varianten für die eigene Einrichtung am erfolgversprechendsten.

Nach der Planung kommt unweigerlich die Frage, wie der Plan im Haus bekannt gemacht wird. Hierbei entsteht Schulungs- und Fortbildungsaufwand, welcher Kosten verursacht. Erneut wird die Geschäftsführung nach Beratung durch die Ersteller des Krankenhausalarmplanes festzulegen haben, auf welchem Wege und mit welchem Ressourceneinsatz, in welchem Rahmen und mit welchem Verpflichtungsgrad die Unterweisung des Krankenhauspersonals erfolgen soll. Vom freiwilligen Frontalvortrag über Pflichtfortbildungen bis hin zu neuen Unterrichtsmethoden, wie die dynamische Patientensimulation, sind unterschiedliche Wege denkbar. Auch die Frage nach dem Zeitraum, in dem möglichst viele Mitarbeiter geschult werden sollen, ist zu klären. Weiterhin ist zu entscheiden, wie in der Folgezeit neu eintretende Mitarbeiter geschult werden sollen und wie Fortschreibungen des Planes publik gemacht werden. Da Schulungen, gleich welcher Art, allein schon aufgrund der Anzahl von zu schulenden Mitarbeitern mit erheblichen Aufwendungen verbunden sein werden, ist eine solche Entscheidung ebenfalls nur Top-Down durch die Geschäftsführung möglich.

Neben der theoretischen Schulung wird unweigerlich die Frage nach praktischem Üben kommen. Denn nur durch regelmäßiges Training sitzen die notwendigen Handlungen im Ernstfall. Je routinierter die Mitarbeiter die Handlungsabläufe und den Umgang mit den für die Schadensabarbeitung beschafften Materialien beherrschen, umso eher werden sie in der konkreten Notallsituation routiniert handeln oder notfalls improvisieren können. Beim Üben ist auch daran zu denken, dass externe Organisationen, wie Feuerwehren und Hilfsorganisationen idealerweise regelmäßig eingebunden werden sollten. Gerade eine solche Öffnung nach außen, aber auch das praktische Üben intern führen dazu, dass mit Patienten und Angehörigen kommuniziert werden muss. Möglicherweise wird auch die lokale Presse über solche Übungen berichten wollen. Über die Entscheidung, wie und in welchem Rhythmus praktische Übungen im Krankenhaus stattfinden, muss die Geschäftsführung entscheiden. Denn sie wird die Information von Patienten und Presse sicherzustellen haben. Sie wird auch mit den Mitarbeitern zu sprechen haben, denn die Teilnahme an einer Übung ist ebenfalls Arbeitszeit und erzeugt möglicherweise Überstunden, wenn beispielsweise am Wochenende leerstehende Flure mit dienstfreiem Personal beübt werden sollten, um die Beeinträchtigung des Routinebetriebes so gering wie möglich zu halten.

Der Krankenhausalarm- und Einsatzplan wird auch in sächlicher Hinsicht Vorschläge machen, welche Ressourcen für die Abarbeitung von Schadensereignissen idealerweise vorzuhalten sind. Hierbei werden möglicherweise Lagerbestände zu erhöhen sein oder ganz neue Materialien beschafft werden müssen. Auch die Frage nach möglichen Alarmierungssystemen für die Mitarbeiter, insbesondere von denen, die sich im Dienstfrei oder der Freizeit befinden, sollte geregelt werden. Möglicherweise sind sogar Dienstvereinbarungen mit den Betriebsräten/Mitarbeitervertretungen für diese Fälle zu schließen. All diese Fragestellungen haben ebenfalls einen nur von der Geschäftsführung zu entscheidenden finanziellen und strategischen Aspekt, wenn es um die Bereitstellung von notwendigen finanziellen Mitteln geht.

1.4.4 Rechtliche Aspekte

Abschließend soll nicht unerwähnt bleiben, dass die Geschäftsführung schon aus (haftungs-)rechtlichen Gründen ein ureigenes Interesse an dem Thema Krankenhausalarmplan haben sollte. Für Krankenhäuser besteht in der Regel eine gesetzliche Verpflichtung, entsprechende Pläne für Katastrophenfälle aufzustellen (vgl. exemplarisch § 5 Abs. 1 S. 1 iVm. Abs. 2 Nr. 2 LKatSG Ba-Wü, § 27 Abs. 1 S. 2 LKG Berlin, § 14 NKHG oder § 24 Abs. 3 BHKG NRW). Es empfiehlt sich, einen entsprechenden Blick in die jeweiligen Feuerwehr- und/oder Katastrophenschutzgesetzen sowie das Krankenhausgesetz des eigenen Bundeslandes zu werfen.

Die gesetzlichen Vorgaben sind deswegen relevant, da sie einen Einfluss auf haftungsrechtliche Fragestellungen haben werden, falls es in der eigenen Einrichtung zu einem entsprechenden Ereignis kommt. Nach dem Ereignis kommt die Aufarbeitung des selbigen. In diesem Zusammenhang werden Haftungsfragen eine Rolle spielen. Dann nämlich werden Patienten sowie Mitarbeiter bzw. deren jeweilige Angehörige, Versicherungen sowie schlimmstenfalls die Staatsanwaltschaft Fragen stellen. War das Krankenhaus hinreichend auf ein derartiges Ereignis vorbereitet? Ist alles Notwendige getan worden, um das Ereignis zu verhindern? Wenn es nicht zu verhindern war, ist dann wenigstens alles Notwendige getan worden, um das Ereignis und seine Folgen zielgerichtet und erfolgreich zu bekämpfen? Hieraus können sich zivilrechtliche Ansprüche gegen das Krankenhaus ergeben. Möglicherweise kann ein solcher jedoch entfallen, wenn die notwendigen Vorkehrungen nicht getroffen worden sind und das Krankenhaus somit aus den eigenen Mitteln Schäden begleichen muss. Wenn die Staatsanwaltschaft diese und andere Fragen im Nachgang zu einem Ereignis stellt, ist die Schwelle der persönlichen strafrechtlichen Haftung von Geschäftsführungen sehr nah, welche nicht mehr von Versicherungen abgedeckt ist. Denkbar ist im Übrigen auch, dass ein fehlender Krankenhausalarm- und Einsatzplan unter dem Gesichtspunkt des Ordnungswidrigkeitenrechtes zu Sanktionen führen kann. All diese Probleme und Risiken sind aus Sicht von Geschäftsführungen nicht zu unterschätzen. Sie sind Beleg dafür, dass diese ein ureigenes Interesse haben sollte, einen gut funktionierenden Krankenhausalarm- und Einsatzplan in ihrem Hause zu wissen.

1.5 Zahlen, Daten, Fakten

Willy Marzi

1.5.1 Krankenhausstatistik

Bund und Länder erheben in großen Umfang statistische Daten zur Gesundheitsversorgung in Deutschland. Ein Auszug der Daten zur Krankenhausversorgung wird im Folgenden dargestellt. Die Daten werden von den Statistischen Ämtern des Bundes und der Länder erhoben. Tabelle 1.1 gibt mit Stand 31.12.2015 einen Überblick über das nach Ländern aufgeschlüsselte ärztliche und zahnärztliche Personal, die Anzahl der Krankenhäuser und die aufgestellten Betten.

In Tabelle 1.2 ist die Patientenbewegung aus dem Jahr 2015 anhand der Fallzahlen, der Berechnungs- und Belegungstage, der durchschnittlichen Verweildauer und der durchschnittlichen Bettenauslastung für die Länder aufgeführt. Die durchschnittliche Bettenauslastung lässt keine Aussage über die Betten zu, die bei einem Massenanfall von Verletzten oder Erkrankten zur Verfügung stehen.

In Tabelle 1.3 ist die Patientenbewegung der Krankenhäuser für das Jahr 2015 nach der Bettenzahl aufgeschlüsselt. Vorsorge- und Rehabilitationseinrichtungen sind im Einzelfall Gegenstand der Krankenhausalarmplanung, deshalb sind die entsprechenden Daten hier ebenfalls aufgeführt. Die Bettenzahl 0 bei den Krankenhäusern bezieht sich auf reine Tages- oder Nachtkliniken mit ausschließlich teilstationärer Versorgung.

1.5 Zahlen, Daten, Fakten

Tab. 1.1: Gesundheitswesen – Ärzte und Krankenhäuser © Statistische Ämter des Bundes und der Länder)

Bundesland	31.12.2015			
	Ärzte/ Ärztinnen[1]	Zahnärzte/ Zahnärztinnen[1]	Krankenhäuser	Aufgestellte Betten
		Anzahl		
Baden-Württemberg	47.723	9.064	268	56.154
Bayern	60.883	11.540	360	76.000
Berlin	21.538	4.274	81	19.975
Brandenburg	9.487	1.992	56	15.305
Bremen	3.906	538	14	5.074
Hamburg	12.499	2.012	54	12.407
Hessen	27.359	5.539	162	36.130
Mecklenburg-Vorpommern	7.315	1.432	39	10.458
Niedersachsen	31.434	6.628	191	42.178
Nordrhein-Westfalen	79.228	14.432	352	119.900
Rheinland-Pfalz	17.532	2962	90	25.282
Saarland	4814	686	22	6427
Sachsen	16.930	3946	78	25.825
Sachsen-Anhalt	8971	1924	48	16.069
Schleswig-Holstein	12.523	2414	97	16.150
Thüringen	9160	2042	44	16.017
Deutschland	371.302	71.425	1956	499.351

1) Angaben der jeweiligen Kammerorganisation

Aus Tabelle 1.1 ist die Gesamtzahl der Ärzte in Deutschland zu entnehmen. Tabelle 1.4 führt das 2015 in den Krankenhäusern und Vorsorge- oder Rehabilitationseinrichtungen tätige ärztliche Personal in Abhängigkeit von der Kategorie des Krankenhausträgers und der funktionalen Stellung der Ärzte auf. Eine Aufschlüsselung nach Zulassungstyp (Hochschulkliniken/Universitätsklinika, Plankrankenhäuser, Krankenhäuser mit Versorgungsvertrag und Krankenhäuser ohne Versorgungsvertrag) ergibt, dass die beiden letztgenannten Typen weniger als 2 % des Kostenaufkommens innerhalb der allgemeinen Krankenhäuser ausmachen.

Tab. 1.2: Patientenbewegung 2015 in Krankenhäusern (Quelle: Statistisches Bundesamt)

Bundesländer	Patientenbewegung			
	Fallzahl	Berechnungs- und Belegungstage	Durchschnittliche	
			Verweildauer	Bettenauslastung
	Anzahl	in 1000	in Tagen	in %
Baden-Württemberg	2 138 825	15 795	7,4	77,1
Bayern	2 959 312	21 416	7,2	77,2
Berlin	825 288	6124	7,4	84,0
Brandenburg	564 722	4438	7,9	79,4
Bremen	211 268	1453	6,9	78,5
Hamburg	502 375	3793	7,5	83,7
Hessen	1 369 768	10 244	7,5	77,7
Mecklenburg-Vorpommern	411 767	2880	7,0	75,5
Niedersachsen	1 694 548	12 208	7,2	79,3
Nordrhein-Westfalen	4 546 310	33 321	7,3	76,1
Rheinland-Pfalz	942 187	6761	7,2	73,3
Saarland	279 997	2012	7,2	85,8
Sachsen	1 006 930	7476	7,4	79,3
Sachsen-Anhalt	603 769	4350	7,2	74,2
Schleswig-Holstein	599 675	4523	7,5	76,7
Thüringen	582 837	4487	7,7	76,7
Deutschland	**19 239 574**	**141 281**	**7,3**	**77,5**

Bezogen auf Vollkräfte gab es im Jahr 2015 154.364 hauptamtliche Ärzte sowie 713.680 hauptamtliches nichtärztliches Personal in Krankenhäusern.

Mit Blick auf die Versorgung bei einem Massenanfall Verletzter oder Erkrankter ist die Gebiets- und Facharztbezeichnung der Ärzte von Bedeutung. Tabelle 1.5 gibt hierüber Aufschluss.

Tab. 1.3: Krankenhäuser und Vorsorge- oder Rehabilitationseinrichtungen (Anzahl) sowie Aufenthalte (Fallzahl, Berechnungs-/Belegungstage und Verweildauer) in 2015 (Quelle: Statistisches Bundesamt)

Einrichtungsmerkmale	Sachverhalt			
	Einrichtungen Anzahl	Fallzahl	Berechnungs-/ Belegungstage	Verweildauer (Tage)
Krankenhäuser insgesamt	1956	19.239.574	141.281.148	7,3
... nach der Bettenzahl				
0	63	-	-	-
1 bis unter 50	369	224.684	1.789.399	8,0
50 bis unter 100	238	510.903	4.737.013	9,3
100 bis unter 150	253	1.058.884	8.651.854	8,2
150 bis unter 200	173	1.104.077	8.293.255	7,5
200 bis unter 300	260	2.471.917	17.721.672	7,2
300 bis unter 400	191	2.479.228	18.545.570	7,5
400 bis unter 500	137	2.390.447	17.115.865	7,2
500 bis unter 600	98	2.186.926	15.165.569	6,9
600 bis unter 800	79	2.164.848	15.458.656	7,1
800 und mehr	95	4.647.662	33.802.295	7,3
Allgemeine Krankenhäuser	1619	18.613.774	125.979.260	6,8
Sonstige Krankenhäuser	337	625.801	15.301.888	24,5
Bundeswehrkrankenhäuser	5	46.343	303.994	6,6
Vorsorge- oder Rehabilitations-einrichtungen	1152	1.970.595	49.877.387	25,3
... nach der Bettenzahl				
bis unter 50	258	72.865	2.151.606	29,5
50 bis unter 100	232	178.736	4.986.163	27,9
100 bis unter 150	159	219.814	5.678.969	25,8
150 bis unter 200	197	432.962	10.598.444	24,5
200 und mehr	306	1.066.219	26.462.205	24,8

1 Basiswissen

Tab. 1.4: Ärztliches Personal in Krankenhäusern und Vorsorge- oder Rehabilitationseinrichtungen nach funktionaler Stellung in 2015 (Quelle: Statistisches Bundesamt)

Einrichtungsmerkmale	Einrichtungen/Funktionale Stellung			
	Anzahl der Einrichtungen	Hauptamtliche Ärzte und Ärztinnen	Nichthauptamtliche Ärzte und Ärztinnen	Sonstiges ärztliches Personal
Krankenhäuser insgesamt	1956	174.391	5460	1472
Öffentliche Krankenhäuser	577	95.467	1464	1279
Freigemeinnützige Krankenhäuser	679	51.573	2053	17
Private Krankenhäuser	700	27.351	1943	176
darunter: Allgemeine Krankenhäuser	1619	165.776	5453	1472
Öffentliche Krankenhäuser	483	90.716	1464	1279
Freigemeinnützige Krankenhäuser	567	49.711	2051	17
Private Krankenhäuser	569	25.349	1938	176
Vorsorge- oder Rehabilitationseinrichtungen	1152	10.186	78	–

Tab. 1.5: Bei den Ärztekammern im Jahr 2015 registrierte Ärztinnen und Ärzte mit Gebiets- und Facharztbezeichnung (Quelle: Statistisches Bundesamt)

Gebiets-/Facharztbezeichnung	Anzahl
Gebiets-/Facharztbezeichnungen insgesamt	485.818
Allgemeinmedizin	58.649
Anästhesiologie	28.290
Anatomie	195
Arbeitsmedizin	4804
Augenheilkunde	9983
Biochemie	97
Chirurgie	44.897
Frauenheilkunde und Geburtshilfe	24.701
Hals-Nasen-Ohrenheilkunde	8332
Haut- und Geschlechtskrankheiten	7745
Humangenetik	392
Hygiene und Umweltmedizin	434
Innere Medizin	66.403

Tab. 1.5: Bei den Ärztekammern im Jahr 2015 registrierte Ärztinnen und Ärzte mit Gebiets- und Facharztbezeichnung (Quelle: Statistisches Bundesamt) – Fortsetzung

Gebiets-/Facharztbezeichnung	Anzahl
Kinder- und Jugendmedizin	20.613
Kinder- und Jugendpsychiatrie und -psychotherapie	2629
Laboratoriumsmedizin	1544
Mikrobiologie, Virologie, Infektionsepidemiologie	1097
Mund-Kiefer-Gesichtschirurgie	2052
Nervenheilkunde	5506
Neurochirurgie	2369
Neurologie	7106
Nuklearmedizin	1514
Öffentliches Gesundheitswesen	1602
Pathologie	2312
Pharmakologie	783
Physikalische und Rehabilitative Medizin	2538
Physiologie	186
Psychiatrie und Psychotherapie	11.622
Psychosomatische Medizin und Psychotherapie	5110
Radiologie	10.747
Rechtsmedizin	343
Strahlentherapie	1442
Transfusionsmedizin	795
Urologie	7492
Sonstige Gebiete	539
Ohne Gebiet	140.955

1.5.2 Gesetzliche Regelungen zur Mitwirkung der Krankenhäuser im Katastrophenfall

Die klinische Versorgung von Patienten muss auch im Katastrophenfall gewährleistet sein. Dementsprechend ist die Verpflichtung zur Mitwirkung der Krankenhäuser im Katastrophenschutz und bei Großschadensereignissen in allen 16 Ländern gesetzlich geregelt.

Die gesetzlichen Regelungen sind nicht bundeseinheitlich. Vielmehr spiegelt sich hier die föderale Vielfalt wider. Regelungen finden sich in den Krankenhausgesetzen, Krankenhausentwicklungs-, Hilfeleistungs- oder Katastrophenschutzgesetzen. In mehreren Ländern ist die Mitwirkung sowohl im Krankenhaus- als auch im Katastrophenschutzgesetz geregelt (z. B. Berlin).

In Tabelle 1.6 sind die gesetzlichen Grundlagen zur Mitwirkung der Krankenhäuser für die einzelnen Länder aufgeführt.

Tab. 1.6: Gesetzliche Grundlagen der Mitwirkung von Krankenhäusern bei der Bewältigung von Krisen und Katastrophen

Land	Gesetzliche Grundlage
Baden-Württemberg	Landeskrankenhausgesetz Baden-Württemberg (LKHG) vom 29. November 2007 zuletzt geändert durch Gesetz vom 17. Dezember 2015 Gesetz über den Katastrophenschutz (Landeskatastrophenschutzgesetz – LKatSG vom 22. November 1999 zuletzt geändert durch Änderung des Meldegesetzes und anderer Gesetze vom 07. März 2006
Bayern	Bayerisches Katastrophenschutzgesetz (BayKSG) vom 24. Juli 1996 zuletzt geändert durch Gesetz vom 27. Juli 2009
Berlin	Landeskrankenhausgesetz (LKG vom 18.11.2011) (Katastrophenschutzgesetz – KatSG) vom 11.02.1999, zuletzt geändert durch Gesetz vom 09.05.2016
Brandenburg	Gesetz über den Brandschutz, die Hilfeleistung und den Katastrophenschutz des Landes Brandenburg (Brandenburgisches Brand- und Katastrophenschutzgesetz – BbgBKG) vom 24. Mai 2004 geändert durch Gesetz vom 23. September 2008
Bremen	Bremisches Krankenhausgesetz (BremKrhG) vom 12. April 2011 zuletzt geändert durch Geschäftsverteilung des Senats vom 02.08.2016 Bremisches Hilfeleistungsgesetz (BremHilfeG vom 21. Juli 2016)
Hamburg	Hamburgisches Krankenhausgesetz (HmbKHG) vom 17. April 1991 zuletzt geändert durch Gesetz vom 21. Februar 2017
Hessen	Hessisches Brand- und Katastrophenschutzgesetzes (HBKG) in der Fassung der Bekanntmachung vom 14. Januar 2014 Hessisches Rettungsdienstgesetz (HRDG) vom 16. Dezember 2010 zuletzt geändert durch Gesetz vom 13. Dezember 2012
Mecklenburg-Vorpommern	Krankenhausgesetz für das Land Mecklenburg-Vorpommern (Landeskrankenhausgesetz LKHG M-V) vom 26. Mai 2011 Gesetz über den Katastrophenschutz in Mecklenburg-Vorpommern (Landeskatastrophenschutzgesetz LKatSG M-V) vom 15. Juli 2016, Berichtigung vom 7 September 2016
Niedersachsen	Niedersächsisches Krankenhausgesetz (NKHG) vom 19. Januar 2012

Tab. 1.6: Gesetzliche Grundlagen der Mitwirkung von Krankenhäusern bei der Bewältigung von Krisen und Katastrophen – Fortsetzung

Land	Gesetzliche Grundlage
Nordrhein-Westfalen	Krankenhausgestaltungsgesetz des Landes Nordrhein-Westfalen (KHGG NRW) vom 11. Dezember 2007, zuletzt geändert 6. Dezember 2016
Rheinland-Pfalz	Landesgesetz über den Brandschutz, die allgemeine Hilfe und den Katastrophenschutz (Brand- und Katastrophenschutzgesetz LBKG) vom 2. November 1981 zuletzt geändert durch Gesetz vom 8. März 2016 Landeskrankenhausgesetz (LKG) vom 28. November 1986 in der Fassung vom 1. Dezember 2010
Saarland	Saarländisches Krankenhausgesetz (SKHG) vom 13. Juli 2005 in der Fassung der Bekanntmachung vom 6. November 2015
Sachsen	Sächsisches Krankenhausgesetz (SächsKHG) vom 19. August 1993 zuletzt geändert durch Gesetz vom 7. August 2014 Sächsisches Gesetz über den Brandschutz, Rettungsdienst und Katastrophenschutz (SächsBRKG) vom 24. Juni 2004 zuletzt geändert durch Gesetz vom 10. August 2014
Sachsen-Anhalt	Krankenhausgesetz des Landes Sachsen-Anhalt (KHG LSA) vom 14. April 2005 zuletzt geändert durch Gesetz vom 20. Januar 2015 Katastrophenschutzgesetz des Landes Sachsen-Anhalt (KatSG LSA) vom 5. August 2002 zuletzt geändert durch Gesetz vom 28. Juni 2005
Schleswig-Holstein	Gesetz über den Katastrophenschutz in Schleswig-Holstein (Landeskatastrophenschutzgesetz LKatSG) vom 10.12.2000 zuletzt geändert durch Gesetz vom 7. September 2016
Thüringen	Thüringer Krankenhausgesetz (ThürKHG) in der Fassung der Bekanntmachung vom 30. April 2003 zuletzt geändert durch Gesetz vom 11. Februar 2014 Thüringer Gesetz über den Brandschutz, die Allgemeine Hilfe und den Katastrophenschutz (Thüringer Brand- und Katastrophenschutzgesetz – ThürBKG -) in der Fassung der Bekanntmachung vom 5. Februar 2008 zuletzt geändert durch Gesetz vom 10. Juni 2014

Einige Länder haben darüber hinaus Rechts-, Verwaltungsvorschriften oder anderweitige untergesetzliche Regelungen zur Krankenhausalarmplanung erlassen. Der Umfang der Regelungen ist von Land zu Land verschieden. In nahezu allen Ländern ist die Aufstellung und Fortschreibung von Krankenhausalarmplänen, Krankenhausalarm- und Einsatzplänen oder Notfallplänen gesetzlich verpflichtend. Die Verpflichtung zur Mitwirkung der Krankenhäuser im Katastrophenschutz bzw. bei Krisenlagen oder der Zusammenarbeit mit den Gefahrenabwehrbehörden findet sich in allen Ländern. Die Forderung zur Zusammenarbeit benachbarter Krankenhäuser ist gleichfalls in einigen Ländern festgeschrieben (Beispiel Baden-Württemberg).

Wichtiger Bestandteil der Katastrophenschutzplanung ist die Fortbildung des medizinischen Personals der Krankenhäuser, die in zahlreichen Ländergesetzen festgeschrieben ist. Das Fortbildungserfordernis bezieht sich teils nur auf ärztliches, teils aber auch auf das medizinische Personal insgesamt.

1.5.3 Krankenhausalarm- und Einsatzpläne

Krankenhausalarm- und Einsatzpläne werden sowohl für interne Notlagen im Krankenhaus (Beispiel Niedersachsen) als auch für Katastrophen außerhalb des Krankenhauses gefordert. In Abhängigkeit vom jeweiligen Land sind sie für ein breites Spektrum von Einrichtungen zu erstellen oder sie beschränken sich auf besonders ausgewiesene Krankenhäuser. Ein Beispiel für den ersten Fall ist das brandenburgische Brand- und Katastrophenschutzgesetz. Dort heißt es in § 20 Absatz 3 (Auszug):

> *Die Krankenhäuser, Vorsorge- und Rehabilitationseinrichtungen sowie Einrichtungen, in denen eine größere Anzahl pflege- oder sonst hilfsbedürftiger Menschen untergebracht sind, sind verpflichtet, zur Mitwirkung bei den Aufgaben nach diesem Gesetz Alarm- und Einsatzpläne aufzustellen und fortzuschreiben ...*

Der zweite Fall findet sich etwa im bayerischen Katastrophenschutzgesetz. Artikel 8 Absatz 1 (Auszug) lautet:

> *Träger von Krankenhäusern im Sinn von § 108 Nrn. 1 und 2 des Sozialgesetzbuchs Fünftes Buch, die zur Bewältigung eines Massenanfalls von Verletzten geeignet sind, haben Alarm- und Einsatzpläne, die insbesondere organisatorische Maßnahmen zur Ausweitung der Aufnahme- und Behandlungskapazität vorsehen, aufzustellen und fortzuschreiben ...*

Die Anforderungen an die Krankenhausalarm- und Einsatzpläne sind nach Art und Umfang je nach Land unterschiedlich. Einen Überblick über die wichtigsten Inhalte der rechtlichen Verpflichtungen der Krankenhäuser zur Mitwirkung im Katastrophenschutz liefert Tabelle 1.7.

Tab. 1.7: Rechtliche Verpflichtungen der Krankenhäuser zur Mitwirkung im Katastrophenschutz

Land	Alarm- und Einsatzplanung, Erstellung und Fortschreibung	Abstimmung mit Gefahrenabwehrbehörden	Fortbildung des Krankenhauspersonals	Verpflichtung zu Übungen	Sonstiges
Baden-Württemberg	Ja	Alarm- und Einsatzpläne sind mit der KatS-Behörde abzustimmen	Fortbildungspflicht für niedergelassene Ärzte	Auf Anforderung der KatS-Behörde	Ausweitung der Bettenkapazität, Krankenhäuser sollen innerhalb des Einzugsbereichs entsprechend ihrer Aufgabenstellung zusammenarbeiten
Bayern	Ja	Alarm- und Einsatzpläne sind mit der KatS-Behörde abzustimmen		Ja	Erhöhung der Aufnahmekapazität, die Einsatzpläne sind mit den Trägern benachbarter Krankenhäuser abzustimmen
Berlin	Ja		Schulung des Personals	Ja	Einsatzleitung, Zusammenarbeit mit Rettungsdiensten, Meldung von Behandlungskapazitäten

Tab. 1.7: Rechtliche Verpflichtungen der Krankenhäuser zur Mitwirkung im Katastrophenschutz – Fortsetzung

Land	Alarm- und Einsatzplanung, Erstellung und Fortschreibung	Abstimmung mit Gefahrenabwehrbehörden	Fortbildung des Krankenhauspersonals	Verpflichtung zu Übungen	Sonstiges
Brandenburg	Ja	Alarm- und Einsatzpläne sind mit der KatS-Behörde abzustimmen	Angehörige der Gesundheitsberufe zur Fortbildung verpflichtet	Auf Verlangen der KatS-Behörde	Erhöhung der Aufnahmekapazität
Bremen		Verpflichtung zur Zusammenarbeit mit KatS-Behörden			Versorgung von Notfallpatienten ohne zeitliche Verzögerung
Hamburg	Aufstellung und Fortschreibung von Notfallplänen	Abstimmung der Notfallplanung mit zuständigen Behörden		Ja	
Hessen	Aufstellung und Fortschreibung von Krankenhauseinsatzplänen	Abstimmung der Einsatzpläne mit denen der KatS-Behörden	Angehörige der Gesundheitsberufe zur Fortbildung verpflichtet	Ja	Abstimmung der Einsatzpläne mit benachbarten Krankenhäusern, Verpflichtung zur Zusammenarbeit mit dem Führungsstab und der Einsatzleitung Rettungsdienst
Mecklenburg-Vorpommern	Ja	Abstimmung der Alarm- und Einsatzpläne mit zuständigen Behörden	Angehörige der Gesundheitsberufe zur Fortbildung verpflichtet	Ja	Zentraler Bettennachweis, benachbarte Krankenhausträger haben ihre Alarm- und Einsatzpläne aufeinander abzustimmen und sich gegenseitig zu unterstützen.
Niedersachsen	Alarm- und Einsatzplan, Notfallplan	Unterrichtung der zuständigen Behörden über die Notfallpläne		Ja (Sollvorschrift)	Erhöhung der Aufnahmekapazität, Notfallplan für Schadensereignisse innerhalb des Krankenhauses
Nordrhein-Westfalen	Ja	Verpflichtung zur Zusammenarbeit und Abstimmung der Alarm- und Einsatzpläne mit KatS-Behörden	Teilnahme an Fortbildungen	Verpflichtung durch Gefahrenabwehrbehörden	Erhöhung der Aufnahmekapazität

Tab. 1.7: Rechtliche Verpflichtungen der Krankenhäuser zur Mitwirkung im Katastrophenschutz – Fortsetzung

Land	Alarm- und Einsatzplanung, Erstellung und Fortschreibung	Abstimmung mit Gefahrenabwehrbehörden	Fortbildung des Krankenhauspersonals	Verpflichtung zu Übungen	Sonstiges
Rheinland-Pfalz	Ja	Enge Zusammenarbeit mit KatS-Behörden	Teilnahme an Fortbildungen	Interne Übungen	Beauftragte für interne und externe Gefahrenlagen, Benachbarte Krankenhäuser haben sich gegenseitig zu unterstützen und ihre Alarm- und Einsatzpläne aufeinander abzustimmen
Saarland	Ja	Alarm- und Einsatzpläne sind mit den zuständigen Stellen für den Brand- und Katastrophenschutz abzustimmen	Teilnahme an Fortbildungen	Interne Übungen	Krankenhauseinsatzleitung, Beauftragte für interne und externe Gefahrenlagen
Sachsen	Ja	Einsatzpläne sind mit der zuständigen Brandschutz-, Rettungsdienst- und Katastrophenschutzbehörde und der Leitstelle abzustimmen	Fortbildung der niedergelassenen Ärzte	Ja	Erweiterung der Aufnahme- und Behandlungskapazität, Unterstützung durch benachbarte Krankenhäuser
Sachsen-Anhalt	Alarm- und Einsatzpläne, Notfallpläne	Abstimmung mit dem Gesundheitsamt			Gegenseitige Unterstützung der Krankenhäuser, Rehabilitationskliniken und anderer Einrichtungen zur stationären Krankenversorgung, Maßnahmen zur kurzfristigen Ausweitung der Betten- und Behandlungskapazitäten
Schleswig-Holstein	Ja	Alarm- und Einsatzpläne sind mit der unteren KatS-Behörde abzustimmen	Angebot von Fortbildungsmaßnahmen	Ja	Träger benachbarter Krankenhäuser haben ihre Alarm- und Einsatzpläne aufeinander abzustimmen

Tab. 1.7: Rechtliche Verpflichtungen der Krankenhäuser zur Mitwirkung im Katastrophenschutz – Fortsetzung

Land	Alarm- und Einsatzplanung, Erstellung und Fortschreibung	Abstimmung mit Gefahrenabwehrbehörden	Fortbildung des Krankenhauspersonals	Verpflichtung zu Übungen	Sonstiges
Thüringen	Ja	Abstimmung der Alarm- und Einsatzpläne müssen mit denen der Gemeinden und Landkreise im Einklang stehen	Teilnahme an Fortbildungen	Interne Übungen	Erhöhung der Bettenkapazität, Benachbarte stationäre Gesundheitseinrichtungen haben sich gegenseitig zu unterstützen und ihre Alarm- und Einsatzpläne aufeinander abzustimmen.

Die Krankenhausalarm- und Einsatzpläne sind vielfach mit denen der unteren Katastrophenschutzbehörden, der Feuerwehr, dem Rettungsdienst, dem Gesundheitsamt und benachbarten Krankenhäusern abzustimmen (Beispiel Hessen). Aber auch eine weitergehende Abstimmung mit dem Gesundheitsbereich wird vereinzelt gefordert: So sind in Schleswig-Holstein bei der Erstellung der Alarm- und Einsatzpläne der Krankenhäuser Unterstützungsmöglichkeiten durch benachbarte Krankenhäuser, niedergelassene Ärzte, Zahnärzte, Angehörige des Pflege- und des medizintechnischen Personals, öffentliche Apotheken, medizintechnische Betriebe, pharmazeutische Großhandlungen, Betriebe der Arzneimittel- und Verbandstoffindustrie sowie durch die Hilfsorganisationen zu berücksichtigen.

Wegen des erhöhten Patientenaufkommens bei einem Massenanfall von Verletzten oder Erkrankten wird in vielen Ländern die Forderung nach der Erhöhung der Aufnahmekapazität bzw. zur kurzfristigen Ausweitung der Betten- und Behandlungskapazitäten gefordert (Beispiel Sachsen-Anhalt). Vereinzelt wird auch ein Bettennachweis gefordert (Beispiel Mecklenburg-Vorpommern).

Ein Beispiel für umfangreiche Anforderungen an Krankenhausalarmpläne ist die nachstehend auszugsweise aufgeführte Verordnung zur Alarm- und Einsatzplanung zur Vorsorge bei Notfällen, Notfallereignissen mit einer größeren Anzahl von Verletzten oder Kranken, Großschadenslagen und Katastrophen in saarländischen Krankenhäusern – Krankenhausalarmplanungsverordnung (KHAlarmV) – vom 14. März 2016. Hier ist unter anderem die Einrichtung einer Krankenhauseinsatzleitung (KEL) für den Ereignisfall vorgesehen.

In § 6 der Verordnung sind die Inhalte der Alarm- und Einsatzpläne aufgeführt:

(1) Die Alarm- und Einsatzpläne (Krankenhausalarmpläne) haben unter Berücksichtigung der Größe, fachlichen Ausrichtung und infrastrukturellen Gegebenheiten des Krankenhauses strukturelle und organisatorische Maßnahmen vorzusehen, um nach Ermittlung möglicher Gefährdungspotentiale und Gefahrenbewertung definierte Schutzziele zu erreichen, die die fachgerechte medizinische Versorgung einer Vielzahl von Patientinnen und Patienten oder von Patientinnen und Patienten mit einem hohen Gefährdungspotential für sich selbst beziehungsweise ihre Umgebung in kurzer Zeit ermöglichen. Bei internen Gefahrenlagen hat das Krankenhaus in eigener Verantwortung

eine Risikoanalyse durchzuführen. Bei externen Gefahrenlagen sind die Nähe zu Betrieben und Einrichtungen mit besonderem Gefahrenpotential oder besondere Behandlungsschwerpunkte bei der Krankenhausalarmplanung angemessen zu berücksichtigen. Daneben sind auch als Szenarien
infektiöse Erkrankungen und CBRN (chemisch, biologisch, radiologisch, nuklear) Gefahrenlagen nach § 10 Absatz 4 SKHG in die Planung einzubeziehen. Bei der Erstellung oder wesentlichen Änderungen sind die Integrierte Leitstelle des Saarlandes, die zuständige untere Katastrophenschutzbehörde, die zuständige Feuerwehr, das zuständige Gesundheitsamt und die Gemeinde, in der das Krankenhaus seine Betriebsstätte hat, zu hören.

(2) Jeder Alarm- und Einsatzplan (Krankenhausalarmplan) enthält mindestens Regelungen, Checklisten beziehungsweise Ablaufschemata zu folgenden Punkten:

1. Festlegung der in der KEL verantwortlichen Personen,
2. Vorgaben zur Auslösung des Alarms, gegebenenfalls Einrichtung von Alarmierungsstufen,
3. Festlegung der Reihenfolge der im Einsatz oder Gefahrenfall zu alarmierenden Personen und Stellen,
4. Vorgaben zur Verstärkung des Personals an der Pforte beziehungsweise Aufnahme,
5. Vorgaben zur ereignisbezogenen Alarmierung von Feuerwehr oder Polizei oder beiden,
6. Festlegung zur Abstimmung mit dem Zweckverband für Rettungsdienst und Feuerwehralarmierung Saar, der zuständigen unteren Katastrophenschutzbehörde und den im Katastrophenschutz mitwirkenden Organisationen unter Berücksichtigung des § 42 Absatz 3 Gesetz über den Brandschutz, die Technische Hilfe und den Katastrophenschutz im Saarland (SBKG),
7. Schaffung von Schnittstellen zu benachbarten Krankenhäusern und Kooperationskrankenhäusern, soweit vorhanden, zuständigem Gesundheitsamt sowie Aufsichtsbehörde,
8. Kriterien für die Alarmierung des Krankenhauspersonals sowie gegebenenfalls ambulant tätiger Ärztinnen und Ärzte,
9. Festlegungen zur Vorbereitung von Flucht- und Rettungsplänen für Evakuierungsmaßnahmen, in denen insbesondere Rettungsmaßnahmen für Patientinnen und Patienten aus dem unmittelbaren Gefahrenbereich bei internen oder externen Gefahren vorgesehen sind,
10. Festlegung von Orten als Sammelplätze für Verletzte,

11. Sicherstellung wichtiger Daten, insbesondere Patientendokumentation,
12. Unterrichtung der Öffentlichkeit (Kommunikationskonzept),
13. Regelung der Patientenaufnahme bei Kontamination,
14. Kriterien für die Registrierung von Patientinnen und Patienten (Dokumentation der Aufnahmen),
15. Lenkung der Patientenströme innerhalb des Krankenhauses und gegebenenfalls Weiterverlegung von Patientinnen und Patienten in andere Krankenhäuser über die Integrierte Leitstelle des Saarlandes,
16. Kriterien für die Angehörigeninformation beziehungsweise die Schaffung einer Schnittstelle zur behördlichen Personenauskunftsstelle für Angehörige unter Beachtung des § 52 Absatz 3 Gesetz über den Brandschutz, die Technische Hilfe und den Katastrophenschutz im Saarland (SBKG),
17. Festlegung der Versorgung mit Sanitätsmaterial und Verbrauchsgütern,
18. Festlegung der Verpflegung (Patienten, Rettungsdienst, Hilfsorganisationen),
19. Festlegungen über die Kennzeichnung der krankenhausinternen Funktionsträger entsprechend den Vorgaben des Erlasses über die Kennzeichnung von Führungskräften an Einsatzstellen vom 1. Juni 2009 (ELVIS 3/1057).

(3) Die Krankenhäuser erstellen für die Integrierte Leitstelle des Saarlandes und das Ministerium für Soziales, Gesundheit, Frauen und Familie ein ständig zu aktualisierendes Informationsblatt mit:

a) Name und Erreichbarkeit der Krankenhausleitung und der oder des Beauftragten für interne und externe Gefahren sowie der oder des Brandschutzbeauftragten,
b) Erreichbarkeit der Koordinierenden Einsatzleiters über 24 Stunden,
c) Behandlungskapazitäten nach der Übersicht gemäß § 2 Absatz 3,
d) Örtlichkeit der Patientenübergabe ab einem Massenanfall von Verletzten mit mehr als 10 Verletzten oder Erkrankten,
e) Übersichtspläne mit darin vermerkten An- und Abfahrtswegen, vorgeplanten Bereitstellungs-
räumen und Evakuierungszielen sowie kliniknahen Landemöglichkeiten für Hubschrauber und stellen es diesen zur Verfügung.

(4) Die Krankenhäuser halten in der Brandmeldezentrale des Krankenhauses Feuerwehr-, Lage-, Gebäude-, Schalt- und Rohrleitungspläne sowie Pläne für spezifische Gefahrenpunkte und über Ver- und Entsorgungsanlagen bereit.

§ 2 Absatz 3 KHAlarmV (Auszug):

Damit bei einer Vielzahl von Verletzten oder Erkrankten genügend Behandlungsmöglichkeiten zur Verfügung stehen, muss der Krankenhausalarmplan im Rahmen eines abgestuften Verfahrens Maßnahmen zur Erhöhung der Aufnahme- und Behandlungskapazitäten enthalten. Eine Notfall- und Katastrophenbettenplanung soll verbindlicher Bestandteil der Krankenhausalarmplanung werden, um bei einem Notfallereignis mit einer größeren Anzahl von Verletzten oder Kranken, bei Großschadenslagen oder im Katastrophenfalle die notwendigen Behandlungskapazitäten vorhalten zu können ...

Damit Krankenhausalarm- und Einsatzpläne im Ereignisfall funktionieren, müssen sie allen Akteuren bekannt gemacht werden. Darüber hinaus sind eine Schulung des Personals und die Durchführung entsprechender Übungen erforderlich. Die saarländische Krankenhausalarmverordnung enthält auch hierzu Regelungen in § 2 Absatz 4:

Der Krankenhausalarmplan eines Krankenhauses ist in der jeweils geltenden Fassung allen Mitarbeiterinnen und Mitarbeitern in krankenhausüblicher Art bekannt zu machen und darin enthaltenen Handlungsanweisungen sind in geeigneter Weise in eigener Verantwortung des Krankenhauses zu schulen und einzuüben. Die Beschäftigten sind zur Einhaltung des Krankenhausalarmplanes verpflichtet. Der Krankenhausalarmplan ist auch allen im Krankenhaus tätigen Fremd- und Vertragsfirmen, soweit deren Tätigkeit davon betroffen ist, zur Kenntnis zu bringen. Sie sind zu dessen Einhaltung zu verpflichten.

1.5.4 Sanitätsmaterialbevorratung

Zur Bewältigung eines Massenanfalls Verletzter oder Erkrankter wird von zahlreichen Ländern eine Bevorratung von Sanitätsmaterial gefordert, die über die nach Apothekenbetriebsordnung erforderliche Bevorratung hinausgeht. Insgesamt 10 Länder haben Zugriff auf zusätzliches Sanitätsmaterial, zwei davon allerdings lediglich für den Rettungsdienst. Sie stützen sich dabei auf eigene Vorräte (8 Länder), auf die Vorräte des Bundes (3 Länder) oder auf beides (2 Länder).

Die Vorräte des Bundes umfassen die Bereiche Volumensubstitution, Analgesie/Analgosedierung, Chirurgische Erstversorgung/Stabilisierung, Infektionsprophylaxe und Versorgung von Leichtverletzten (Quelle: Bundesamt für Bevölkerungsschutz und Katastrophenhilfe).

1.6 Verwundbarkeit und Resilienz: Konzepte für ein ganzheitliches Risiko- und Krisenmanagement im Krankenhaus

Gabriele Hufschmidt

1.6.1 Einführung

Gefahren wie ein Stromausfall, eine Hitzewelle oder eine Pandemie treffen in hochgradig (global) vernetzten Gesellschaften auf hohe Schadenspotenziale. Sogenannte »systemische« Risiken (Renn/Keil, 2008) können kaskadenartig immer weitere Bereiche betreffen und machen längst nicht mehr vor nationalen Grenzen halt (s. Beck, 2007 »Die Weltrisikogesellschaft«). Der Blick auf einzelne Gefahrenquellen und eine Fokussierung auf ihre Vermeidung oder Verminderung reicht letztlich nie, um Risiko- und Krisenmanagement dauerhaft erfolgreich zu betreiben. Denn viele Gefahren lassen sich

- nicht beseitigen oder vermeiden (z. B. Erdbeben oder technische Havarien, vgl. Perrow, 1984 »normale Unfälle«),
- nur teilweise oder langsam vermindern (z. B. die Klimaerwärmung und deren multiple Konsequenzen, optimistisch eingeschätzt) und
- nur schwer oder gar nicht prognostizieren, entweder da die Unsicherheiten zu groß sind oder weil wir schlicht nicht wissen (können), was künftig passieren wird (Wehling, 2001; Taleb, 2015; Hufschmidt et al., 2017).

Außerdem zeigen die bisherigen Krisen und Katastrophen, dass nicht die Magnitude einer Gefahr oder Störung allein, sondern vor allem der Grad der Verwundbarkeit und Resilienz das Schadensausmaß kurz-, mittel- und langfristig beeinflussen.

Entscheidend ist daher, wie eine Gesellschaft ihre Verwundbarkeit (von lat. vulnerare = verletzen) gegenüber Gefahren reduziert und ihre Resilienz (von lat. resiliere = zurückspringen) erhöht. Beide Konzepte helfen zu verstehen, warum es (nicht) zu einer Krise oder Katastrophe gekommen ist. Dementsprechend liegen besonders für Verwundbarkeit, aber zunehmend auch für Resilienz Analysen aus unterschiedlichen Bereichen vor; einen Ein- und Überblick verschiedener Anwendungen und Methoden für das Themenfeld Bevölkerungsschutz bietet der »Atlas der Verwundbarkeit und Resilienz« (Fekete/Hufschmidt, 2016). Neben Energie- und Kommunikationsanbietern haben Krankenhäuser als sog. »Kritische Infrastruktur« (▶ Kap. 1.1) eine zentrale Bedeutung für das Gesundheitswesen und somit im Bevölkerungsschutz (Wurmb et al., 2016). Sie sind nicht nur sog. »Naturgefahren« ausgesetzt (z. B. Hagel, Starkregen, Sturm), sondern aufgrund ihrer Funktion ein Ziel für Angriffe im Krieg oder für erpresserische Cyberattacken. Zudem müssen sie eine besondere Belastung bewältigen, wenn sie zwar selber nicht direkt betroffen sind, aber in kurzer Zeit viele Patienten versorgen müssen (z. B. bei »MANV«-Lagen, ▶ Kap. 8.3.1). Krankenhäuser stehen daher besonders im Fokus und brauchen verlässliche Konzepte für ein erfolgreiches Risiko- und Krisenmanagement.

Von grundlegender Bedeutung sind Maßnahmen zur Vorbeugung und Vorbereitung auf Krisen, was unter dem Begriff der »Vorsorge« zusammengefasst wird und in den Bereich des Risikomanagements fällt. Die Effektivität der Vorsorge ist unmittelbar mit der Phase der »Bewältigung«, also des Krisenmanagements, und des »Wiederaufbaus« verbunden. Abbildung 1.1 zeigt die Verbindung zwischen diesen Phasen als einen Kreislauf in Bezug auf sog. »Naturkatastrophen«, wobei dieses Modell auch für andere Gefahrentypen Anwendung findet. Wichtig ist, dass ein Ausweg aus diesem Kreislauf nicht nur durch ein erfolgreiches Risiko- und Krisenmanagement, sondern auch durch die Integration der Vorsorge in den Wiederaufbau möglich ist.

1.6.2 Die Konzepte Verwundbarkeit und Resilienz

Um es gleich vorweg zu schicken: Universell gültige Definitionen dieser beiden Begriffe wird man nicht finden. Dies liegt vor allem daran, dass sich im Rahmen der Risiko- und Katastrophenforschung sehr unterschiedliche Disziplinen mit diesen beiden Konzepten beschäftigen.

1.6 Verwundbarkeit und Resilienz

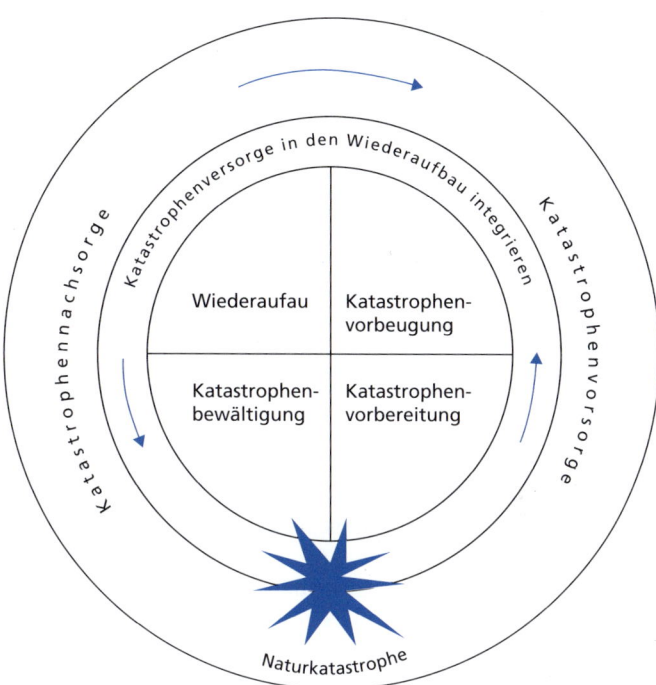

Abb. 1.1:
Modell des »Katastrophenkreislaufs« nach Alexander (2000) verändert in Dikau und Weichselgartner (2005, S. 127), mit freundlicher Genehmigung der WBG

Verwundbarkeit

Für den Begriff Verwundbarkeit ist ein deutlich größerer Konsens erkennbar als für den Begriff Resilienz, reichen seine Wurzeln doch immerhin bis in die 1960er und 1970er Jahre zurück (White, 1961; Kates, 1970; O'Keefe et al., 1976). Außerdem sind Verwundbarkeitsanalysen standardmäßig Bestandteil von Risikoanalysen, da sie das Ziel haben, potenzielle Auswirkungen (Schäden, Verluste) zu eruieren (vgl. UNISDR, 2005; ISO 31000: 2009). Verwundbarkeit kann verkürzt als Schadensanfälligkeit (UNDRO, 1982) verstanden werden. Eine Verwundbarkeitsanalyse kombiniert idealerweise alle Faktoren, die ein Schutzgut, z. B. die Infrastruktur einer IuK-Technologie, Personen oder Wertschöpfungsketten, gegenüber einer oder mehrerer Gefahren verletzlich machen. Geht es z. B. um die sog. »soziale Verwundbarkeit« können Faktoren wie das Alter, die Ethnizität, der Grad einer Vorerkrankung und der körperlichen oder geistigen Behinderung einer Person, in Kombination oder alleine, ausschlaggebend für die Verwundbarkeit gegenüber einer bestimmten oder mehreren Gefahren sein (Thomas et al., 2013; Baker/Cormier, 2015).

Eine Verwundbarkeitsanalyse für Krankenhäuser sollte gefahrenspezifisch erfolgen, da je nach Gefahrentyp unterschiedliche Verwundbarkeitsfaktoren wichtiger werden. Allerdings wird man rasch eine relativ große Schnittmenge zwischen den Faktoren feststellen unabhängig vom Gefahrentyp; z. B. sind generell Patienten in einem kritischen Gesundheitszustand sehr vulnerabel oder bestimmte Geräte gegenüber Spannungsschwankungen besonders empfindlich.

Eine Verwundbarkeitsanalyse für Krankenhäuser kann folgende Bereiche umfassen:

- Patienten,
- Personal,

- Gebäude, ggf. mit Unterteilung verschiedener Zonen, z. B. Notaufnahme, OP-Bereiche, Intensivstation,
- Informations-und Kommunikationstechnologie (IuK), z. B. die Alarmarchitektur (▶ Kap. 4.5).
- Wasserversorgung und Abwasserentsorgung,
- Ernährung,
- Energieversorgung,
- Versorgung mit Materialien und Medikamenten.

Überlegungen, welche Bereiche besonders kritisch sind, können zu einer Priorisierung der Bearbeitung führen. Dies ist auch insofern relevant, da in dem komplexen System Krankenhaus viele Bereiche und Prozesse miteinander verzahnt sind. Es ist daher entscheidend Kaskadeneffekte, die eine Störung in einem Bereich für das Krankenhaus insgesamt auslösen können, mitzudenken. Beispiele für Verwundbarkeitsanalysen speziell für Krankenhäuser geben Bigalke (2011), Fischbacher-Smith/Fischbacher-Smith (2013), Ochi et al. (2015) und Rahal et al. (2015). Auf www.kritis.bund.de können fachübergreifende und -spezifische Publikationen bezogen werden, z. B. im Kontext der IT-Sicherheit.

Modellhafte Erklärungsansätze betten die Verwundbarkeitsfaktoren in den jeweiligen Kontext ein (für eine Übersicht verschiedener Modelle siehe Hufschmidt, 2011). Denn häufig liegen die Ursachen für Verwundbarkeit auf der lokalen Skala in den übergeordneten politischen, sozio-ökonomischen und kulturell-ethischen Rahmenbedingungen und der Qualität der Führung (»Governance«) (Wisner et al., 2004). Auch für Krankenhäuser ist der Kontext, in dem sie arbeiten, wichtig. Die Rahmenbedingungen, wie z. B. die ökonomische Situation und die Qualität der Führung, beeinflussen, ob Verwundbarkeiten produziert oder verstärkt werden. Daher ist die Identifizierung von Verwundbarkeitsfaktoren nur der erste Schritt auf dem Weg, um Verwundbarkeiten zu verstehen und Gegenmaßnahmen einzuleiten. Ein Erklärungsgehalt hinsichtlich der grundlegenden Ursachen für Verwundbarkeiten wird durch die Analyse des jeweiligen Kontexts, also der Rahmenbedingungen, erreicht.

Operationalisierung von Verwundbarkeit

Die Analyse von Verwundbarkeitsfaktoren kann quantitativ (bemessend), qualitativ (beschreibend) oder semi-quantitativ (eine Kombination aus beidem) erfolgen. Die Wahl der Methode hängt von der Zielsetzung der Analyse und den zur Verfügung stehenden Ressourcen ab. Besteht das Ziel darin, nicht nur den aktuellen Status quo zu erheben, sondern ein regelmäßiges Monitoring mit Aussagen zu nummerischen Veränderungen (z. B. »Verdopplung«, »Erhöhung um 5 %«) anzuschließen, sind quantitative Ansätze sinnvoll. Die hierfür notwendigen Ressourcen sind neben der methodischen Expertise Daten, Zeit (Aufwand) und somit Geld. In der Risiko- und Katastrophenforschung haben sich indexbasierte Verfahren etabliert, die das Phänomen Verwundbarkeit mithilfe von Indikatoren, die Verwundbarkeitsfaktoren messen, zusammenfassen und ausdrücken. Idealerweise basiert die Auswahl der Indikatoren auf einem konzeptionellen, empirisch belegten Konzept (Hufschmidt, 2008). Indikatoren können mehr oder weniger abgestuft zu Sub-Indizes oder nur einem Index rechnerisch verknüpft werden. Für Krankenhäuser können entsprechend den im Unterkapitel »Verwundbarkeit« genannten Bereichen Verwundbarkeitsfaktoren mittels Indikatoren dargestellt und zu einem Index verrechnet werden. Zum Beispiel kann in der Kategorie »Patienten« der Faktor »besonders kritischer Zustand« mittels einer Prozentzahl der Patienten in einem besonders kritischen Zustand als Indikator ausgedrückt werden. Handreichungen für ein indexbasiertes Vorgehen liefern OECD (2008) und Fritzsche et al.

(2014). Methodisch sind indikatorbasierte Index-Verfahren anspruchsvoll und bergen Fehlerquellen und Manipulationsmöglichkeiten, sodass Sorgfalt und Transparenz wichtig für die Qualität und Akzeptanz der Ergebnisse sind (Hufschmidt, 2008).

Semi-quantitative Verfahren leiten aus metrischen Daten Maßzahlen auf der Rangskala ab, belegen sie also mit Kategorien wie »1, 2, 3«. Auf diese Weise können auch qualitative Aussagen, die auf Einschätzungen wie »hoch«, »mittel«, »niedrig« beruhen, kombiniert werden, wenn auch diesen Einschätzungen Rangzahlen zugeordnet werden. Die Methode zur Risikoanalyse des Bundes in Deutschland und der Schweiz sind Beispiele für solch einen semi-quantitativen Ansatz (BABS, 2013; BBK, 2016).

Bei rein qualitativen Analysen werden die Verwundbarkeitsfaktoren beschrieben und bewertet, was z. B durch sog. »Delphi-Verfahren« operationalisiert wird. Delphi-Verfahren sind mehrstufige Expertenbefragungen und kommen häufig zum Einsatz, z. B. für die jährlichen »Global Risks«-Studien des Weltwirtschaftsforums. Eine Handreichung für einen qualitativen Ansatz in Bezug auf Risikomanagement in Krankenhäusern, in dem auch Verwundbarkeit angesprochen wird, ist eine Publikation des BBK (2008).

Resilienz

Auch wenn der Begriff Resilienz in Disziplinen wie der Psychologie oder den Ingenieurswissenschaften schon lange etabliert ist, hat er erst in den letzten 15 bis 20 Jahren Einzug in die Risiko- und Katastrophenforschung gehalten, dann jedoch eine rasante Karriere verzeichnet (Fekete et al., 2014). Politische Dokumente auf UN-Ebene, wie das Hyogo Framework for Action 2005-2015 oder sein Nachfolger, das Sendai Framework for Disaster Risk Reduction 2015-2030, kommen ohne diesen Begriff nicht aus. Besonders das Hyogo Framework, aber auch UN-Initiativen wie »Making Cities Resilient – My Citiy is Getting Ready!«, erklären Resilienz zu einem übergeordneten Wunschzustand (z. B. von Gemeinden, Einrichtungen, Städten, Nationen). Eine mögliche Erklärung für die Prominenz von Resilienz ist die positive Konnotation: Während jahrzehntelang über Verwundbarkeit geforscht und gesprochen wurde, richtet sich der Fokus auf Stärken und Fähigkeiten, die es zu fördern gilt, um Schäden vor allem mittel- und langfristig zu reduzieren. Der etwas diffuse Begriff Resilienz ist ein sog. »boundary object«, hinter dem sich unterschiedliche Fachbereiche und Akteursgruppen mit einem gemeinsamen Ziel formieren, auch wenn sie ggf. durchaus unterschiedliche Auffassungen davon vertreten, was Resilienz genau ist (Brand/Jax, 2007).

Nähert man sich wissenschaftlichen Definitionen von Resilienz wird schnell deutlich, dass unterschiedliche Versionen gleichberechtigt nebeneinanderstehen. Etwas kompliziert wird die Abgrenzung zum älteren und länger etablierten Konzept der Verwundbarkeit. Einige Ansätze sehen Resilienz als Element der Verwundbarkeit (Bohle et al., 1994; Turner et al., 2003); andere begreifen Verwundbarkeit und Resilienz als zwei gegensätzliche Enden entlang eines Spektrums oder als zwei Seiten einer Medaille (Holling/Gunderson, 2002). Die Implikation dieser Vorstellung ist, dass eine Erhöhung der Resilienz automatisch eine Verringerung der Verwundbarkeit und vice versa bedeutet. Eine positive Entwicklung der Resilienz kann sich positiv auf die Verwundbarkeit auswirken, ein zwingender Automatismus wäre jedoch vereinfachend. Denn wie im Folgenden gezeigt wird, geht das moderne Resilienz-Konzept über diese eindimensionale Vorstellung von Resilienz als Gegenteil zu Verwundbarkeit hinaus.

Gordon (1978) beschreibt Resilienz als die Eigenschaft von Material, sich unter Druck zu verformen, aber nicht zu brechen. Holling (1973) versteht unter Resilienz ökologischer Systeme eine Art Gradmesser, der zeigt, wie viel Veränderung ein System absorbieren kann, ohne seine grundlegenden Funktionen aufzugeben. Absorbieren wird in diesem Kontext mit Veränderung und Anpassung assoziiert. Die Weiterentwicklung der sozial-ökologischen Forschung ergänzt, dass es die eigenen Ressourcen sind, auf die zurückgegriffen wird, und zwar selbst-organisiert, d. h. ohne Hilfe von außen. Idealerweise besteht eine hohe Redundanz und Flexibilität: Leben z. B. in einem Ökosystem mehrere Arten, die dieselbe Funktion innerhalb des Systems haben, kann die Auslöschung einer Art durch die anderen Arten kompensiert werden und das Ökosystem bleibt erhalten. Redundanzen sind also eine Art »Versicherungsmechanismus«. Außerdem ist die Fähigkeit des Lernens eine wichtige Eigenschaft resilienter Systeme (Carpenter et al., 2001). Juen (2016) fasst für den Bereich der Psychologie zusammen: »Resilienz wurde als Konglomerat an Persönlichkeitseigenschaften betrachtet, die Menschen befähigen, mit traumatischen Ereignissen gut umzugehen und zur Normalität zurückzukehren« und verweist beispielhaft auf Arbeiten von Masten et al. (1990) und Bonanno et al. (2006). Sie ergänzt, dass es inzwischen aus psychologischer Sicht nicht mehr nur die Persönlichkeitseigenschaften und Ressourcen sind, die Resilienz ausmachen, sondern auch vermittelnde Faktoren wie soziale Unterstützung. Außerdem begreift sie Veränderung und Lernen als zentrale Elemente von Resilienz.

Filtert man diese Auswahl von Resilienz-Interpretationen, treten als Gemeinsamkeiten die Schlagworte

a) »Verkraften«, »Absorbieren«,
b) »Veränderung«,
c) »aus eigener Kraft«/»selbst-organisiert« und
d) »Lernen« hervor.

In der Resilienzforschung variieren dabei die Abgrenzungen der Untersuchungsobjekte: Handelt es sich um ein einzelnes Objekt, wie ein Umspannwerk oder eine Person, oder um das gesamte Stromnetz bzw. ein größeres soziales Netzwerk? Die Bedeutung von »aus eigener Kraft« ändert sich also entsprechend der Systemdefinition. Hinzu kommt, dass unterschiedliche Fachdisziplinen und Akteursgruppen die Aspekte a) bis d) verschieden stark in ihre Analysen einbeziehen. Schneiderbauer et al. (2016) unterschieden eine eher »konservative, technisch-physikalische« Sicht, die darauf abzielt, schnellstmöglich wieder zu dem Zustand vor der Störung zurückzukehren (»business as usual«), von einer »transformativen« Sicht, die eine »Bereitschaft und Fähigkeit zur Weiterentwicklung« umfasst und »mit der eine Verbesserung des früheren Status angestrebt wird«. Im Rahmen des Forschungsprojektes »emBRACE« wurde ein Modell entwickelt, das Resilienz als die Schnittmenge von »Ressourcen und Fähigkeiten«, »Lernprozessen« und »Handlungen« im Kontext der jeweiligen Rahmenbedingungen (z. B. Governance) versteht (Schneiderbauer et al., 2016).

Resilienz-Analysen für Krankenhäuser können sich auf die gleichen Bereiche, wie im Unterkapitel zu Verwundbarkeit beschrieben, beziehen. Dabei kann es um ein Netzwerk von Krankenhäusern oder um einzelne Krankenhäuser gehen. Die Fragestellung lautet jedoch nicht »Wo sind die Schwachstellen?«, sondern »Welche Fähigkeiten und Ressource gibt es, um einen Störung zu verkraften?«, »Wie können wir unsere Prozesse so verändern, dass wir trotz starker Belastung unsere Funktion aufrechterhalten können?«, »Was haben wir aus vergangenen Situationen, Übungen und Fehlern gelernt?«

Operationalisierung von Resilienz

Grundsätzlich stehen für Resilienzanalysen dieselben methodischen Ansätze wie für Verwundbarkeitsanalysen zur Verfügung. Anders als bei Verwundbarkeitsstudien ist die Quantifizierung für Resilienzfaktoren jedoch schwieriger und deutlich weniger weit entwickelt. Ein einfach zu quantifizierender Resilienzfaktor ist z. B. die Anzahl der freien Betten (in %), da sie eine Redundanz aufzeigt. Auch andere Arten von Redundanzen können auf diese Weise abgebildet werden: Wie viel zusätzliches Personal (in %) kann in Bezug auf ein bestimmtes Szenario das Krankhaus erreichen - sind z. B. aufgrund eines Sturms Zufahrtswege blockiert oder kann ein Teil des Personals im Falle einer Epidemie krankheitsbedingt nicht arbeiten? Schwieriger wird es, wenn z. B. die Bereitschaft und Fähigkeit zur Veränderung (i. S. von Verbesserung des Status quo) ermittelt werden soll. Und wie können erfolgreiche Lernprozesse abgebildet werden?

Als Vorschlag bietet sich ein Vorgehen an, dass

1. die eher leicht zu operationalisierenden Resilienzfaktoren identifiziert und darstellt (möglichst quantitativ, aber auch qualitativ oder semi-quantitativ, je nach Zielsetzung und Ressourcen) und
2. als Basis für eine tiefgreifende und dauerhafte Förderung der Resilienz, sozusagen als Rückgrat, ein systematisches Wissensmanagement im Krankenhaus aufbaut oder optimiert.

Wissensmanagement als Rückgrat für resiliente Organisationen

Wissensmanagement innerhalb von Organisationen zielt darauf ab, den Umgang mit Wissen zu optimieren (Davenport/Prusak, 1999). In Wirtschaftsunternehmen wurde schon lange erkannt, dass Wissen eine wertvolle, wenn nicht die wertvollste, Ressource ist; dennoch bestehen häufig nicht nur in privatwirtschaftlichen Organisationen Defizite, wenn es darum geht, Wissensmanagement erfolgreich zu betreiben. Dessen Aufgaben bestehen darin, Wissen zu

- identifizieren,
- erwerben,
- entwickeln,
- (ver-)teilen,
- nutzen,
- bewahren und
- bewerten (Probst et al., 2013).

In der Literatur wird häufig eine Unterscheidung zwischen »Information« und »Wissen« vorgenommen, wobei Information aus bearbeiteten Daten besteht. Informationen sind Nachrichten, sollen also jemanden informieren. Das reine Informationsmanagement, z. B. im Kontext einer Alarmierungskette, ist daher Teil des Wissensmanagements. Wissen ist ein umfassenderer Begriff. Er umschließt die empfangene Information und bettet sie in Erfahrung, Fähigkeiten, Kenntnisse und Werte ein. Wissen ist personenabhängig, kann aber auch, wie die Information, externalisiert, also dokumentiert und zugänglich gemacht werden (Davenport/Prusak, 1999).

Versteht man eine resiliente Organisation als eine Organisation, die sich u. a. durch die Bereitschaft und Fähigkeit zur Veränderung (i.S. von Verbesserung), und zwar selbstorganisiert und mit den eigenen Ressourcen, auszeichnet, wird deutlich, welche wichtige Rolle Wissensmanagement spielt. Besonders das Lernen, Bewahren und Nutzen von Wissen ist zentral für resiliente Systeme. Hier ergibt sich eine Schnittstelle zum Bereich des Qualitätsmanagements, denn das Lernen aus bisherigen Erfahrungen (Alltagsbetrieb, Übungen, dokumentierte Fehler, »lessons learned«) ist eine Voraussetzung dafür, Veränderungsprozesse anzustoßen. Weick and Sutcliffe (2007) gehen soweit, dass sie die Aufmerksamkeit gegenüber Fehlern, scheinen sie noch so unbedeutend, als maßgeblich für erfolgreiche Organisationen erachten, deren Funktionsausfall schwerwiegende Konsequenzen hätte (sog. »High Reliability Organisations«, HROs). Neben Feuerwehren oder Atomkraftwerken gelten auch Krankenhäuser als HROs. Ein Krankenhaus, das seine Resilienz fördern möchte, benötigt also ein umfassendes Informations- und Wissensmanagement, das auch Qualitätsmanagement einschließt. Die Etablierung bzw. Optimierung eines Wissensmanagements ist aufgrund der organisationsumfassenden Verankerung Aufgabe der Krankenhausleitung.

1.6.3 Fazit

Jenseits der Fokussierung auf Gefahren und Eintrittswahrscheinlichkeiten bieten die Konzepte Verwundbarkeit und Resilienz wertvolle Handlungsansätze im Rahmen eines erfolgreichen Risiko- und Krisenmanagements. Maßnahmen zur Reduzierung der Verwundbarkeit und zur Steigerung der Resilienz können entscheidend dazu beitragen, Schäden und Verluste in Krankenhäuser kurz-, mittel- und langfristig zu reduzieren. Grundlegend für die Einleitung von Maßnahmen sind Verwundbarkeits- und Resilienzanalysen, die im Rahmen der Vorsorge, also des Risikomanagements, durchgeführt werden. Sind die Maßnahmen effektiv, kann verhindert werden, dass es zu einer Krise kommt oder erreicht werden, dass das Krisenmanagement gut funktioniert und die Krise schnell abarbeitet. Verwundbarkeit und Resilienz sollten konzeptionell getrennt, aber dennoch gemeinsam betrachtet werden. Denn Maßnahmen zur Stärkung der Resilienz können die Verwundbarkeit senken, was jedoch nicht zwingend der Fall ist und auch nicht unbedingt vice versa gilt. Eine transformative Interpretation des Resilienzbegriffs bedeutet zudem in der Konsequenz die Etablierung eines (Informations- und) Wissensmanagements, das Veränderungs- und Lernprozesse aus eigener Kraft und mit eigenen Ressourcen erst möglich und dauerhaft erfolgreich macht.

Literatur

Alexander, D.E., 2000. Confronting catastrophe. Oxford University Press, New York.
BABS (2013). Leitfaden KATAPLAN. Gefährdungsanalyse und Vorsorge. Bern.
Baker, L.R., Cormier, L.A. (2015). Disasters and vulnerable polulations. Evidenced-based practice for the helping professions. Springer, New York.
BBK (2016). Risikoanalyse im Bevölkerungsschutz. Bonn.
BBK (2008). Schutz Kritischer Infrastruktur: Risikomanagement im Krankenhaus. Bundesamt für Bevölkerungsschutz und Katastrophenhilfe (BBK), Bonn.
Beck, U. (2007). Weltrisikogesellschaft. Auf der Suche nach der verlorenen Sicherheit. Suhrkamp, Frankfurt a.M.
Bigalke, M. (2011). Risikoanalyse, Bewertung und Vorsorgekonzept für das Szenario Trinkwasserausfall am Klinikum St. Marien Amberg. Masterarbeit, Unversität Bonn.
Bohle, H.G., Downing, T.E., Watts, M.J. (1994). Climate change and social vulnerability: toward a sociology and geography of food insecurity. Glob. Environ. Chang. 4, 37–48.
Bonanno, G.A., Galea, S., Bucciarelli, A., Vlahov, D. (2006). Psychological resilience after disaster: New York City in the aftermath of the Sepember 11th terrorist attack. Psycholgical Sci. 17, 181–186.
Brand, F.S., Jax, K. (2007). Focusing the meaning(s) of resilience: Resilience as a descriptive concept and a boundary object. Ecol. Soc. 12.
Carpenter, S., Walker, B., Anderies, J.M., Abel, N. (2001). From Metaphor to Measurement: Resilience of What to What? Ecosystems 4, 765–781.
Davenport, T.H., Prusak, L. (1999). Working knowledge. Harvard Business School Press, Boston.
Dikau, R., Weichselgartner, J. (2005). Der unruhige Planet, 1st ed. Primus Verlag, WBG, Darmstadt.
Fekete, A., Hufschmidt, G. (2016). Atlas der Verwundbarkeit und Resilienz. Pilotausgabe zu Deutschland, Österreich, Liechtenstein und der Schweiz. Bonn, Köln.
Fekete, A., Hufschmidt, G., Kruse, S. (2014). Benefits and Challenges of Resilience and Vulnerability for Disaster Risk Management. Int. J. Disaster Risk Sci. 5, 3–20.
Fischbacher-Smith, D., Fischbacher-Smith, M. (2013). The Vulnerability of Public Spaces: Challenges for UK hospitals under the »new« terrorist threat. Public Manag. Rev. 15, 330–343.

Fritzsche, K., Schneiderbauer, S., Bubeck, P., Kienberger, S., Buth, M., Zebisch, M., Kahlenborn, W. (2014). The Vulnerability Sourcebook. Concept and guidelines for standardised vulnerability assessments. GIZ im Auftrag des BMZ in Kooperation mit adelphi, Eurac, Bonn, Berlin.

Gordon, J.E. (1978). Structures. Penguin Books, Harmondsworth, Middlesex.

Holling, C.., Gunderson, L. (2002). Resilience and adaptive cycles, in: Gunderson, L., Holling, C.S. (Hrsg.), Panarchy. Island Press, Washington D.C., S. 25–62.

Holling, C.S. (1973). Resilience and Stability of Ecological Systems. Annu. Rev. Ecol. Syst. 4, 1–23.

Hufschmidt, G. (2011). A comparative analysis of several vulnerability concepts. Nat. Hazards 58, 621–643.

Hufschmidt, G. (2008). The evolution of Risk from Landslides: Concepts and Applications for Communities in New Zealand. Victoria University.

Hufschmidt, G., Schrott, L., Simmer, C., Krahe, P., Reicherter, K. (2017). Vorhersage und Prognose, in: Karutz, H., Geier, W., Mitschke, T. (Hrsg.), Bevölkerungsschutz. Noftallvorsorge und Krisenmanagement in Theorie und Praxis. Springer, Heidelberg, pp. 227–246.

International Organization for Standardization (2009). ISO 31000 - Risk management.

Juen, B. (2016). Verwundbarkeit und Resilienz von Menschen aus psychologischer Sicht, in: Fekete, A., Hufschmidt, G. (Hrsg.), Atlas Der Verwundbarkeit Und Resilienz. Pilotausgabe Zu Deutschland, Österreich, Liechtenstein und Schweiz. Bonn, Köln, pp. 26–27.

Kates, R.W. (1970). Natural hazard in human ecological perspective: hypotheses and models, Working Paper . Department of Geography, University of Toronto, Toronto.

Masten, A., Best, K., Garmezy, N. (1990). Resilience and development: contributions from the study of children who overcome adversity. Dev. Psychopathol. 2, 425–444.

O'Keefe, P., Westgate, K., Wisner, B. (1976). Taking the naturalness out of natural disasters. Nature 260, 566–567.

Ochi, S., Kato, S., Kobayashi, K., Kanatani, Y. (2015). Disaster Vulnerability of Hospitals: A Nationwide Surveillance in Japan. Disaster Med. Public Heal. Prep. 9, 614–618.

OECD (2008). Handbook on Constructing Composite Indicators. Methodology and User Guide.

Perrow, C. (1984). Normal Accidents: Living with High-Risk Technologies. Basic Books, New York.

Probst, G., Raub, S., Romhardt, K. (2013). Wissen managen - Wie Unternehmen ihre wertvollste Ressource optimal nutzen. Gabler, Wiesbaden.

Rahal, A.A., Messabhia, A., Sauce, G., Perrotin, P. (2015). Hospital System Vulnerability to a Moderate Earthquake. J. Civ. Eng. Archit. 9, 1185–1190.

Renn, O., Keil, F. (2008). Approaching Systemic risks (Systemische Risiken. Versuch einer Charakterisierung). GAIA 17, 349–354.

Schneiderbauer, S., Kruse, S., Kuhlicke, C., Abeling, T. (2016). Reslienz als Konzept in Wissenschaft und Praxis, in: Fekete, A., Hufschmidt, G. (Hrsg.), Atlas der Verwundbarkeit und Resilienz. Pilotausgabe zu Deutschland, Österreich, Liechtenstein und Schweiz. Bonn, Köln, S. 22–23.

Taleb, N.N. (2015). Der Schwarze Schwan. Die Macht höchst unwahrscheinlicher Ereignisse, 8. ed. Carl Hanser Verlag GmbH & Co. KG.

Thomas, S.K., Phillips, B.D., Lovekamp, W.E., Fothergill, A. (2013). Social Vulnerability to Disasters, 2nd ed. CRC Press, London, New York.

Turner, B.L., Kasperson, R.E., Matson, P.A., McCarthy, J.J., Corell, R.W., Christensen, L., Eckley, N., Kasperson, J.X., Luers, A., Martello L., M., Polsky, C., Pulsipher, A., Schiller, A. (2003). A framework for vulnerability analysis in sustainability science. Proc. Natl. Acad. Sci. U. S. A. 100, 8074–8079.

UNDRO (1982). Natural disasters and vulnerability analysis. Report of Expert Working Group Meeting, 9-12 July, United Nations Disaster Relief Organisation. Geneva.

UNISDR (2005). Hyogo Framework for Action 2005-2015. Building the Resilience of Nations and Communities to Disasters.

Wehling (2001). Jenseits des Wissens? Wissenschaftliches Nichtwissen aus soziologischer Perspektive. Z. Soziol. 30, 465–484.

Weick, K.E., Sutcliffe, K.M. (2007). Managing the Unexpected: Resilient Performance in an Age of Uncertainty. Jossey-Bass, John Wiley & Sons.

White, G.F. (1961). The choice of resource management. Nat. Resour. J. 23, 23–40.

Wisner, B., Blaikie, P., Cannon, T., Davis, I. (2004). At Risk - Natural hazards, people's vulnerability and disasters, 2nd ed. Routledge, London.

Wurmb, T., Rechenbach, P., Scholtes, K. (2016). Alarm- und Einsatzplanung an Krankenhäusern: Das konsequenzbasierte Modell. Medizinische Klin. - Intensivmed. und Notfallmedizin.

1.7 Risikomanagement und Krankenhausalarmplanung aus Sicht des Bundesamts für Bevölkerungsschutz und Katastrophenhilfe

Kathrin Stolzenburg und Barbara Kowalzik

Krankenhäuser erbringen essenzielle Leistungen der kommunalen Daseinsvorsorge und tragen insbesondere im Ereignisfall eine besondere Verantwortung. Während in der Vergangenheit stark auf die alleinige Bewältigung von extern auftretenden Gefahrenlagen fokussiert wurde, rückt das Krankenhaus als Kritische Infrastruktur selbst ins Zentrum der Betrachtung (▶ Kap. 1.1). Wie sieht es mit der Funktionsfähigkeit der kritischen Bereiche aus, wenn das eigene Krankenhaus betroffen ist? Kann die Arbeitsfähigkeit unter extremen Wetterbedingungen, bei Wasserausfall oder einer Störung der IT gewährleistet werden? Wie sind die Abläufe, wenn es auf einer Station zu einem terroristisch motivierten Akt kommt? Diese und viele weitere Fragen werden selbstverständlich nicht erst in der Krise gestellt, denn dann ist es zu spät. Was vor vielen Jahren noch als »unvorhersehbar« und als »höhere Gewalt« bezeichnet wurde, wird – auch vor dem Hintergrund realer Beispiele – schon lange nicht mehr so genannt. Denn durch solides Risikomanagement und vorausschauende Alarm- und Einsatzplanungen lassen sich viele Risiken bereits im Vorfeld vermeiden oder zumindest eindämmen. Der folgende Beitrag stellt mit Leitfäden zum Risikomanagement Kritischer Infrastrukturen und einem zukünftig neuen Handbuch zur Krankenhausalarm- und Einsatzplanung zwei Instrumente zur Risikominimierung und Notfallplanung im Krankenhaus vor.

1.7.1 Die gesamtstaatliche Verantwortung im Bevölkerungsschutz

Im föderalen Bundesstaat baut das Hilfeleistungssystem aufeinander auf. Alltagsereignisse werden durch den Rettungsdienst und die Feuerwehren auf kommunaler Ebene geregelt. Lokale bzw. regionale Großschadens- und Katastrophenlagen liegen im Verantwortungsbereich der Bezirksregionen bzw. der Bundesländer. Der Bund unterstützt auf Anforderung eines oder mehrerer Bundesländer bei Schadenslagen (Amts- und Katastrophenhilfe).

Die originäre Zuständigkeit des Bundes umfasst Schadenslagen von nationaler Bedeutung und kriegerische Konflikte, den sogenannten Zivilschutzfall. Für den Schutz der Zivilbevölkerung im Verteidigungsfall ist nach Artikel 73 Absatz 1 Nr. 1 des Grundgesetzes der Bund zuständig.

Das Zusammenwirken von Bund und Ländern bei der Abwehr und Bekämpfung von Naturkatastrophen und besonders schweren Unglücksfällen ist im Gesetz über den Zivilschutz und die Katastrophenhilfe des Bundes (ZSKG 2009) geregelt. Das ZSKG präzisiert damit Artikel 35 Absatz 2 Satz 2 des Grundgesetzes hinsichtlich dieser gesamtstaatlichen Verantwortung: Während der Katastrophenschutz ein nach Landesrecht organisiertes System der Gefahrenabwehr und Hilfeleistung bei außergewöhnlichen Schadensereignissen ist, wird nach dem ZSKG das für den Katastrophenschutz in den Ländern vorgesehene Potenzial in seiner Gesamtheit in die Zivilschutzplanung eingebunden (»Zivilschutz-Doppelnutzen-Konzept«).

Alle Aufgaben und Maßnahmen der Kommunen und der Länder im Katastrophenschutz sowie des Bundes im Zivilschutz werden heute unter dem Oberbegriff »Bevölkerungsschutz« beschrieben. Die Akteure im Bevölkerungsschutz sind gemeinsam mit Polizeien, Bundeswehr, Nachrichtendiensten und Infrastrukturbetreibern die tragenden Säulen des gesamtgesellschaftlichen Sicherheitssystems. Betreiber der Infrastruktur Krankenhaus sind somit relevante Partner in diesem System.

Krankenhäuser sind bereits verpflichtet, Alarm- und Einsatzpläne für Schadenslagen aufzustellen, fortzuschreiben und zu beüben. Geregelt wird dies in den Landesgesetzen der jeweiligen Bundesländer. § 21 des ZSKG ergänzt die Maßnahmen zur gesundheitlichen Versorgung der Bevölkerung im Verteidigungsfall (Planung der gesundheitlichen Versorgung), die ebenfalls durch die nach Landesrecht zuständigen Behörden zu planen sind.

Im Sommer 2016 wurde die Neue Konzeption Zivile Verteidigung (KZV, 2016) veröffentlicht. Als Zivile Verteidigung werden alle nichtmilitärischen Maßnahmen im Rahmen der Gesamtverteidigung verstanden. Dies schließt gemäß Grundgesetz auch die Versorgung der Bevölkerung mit Gütern und Leistungen ein. Leistungen wie die medizinische Versorgung gehören natürlich dazu. Im Kapitel »Schutz der Gesundheit« der Konzeption Zivile Verteidigung wird neben dem Sanitätsdienst und der Sanitätsmaterialbevorratung auch die Krankenhausalarmplanung beschrieben. Die Vorbereitungen für die Zivile Verteidigung bauen im Sinne des zuvor erläuterten Ansatzes des »Zivilschutz-Doppelnutzen-Konzeptes« im Bevölkerungsschutz auf den Planungen für die friedensmäßige Krisenbewältigung auf. Dazu werden unter der Federführung des Bundesinnenministeriums im Bundesamt für Bevölkerungsschutz und Katastrophenhilfe Konzepte und Richtlinien erarbeitet, wie die Bevölkerung im Verteidigungsfall geschützt werden kann. Die Konzeption stellt den Rahmen für notwendige Anpassungen an ein sich wandelndes Sicherheitsumfeld und die damit einhergehenden Anforderungen an die Zivile Verteidigung und Notfallvorsorge des Bundes.

1.7.2 Krankenhäuser als Kritische Infrastrukturen

Die ca. 2000 Krankenhäuser haben in unserem Gesundheitssystem die Aufgabe, die stationäre Versorgung flächendeckend und in hoher Qualität sicherzustellen (BMG, 2017). Sie erbringen damit essenzielle Leistungen der kommunalen Daseinsvorsorge. Gerade im Ereignisfall tragen sie als letztes Glied der Rettungskette eine besondere Verantwortung. Aufgrund dieser hohen Bedeutung gehören Krankenhäuser zu den Kritischen Infrastrukturen. Ihr Ausfall oder ihre Beeinträchtigung könnte zu

- umfassenden Versorgungsengpässen,
- gravierenden Störungen der öffentlichen Ordnung und Sicherheit sowie

weiteren dramatischen Folgen führen (BMI, 2009).

Während in der Vergangenheit stark auf die alleinige *Bewältigung* eines Massenanfalls von Verletzten fokussiert wurde, rückt das Krankenhaus inzwischen als Kritische Infrastruktur selbst ins *Zentrum der Betrachtung*. Die Häuser müssen auch – und insbesondere – in einer Krise die Funktionsfähigkeit lebensnotwendiger Bereiche aufrechterhalten können sowie eine zusätzliche Gefährdung von Menschenleben verhindern. Ein Anwesender darf nicht zu Schaden kommen, weil z. B. das Krankenhaus einen Wasserschaden hat (Stromschlaggefahr!) oder weil während einer OP der Internetzugang ausfällt (Gefährdung Patientenleben!).

Krankenhäuser sollten sich in einem strukturierten und von der Leitung verfügten

Managementprozess auch mit der eigenen Betroffenheit durch zumeist operative Risiken auseinandersetzen. Je besser das Verständnis über interne und externe Abhängigkeiten relevanter Prozesse im Haus ist, je umfassender die Kenntnis über mögliche Gefahren, desto besser können Maßnahmen für den Ereignisfall geplant und dann auch umgesetzt werden.

Ein Beispiel für ein mögliches Risiko und diesbezüglich präventiv ergriffene Maßnahmen ist die Versorgung mit Strom. Aufgrund der herausragenden Abhängigkeit wäre der Ausfall der Stromversorgung im Krankenhaus kaum zu bewältigen. Um dieses Risiko sinnvoll zu minimieren, halten Krankenhäuser eine Ersatzstromversorgung vor, die ohne Nachtanken für mindestens 24 Stunden die wichtigsten Bereiche versorgen kann. In der Verantwortung des Krankenhauses liegt es natürlich auch, den Rahmen für die Nachbetankung des Aggregats über Verträge oder Vereinbarungen abzusichern, damit die Handlungsfähigkeit auch im Ereignisfall mit längerer Dauer gewährleistet bleibt. Solche Vorkehrungen können nicht erst in der Krise getroffen werden. Da auch das bestmögliche Management nicht alle Risiken »auf Null« senken kann, sind zudem klare Handlungsabläufe für einen »Dennoch«-Fall festzulegen und mit weiteren externen Akteuren abzustimmen. Wissen die Einsatzkräfte genau, was sie erwartet und wie bestmöglich vorzugehen ist, können hier unvermeidbare Auswirkungen abgefedert werden.

In besonders sicherheitsrelevanten Bereichen können zum Ausdruck der Gewährleistungsverantwortung des Staates Gesetze erlassen werden, die das Schutzniveau bei den Betreibern rechtlich festlegen und gegebenenfalls sogar erhöhen. Einige Krankenhäuser werden kritische Anlagen im Sinne des Gesetzes zur Erhöhung der Sicherheit informationstechnischer Systeme (IT-Sicherheitsgesetz, 2015). Ein zentraler Bestandteil dieses Gesetzes sind Regelungen zur Verbesserung der Verfügbarkeit und Sicherheit von IT-Systemen sowie der IT-Sicherheit. Aber auch für alle anderen Krankenhäuser gilt selbstverständlich, dass die IT neben der Stromversorgung essenziell ist. Welche wichtigen Geräte und Zugänge sind auf welche Art und Weise von IT abhängig? Welche Sicherheitsbedenken oder Maßnahmenhinweise durch den IT-Sicherheitsbeauftragten wurden vom Beauftragten für Risikomanagement in die Planungen des übergeordneten Risikomanagements übernommen? Anregung und Austausch finden die Verantwortlichen beispielsweise im UP KRITIS (BSI, o.J.) oder der Allianz für Cybersicherheit (BSI, 2016).

1.7.3 Risikomanagement im Krankenhaus

Ziel eines Risikomanagements ist grundsätzlich die Planung und Umsetzung von Maßnahmen, insbesondere zur Risikovermeidung, -minimierung und -akzeptanz. Es gibt eine Vielzahl guter Risikomanagementhilfen für Krankenhäuser. Von Seiten der öffentlichen Sicherheit existieren für Einrichtungen Kritischer Infrastrukturen Empfehlungen für ein mögliches Vorgehen im Risikomanagement durch den Betreiber. Dies sind spezifisch für Krankenhäuser der Leitfaden »Schutz Kritischer Infrastruktur: Risikomanagement im Krankenhaus« des BBK (BBK, 2008a) sowie der Leitfaden »Schutz Kritischer Infrastrukturen: Risikoanalyse Krankenhaus-IT« des BSI (BSI, 2013a).

Zu beiden Leitfäden existiert jeweils eine kurze Managementfassung, die sich an die Hausleitung und damit Hauptverantwortlichen für die Sicherheitsplanung eines Krankenhauses richtet (BBK, 2008b; BSI, 2013b). Eine kurze Checkliste im BBK-Leitfaden ermöglicht anhand einiger ausgewählter Gefahren die Schnellprüfung, ob Bedarf zum Ausbau eines Risikomanagements besteht.

Ein starkes Risikomanagement kann nachweislich das Krisenmanagement entlasten, zu mehr Sicherheit und oft auch finanzieller Entlastung über die Zeit führen. Dennoch gibt es auch dies nicht für »umsonst«. Im Vorfeld der Arbeit sind entsprechende Rahmenbedingungen zu schaffen, denn sonst wird ein Risikomanagement zwangsläufig scheitern oder wenig zielführende Ergebnisse liefern. Um sich in notwendiger Tiefe mit potenziellen Gefahren und Schutzmöglichkeiten des Hauses zu befassen, benötigt ein Risikomanagementbeauftragter mindestens folgenden Rahmen:

- **Die Befähigung für die Arbeit zum Risikomanagement**
  Für die Etablierung/den Ausbau des Risikomanagements im Haus muss Wissen über das Vorgehen, die Methoden, die Strukturen der Einrichtung und viele weitere Dinge vorliegen. Bringt der Beauftragte diese Fähigkeiten nicht von Arbeits- oder Ausbildungswegen her mit, muss gewährleistet werden, dass sie ihm für die Arbeit verfügbar gemacht werden. Dies kann beispielsweise erreicht werden, indem er zielführend weitergebildet wird, indem das Risikomanagement durch einen externen Dienstleister begleitet wird, indem Mitarbeiter mit den entsprechenden Fähigkeiten ins Projektteam aufgenommen werden (z. B. IT-Sicherheitsmanager, Haustechniker) sowie durch Kombination dieser und auch weiterer Maßnahmen.
- **Die Beauftragung und Unterstützung durch die Leitung**
  Die Absicherung der Einrichtung vor Gefahren für das operative Geschäft liegt in der Verantwortung der Leitung. Diese Verantwortung kann nicht delegiert werden, allein die Durchführung kann an den Beauftragten für Risikomanagement weitergegeben werden. Dafür muss dieser mit der Abwicklung des Risikomanagements offiziell beauftragt sein. Da für die Umsetzung des Risikomanagements eine Mitarbeit der unterschiedlichen Bereiche des Hauses zwingend nötig ist, müssen die Mitarbeiter über Zielsetzung, Vorgehen und Befugnisse des Beauftragten für Risikomanagement informiert sein. Dies erfolgt über die Leitung. Sie informiert und beteiligt auch weitere Akteure, wie zum Beispiel Betriebsrat und Gleichstellungsbeauftragte. In ihrer Verantwortung liegt es auch, eine entsprechende Risikokultur im Haus zu schaffen. Hier können gegebenenfalls gute Erfahrungen aus anderen Schwerpunkten helfen. Durch den Einsatz von Fehlermeldesystemen wie dem CIRS (Critical Incident Reporting System) kann zum Beispiel im klinischen Risikomanagement der organisationale Lernprozess unterstützt werden (Bohnet-Joschko et al., 2011).
- **Ausreichend Zeit und Personalressourcen**
  Ein Risikomanagement bedingt ein Mindestmaß an personellen und zeitlichen Ressourcen. Werden diese dem Beauftragten für Risikomanagement, seinem Team und den weiteren zu beteiligenden Mitarbeitern durch Leitung und Vorgesetzte nicht gewährt, muss das Risikomanagement zwangsläufig niedriger priorisiert werden.

Sind die Grundlagen für ein Risikomanagement geschaffen, startet die Umsetzung. Zum einen werden Risiken erhoben und bewertet. Zum anderen werden Maßnahmen identifiziert, priorisiert und durchgeführt. Ein methodischer Bestandteil des Risikomanagements ist die Risikoanalyse. Sie dient der systematischen Identifikation und Bewertung von Risiken. Damit kann sie sinnvoll das bisher zugrunde gelegte Bauchgefühl ergänzen bzw. ersetzen. Jedes Krankenhaus ist mit einem individuellen Portfolio von Risiken konfrontiert. Abhängig von den Gegebenheiten vor Ort, der jeweiligen Lage, Bauart, Organisation usw. eines Hauses werden sich Gefahren unterschiedlich manifestieren. Auch die Art und Intensität der Gefahren kann örtlich variieren (z. B. Schneelast, Erdbeben, Sturmfluten).

Beim grundsätzlichen Vorgehen muss jedoch nicht immer das »Rad neu erfunden« werden: In Leitfäden wird die methodische Bearbeitung des Risikomanagements beschrieben. Auf dieser Basis können Krankenhäuser ihr spezifisches Risikomanagement aufbauen bzw. an ihr abprüfen.

1.7.4 Krankenhausalarm- und Einsatzplanung

In Analogie zum Risikomanagement hat jedes Krankenhaus, basierend auf seinen spezifischen Gegebenheiten, einen individuellen Alarm- und Einsatzplan zu erarbeiten und umzusetzen. In diesen fließen die im Risikomanagement erhobenen Risiken und Maßnahmen ein. Jedoch können durch Handreichungen wertvolle Informationen zu grundlegendem Vorgehen (z. B. der Aufbau der Krisenmanagementstruktur), zu Best Practice (über Erfahrungsberichte zur Bewältigung von Lagen) und zu strukturellen, lagenspezifischen Maßnahmen (z. B. Merkpunkte zur Alarmierungskette im Brandfall) vermittelt werden.

Im Jahr 2008 beteiligte sich das BBK an der Erstellung des Leitfadens Krankenhausalarmplanung (Cwojdzinski, 2008), der nach Veröffentlichung allen Kliniken bundesweit kostenlos zur Verfügung gestellt wurde. Die Resonanz war groß und bis heute wird der Leitfaden regelmäßig nachgefragt. Der Leitfaden diente auch als Lehrmaterial für die an der Akademie für Krisenmanagement, Notfallplanung und Zivilschutz (AKNZ) bis 2014 durchgeführten Seminare zur Krankenhausalarmplanung. Leider ist die erste Auflage vergriffen.

Um die Krankenhäuser weiterhin bei der Erstellung eines individuellen Krankenhausalarm- und Einsatzplanes zu unterstützen, erarbeitet das BBK zusammen mit der DAKEP (Deutsche Arbeitsgemeinschaft für Krankenhauseinsatzplanung), der AG ETKC der DGU (Arbeitsgruppe Einsatz-, Katastrophen- und Taktische Chirurgie der Deutschen Gesellschaft für Unfallchirurgie), Experten und Bundeslandvertretern ein Handbuch Krankenhausalarm- und Einsatzplanung. Bewusst wird hier auf die Vorgabe eines Musteralarmplans verzichtet, da wir es für zwingend notwendig erachten, dass jedes Krankenhaus einen individuell zugeschnittenen Alarmplan erstellt.

Nach Fertigstellung des Handbuchs wird dieses den Krankenhäusern kostenlos zur Verfügung gestellt. Darüber hinaus ist geplant, die Seminare zur Krankenhausalarmplanung an der AKNZ wiederaufzunehmen, um die Krankenhäuser auch bei der praktischen Umsetzung zu unterstützen. Das BBK ist bemüht, in Zusammenarbeit mit den Bundesländern und Krankenhausträgern dazu beizutragen, die Verwundbarkeit der Kritischen Infrastruktur Krankenhaus zu minimieren in dem Bewusstsein, dass das Gesundheitssystem einer der wichtigsten Faktoren für Resilienz ist.

Literatur

Akademie für Krisenmanagement, Notfallplanung und Zivilschutz (AKNZ): Die Akademie. Wir über uns. (http://www.bbk.bund.de/DE/¬ AufgabenundAusstattung/AKNZ/AKNZ_¬ Neu/DieAkademie/dieakademie_node.html, Zugriff am 01.03.2017).

Bohnet-Joschko, S. Jandeck, L. M., Zippel, C., Andersen, M., Krummenauer, F. (2011): Strukturiertes Risikomanagement in Krankenhäusern – kommt es doch auf die Größe an? Z Orthop Unfall 149(3): 301-307.

Bundesamt für Bevölkerungsschutz und Katastrophenhilfe (BBK) (2008a): Schutz Kritischer Infrastruktur: Risikomanagement im Krankenhaus - Leitfaden zur Identifikation und Reduzierung von Ausfallrisiken in Kritischen Infrastrukturen des Gesundheitswesens. (http://¬ www.bbk.bund.de/SharedDocs/Downloads/¬ BBK/DE/Publikationen/Praxis_Bevoelkerungs¬ schutz/Band_2_Risikoman_Krankh_Leitfaden_¬ Auszug_CD-ROM.pdf?__blob=publicationFile, Zugriff am 01.03.2017).

Bundesamt für Bevölkerungsschutz und Katastrophenhilfe (BBK) (2008b): Schutz Kritischer

Infrastruktur: Risikomanagement im Krankenhaus. (http://www.bbk.bund.de/SharedDocs/Downloads/BBK/DE/Publikationen/Praxis_Bevoelkerungsschutz/Band_2_Praxis_BS_Risikomanagm_Krankenh_Kritis.pdf;jsessionid=156C5B2D6E19CE687590917F23D62228.1_cid330?__blob=publicationFile, Zugriff am 01.03.2017).

Bundesamt für Sicherheit in der Informationstechnik (BSI) (o.J.): UP KRITIS. Öffentlich-Private Partnerschaft zum Schutz Kritischer Infrastrukturen in Deutschland. (http://www.kritis.bund.de/SharedDocs/Downloads/Kritis/DE/UP_KRITIS_Flyer.pdf?__blob=publicationFile, Zugriff am 01.03.2017).

Bundesamt für Sicherheit in der Informationstechnik (BSI) (2013a): Schutz Kritischer Infrastrukturen:

Risikoanalyse Krankenhaus-IT. Leitfaden. (http://www.kritis.bund.de/SharedDocs/Downloads/Kritis/DE/Risikoanalyse%20Krankenhaus-IT%20%28Langfassung%29.pdf?__blob=publicationFile, Zugriff am 01.03.2017).

Bundesamt für Sicherheit in der Informationstechnik (BSI) (2013b): Schutz Kritischer Infrastrukturen:

Risikoanalyse Krankenhaus-IT. Management-Kurzfassung. (http://www.kritis.bund.de/SharedDocs/Downloads/Kritis/DE/Risikoanalyse%20Krankenhaus-IT%20%28Kurzfassung%29.pdf?__blob=publicationFile, Zugriff am 01.03.2017).)

Bundesamt für Sicherheit in der Informationstechnik (BSI) (2016): Allianz für Cyber-Sicherheit. (https://www.allianz-fuer-cybersicherheit.de/ACS/DE/_/downloads/ACS_Broschuere.pdf?__blob=publicationFile&v=6, Zugriff am 01.03.2017).

Bundesministerium für Gesundheit (BMG) (2017): Krankenhauslandschaft. (http://www.bundesgesundheitsministerium.de/themen/krankenversicherung/stationaere-versorgung/krankenhauslandschaft.html, Zugriff am 01.03.2017).

Bundesministerium des Innern (BMI) (2009): Nationale Strategie zum Schutz Kritischer Infrastrukturen. (http://www.bmi.bund.de/SharedDocs/Downloads/DE/Broschueren/2009/kritis.pdf?__blob=publicationFile, Zugriff am 01.03.2017).

Gesetz über den Zivilschutz und die Katastrophenhilfe des Bundes (ZSKG) (2009). (https://www.bbk.bund.de/SharedDocs/Downloads/BBK/DE/FIS/Zivilschutz-Katastrophenhilfegesetz.pdf; Zugriff am 01.03.2017).

Gesetz zur Erhöhung der Sicherheit informationstechnischer Systeme (IT-Sicherheitsgesetz) (2015). (https://www.bmi.bund.de/SharedDocs/Downloads/DE/Gesetzestexte/it-sicherheitsgesetz.pdf?__blob=publicationFile, Zugriff am 01.03.2017).

Grundgesetz (1949, zuletzt aktualisiert 2014). (http://www.gesetze-im-internet.de/bundesrecht/gg/gesamt.pdf, Zugriff am 01.03.2017).

Konzeption Zivile Verteidigung (2016). (https://www.bmi.bund.de/SharedDocs/Downloads/DE/Broschueren/2016/konzeption-zivile-verteidigung.pdf, Zugriff am 01.03.2017).

Schneppenheim, Suckau, Ulbrich (2008): Leitfaden Krankenhausalarmplanung. Herausgeber Cwojdzinski, Detlef. Berlin: Matthias Grimm.

2 Projektplan

Thomas Wurmb, Katja Scholtes, Felix Kolibay und Dieter Dersch

Krankenhäuser sind Teil der Kritischen Infrastruktur (KRITIS). Die Kernaufgabe eines Krankenhauses ist die medizinische Versorgung von Patienten. Um dieser Kernaufgabe gerecht zu werden, bedarf es einer hochkomplexen Personal- und Gebäudestruktur sowie einer störungsfreien Technik und Logistik. Durch ein diffiziles Zusammenwirken dieser sich gegenseitig beeinflussenden Komponenten ist ein Krankenhaus anfällig gegen eine Vielzahl von Störungen unterschiedlichster Ursachen. Hinzu kommt, dass eine Störung jedweder Art am Ende Auswirkungen auf die Kernaufgabe, nämlich die Patientenbehandlung, haben könnte, und damit ein Gefährdungspotenzial für die Gesundheit von Menschen darstellt. Somit lässt sich festhalten, dass ein Krankenhaus ein komplexes System ist, welches durch das Zusammenwirken der unterschiedlichen Systemkomponenten eine Funktionalität sicherstellen muss, um seiner Kernaufgabe, der Patientenbehandlung, gerecht zu werden.

Um die Erfüllung der Kernaufgabe sicherzustellen, bedarf es eines erheblichen alltäglichen Aufwandes. Treten zu diesem »Erhaltungsmodus« Störungen der Funktionalität (z. B. durch Ausfall der elektrischen Energie- oder Wasserversorgung) hinzu, muss ein Krankenhaus in der Lage sein, adäquat darauf zu reagieren, immer mit dem Ziel, seine Funktionalität zu erhalten bzw. schnellstmöglich wiederherzustellen, um die Versorgungs- und Behandlungskapazität der Patienten nachhaltig zu gewährleisten.

Nun gibt es aber nicht nur Störungen, die initial die Funktionalität eines Krankenhauses beeinträchtigen. Vielmehr kann die Behandlungskapazität akut durch beispielsweise einen Massenanfall von Patienten (sei es durch Verletzungen oder durch Infektionskrankheiten) überfordert sein. Auch für solche Szenarien muss ein Krankenhaus vorgeplant haben, um erstens diese spezielle Lage zu bewältigen und zweitens trotzdem dem eigentlichen Versorgungsauftrag weiter nachkommen zu können.

Um diesen Anforderungen gerecht zu werden, bedarf es einer sorgfältigen Vorbereitung und Planung. Es kann nicht davon ausgegangen werden, dass im Schadensfall ohne entsprechende Vorbereitung eine angemessene und zielgerichtete Reaktion auf das Ereignis erfolgt. Eine umfassende Alarm- und Einsatzplanung ist daher für Krankenhäuser essenziell. Eine Verpflichtung hierzu ergibt sich nicht nur aus dem ureigenen Interesse einer Krankenhausleitung, das eigene komplexe und störanfällige Unternehmen vor Schaden zu bewahren, eine optimale Patientenversorgung zu gewährleisten und bestmöglich auf Ausnahmesituationen vorzubereiten zu sein. Vielmehr ist das Krankenhaus gesetzlich verpflichtet, eine entsprechende Planung zu entwerfen und Vorbereitung zur Bewältigung einer außergewöhnlichen Lage zu treffen. Diese Verpflichtungen sind unter anderem in den Katastrophenschutzgesetzen der Länder, dem Gesetz zur Kontrolle und Transparenz im Unternehmensbereich/KonTraG und auf Bundesebene im Zivilschutz- und Katastrophenhilfegesetz (ZSKG) festgeschrieben.

Es gehört also zu den Pflichten eines Unternehmens, sich in geeigneter Weise auf potenzielle Ereignisse, die Risiken in sich bergen, vorzubereiten. Dies gilt selbstverständlich auch für Krankenhäuser.

Wie eine solche Vorbereitung und die Regelungen von Verantwortlichkeiten konkret aussehen, ist jedoch nicht festgeschrieben. Es ist offensichtlich, dass eine umfassende Krankenhausalarm- und Einsatzplanung ein komplexes Projekt ist, das ohne klar geregelte Verantwortlichkeiten nicht durchführbar ist. Ein mit der Thematik beauftragter und oftmals allein gelassener »Katastrophenschutzbeauftragter« kann an einem modernen und hochtechnisierten Krankenhaus nicht die Lösung sein. Aufgrund der Komplexität und Vielfältigkeit der beeinflussenden Faktoren braucht es Fachexperten, die ihr jeweiliges Wissen in dieses Projekt einbringen. Diese Experten müssen in einer Projektgruppe zusammenarbeiten, um eine Erstellung eines fundierten Alarm- und Einsatzplanes zu erwirken. Eine Schlüsselrolle kommt der Leitung einer solchen Projektgruppe zu.

2.1 Der Risiko- und Krisenmanager/Leiter der Projektgruppe KAEP

Vereinzelt finden sich Empfehlungen zur Bestellung eines Beauftragten für die Alarm- und Einsatzplanung in Krankenhäusern.

»Gemäß Nr. 3.3.8.2 des vom Hessischen Ministerium des Innern und für Sport in Zusammenarbeit mit dem Hessischen Sozialministerium und dem Landesbeirat für Brandschutz, Allgemeine Hilfe und Katastrophenschutz herausgegebenen Konzeptes ›Medizinischer Katastrophenschutz in Hessen‹ (Juli 2003, S. 21) sollte für jedes Krankenhaus ein/e Beauftragte/ Beauftragter des Krankenhauses für interne und externe Gefahrenlagen bestellt werden.«

»Die/der Beauftragte sollte (in der Regel als Nebenfunktion) federführend den KHEP sowie die Aufstellung und Ausbildung der Krankenhaus-Einsatzleitung bearbeiten und dieser Einsatzleitung angehören. In diesem Aufgabenbereich sollte sie/er unmittelbar der Leitung des Krankenhauses (Unternehmensleitung/Geschäftsführung etc.) unterstellt sein (zum Brandschutzbeauftragten vgl. Konzept »Medizinischer Katastrophenschutz in Hessen«, Nr. 3.3.81, S. 20; § 45 Abs. 2 Nr. 20 Hessische Bauordnung – HBO – vom 18. 06. 2002, GVBl. I S. 274, zuletzt geändert durch Gesetz vom 20. 06. 2005, GVBl. I S. 434). Sie/er sollte in dieser Funktion Ansprechpartner/in des Trägers des Rettungsdienstes, des Gesundheitsamtes sowie der Unteren Katastrophenschutzbehörde für die nach § 36 HBKG vorgeschriebenen Aufgaben der Zusammenarbeit im Gesundheitswesen sowie der benachbarten Krankenhäuser für die Aufgaben nach § 9 Abs. 2 S. 2 HKHG sein.«

Diese Ausführungen verdeutlichen, dass der Leiter der Projektgruppe »Krankenhausalarm- und Einsatzplanung« (Leiter KAEP) einen konkreten Auftrag von der Krankenhausleitung erhalten muss. Welchen Umfang diese Tätigkeit umfasst, bleibt auch in den o. g. Ausführungen unklar. Aus dem Hinweis »in der Regel als Nebenfunktion« lässt sich dies nicht ableiten; ein umfassendes Projekt, wie die Krankenhausalarm- und Einsatzplanung lässt sich jedoch nicht in wenigen Arbeitsstunden pro Woche realisieren. Vielmehr kann man davon ausgehen, dass ein Krankenhaus mittlerer Größe etwa 0,5 Vollzeitstelle, ein Krankenhaus der Maximalversorgung etwa eine 1,0 Vollzeitstelle oder sogar mehr personelle Ressourcen benötigt. Eine Vorgabe dazu existiert derzeit nicht. Gesetzgeber, Fachgesellschaften oder die Krankenhausgesellschaften machen zum personellen Aufwand, der diese Position ausmacht, keine Angaben. Hat der Leiter KAEP bereits eine Kernaufgabe innerhalb des Krankenhauses inne, ist eine entsprechende Freistellung von seiner sonstigen Tätigkeit durch z. B. eine Vertretungsregelung wichtig.

Die Krankenhausalarm- und Einsatzplanung ist ein Projekt auf Dauer, das keinesfalls mit der Fertigstellung der Alarmpläne endet. Vielmehr fallen zahlreiche wiederkehrende Aufgaben und Probleme an (Schulung, Übungen, Revision der Pläne, Reaktion auf neue Gefährdungen etc.), die bearbeitet werden müssen. Letztlich handelt es sich analog zum Qualitätsmanagement um ein Projekt, in dessen Rahmen bestimmte Schritte und Abläufe zyklisch wiederkehren, so dass beispielsweise analog dem »PDCA-Zyklus« vorgegangen werden kann (▶ Abb. 2.1). Der PDCA-Zyklus (auch bekannt als »Demingkreis«) ist ein Instrument aus dem Bereich des Qualitätsmanagements. Die vier Buchstaben stehen für Plan, Do, Check und Act und beschreiben die einzelnen Phasen eines kontinuierlichen Verbesserungsprozesses.

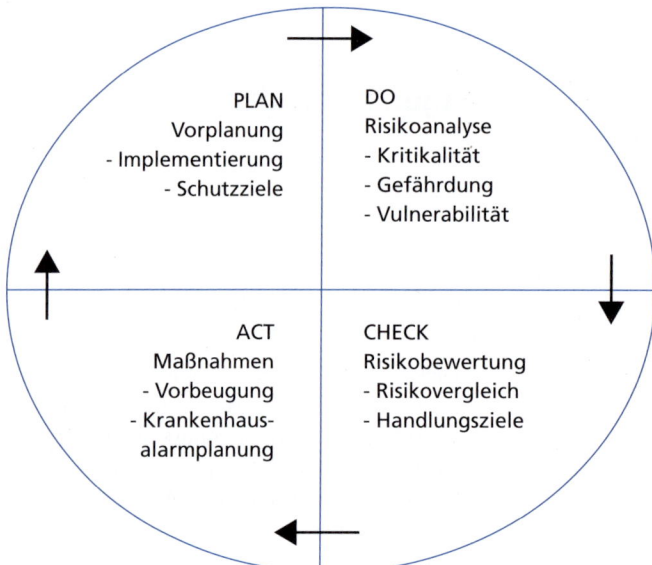

Abb. 2.1:
PDCA-Zyklus nach Deming

Zur Erfüllung seiner komplexen und vielfältigen Aufgaben benötigt der Leiter KAEP die volle Unterstützung der Krankenhausleitung. Eine direkte Unterstellung als Stabsstelle der Krankenhausleitung ist ein mögliches Modell. Eine weitere denkbare Organisationsstruktur ist die Etablierung einer Kommission für Krankenhausalarm- und Einsatzplanung mit einer entsprechenden Geschäftsordnung. Der Leiter der KAEP kann als Geschäftsführer der Kommission eingesetzt werden und ist somit mit den nötigen Führungskompetenzen ausgestattet. Eine wichtige Voraussetzung für eine erfolgreiche Krankenhausalarm- und Einsatzplanung ist die Gewährleistung von Entscheidungs- und Weisungsbefugnissen gegenüber den einzelnen Fachabteilungen und Kliniken. Diese Entscheidungs- und Weisungsbefugnis ist in beiden Organisationsmodellen zu verankern.

> **Merke**
>
> Die Krankenhausalarm- und Einsatzplanung ist ein langfristiges Projekt, das keinesfalls mit der Erstellung von Alarmplänen abgeschlossen ist.

2.2 Aufgaben des Leiters KAEP

Die wichtigste Aufgabe ist die Planung und Umsetzung von Maßnahmen zur Beseitigung von Gefährdungen oder Störungen der Kernprozesse eines Krankenhauses zur Erreichung definierter Schutzziele.

Hierzu ist die Erstellung und Veröffentlichung eines übersichtlichen Krankenhausalarm- und Einsatzplans eine wesentliche Voraussetzung.

Die Aufgaben, die zur Erreichung dieses Zieles zu bewältigen sind, kann man verschiedenen Phasen zuordnen. Zunächst ist eine gezielte Vorbereitung notwendig, um Schwerpunkte festzulegen, Risiken zu identifizieren und letztlich die zu ergreifenden Maßnahmen festzulegen. Dieser Phase schließt sich die Umsetzung und die Erstellung des KAEP an. Nach Fertigstellung müssen die Mitarbeiterschulung und die jeweiligen Übungen des Planes und diverser Teilaspekte des Planes erfolgen. Die Ergebnisse der Übungen und Schulungen, aber auch reale Erfahrungen aus Schadenslagen, führen zu einer ständigen Überarbeitung und Aktualisierung des KAEP.

Schließlich kommt dem Leiter der KAEP auch während realer Einsätze eine zentrale Rolle zu.

2.2.1 Vorbereitung

Definition von Schutzzielen

Ein wesentliches Schutzziel an einem Krankenhaus ist der Erhalt der Funktionalität. Dies ist die Grundvoraussetzung für die Patientenversorgung.

Ein weiteres Schutzziel ist die Aufrechterhaltung der Behandlungskapazität. Dies gilt sowohl für Szenarien, in denen die Behandlungskapazität durch eine Störung der Funktionalität akut eingeschränkt wird als auch für Szenarien, in denen ein Massenanfall von Patienten die Behandlungskapazität akut überschreitet.

Unabhängig vom jeweiligen Szenario ist der Schutz von Patienten, Mitarbeitern und weiteren Personen, die sich im Krankenhaus aufhalten, ein zu definierendes Schutzziel.

> **Merke: Schutzziele für ein Krankenhaus sind:**
>
> - Erhalt der Funktionalität
> - Aufrechterhaltung und Anpassung der Behandlungskapazität
> - Schutz von Patienten, Mitarbeitern und weiteren Personen

Nach der Festlegung der Schutzziele muss nun unter der Ägide des Leiters KAEP im Zuge der Vorbereitung eine Risikoanalyse initiiert und durchgeführt werden. Dies erfolgt in einer Expertengruppe, die der Leiter der KAEP zusammenstellt und moderiert. Zum Thema Risikoanalyse gibt es vom Bundesamt für Bevölkerungsschutz und Katastrophenhilfe (BBK) ausgezeichnete Arbeiten. In Band 2 »Schutz kritischer Infrastruktur: Risikomanagement im Krankenhaus« wird ausführlich auf die Methode der Risikoanalyse eingegangen. Die Risikoanalyse kann man demnach in drei Stufen unterteilen: die Kritikalitätsanalyse, die Gefährdungsanalyse und die Verwundbarkeitsanalyse (BBK, 2012).

Bei der *Kritikalitätsanalyse* (BBK, 2012) (▶ Kap. 1.2) geht es um die Identifikation von kritischen Prozessen oder Teilkomponenten, deren Ausfall eine besondere Bedeutung für das Verfehlen bzw. Nichterreichen eines der definierten Schutzziele hat. Dem Leiter der KAEP kommt hierbei eine besondere Bedeutung zu. Um den Prozess einer solchen Analyse zu leiten, bedarf es zum einen der umfangreichen Kenntnisse der Betriebsabläufe in einem

Krankenhaus, zum anderen aber müssen die Besonderheiten der Patientenversorgung in umfassender Weise berücksichtigt werden. Da eine einzelne Person unmöglich alle diese Aspekte alleine vertreten kann, ist die umsichtige Zusammensetzung der entsprechenden Expertengruppe entscheidend. Dies ist eine wichtige Aufgabe des Leiters der KAEP.

Nach der Kritikalitätsanalyse erfolgt durch die gleiche Expertengruppe unter Moderation des Leiters KAEP die *Gefährdungsanalyse* (BBK, 2012). Hierbei geht es um die Identifikation von realen Gefahren für das eigene Krankenhaus und um die Bewertung der Eintrittswahrscheinlichkeit. Es müssen Szenarien wie z. B. Brand, Explosion, Massenanfall von Verletzten/Erkrankten, Unwetter und Naturrisiken und Eingriffe/Angriffe von Dritten in Betracht gezogen werden. In besonderer Weise müssen die regionalen Gegebenheiten (z. B. exponierte geografische Lage, Nähe zu einem Flughafen, einem Bahnhof, Verkehrsknotenpunkte etc.) bei der Gefährdungsanalyse berücksichtigt werden.

Nach Kritikalitäts- und Gefährdungsanalyse muss nun die Verwundbarkeitsanalyse durchgeführt werden (BBK, 2012). Hierbei werden die Ergebnisse der Gefährdungsanalyse auf die Kritikalitätsanalyse bezogen. Es muss nun die Frage beantwortet werden, welche Szenarien aus der Gefährdungsanalyse welchen Einfluss auf die kritischen Prozesse, die in der Kritikalitätsanalyse identifiziert wurden, haben. Folgende Abschätzung muss vorgenommen werden: Wie hoch ist der Grad der Verwundbarkeit der kritischen Prozessbausteine angesichts eines angenommenen Gefahrenszenarios? Die Ergebnisse der Risikoanalyse können nun in einer Risikomatrix dargestellt werden (BBK, 2012). Ein Szenario mit hoher Eintretens-wahrscheinlichkeit und ein Prozess, der in Bezug auf dieses Szenario eine hohe Verwundbarkeit aufweist, erhalten in der Risikomatrix die höchste Bewertung mit der Klassifikation »sehr hohes Risiko« und werden dem Verbotsbereich zugeordnet (BBK, 2012).

Der Gesamtprozess der Risikoanalyse ist sehr aufwendig. Für ein großes Krankenhaus kann die Analyse wahrscheinlich nicht für alle Bereiche durchgeführt werden. Hier kommt dem Leiter der KAEP eine steuernde Funktion zu, indem er eine Priorisierung und Selektion durch die Expertengruppe erarbeiten lässt, die dann der Geschäftsführung/Leitungsebene kommuniziert und von dieser genehmigt wird.

> Unter der Ägide des Leiters KAEP wird eine Risikoanalyse durchgeführt. Der Leiter KAEP stellt hierzu eine Expertengruppe zusammen. Die Risikoanalyse besteht aus:
>
> - Kritikalitätsanalyse,
> - Gefährdungsanalyse und
> - Verwundbarkeitsanalyse.

Im nächsten Schritt erfolgt die Bewertung der analysierten Risiken. Unter der Moderation des Leiters KAEP wird auch diese von der Expertengruppe durchgeführt. Prozesse aus dem roten Bereich (sehr hohes Risiko) werden in der Maßnahmenplanung mit einer hohen Priorität behandelt. Bei Prozessen, die ein mittleres Risiko aufweisen, ist ein abgestuftes und entsprechend adaptiertes Vorgehen angezeigt. Neben den reinen Daten und Fakten spielt bei der Bewertung und Maßnahmen-Priorisierung auch die eigene Risikowahrnehmung der Mitglieder und des Leiters der Expertengruppe eine wichtige Rolle (BBK, 2012). Letztlich resultiert aus dem Prozess der Risikoanalyse und Bewertung die Festlegung und Priorisierung von Schutzmaßnahmen, was in der Erstellung des Krankenhaus-Alarmplanes mündet.

2.2.2 Umsetzung

Das Projekt Krankenhausalarm- und Einsatzplan

Nach Erstellung einer Prioritätenliste durch den Leiter KAEP und die Expertengruppe muss ein daraus resultierender Projektplan entworfen werden. Dieser enthält nun die zu erstellenden Alarmpläne, die prioritätenorientierte Reihenfolge der Pläne und eine Zeitschiene. Ein solcher Projektplan könnte folgendermaßen aussehen (▶ Tab. 2.1).

Tab. 2.1: Beispiel eines Projektplanes

Alarm- und Einsatzplan	
Cluster	**Einzelpläne**
Massenanfall von Patienten	Chirurgisch (MANV)
	Chemisch (C-Lage)
	Biologisch (Infektion, B-Lage)
	Radio-Nuklear (RN-Lage)
Hochkontagiöse Erkrankungen	
Brand/Rauchentwicklung	Brandalarmpläne
Versorgung	Ausfall der elektrischen Energieversorgung
	Ausfall der Wasserversorgung
	Ausfall der IT
	Ausfall der Wärmeversorgung
Polizeiliche Lagen	Bombendrohung
	Amoklauf
	Erpressung
	Geiselnahme

Der Leiter KAEP muss die Erstellung der Pläne realisieren. Ein wesentlicher Schritt hierbei ist die Einrichtung von szenariobezogenen Arbeitsgruppen. Es ist die Aufgabe des Leiters KAEP, alle im Einsatz agierenden, beteiligten und betroffenen Kräfte bei der Planung und der Erarbeitung des Planes zu involvieren. Die Verschiedenheit der Szenarien mit ihren medizinischen, technischen und gefahrenspezifischen Besonderheiten macht deutlich, dass der Leiter KAEP keinesfalls der fachliche Allrounder ist, der alle Themen als Experte abdecken kann. Vielmehr fungiert der Leiter KAEP als »Motor« des Gesamtprojektes KAEP.

> Der Leiter KAEP ist nicht der fachliche Experte für alle relevanten Themen; er ist Moderator und Motor des Projektes Krankenhausalarm- und Einsatzplanung.

Zusammenstellung einer Arbeitsgruppe am Beispiel des Plans zur Bewältigung eines Massenanfalls von Verletzten (MANV)

Bei der Erarbeitung eines Planes zur Bewältigung eines Massenanfalls von Verletzten könnte die Zusammenstellung der Arbeitsgruppe folgendermaßen aussehen:

Anästhesie, Unfallchirurgie, Allgemeinchirurgie, Neurochirurgie, weitere chirurgische Fächer, Notaufnahme, Intensivmedizin, Radiologie, OP-Pflegekräfte, OP-Management, Vertreter von Logistik und Technik, Transfusionsmedizin (falls vorhanden), Zentralsterilisation, Labor, Apotheke, Lager, Psychologischer Dienst, Pforte/Empfang, Verwaltung, IT-Abteilung.

Darüber hinaus sollte der Plan nach Erstellung vom Leiter KAEP den Vertretern des Rettungsdienstes, der Rettungsleitstelle, der unteren Katastrophenschutzbehörde und der zuständigen Polizeibehörde zur Kenntnis gebracht werden. Hiermit kommt der Leiter KAEP u. a. auch der Forderung nach als Ansprechpartner für die genannten Behörden und Organe zu fungieren.

Es ist die Aufgabe des Leiters KAEP, die beteiligten Kräfte zu moderieren, zu koordinieren, den Schreibprozess zu delegieren, zu begleiten oder selbst durchzuführen. Es müssen Sitzungsprotokolle erstellt werden, um den Fortgang und die Sitzungsinhalte transparent zu dokumentieren. Zu markanten und geeigneten Abschnitten muss der entstehende Plan allen Arbeitsgruppenmitgliedern zur Begutachtung und Korrektur vorgelegt werden. Die Korrekturvorschläge müssen bewertet, gewichtet und ggf. eingearbeitet werden. All diese Aufgaben hat der Leiter KAEP zu bewältigen oder aber zu delegieren.

Strukturierung des Planes, Überprüfung auf Vollständigkeit

Eine wesentliche Aufgabe des Leiters KAEP bei der Erstellung eines Alarmplanes ist die Strukturierung und die Sicherstellung der inhaltlichen Vollständigkeit. Wesentliche Strukturelemente müssen berücksichtigt, besprochen, abgestimmt und niedergeschrieben werden.

> Wesentliche Strukturelemente eines Alarmplanes MANV sind:
> Alarmauslösung, Alarmierungsstruktur, Bildung einer Einsatzleitung, Einrichten eines Krisenstabes, Festlegung der Kommunikation, Festlegung einer Raumstruktur, Einrichtung einer Sichtungsstelle, Organisation der Sichtung, Festlegen einer Versorgungsstrategie, Benennung von Abschnittsleitern entsprechend der Raumstruktur, Patientenregistrierung, Patientenaufnahme, Organisation von Untersuchungen/Tests (z. B. Radiologie/Labor), Transfusionsmanagement, Bereitstellen von Materialien, Lenken der Patientenströme, Personalmanagement (Alarmierung, Einteilung, Ablösung etc.), Materialbeschaffung, Verlegungsmanagement, Angehörigeninformation, Pressearbeit etc.

Um die Vollständigkeit eines Planes zu überprüfen, kann sich der Leiter der KAEP des folgenden Werkzeuges bedienen (Peleg, 2015). Hierbei ist zu prüfen, ob die vier Hauptkategorien mit den entsprechenden Unterpunkten im Plan adäquat berücksichtigt sind (▶ Abb. 2.2).

2.2.3 Weitere wesentliche Handlungsfelder des Leiters KAEP

Hier sind die Veröffentlichung und Verbreitung des Krankenhausalarm- und Einsatzplanes, die Dokumentenlenkung und die regelmäßige Überarbeitung des Planes zu nennen. Hinzu kommt die Schulung der Mitarbeiter und die Durchführung und Auswertung (▶ Kap. 3). Diese Tätigkeiten sind nicht zwingend vom Leiter KAEP durchzuführen, müssen aber durch ihn strukturiert, organisiert und supervidiert werden.

3 Grundsätze bei der Erstellung eines Krankenhausalarm- und Einsatzplans

3.1 Grundsätze der Krankenhausalarm- und Einsatzplanung nach einem 13-Punkte-Plan

Katja Scholtes

Nicht in allen Bundesländern existieren Musterpläne für die Erstellung von Krankenhausaalarm- und Einsatzplänen. In Hessen ist der 2007 veröffentlichte Plan KHEP (Krankenhauseinsatzplan) für alle Krankenhäuser nicht nur eine strukturelle Hilfe, sondern sogar für alle Krankenhäuser verpflichtend (Hessisches Sozialministerium) eingeführt worden.

Allerdings kann ein Musterplan nur bedingt auf das jeweilige Krankenhaus übertragen werden. Die hausinterne Infrastruktur, die Meldewege, die Risiko- und Krisenkommunikation und das Vorhandensein von materiellen und personellen Ressourcen bilden die Kernstruktur einer gelungenen Bewältigung einer Krise, ganz gleich um welche Art es sich handelt.

Geschäftsführer von Krankenhäusern sollten sich der Bedeutung eines gut funktionierenden Krankenhausalarm- und Einsatzplans bewusst sein. Sie tragen nicht nur das wirtschaftliche, sondern auch das organisatorische und dadurch auch in gewisser Hinsicht das medizinische Risiko bei Versagen des vorher unzulänglich getroffenen Risikomanagements.

Die Projektarbeit »Krankenhausalarm- und Einsatzplanung« ist sehr komplex. Oft sind es Kleinigkeiten wie z. B. unzureichende Kommunikation, weshalb die Bewältigung einer Schadenslage schlecht funktioniert.

Vor der Erstellung oder Fortschreibung eines Krankenhausalarm- und Einsatzplans ist die Gründung einer Projektgruppe und Benennung eines Projektleiters (Leiter Krankenhausalarm- und Einsatzplan (Leiter KAEP) (▶ Kap. 2) unerlässlich.

Der Leiter KAEP steht in seiner Funktion nicht allein. In Bezug auf die Erstellung von Krankenhausalarm- und Einsatzplänen arbeitet er eng mit dem Qualitäts- und dem Risikomanager zusammen und stimmt die Pläne mit ihnen ab. In diesem Zusammenhang ist unter der Funktion Risikomanagement das medizinische Risikomanagement gemeint. Nur bei einer zusammenfassenden Betrachtung kann es gelingen, eine nachhaltige Resilienz zu gewährleisten.

Abbildung 3.1 zeigt die drei Funktionen der Bereiche Qualitäts-, Risiko- und Krisenmanagement. Alle drei Manager stehen für sich und sind doch an ihren Schnittstellen miteinander verbunden.

Aufgrund des enormen Zeitaufwands sollte die vollständige Projektarbeit »Krankenhausalarm- und Einsatzplanung« inklusive der regelmäßigen Mitarbeiterschulungen und Übungen nicht als Nebenprodukt eines einzelnen »Kümmerers« verstanden werden. Um einen anhaltenden Erfolg und damit die Resilienz des Krankenhauses zu gewährleisten, ist die Schaffung einer idealerweise der Geschäftsführung unterstellten Stabsstelle unerlässlich.

Abb. 3.1: »Resilienzschiff«

Der Leiter KAEP erstellt gemeinsam mit den Mitgliedern der Projektgruppe den Krankenhausausalarm- und Einsatzplan nach hauseigenen Kriterien. Hierbei wird auf bereits Vorhandenes zurückgegriffen. Um einen Einstieg in die komplexe Planung zu erleichtern, können folgende Faktoren als initiale Kernstruktur nach einem 13-Punkte-Plan berücksichtigt werden.

13-Punkte-Plan als Kernstruktur Ihres Einsatzplans

3.1.1 Projektgruppe »Krankenhausalarm- und Einsatzplanung (KAEP)
3.1.2 Risikoanalyse im eigenen Krankenhaus
3.1.3 Bauliche Gegebenheiten
3.1.4 Evakuierungspläne, Sammelplätze
3.1.5 Kommunikation
3.1.6 Alarmierung dienstfreien Personals, Mitarbeitertreffpunkt
3.1.7 Führungsstruktur (Krankenhauseinsatzleitung)
3.1.8 Planstruktur mit Erstellen von Handlungsanweisungen
3.1.9 Ressourcenmanagement
3.1.10 Öffentlichkeitsarbeit
3.1.11 Psycho-soziale Notfallversorgung (PSNV)
3.1.12 Abstimmung mit ortsansässigen Behörden
3.1.13 Schulungen und Übungen

Der hier erwähnte 13-Punkte-Plan erhebt keinen Anspruch auf Vollständigkeit. Er soll die initiale Arbeit der Projektgruppe erleichtern und für eine bessere Übersichtlichkeit der auf sie zukommenden Herausforderung sorgen. Je nach individuellen Gesichtspunkten können die aufgeführten Punkte auf das Krankenhaus angepasst werden.

Weiterführende detaillierte Abhandlungen der einzelnen Themen findet der Leser in den einzelnen Kapiteln dieses Buches.

3.1 Grundsätze der Krankenhausalarm- und Einsatzplanung nach einem 13-Punkte-Plan

> **Praxistipp**
>
> Für die Erstellung eines Krankenhausalarm- und Einsatzplans werden personelle Ressourcen benötigt!

3.1.1 Projektgruppe Krankenhausalarm- und Einsatzplanung

Der Leiter Krankenhausalarm- und Einsatzplanung (Leiter KAEP) stellt seine Projektgruppe nach jeweiliger Fachexpertise zusammen. Hierbei ist es unerheblich, aus welchem Fachbereich der Leiter KAEP stammt. Komplementär zu ihm sollte die Projektgruppe aus den Spezialisten einzelner Fachbereiche und Abteilungen bestehen. Der folgende Kasten stellt ein Beispiel für die Zusammensetzung einer Projektgruppe dar. Zu berücksichtigen sind die jeweiligen individuellen Unterschiede in der Personalstruktur der einzelnen Krankenhäuser.

Abhängig von bereits vorhandenen Plänen oder Vorarbeiten erstellt der Leiter KAEP einen Projektplan. Nach einer gründlichen Vorplanung trifft sich die Projektgruppe anfangs zweiwöchentlich, später in größeren Abständen z. B. monatlich oder dreimonatlich (▶ Abb. 3.2).

Für jede Sitzung sollte ein Protokoll erstellt werden, damit Abwesende stets über die Projektarbeit informiert werden, die zu erledigenden Aufgaben inhaltlich und zeitlich definiert und auf die einzelnen Projektmitglieder verteilt sind. Gerade zu Zeiten extremer Arbeitsverdichtung in den Krankenhäusern werden nicht immer alle Mitglieder der Projektgruppe an den Sitzungen teilnehmen können, da sie in ihre Kernaufgaben eingebunden sind.

> **Beispiel einer Projektgruppe »Krankenhausalarm- und Einsatzplanung«**
>
> Leiter Krankenhausalarm- und Einsatzplanung (Leiter KAEP)
>
> - **Stellvertretender Leiter KAEP**
> - Ärztlicher Direktor
> - Ärztlicher Leiter der Notaufnahme
> - Pflegedirektor/Pflegedienstleiter
> - Pflegerischer Leiter der Notaufnahme
> - Personalleiter
> - Qualitäts-/Risikomanager
> - Leiter Technik
> - Leiter IT
> - Brandschutzbeauftragter
> - Sekretariat Geschäftsführung
> - Fachberater aus verschiedenen Bereichen

Das Risikobewusstsein der Mitarbeiter im Krankenhaus wächst nicht allein durch die Gründung einer Projektgruppe. Die Projektarbeit wird oft als nicht wichtig belächelt und die Projektgruppe hat nicht nur mit der Erstellung und Fortschreibung einer gelungenen Krankenhausalarm- und Einsatzplanung zu tun, sondern sie muss auch das Bewusstsein für besondere Schadenslagen bei den Mitarbeitern des Krankenhauses schärfen. Am besten gelingt dies durch regelmäßige Schulungen und Übungen (▶ Kap. 3.13).

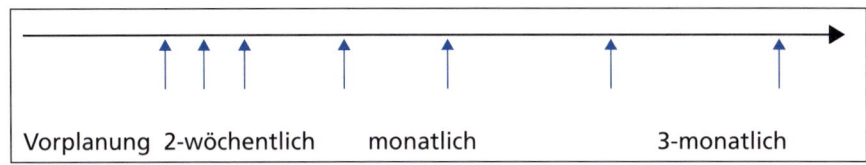

Abb. 3.2: Projektsitzungen im Zeitplan

> **Praxistipp**
>
> Der Leiter KAEP stellt die Projektgruppe zusammen. Sie besteht aus Spezialisten der einzelnen Fachrichtungen und Abteilungen

3.1.2 Risikoanalyse im eigenen Krankenhaus

Vor der Risikoanalyse im eigenen Krankenhaus steht die »Lageerkundung«. Die Projektgruppe KAEP prüft zunächst, welche besonderen Schadenslagen in ihrem Krankenhaus im Alarm- und Einsatzplan einschließlich der dazugehörigen Handlungsanweisungen beschrieben sind. Die Prüfung beinhaltet auch die Aktualität des vorhandenen Krankenhaualarm- und Einsatzplans. Er wird von der Projektgruppe KAEP evtl. geändert und ergänzt. Hilfreich ist der von Deming entworfene PDCA-Zyklus (▶ Abb. 3.3)

Jedes Krankenhaus ist im Detail anders strukturiert. Es gibt Krankenhäuser, die sich zu einem Verbund zusammengeschlossen haben oder eine bestimmte Patientenklientel behandeln wie beispielsweise psychiatrische Krankenhäuser oder Kinderkrankenhäuser, die alternative Ressourcen und Prozesse benötigen. Bei Verbundhäusern beispielsweise ist darauf zu achten, dass die Krankenhauseinsatzleitung eventuell vom Geschehen räumlich distanziert untergebracht ist. Auf jede Besonderheit muss im Alarm- und Einsatzplan geachtet werden.

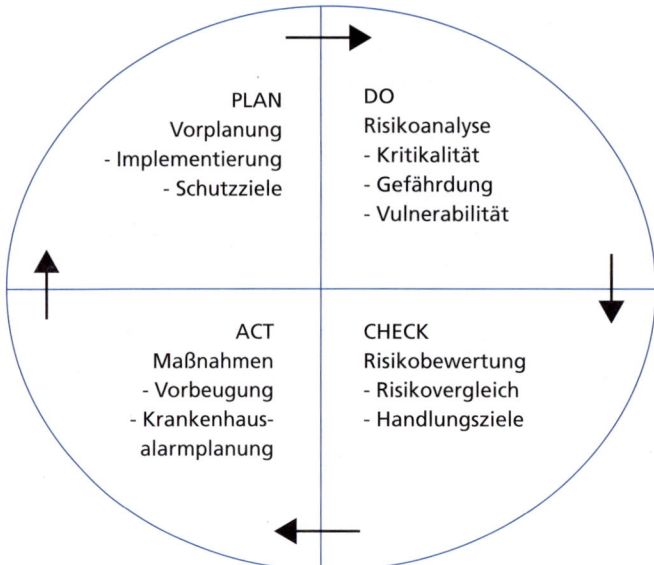

Abb. 3.3: PDCA-Zyklus nach Deming

Die Projektgruppe »Krankenhausalarm- und Einsatzplan (KAEP) prüft im Vorfeld, welche Schadenslagen mit hoher, mittlerer oder geringer Wahrscheinlichkeit eintreten können und welche Auswirkungen diese auf die Funktionalität und Behandlungskapazität des Krankenhauses haben. Hierbei kann mit Hilfe einer »Risikomatrix« das Risiko in einer Tabelle visualisiert werden (Bundesamt für Bevölkerungsschutz) (▶ Abb. 3.4).

Im Allgemeinen sollte sich der Plan nach dem im Kapitel 8.1 ausführlich beschriebenen

3.1 Grundsätze der Krankenhausalarm- und Einsatzplanung nach einem 13-Punkte-Plan

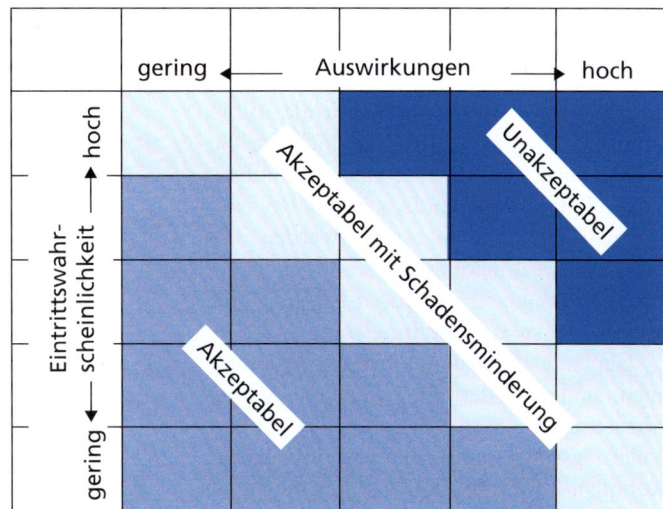

Abb. 3.4: Risikomatrix

konsequenzbasierten Modell (Wurmb et al. 2016) richten:

- Ist die Funktionalität des Krankenhauses betroffen?
- Ist die Kapazität des Krankenhauses betroffen?

Die bisher weit verbreitete Einteilung in »interne« und »externe« Schadenslagen weist erhebliche Nachteile auf, da Schadenslagen auftreten können, die extern beginnen und sich intern ins Krankenhaus ausdehnen oder umgekehrt. Hier zwei Beispiele einer primär externen Lage, die zu einer internen Lage wird:

Bei einer Epidemie wird das Krankenhaus von vielen Erkrankten aufgesucht. Nach einigen Tagen sind so viele Pflegekräfte und Ärzte erkrankt, dass die ankommenden Patienten nicht mehr adäquat versorgt werden können (MANE => interne Versorgungsengpässe)

Nach einem Attentat werden verletzte Patienten in die Notaufnahme des Krankenhauses eingeliefert. Einer der Patienten entpuppt sich als Attentäter und nimmt im Krankenhaus Geiseln (MANV => Polizeiliche Lage)

Primär interne Lagen können sich nach extern ausweiten: So kann z. B. eine Störung der Kritischen Infrastruktur Krankenhaus wie z. B. der Komplettausfall der Heizung eines Krankenhauses in einem ländlichen Gebiet zur mangelnden medizinischen Versorgung der Bevölkerung führen, wenn in dieser Region kein weiteres Krankenhaus die evakuierten und weiteren Patienten aufnehmen kann.

> **Praxistipp**
>
> Einteilung »interne« und »externe« Schadenslagen weist erhebliche Nachteile auf und sollte nach Möglichkeit vermieden werden

3.1.3 Bauliche Gegebenheiten

Bauliche Gegebenheiten sind bei allen Schadenslagen von entscheidender Bedeutung. Sämtliche Prozesse müssen angepasst und in der Krankenhausalarm- und Einsatzplanung berücksichtigt werden.

Im Pavillonsystem gebaute Krankenhäuser stellen aufgrund ihrer baulichen Komplexität für den Leiter KAEP und seine Projektgruppe eine besondere Herausforderung dar. Hier gilt es z. B., die Brandalarm- und Evakuierungspläne aufeinander abzustimmen.

Auch die Kommunikation zwischen den einzelnen Gebäuden kann sich mitunter sehr schwierig gestalten.

Andererseits bietet die dezentrale Aufteilung eines Krankenhauses in mehrere Gebäude auch Chancen bei einer besonderen Lage: Einzelne Gebäude können bei einer polizeilichen Lage abgesperrt werden oder bei einer Evakuierung als Auffanggebäude für die evakuierten Patienten bei einer notwendigen Evakuierung fungieren.

Geplante Umbau- und Neubaumaßnahmen sind mit der Projektgruppe zeitnah abzustimmen, da sich dadurch z. B. die Evakuierungswege und Brandabschnitte ändern könnten. Auch müssen evtl. die Sammelplätze bei Baumaßnahmen außerhalb des Krankenhauses geändert werden, wenn durch Absperrmaßnahmen, Bagger oder sonstige Gerätschaften die Sammelplätze oder die Wege dorthin blockieren.

Eine entscheidende Rolle spielt u. a. die Lage und Erreichbarkeit der Notaufnahme eines Krankenhauses. Ihr kommt bei einer Schadenslage eine exponierte Bedeutung zu:

Bei den Vorbereitungen zum *Massenanfall von Verletzten (MANV)* wird u. a. der Sichtungsbereich definiert und es sind die einzelnen Behandlungsbereiche im Vorfeld festzulegen.

> **Übersicht über einzelne Behandlungsbereiche**
>
> - Sichtungsbereiche festlegen, idealerweise **vor** der Notaufnahme
> - An- und Abfahrtswege für die Feuerwehr und den Rettungsdienst
> - Absperrmöglichkeiten für die Polizei
> - Behandlungsbereiche ROT, GELB, GRÜN definieren
> - Vorbereitung der Beschilderung für die Wege im Haus

3.1.4 Evakuierungswege, Sammelplätze

In den gesetzlich vorgeschriebenen Brandschutzunterweisungen werden den Mitarbeitern die Erstmaßnahmen im Brandfall vermittelt. Flucht- und Rettungswege auf den Wänden der Krankenhausflure sind Pflicht. Evakuierungspläne für nicht gehfähige Patienten müssen vorbereitet und an gut sichtbarer Stelle angebracht werden, z. B. im Dienstzimmer auf einer Station (▶ Abb. 3.5).

In den Krankenhausalarm- und Einsatzplan ist meist die hauseigene Brandschutz-

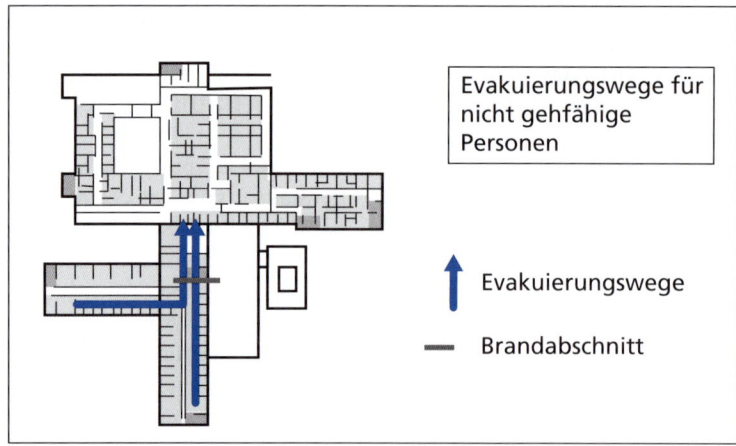

Abb. 3.5: Evakuierungsplan für eine Station (nicht gehfähige Personen)

ordnung eingebunden oder darauf abgestimmt. Sie enthält u. a. die Angabe der Brandabschnitte, die jeder Mitarbeiter des Krankenhauses für seinen Abschnitt kennen sollte. Bei einem Brand wird vom Personal des Krankenhauses erwartet, dass es unter Berücksichtigung des Eigenschutzes Patienten in den nächsten Brandabschnitt, z. B. eine Nachbarstation, horizontal verlegt.

Eine Besonderheit stellen Funktionsbereiche wie der Operationstrakt oder die Intensivstation dar. Ihre Evakuierung bedeutet eine große Herausforderung für alle Beteiligten (▶ Kap. 7).

Bei einer besonderen Lage, die eine Evakuierung erfordert, sind im Rahmen eines umfassenden Risikomanagements sorgfältig durchdachte Vorbereitungen zu treffen.

Bewährt haben sich Rettungstücher. Sie werden unter die Matratzen der Patientenbetten gelegt (Sauer). Alle Betten werden mit den Tüchern ausgestattet, so dass bei Bedarf sofort mit der Evakuierung begonnen werden kann (▶ Abb. 3.6).

Bestimmte Stationen wie geschlossene Psychiatriestationen sollten aufgrund der möglichen Strangulationsgefahr durch die Tücher bzw. die angenähten Bänder nicht mit den Rettungstüchern ausgestattet werden.

> **Praxistipp**
>
> Für jeden Bereich muss ein Evakuierungsplan erstellt werden, den alle Mitarbeiter kennen

Ein oder mehrere Sammelplätze sollten definiert und deutlich markiert werden. Besteht in unmittelbarer Nähe des Krankenhauses ein geeignetes Gebäude wie z. B. ein angrenzendes Parkhaus, so kann dies eine witterungsgeschützte Möglichkeit der Unterbringung der Patienten darstellen.

Der oder die Sammelplätze müssen jedem Mitarbeiter bekannt sein. Sie sind mit der ortsansässigen Feuerwehr und dem Rettungsdienst hinsichtlich der Evakuierung und der An- und Abfahrtswege abgestimmt sein.

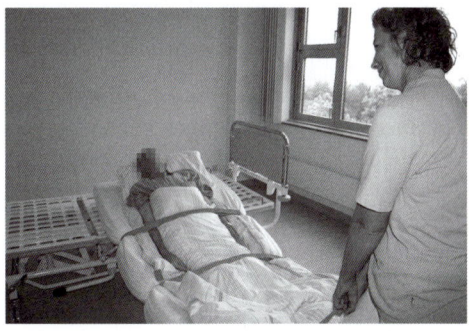

Abb. 3.6: Vertikale Evakuierung mittels Rettungstuch (Foto: Katja Scholtes)

Die Voraussetzungen einer technischen Rettung und eine ausführliche Unterweisung des gesamten Krankenhauspersonals im Rahmen regelmäßig stattfindender Mitarbeiterschulungen sind unerlässlich. Die Schulungen für den Gebrauch der Rettungstücher können z. B. bei der Schichtübergabe vor Ort auf der Station erfolgen.

3.1.5 Kommunikation

Eine reibungslose Kommunikation ist der Garant für erfolgreiche Prozesse in einem Krankenhaus. Gerade bei einer Schadenslage, die immer ein Abweichen von der Normalität bedingt, müssen alle Akteure im Krankenhaus allumfassend informiert werden.

Die Voraussetzung für eine gelungene Kommunikation ist eine gute Vorbereitung. Im Vorfeld müssen die einzelnen Alarmierungsgruppen wie beispielsweise Krankenhauseinsatzleitung oder Abteilungsleiter und Chefärzte festgelegt werden.

Jedes Krankenhaus legt seine eigenen Alarmstufen fest. In diesen Stufen wird genau definiert, welche Alarmierungsgruppen bei welcher Alarmstufe benachrichtigt werden sollen.

In Kapitel 4.4 wird die Notwendigkeit von Eskalationsstufen der Alarmierung genau beschrieben.

Bei Totalausfall der Telefonanlage können speziell vorbereitete (geladene) Mobiltelefone an die wichtigsten Funktionsträger ausgeteilt werden. Die Listen der Funktionen (keine Namen!) werden an einer zentralen Stelle hinterlegt.

Eine weitere Rückfallebene stellen Funkgeräte dar. Hierbei ist allerdings zu bedenken, dass sie keine Telefone ersetzen können und deren Handhabung für einige Mitarbeiter ungewohnt ist. Sie verfügen in der Regel nicht über eine Funkausbildung. Aus diesem Grund sind die Funkgeräte nur ausgewählten, speziell geschulten Mitarbeitern z. B. Mitgliedern der Krankenhauseinsatzleitung zu überlassen.

> **Praxistipp**
>
> Es muss festgelegt werden, bei welchen Alarmstufen welche Alarmierungsgruppen benachrichtigt werden.

3.1.6 Alarmierung dienstfreien Personals, Mitarbeitertreffpunkt

Alarmierung dienstfreien Personals

Wichtig ist das Vorhandensein einer Liste der Telefonnummern der Mitarbeiter des Krankenhauses im Falle einer größeren Schadenslage. Die Angabe der Telefonnummer geschieht meist auf freiwilliger Basis. Eine gesetzliche Verpflichtung ist zu fordern. Empfehlenswert ist die Abfrage der Telefonnummer bei der Einstellung neuer Mitarbeiter.

Die Listen der Mitarbeiter sind doppelt zu hinterlegen, papiertechnisch unter Verschluss (z. B. in einem eigens dafür angeschaffter verschließbaren Schrank) und auch im Telefonsystem des Krankenhauses. Die Zugangsberechtigung für die Liste im Telefonsystem sollte nur ausgewählten Personen, z. B. der Krankenhauseinsatzleitung und Mitarbeitern der Abteilung Technik, zur Verfügung stehen.

Die erhaltenen Telefonnummern sind als eine oder mehrere Alarmgruppen im Telefonsystem des Krankenhauses zu hinterlegen. So können alle Mitarbeiter im Sammelruf, d. h. über einen speziellen Server, sofort erreicht werden. Verschiedene Telefongesellschaften bieten einen derartigen Service an.

Das gesamte Vorgehen der Erfassung der privaten Telefonnummern der Mitarbeiter sollte unbedingt in Absprache mit dem Betriebsrat des Krankenhauses erfolgen. Die erfasste Liste bedarf einer regelmäßigen Aktualisierung durch z. B. die Personalabteilung.

Die allgemein verbreitete Annahme, ein Mitarbeiter der Telefonzentrale könne die dienstfreien Mitarbeiter des Krankenhauses nacheinander telefonisch informieren, ist nicht haltbar. Es würde viel zu viel Zeit und personelle Ressourcen in Anspruch nehmen.

Das »Schneeballsystem« zur Alarmierung einzelner Mitarbeitergruppen hat sich in der Vergangenheit aufgrund der unzureichenden Verlässlichkeit nicht bewährt.

Auch durch die sozialen Medien wird eine Schadenslage schnell bekannt. Oft begeben sich dienstfreie Krankenhausmitarbeiter selbstständig zu ihrem Arbeitsplatz.

Örtliche Radio- und Rundfunkanstalten können im Laufe von Livesendungen einen Aufruf für die Mitarbeiter starten. Bei Auslösen einer bestimmten Alarmstufe, d. h. wenn Mitarbeiter in ihrer Freizeit zur Bewältigung der Schadenslage benötigt werden, setzt sich die Krankenhauseinsatzleitung mit den entsprechenden Medien in Verbindung.

In diesem Zusammenhang ist es wichtig, auf die Besonderheit der Kinderbetreuung für alleinerziehende Mitarbeiter hinzuweisen. So können etwaige vorhandene Betriebskindergärten genutzt werden. Diese müssen für die Nutzung ihrer Räume und der Betreuung der Kinder ihrerseits einen Notfallplan erstellen (Ansprechpartner, Haftpflicht- und Unfallversicherung etc.).

> **Praxistipp**
>
> Motivieren Sie die Mitarbeiter des Krankenhauses zur Angabe ihrer privaten Telefonnummer

Mitarbeitertreffpunkt

Eine größere Schadenslage erfordert die Mitarbeit von zusätzlichen Kräften, die aus der Freizeit ins Krankenhaus geholt werden. Die Parkmöglichkeiten für diese Mitarbeiter müssen geplant werden.

Da nicht jedes Krankenhaus über ein ausreichend großes Parkhaus verfügt, ergibt eine Orts- und Gebietskunde der benachbarten Region durch die Projektgruppe vielleicht eine Parkmöglichkeit. Als Beispiel seien eine benachbarte größere Firma oder ein Energieversorger genannt, mit denen Absprachen im Vorfeld besprochen werden müssen.

Der Mitarbeitertreffpunkt sollte an einer zentralen Stelle im Krankenhaus festgelegt werden. Die Krankenhauseinsatzleitung bestimmt einen Treffpunktkoordinator, der ankommende Mitarbeiter mit Namen, Uhrzeit des Eintreffens und Funktion registriert. Die Mitarbeiter sollten ihren Mitarbeiterausweis mitführen, um sich bei etwaigen Absperrungen durch die Polizei oder Feuerwehr ausweisen zu können.

Unmittelbar nach dem Eintreffen wird dem Mitarbeiter vom Treffpunktkoordinator nach Rücksprache mit der Krankenhauseinsatzleitung sein Arbeitsplatz zugewiesen. Dieser Einsatzort kann vom sonstigen Bereich seiner Tätigkeit abweichen.

> **Praxistipp**
>
> Der Mitarbeitertreffpunkt ist allen Mitarbeitern bekannt

3.1.7 Führungsstruktur: Krankenhauseinsatzleitung (KEL)

Besondere Einsatzlagen im Krankenhaus erfordern ab der ersten Minute Entscheidungen. Diese können nur durch eine entsprechende Einsatzleitung getroffen werden. Diese Einsatzleitung ist eine klinikübergreifende und interprofessionelle Gruppe. Sie setzt sich aus Vertretern der Ärzteschaft, Pflege, Technik, Logistik und Verwaltung zusammen und wird als Klinikeinsatzleitung (KEL) bezeichnet. Die umgehende Formierung der KEL nach Bekanntwerden eines Schadensereignisses und nach Alarmauslösung stellt frühzeitig eine klar definierte Führungsstruktur am Krankenhaus sicher. Die KEL handelt und formiert sich gemäß des Krankenhausalarm- und Einsatzplanes.

Die Stellung der KEL

Die KEL ist gegenüber dem gesamten Krankenhauspersonal weisungsbefugt. Die KEL steht als Ansprechpartner und Bindeglied des Krankenhauses für die externen Führungskräfte von Feuerwehr, Polizei und Rettungsdienst, dem Gesundheitsamt oder auch der Katastrophenschutzbehörde zur Verfügung. Die KEL organisiert und koordiniert die notwendigen Maßnahmen zur Sicherung der Patienten, des Krankenhauspersonals und anderer betroffener Personen.

Bei Ereignissen wie Brand oder Explosion obliegt die Gesamteinsatzleitung der Feuerwehr. Diese entscheidet über die zu treffenden Maßnahmen und übernimmt dafür auch die Verantwortung. Die Feuerwehr ist gegenüber der KEL weisungsbefugt. Bei polizeilichen Einsatzlagen liegt die Gesamteinsatzleitung bei der Polizei.

Stabsarbeit

Bei außergewöhnlichen Ereignissen oder im Katastrophenfall ist es üblich und sinnvoll zur Strukturierung der Führungsarbeit einen Krisenstab zu bilden. Der Stab ist ein Führungswerkzeug, das dem Leiter der KEL ermöglicht, die komplexen Aufgaben auf einzelne Sachgebiete zu verteilen. Der Stab arbeitet dem Einsatzleiter zu. Funktionen, die innerhalb eines Stabes besetzt werden müssen, sind:

- Personalmanagement und Innerer Dienst
- Lageerkundung- und Darstellung, Lagedokumentation
- Operative Einsatzführung
- Versorgung
- Presse- und Öffentlichkeitsarbeit
- Informationstechnologie

Die Funktionen müssen im Vorfeld entsprechend verteilt und im KAEP festgelegt werden.

Räumliche Ressourcen

Die Krankenhauseinsatzleitung (KEL) benötigt einen ungestörten Raum mit bereits vorhandener Infrastruktur (PCs, Faxgeräte und Telefone). Sie muss für ihre Führungsarbeit unverzüglich einsatzbereit sein. Besprechungsräume ohne die oben aufgeführte Infrastruktur eignen sich nicht, da ihre Einrichtung einen langen Zeitraum erfordert.

Oft sind die Räume in Krankenhäusern sehr knapp bemessen, so dass kein Raum nur für den Fall einer Schadenslage leer stehen kann. Für die Krankenhauseinsatzleitung bieten sich beispielsweise folgende Räume an:

- Räume der Geschäftsleitung
- Räume der Personalabteilung
- Räume der Pflegedirektion

Diese Räume verfügen im Allgemeinen über ausreichende erforderliche Arbeitsgeräte wie oben beschrieben. Im Krankenhausalarm- und Einsatzplan wird vermerkt, über welche Telefonnummern die KEL erreichbar ist. Zur besseren Orientierung der Raumordnung dient ein vorbereiteter Lageplan (▶ Abb. 3.7).

Materialien

Empfehlenswert ist die Vorbereitung von Schreibutensilien, Funktionswesten, Funkgeräten, Taschenlampen und Telefonlisten in einem geeigneten Koffer, der bis zum Eintritt einer Schadenslage versiegelt wird und dessen Inhalt in regelmäßigen Abständen durch den Leiter KAEP kontrolliert wird. Der geeignete Raum sollte ein Flipchart sowie Whiteboards zur visuellen Darstellung der Schadenslage (Zeitstrahl) enthalten.

Während jeden Ereignisses, und sei es noch so eine »Bagatelle«, sollte ein Einsatztagebuch (*Logbuch*) und anschließend ein Einsatzbericht verfasst und archiviert werden, um Rückfragen von z. B. Versicherungen oder Presseanfragen beantworten zu können (Scholl/Wagner, 2010). Diese Aufgabe kommt der Krankenhauseinsatzleitung zu, sollte jedoch möglichst bereits bei Eintreten der Schadenslage begonnen werden. Ein dementsprechender Vordruck sollte im Krankenhausinformationssystem unter Berücksichtigung des Datenschutzes zur Verfügung stehen.

Außer den genannten Erfordernissen sollte die eigene Einsatzbereitschaft zusätzlich durch Getränke, Snacks etc. hergestellt werden. Die Krankenhauseinsatzleitung wird mehrere Stunden für das Abarbeiten der Schadenslage benötigen!

> **Praxistipp**
>
> Ein geeigneter Raum für die Krankenhauseinsatzleitung muss vorbereitet werden

3.1 Grundsätze der Krankenhausalarm- und Einsatzplanung nach einem 13-Punkte-Plan

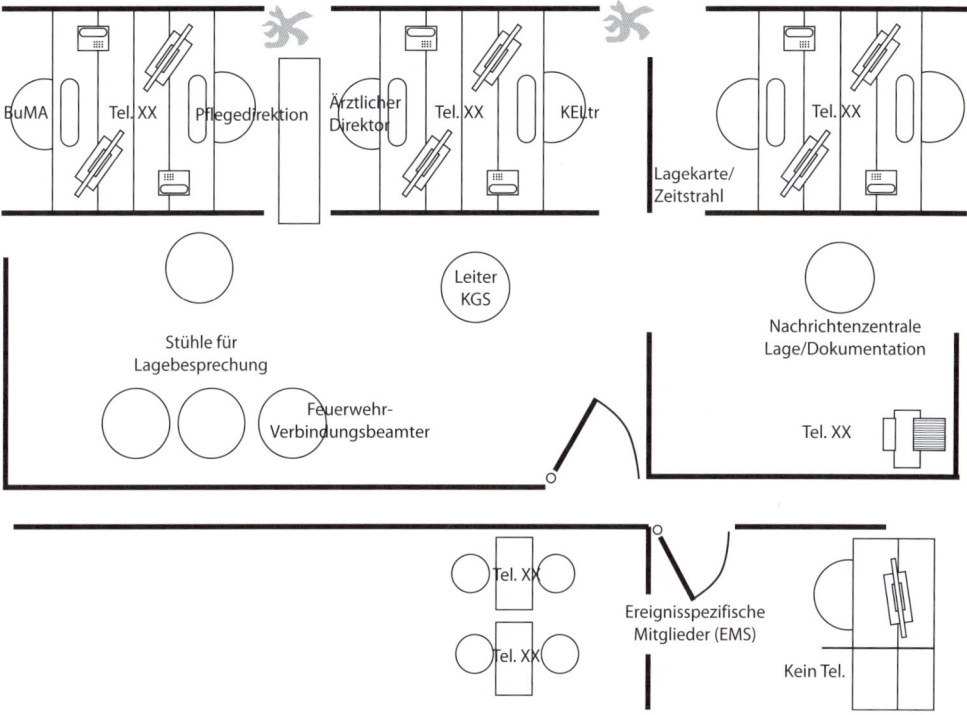

Abb. 3.7: Lageplan Krankenhauseinsatzleitung

3.1.8 Planstruktur mit Erstellen von Handlungsanweisungen

Hinterlegung des Krankenhausalarm- und Einsatzplans

Der Krankenhausalarm- und Einsatzplan sollte nicht nur im hausinternen Intranet, sondern auch in Papierform in jedem Arbeitsbereich verfügbar sein. Wichtig ist die Angabe der jeweils aktuellen Version. Die Ausgabe des gültigen Exemplars muss vermerkt werden. Ideal sind lose Blattsammlungen, die bei Aktualisierung ergänzt werden können. Allerdings erfordert diese Version sehr viel administrativen Aufwand.

Falls es das hausinterne Intranet zulässt, können die einzelnen Handlungsanweisungen z. B. auf dem Desktop hinterlegt und möglichst per Stichwortsuche schnell gewählt und ausgedruckt werden. Sinnvoll erscheint auch die Laminierung der jeweiligen Handlungsanweisungen für die einzelnen Bereiche. Sie können – gemeinsam mit den Evakuierungsplänen – an zentralen Stellen hinterlegt werden.

> **Praxistipp**
>
> Der Krankenhausalarm- und Einsatzplan sollte in Papierform und im Intranet des Krankenhauses verfügbar sein.

Handlungsanweisungen

Ein wichtiger Bestandteil des Krankenhausalarm- und Einsatzplans sind die einzelnen Handlungsanweisungen für die Mitarbeiter des Krankenhauses. Im allgemeinen Krankenhausbetrieb ist es trotz Schulungen unmöglich, dass jeder Mitarbeiter im Schadensfall direkt weiß, was er zu tun hat. Es ist keine Zeit, in einem komplexen Werk das erforderliche Handeln nachzuschauen.

Bewährt haben sich einseitige, kurzgefasste Handlungsanweisungen oder Checklisten, die jedem Mitarbeiter sofort zugänglich sind (▶ Abb. 3.8).

Idealerweise enthalten diese Anweisungen nicht nur Texte, sondern auch Bildmaterial. Zum Beispiel kann das An- und Ablegen der PSA (persönliche Schutzausrüstung) schrittweise auf Fotos oder Piktogrammen erklärt werden.

Die Handlungsanweisungen können den einzelnen Kapiteln oder dem gesamten Krankenhausalarm- und Einsatzplan im Anhang angefügt werden. In ihnen werden die Geltungsgruppe, der Ort und die jeweilige Schadenslage vermerkt.

> **Praxistipp**
>
> Handlungsanweisungen oder Checklisten sollten kurzgefasst sein.

3.1.9 Ressourcenmanagement

Persönliche Schutzanzüge

Auch wenn die Dekontamination Verletzter primär eine Aufgabe der Gefahrenabwehrbehörden ist und idealerweise präklinisch erfolgt, ist das Krankenhaus möglicherweise mit kontaminierten Selbsteinweisern konfrontiert.

Aus diesem Grund ist auch für das Krankenhaus die Anschaffung *persönlicher Schutzanzüge (PSA)* für die CBRN (ABC)-Lagen wichtig. Für jede der einzelnen Schadenslagen sind verschiedene Typenklassen der Schutzanzüge auf dem Markt (▶ Abb. 3.9). Die Projektgruppe muss hinsichtlich des vorhandenen Budgets und gemäß den Anforderungen genau abwägen, welche Schutzanzüge im jeweiligen Krankenhaus vorrätig gelagert werden sollen.

Für die Bevorratung der Schutzanzüge eignen sich die Notaufnahmen der Krankenhäuser. Das ärztliche und pflegerische Personal der Notaufnahmen sollten ausnahmslos in An- und Auskleiden der Schutzanzüge geschult werden.

Zur Schulung und Entscheidung, welche PSA das Krankenhaus bevorratet, kann die Projektgruppe die ortsansässige Feuerwehr als Amt für Gefahrenabwehr, die unteren Katastrophenschutzbehörde oder den Rettungsdienst zu Rate ziehen.

Einsatzwesten

Zur Kennzeichnung der Schlüsselfunktionsträger sollten *Einsatzwesten* angeschafft werden (▶ Abb. 3.10). Hier ist darauf zu achten, dass die Westen mit Angabe der individuellen Funktion sowohl auf der Rückseite als auch auf der Vorderseite gekennzeichnet sind.

Auch ist eine unterschiedliche Farbgebung der einzelnen Funktionsgruppen sinnvoll.

Notfallwagen

In der Notaufnahme sollten individuell gepackte *Notfallwagen* für die einzelnen Behandlungsbereiche und Verlastung an jederzeit erreichbarer Stelle vorbereitet sein. Hierzu gehört auch ein spezieller Notfallwagen für Verletzte eines Terroranschlags, in den z. B. Tourniquets, Hämostyptika gehören.

Die Materialien für die *Sichtung* der ankommenden Patienten beim Massenanfall (Sichtungsplatz, Anhängekarten, Schreibutensilien etc.) sind ebenfalls an einer zentralen Stelle untergebracht.

Zu den Vorbereitungen gehört auch die Bereitstellung der erforderlichen *Schlüssel* für die zu nutzenden Räume.

Handlungsanweisung   HA A/01

Geltungsgruppe Empfang	Notfallart Checkliste alle Schadenslagen
Einsatzart Empfang	

Ereignis _____ Ereignisort _____

Zeitpunkt des Geschehens _____

Zahl der Betroffenen vermutlich/tatsächlich:

Verletzte/Erkrankte: _____

Stabsleitung informiert: (Name der Stabsleitung)

_____ am _____ um _____ Uhr

_____ am _____ um _____ Uhr

_____ am _____ um _____ Uhr

_____ am _____ um _____ Uhr

Parkschranke geöffnet? ☐ Ja ☐ nein

Unterstützung angefordert? ☐ Ja ☐ nein

Name des Empfängers/Bearbeiters: _____

Datum: _____

Abb. 3.8: Beispiel einer Handlungsanweisung

Abb. 3.9: Unterschiedliche Formen der Schutzkleidung (Foto: Günter Scholtes)

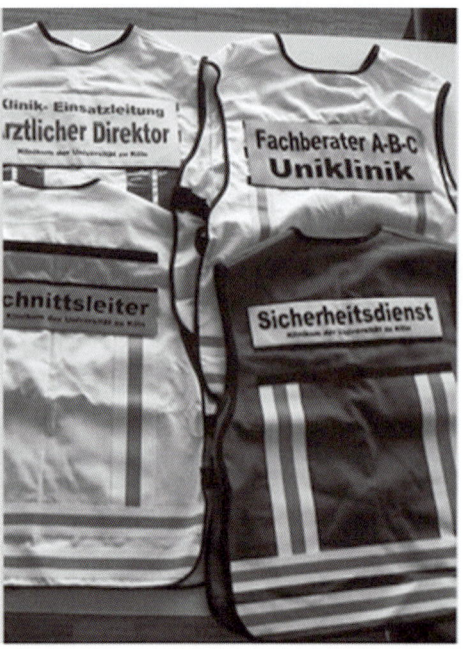

Abb. 3.10: Einsatzwesten (Foto: Felix Kolibay)

Praxistipp

Eine sorgfältige Vorbereitung der erforderlichen Materialien können der Garant für eine erfolgreiche Bewältigung der Lage sein.

3.1.10 Öffentlichkeitsarbeit

Ein Mitglied der Krankenhauseinsatzleitung, am ehesten der Leiter der Öffentlichkeitsarbeit des Krankenhauses, wird im Schadensfall die Funktion des Pressesprechers übernehmen.

Der Krankenhausalarm- und Einsatzplan sollte eine für alle Mitarbeiter gültige Handlungsanweisung beinhalten, dass ausschließlich der Pressesprecher Informationen an die Presse herausgeben darf.

Ein geeigneter Ort für die Presseerklärung sollte im Vorfeld festgelegt werden. Dieser liegt am besten zum Schutz der Privatsphäre der Patienten in einem evtl. vorhandenen Nebengebäude des Krankenhauses, weit entfernt vom eigentlichen Geschehen, auch um die Mitarbeiter des Krankenhauses nicht an der Erfüllung ihrer Aufgaben zu hindern.

Über die aktuelle Lage sollte nicht nur die Presse informiert werden, sondern auch die Mitarbeiter des Krankenhauses sollten z. B. über E-Mails oder Veröffentlichungen im Intranet in regelmäßigen Abständen Informationen erhalten.

Praxistipp

Pressemitteilungen werden nur vom Pressesprecher herausgegeben. Informationen gehen an Presse und Mitarbeiter.

3.1.11 Psycho-soziale Notfallversorgung

Jede besondere Schadenslage bedeutet eine psychische Belastung für die Mitarbeiter und auch die Patienten und deren Angehörige bis hin zur akuten Traumatisierung. Nicht jedes Krankenhaus verfügt über eine Klinik für Psychiatrie oder Psychotherapie, aus der psycho-soziale Notfallhelfer rekrutiert werden können.

Die Projektgruppe »Krankenhausalarm- und Einsatzplanung« stellt eine Gruppe von Mitarbeitern aus dem ärztlichen und pflegerischen Bereich zusammen, die als psycho-soziale Notfallhelfer geschult und im Bedarfsfall eingesetzt werden.

Ein Mitarbeiter dieser speziellen Gruppe kann das bei einer Schadenslage aktivierte »Bürgertelefon« besetzen. Über die Besetzung dieser Hotline entscheidet die Krankenhauseinsatzleitung.

> **Praxistipp**
>
> Psycho-soziale Notfallhelfer müssen für ihren Einsatz geschult werden

3.1.12 Abstimmung mit ortsansässigen Behörden

Vor der Erstellung sind an den verschiedenen externen Schnittstellen mit folgenden Behörden/Stellen Absprachen zu treffen:

- Gesundheitsamt
- Rettungsdienst
- Hilfsorganisationen
- Feuerwehr
- Gefahrenabwehrbehörde (Katastrophenschutzbehörde)
- Polizei

Besonders bei einer Epidemie ist eine enge Zusammenarbeit mit dem zuständigen Gesundheitsamt unerlässlich. Epidemie- bzw. Pandemiepläne sind zu berücksichtigen und mit dem individuellen Krankenhausalarm- und Einsatzplan abzugleichen. In den Krankenhäusern sind die Hygienefachkräfte bzw. der Leiter der Hygiene als Fachberater in die Projektgruppe einzuladen.

Es ist üblich, dass beispielsweise bei Schadenslagen, bei deren Bewältigung die Feuerwehren oder die Polizei eine entscheidende Rolle spielen, Verbindungsbeamte in die Krankenhauseinsatzleitungen entsendet werden. Im Vorfeld müssen den Mitarbeitern die Strukturen und Ansprechpartner der Behörden auf den verschiedenen Ebenen (z. B. untere Katastrophenschutzbehörde, Amt für Gefahrenabwehr, Polizei) bekannt sein.

Die o. g. Schnittstellenpartner müssen den hausinternen Krankenhausalarm- und Einsatzplan kennen. Feuerwehr und Polizei müssen über Spezialkenntnisse der internen Struktur (Baupläne, Aufzüge, Evakuierungsmöglichkeiten, Treppen etc.) verfügen.

Die Absprachen mit den genannten Schnittstellenpartnern erfolgt am besten im Rahmen einer Ortsbegehung. So werden örtliche Gegebenheiten direkt mit den Akteuren besprochen und die jeweiligen Akteure lernen sich persönlich kennen.

Sammelplätze werden definiert und gekennzeichnet. Auch der Mitarbeitertreffpunkt mitsamt der Parkplatzregelung kann gemeinsam festgelegt werden. Wichtig ist in diesem Zusammenhang das Aushändigen von Ausweisen für die Mitarbeiter des Krankenhauses, damit sie bei etwaigen Schadenslage nach Rücksprache mit der Polizei bzw. der Feuerwehr trotz Absperrung ins Krankenhaus gelangen können.

Die wichtigsten Telefonnummern der Ansprechpartner sollten stets aktualisiert für die Krankenhauseinsatzleitung im Vorfeld bereitgestellt werden.

> **Praxistipp**
>
> Bereiten Sie die Telefonnummern der wichtigsten Ansprechpartner für die Krankenhauseinsatzleitung vor

3.1.13 Schulungen und Übungen

Schulungen

Die Inhalte des Krankenhausalarm- und Einsatzplans werden in Mitarbeiterschulungen vermittelt. Um einen hohen Durchdringungsgrad der speziellen Kenntnisse zu erhalten, sollten möglichst viele Mitarbeiter aus unterschiedlichen Bereichen geschult werden. Am ehesten wird dieses Ziel erreicht, wenn die Schulungen analog den Brandschutzschulungen nach Absprache mit dem zuständigen Betriebsrat des Krankenhauses jährlich verpflichtend sind.

Oft fühlen sich die Mitarbeiter zur Bewältigung einer Schadenslage vor den Schulungen sehr unsicher. Nach den Schulungen tritt ein subjektives Sicherheitsgefühl ein (Scholtes 2015). Es wird auch durch die regelmäßigen Schulungen ein größeres Bewusstsein für die Notwendigkeit des Risiko- und Krisenmanagements bei den Mitarbeitern erreicht.

Die Schulungen sollten kurzgehalten werden und eine Zeiteinheit von 90 Minuten nicht überschreiten. Auch sollten nicht mehr als 25 Mitarbeiter an den Schulungen teilnehmen. Für ein Krankenhaus mit ca. 1000 Mitarbeitern werden zu Beginn etwa 40 Schulungen benötigt, d. h. 1 Schulung/Woche.

In den Basiskursen werden die Grundsätze der Planung und Handlungsanweisungen vermittelt. Die Kurse der darauffolgenden Jahre beinhalten neben einer Wiederholung der »Basics« auch das Abarbeiten eingespielter Schadenslagen. Hierdurch wird ein gedankliches Durchlaufen der einzelnen Prozesse, angefangen bei der Alarmierung bis hin zur Bewältigung einer Schadenslage erreicht.

Die Differenzierung allgemein relevanter Inhalte für alle Mitarbeiter und spezieller Kenntnisse wie beispielsweise der Zusammenarbeit der Krankenhauseinsatzleitung oder die Rolle der Notaufnahme in der Krise ist sinnvoll und ressourcenschonend.

Bewährt haben sich neben Basiskursen, an denen gemischt Mitarbeiter aus allen Bereichen teilnehmen können, Spezialkurse für einzelne Bereiche oder Berufsgruppen wie z. B. für die ärztlichen und pflegerischen Mitarbeiter einer Zentralen Notaufnahme sowie für die Krankenhauseinsatzleitung. Stabsarbeit ist für viele Mitarbeiter des Krankenhauses, auch für die Geschäftsleitung, nach der Feuerwehrdienstvorschrift 100 (FWDV 100), in der die Mitglieder der Krankenhauseinsatzleitung in sechs Sachgebiete mit unterschiedlichen Funktionen eingeteilt sind, sehr ungewohnt.

Nicht zu vergessen sind im Krankenhaus kontinuierlich oder zeitweilig tätige externe Mitarbeiter von Fremdfirmen wie z. B. von Reinigungsfirmen, Handwerksbetrieben oder Servicefirmen. Auch diese Personen sollten regelmäßig geschult werden. Allerdings erfordert es aufgrund des ständigen Wechsels der Beschäftigten einen erheblichen administrativen Aufwand der Registrierung und Durchführung der Schulungen, der zu berücksichtigen ist.

Tabelle 3.1 zeigt Vorschläge spezieller Schulungen im Krankenhaus. Die speziellen Schulungen können als Aufbaukurse nach der Vermittlung der Basiskenntnisse für bestimmte Berufsgruppen und Bereiche dienen.

Alle Mitglieder der Projektgruppe »Krankenhausalarm- und Einsatzplanung beteiligen sich an den regelmäßig stattfindenden Schulungen. Sie müssen für die Schulungen von ihrer sonstigen Tätigkeit freigestellt werden. Wenn die Schulungen auf alle Mitglieder der Projektgruppe verteilt werden, hält sich der Aufwand für den einzelnen Mitarbeiter in verträglichen Grenzen.

Um eine gleichwertige Schulung zu garantieren, wird die Schulungspräsentation von allen Mitgliedern der Projektgruppe erarbei-

Tab. 3.1: Vorschläge spezieller Schulungen

Themen	Teilnehmer
Führungsarbeit	Krankenhauseinsatzleitung
Alarmierungswege	Ärztliches und nicht-ärztliches Personal
Krisenkommunikation	Alle Mitarbeiter des Krankenhauses
Zentrale Notaufnahme	Mitarbeiter der Zentralen Notaufnahme
Aufgaben des Empfangs und der Telefonzentrale	Mitarbeiter des Empfangs
Spezielle Handlungsanweisungen für ausgewiesene Bereiche	Mitarbeiter der Intermediate-Care- und Intensivstationen sowie OP-Personal
Evakuierungswege und Handhabung der Rettungstücher	Ärztliches und nicht-ärztliches Personal

tet und ihnen in einem Schulungskoffer zur Verfügung gestellt.

Zur Motivationssteigerung empfiehlt sich die Aushändigung von Zertifikaten (▶ Abb. 3.11) nach erfolgreicher Teilnahme an den hausinternen Schulungen. Diese Zertifikate können bei Bewerbungen in anderen Krankenhäusern in Zukunft sehr hilfreich sein.

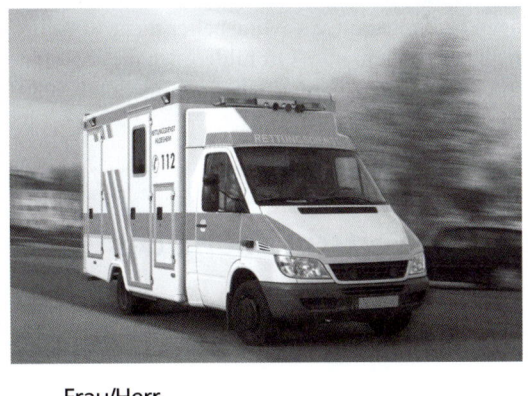

Abb. 3.11:
Beispiel eines Zertifikats für Mitarbeiterschulungen

> **Praxistipp**
>
> Zertifikate nach Schulungen steigern die Motivation der Krankenhausmitarbeiter.

Übungen

Übungen werden bewusst erst nach erfolgreicher Teilnahme an den Schulungen durchgeführt, um eine gute Basis für die Übungen zu garantieren.

Die Pflicht zu Übungen bestimmter Fallkonstellationen ist in den meisten länderspezifischen Katastrophenschutzgesetzen verankert. Sie können gemeinsam mit dem Rettungsdienst oder der Feuerwehr erfolgen (► Kap. 3.3).

Die Art und auch der Umfang von Übungen variieren stark. Tabelle 3.2 zeigt beispielhaft verschiedene Übungsszenarien.

Tab. 3.2: Beispiele verschiedener Übungsszenarien

Art der Übung	Teilnehmer
Planbesprechung	Aus verschiedenen Bereichen
Stabsarbeit	Krankenhauseinsatzleitung
Kommunikation	Krankenhauseinsatzleitung und verschiedene Bereiche z. B. Empfang
Alarmierungsübung	Verschiedene, definierte Bereiche
Massenanfall von Verletzten	Rettungsdienst, Krankenhauseinsatzleitung, Zentrale Notaufnahme, OP, Intensivstationen

Zunächst sollte man mit kleineren geplanten Übungen beginnen, um die Mitarbeiter nicht gleich zu Beginn irritieren. Oft fühlen sich die Mitarbeiter bei ungeplanten Übungen nicht ausreichend vorbereitet. Nach erfolgreich durchgeführten Übungen können zu einem späteren Zeitpunkt ungeplante Übungen stattfinden.

3.2 Die Fortschreibung des Plans – Nach dem Plan ist vor dem Plan

Katja Scholtes

Nach der Fertigstellung des Krankenhausalarm- und Einsatzplans und dessen Verteilung im Krankenhaus sowie im Intranet ist die initiale Arbeit der Projektgruppe abgeschlossen. Jedoch erst bei den Schulungen, Übungen und realen Ereignissen zeigt sich, ob der Plan funktionsfähig ist und ob die Projektgruppe an alle wichtigen Items gedacht hat.

Eine jährliche Revision und gegebenenfalls auch Ergänzung des erstellten Plans ist die nun folgende Aufgabe der Projektgruppe. Hierbei ist die Projektgruppe angewiesen auf die Berichte der Beobachter der Übungen und

Hinweise der Mitarbeiter des Krankenhauses sowie externer Schnittstellenpartner wie Feuerwehr, Rettungsdienst und Polizei. Von ganz besonderer Bedeutung ist die Rückmeldung aus den Übungen, ob die Kommunikation auf allen Ebenen funktioniert hat. Erfahrungsgemäß kann die Kommunikation eine Stolperfalle in der Abarbeitung einer Schadenslage sein.

Die Projektgruppe »Krankenhausalarm- und Einsatzplan« trifft sich weiterhin in regelmäßigen Abständen, z. B. ein Mal im Quartal, um Übungen vorzubereiten, aber auch um Änderungen im Prozessablauf, der Personalbesetzung oder bauliche Veränderungen in die jährliche Revision des Plans einzuarbeiten.

Literatur

Bundesamt für Bevölkerungsschutz (BBK) (2012) Schutz Kritischer Infrastruktur – Risikomanagement im Krankenhaus, Praxis im Bevölkerungsschutz Band 2, Druckpartner Moser, Rheinbach.

Deming, W.E. (2000) The New Economics for Industry, Government, Education. Cambridge, USA: The Mit Press, S. 132.

Feuerwehrdienstvorschrift FwDV 100, Führen und Leiten im Einsatz. Stuttgart: Kohlhammer

Hessisches Sozialministerium v. 12.06.2007: Krankenhauseinsatzplan (KHEP) https://innen.hessen.de/sites/default/files/media/hmdis/sp_ab_5_plan_3_khep_hessen_2007.pdf (Zugriff 19.12.2016).

Sauer, F., Scholtes, K. (2017) Brand im Krankenhaus – Sind Sie vorbereitet?, Kma 22(2), S. 64-66

Scholl, H., Wagner, K. (2010) Alarm- und Einsatzplanung, Verlagsgesellschaft Stumpf + Kossendey mbH, Edewecht.

Scholtes, K (2015) Der Krankenhausalarmplan (KAP) - Verbesserung der Resilienz am Beispiel eines Kommunalen Krankenhauses in NRW, Masterarbeit, Katastrophenvorsorge und Katastrophenmanagement, Universität Bonn.

Wurmb, T., Rechenbach, P., Scholtes, K. (2016) Alarm- und Einsatzplanung an Krankenhäusern: Das konsequenzbasierte Modell, Med Klin Intensivmed Notfmed, online 04.07.2016

3.3 Die Übung des Planes – Training und Verbesserung durch Einsatzübungen

Ines Lampe

Mit der Erstellung und Implementierung eines Krankenhausalarm- und Einsatzplans ist ein wichtiger Schritt zum erfolgreichen Risiko- und Krisenmanagement im Krankenhaus vollbracht. Der nächste Schritt ist genauso wichtig. Nun gilt es, alle Regelungen, Handlungsanweisungen und vorbereitete Checklisten in möglichst realistischen Situationen zu üben. Erst dabei zeigt sich, ob an alles gedacht wurde und die Mitarbeiter ausreichend geschult sind. Ein wichtiges Übungsziel ist der möglichst routinierte Übergang von den Alltagsstrukturen zum Krisenmanagement, damit der Krankenhausalarm- und Einsatzplan mit all seinen vorgedachten Lösungen im Ernstfall auch wirklich Anwendung findet.

Insbesondere in der ersten sogenannten Chaosphase eines Schadensereignisses hat kein Mitarbeiter mehr die Zeit oder Ruhe sich in einen Alarmplan einzulesen. Dass besondere Situationen und somit die Abweichung von der täglichen Routine geübt werden müssen, ist für jeden verständlich. In der Praxis zeigt sich trotzdem sehr häufig, dass dieses Erfordernis in der Bewältigung des Alltages mit all seinen vielfachen Herausforderungen oftmals »hinten runter fällt«.

Auch wenn die Notwendigkeit zu üben präsent ist, geht es nicht ohne personelle Ressourcen, die oftmals dafür »freigeschaufelt« werden müssen. Eine gute Übung durchzuführen ist aufwändig. Für eine realistische Übung bedarf es guter Kenntnisse über die Situation und Eigenarten des Hauses. Eine strukturiert aufgebaute Übung erfordert neben der gründlichen Vorbereitung des Übungsszenarios auch eine große Portion Kreativität. Der Vorbereitungsaufwand lässt sich zwar nach mehrmaligem Üben durch Vorlagen, Checklisten und Erfahrung reduzieren, aber zunächst muss ja begonnen werden.

Die Übungsplanung

Die Vorbereitungen für eine Übung sind komplex und zeitintensiv. Von der ersten Idee bis zur Übung vergehen oft Monate. Viele Dinge sind zu koordinieren, viele Mitwirkende einzubinden. Eine gute Übung benötigt daher in der Planungsphase vor allem Ruhe und Zeit. Als ersten Schritt empfiehlt es sich, auf Basis des Krankenhaus-Alarmplans ein Übungsziel und eine Übungsart festgelegt.

Eine Teilübung kann ein guter Beginn einer Übungsreihe sein. Geübt werden nur einzelne Strukturen des Alarmplanes oder einzelne Bereiche des Krankenhauses. Beginnen könnte man beispielsweise mit einer Alarmierungsübung, einer Stabsrahmenübung nur für die Krankenhauseinsatzleitung oder mit der Vorbereitung der Zentralen Notaufnahme auf einen Massenanfall von Verletzten. Die Vollübung ist die Königsdisziplin mit Übungsdarstellern und einem Szenario, das alle Bereiche des Krankenhauses berührt. Sie sollte eher am Ende einer solchen Übungsreihe stehen.

Zurück zur konkreten Vorbereitung einer Übung. Sind Übungsart und Übungsziel festgelegt, bauen sich alle weiteren Schritte darauf auf. Nur wenn das Ziel bereits in der Übungsplanung feststeht und auch konkret benannt wird, können die dafür im Krankenhausalarm- und Einsatzplan vorgesehenen Handlungsstrukturen geübt und letztlich so auch überprüft werden.

Vielleicht möchten Sie beispielsweise die Einberufung der Krankenhauseinsatzleitung an einem Werktag nach 18:00 Uhr üben. Hintergrund ist, dass viele Handlungsanweisungen im Alarmplan eine funktionierende Krankenhauseinsatzleitung voraussetzen und deren Einsatzfähigkeit in kürzester Zeit von enormer Wichtigkeit ist, die im Krankenhausalarm- und Einsatzplan angenommene Zeitspanne aber noch nie überprüft wurde. Nach dieser Entscheidung erfolgt die Festlegung auf eine Übungsart (z. B. Stabsrahmenübung), die Auswahl eines passenden Szenarios (z. B. Ausfall der kompletten Wasserversorgung um 18:30 Uhr), die Erstellung einer Übungsanweisung und ein gedachter Übungsverlauf (aufwachsende Krise mit Zeitdruck und einer möglicherweise notwendigen Evakuierung einiger Abteilungen) sowie unterstützende Unterlagen für Übungsleitung und Beobachter. Die verschiedenen vor einer Übung vorzubereitenden Unterlagen, ihre jeweiligen Aufgaben und zu beachtenden Besonderheiten werden nachfolgend vorgestellt.

Die Übungsanweisung

Die Übungsanweisung ist quasi das Regelhandbuch für die Übung. Aus ihr sollen für alle Verantwortlichen in der Übungssteuerung die wesentlichen Informationen zur Übungsdurchführung hervorgehen. Das Anfertigen einer Übungsanweisung erleichtert allen an der Planung und Durchführung mitwirkenden Beteiligten, das Ziel der Übung nicht aus den Augen zu verlieren, die erforderlichen Vorbereitungen zur Durchführung der Übung im Blick zu behalten und alle wesentlichen Handlungen während der Übung zu koordinieren.

Sie beschreibt die Übungsziele und in welcher Übungsart diese erreicht werden sollen. Zudem sind alle Mitwirkenden und ihre jeweiligen Rollen, der Übungstermin, die Übungsdauer, die Ausgangslage (Szenario, gedachte Uhrzeit, Wetter etc.), die Übungsregeln festzulegen. Ferner sind in der Übungsanweisung alle technisch und organisatorisch zu treffenden Maßnahmen, die zur Vorbereitung und Durchführung der Übung (Räume, Fahrzeuge, Kommunikation, Verpflegung etc.) erforderlich sind, zu benennen. Ein wichtiger Bestandteil der Übungsanweisung ist der gedachte Übungsverlauf.

Der gedachte Übungsverlauf

Der gedachte Verlauf lässt sich am besten mit einem Drehbuch vergleichen. In ihm werden alle Regieanweisungen (Übungseinlagen) konkret benannt (von wem, wann, was getan werden soll). Zusätzlich beschreibt der Übungsverlauf die auf Grundlage des Krankenhauseinsatz- und Alarmplanes zu erwartenden Tätigkeiten in zeitlicher Abfolge.

Zurückkommend auf das Beispiel mit dem Ausfall der Wasserversorgung würde im gedachten Übungsverlauf 60 Minuten nach Alarmierung der Krankenhausleitung als erwartete Tätigkeit die erste Lagebesprechung der Krankenhauseinsatzleitung stehen. Die Beobachter der Übung haben so die Möglichkeit zu vermerken, ob die erste Lagebesprechung früher oder später stattgefunden hat, warum das so war und ab wann die Krankenhauseinsatzleitung vollständig einsatzfähig war. Anschließend sieht beispielsweise der gedachte Übungsverlauf 90 Minuten nach Alarmierung ein Anruf des Wasserversorgers als Übungseinlage vor. Die Krankenhauseinsatzleitung würde zu diesem Zeitpunkt die Information erhalten, dass der Schaden sich nicht im öffentlichen Netz befindet und daher allein das Krankenhaus für die Beseitigung zuständig sei.

Die gesamte Übung wird also gedanklich durchgespielt, der Verlauf des Szenarios mit gezielten Informationen und Aktionen gesteuert und die zu erwartenden Einzelschritte der Übenden auf Basis des Krankenhausalarm- und Einsatzplanes vorgedacht und aufgeschrieben. Dies erfordert neben viel Kreativität auch ein sehr gutes Wissen über Abläufe und Zusammenhänge und eine gehörige Portion Fleiß.

Zusammenfassend bildet der gedachte Verlauf alle zu erwartenden Maßnahmen auf Basis des Krankenhausalarm- und Einsatzplanes und die erwartete Zeitdauer für die einzelnen Arbeitsschritte ab. Die Handlungsfähigkeit der Mitarbeiter und die »Robustheit« des Alarmplanes können dabei im Übungsverlauf durch zeitlich präzise eingesetzte Einlagen (Aufträge, Veränderung der Lage, auftretende Schwierigkeiten) gezielt überprüft werden.

Ein wichtiger Grundsatz bei der Vorbereitung des gedachten Verlaufs ist, dass das Schadensereignis von den Übenden auch zu bewältigen sein muss. Während der Übung soll durch den gedachten Verlauf ein Klima der »Spielfreude« entstehen können, wo auch Erfolge möglich sind und es Hilfe gibt. Die Übung soll zwar Stärken und Schwächen der Übenden und des Krankenhausalarm- und Einsatzplanes aufzeigen, dabei aber die Übenden nicht vor unlösbare Aufgaben stellen und so demotivieren. Der wichtigste Aspekt für die Übungssteuerung sollte daher sein, dass Mitarbeiter üben und sich auch ausprobieren können. Bei unerwarteten Wendungen in der Übung z. B. durch kreative Lösungen von pfiffigen Mitarbeitern oder sogenannten »Husarenmeldungen« (ungewollte Informationen durch falsche Übermittlung etc.), die den gedachten Übungsverlauf ändern, ist es Aufgabe der Übungsleitung, so mit Augenmaß einzugreifen, dass das Übungsziel erreicht, aber eben auch das Engagement der Übenden belohnt wird. Als wichtiger Übungsgrundsatz sollte daher berücksichtigt werden. Wenn alles gut läuft, ist ein freies Spiel (sprich die Eigendynamik durch die handelnden Personen) ausdrücklich erwünscht und durch die

Übungsleitung so weit wie möglich zu fördern, auch wenn dabei vom gedachten Verlauf abgewichen wird. Ein starres Festhalten am Drehbuch ist in diesen Fällen kontraproduktiv. Für eine korrekte und gute Auswertung sollten die Abweichungen vom gedachten Verlauf (und ihre Gründe) durch Übungsleitung und Beobachter an entsprechender Stelle dokumentiert werden.

Die Übungsleitung und die Beobachter haben somit eine wichtige Funktion während der Übung. Um den Überblick zu behalten und gemeinsam die Übenden gut zu koordinieren, aber auch bewerten zu können, ist es sinnvoll, neben dem gedachten Übungsablauf weitere Informationen und Checklisten bereitzustellen, z. B.:

- Liste der Beobachter
- Beobachtungsstandorte
- Die Funktionen der Übungssteuerung
- Bewertungsbögen für einzelne Übungsbereiche
- Ein »Fahrplan« der Verletzten (z. B. bei MANV)
- Verletzenmuster (der simulierten Patienten oder zugeführten Verletzten)
- Verhaltensmuster der Übungsdarsteller (von Angehörigen, Presse, Fachberater etc.)

Die Übungsdurchführung

Für eine gute Übungsdurchführung und zur Sicherheit der Übenden sind einige wesentliche Grundregeln festzulegen und an alle Beteiligten klar zu kommunizieren:

- Die Übungsleitung ist weisungsbefugt.
- Der »gedachte Übungsverlauf« ist für die Übungsleitung steuerbar (Anhalten oder Abbruch der Übung).
- Es gibt Übungsregeln für Darsteller und Beobachter.
- Alle Übungsteilnehmer erhalten eine Einweisung (Ausgangslage, Regeln etc.) in die Übung.

- Das Umfeld wird zeitnah über die Übung informiert (Patienten, bei Vollübungen auch örtliche Polizei und Feuerwehr).
- Alle Beteiligten des Übungsteams sind erkennbar (durch Westen, Klebeschilder etc.).
- Eine Kommunikation innerhalb des Übungsteams und mit den Übenden ist jederzeit möglich.

Übungen erzeugen immer ein gewisses Maß an Künstlichkeit. Damit die Übenden eine Chance bekommen, das Szenario auch »zu leben«, sollten in der Übung so viele realistische Bedingungen wie möglich geschaffen werden. Einige Beispiele:

- Alarmierung über das laut Alarmplan vorgesehene Telefon bzw. System.
- Bei einem externen Schadensereignis die Alarmierung durch die Rettungsleitstelle der Feuerwehr durchführen lassen. Das schafft von Anfang an eine besondere (Stress) Situation.
- Zuführung von Verletzendarstellern mit Rettungswagen, einschließlich realitätsnaher Übergabe.
- Bei einer simulierten Verlegung von Patienten, zumindest die Betten mit »Zettelpatienten« durch das Haus transportieren lassen. So werden Ressourcen tatsächlich gebunden, Abläufe, Dokumentation und Zeitaufwand realistischer simuliert.
- Bei einem Übungsszenario »Massenanfall von Verletzten«, die Übungsdarsteller realistisch schminken und mit konkreten Informationen (was ist passiert, wie ist es zu der Verletzung gekommen) und Verhaltensanweisungen (hysterisch, weinerlich, traumatisiert etc.) in die Übung schicken.
- Bei Evakuierungsübungen den akustischen Alarm auslösen, Theaterrauch verwenden, mit Darstellern üben (oder zumindest teilweise, z. B. eine Abteilung oder ein Geschoss räumen), um so die realistische Nutzung der Rettungswege

- (Treppenhäuser, horizontale Verlegung) zu fördern.
- Die »Außenwelt« in die Übung mit einbeziehen. Wen braucht man in der Realität, wie lässt sich das in der Übung möglichst realistisch einspielen? Eine Stabsrahmenübung bekommt einen ganzen anderen »drive«, wenn plötzlich ein Fachberater der Feuerwehr in Uniform und mit seinem Funkgerät im Raum steht und eingewiesen werden möchte!
- Bei einer Vollübung können Selbsteinweiser, ungeduldige Angehörige oder sehr präsente Medienvertreter für ein unruhiges Umfeld sorgen, dass bei mangelnder Steuerung oder Absperrung die Patientenversorgung erheblich beeinträchtigt.

Durch eine gut vorbereitete Übung sollen die Übenden zeitweise vergessen, dass es nur eine Übung ist. Wenn es der Übungssteuerung gelingt, bei den Übenden ein annähernd realistisches Stresslevel aufzubauen, kann die Kompetenz der übenden Mitarbeiter und die Qualität des Alarmplans am besten zur Geltung kommen.

Die Übungsauswertung

Zu einer guten Übung gehört auch eine gute Auswertung. Ohne eine strukturierte Auswertung ist die Gefahr groß, das wichtige Erkenntnisse, Empfehlungen zu Schulungen, Materialbeschaffung und Änderungshinweise zu Handlungsabläufen schnell wieder verloren gehen.

Direkt nach der Übung sollten alle noch einmal zusammenkommen. Die Übung gemeinsam ausklingen zu lassen, hat mehrere Vorteile. Die Übenden können direkt im Anschluss an die Übung ein sofortiges kurzes Feedback von der Übungsleitung erhalten. Anschließend bei einer Tasse Kaffee und einem Snack noch einmal darüber zu sprechen, wie es einem ergangen ist und zu hören, was in den anderen Bereichen für Schwierigkeiten bewältigt wurden, fördert das WIR-Gefühl und ermöglicht jedem Einzelnen, seine eigene Leistung zu reflektieren und zu bewerten. Manchmal entstehen in diesen Gesprächen auch gute Ideen, was man nächsten Mal besser machen kann.

Für eine nachhaltige Übungsauswertung ist das Fertigen eines Übungsberichts empfehlenswert. So können die positiven und negativen Erfahrungen nach einer Übung nicht verloren gehen. Dies bedarf von der Übungsleitung einige konzeptionelle Vorbereitungen, um die erforderlichen bzw. gewünschten Informationen nach der Übung in geeigneter Weise verfügbar zu haben. Gewünschte Informationen zum Übungsverlauf könnten z. B. sein:

- Wurde das Übungsziel erreicht?
- Inwieweit wurde der gedachte Übungsverlauf eingehalten?
- Wo und weshalb gab es Abweichungen?
- Wie (gut) wurden die verschiedenen Aufgaben von den Übenden bewältigt.
- Wie wurde mit den eingespielten Schwierigkeiten umgegangen?
- Welche Lösungen haben sich bewährt?
- Welche eingespielten Informationen sind wann und bei wem angekommen?

Ziel des Berichtes soll sein, zum einen die Leistungen der Übenden zu beschreiben und zum anderen darzustellen, ob sich der Krankenhausalarm- und Einsatzplan bewährt hat. Dabei sollte klar aufgezeigt werden, welche Lücken bzw. sinnvollen Ergänzungen sich im Übungsverlauf gezeigt haben. Im Fazit sollte das weitere Vorgehen benannt sein: Welche Änderungen ggf. im Alarmplan notwendig sind, ob es für die Mitarbeiter umfänglichere oder spezielle Schulungen geben muss, welche Bereiche zusätzliche/andere Materialien (z. B. zur Dokumentation, Checklisten zur Unterstützung etc.) benötigen. Die Beurteilung der Übungsleistung sollte sich dabei idealerweise auf verschiedenen Informationsquellen stützen, in Frage kommen hierbei:

- Detaillierte Berichte der Beobachter.
- Befragung der Übungsdarsteller (insbesondere der »Verletzten« und »Patienten«).
- Auswertung der in der Übung erstellten Dokumentation (Sichtungsstelle, Krankenhauseinsatzleitung, Pressestelle etc.).
- Systematischer Abgleich des gedachten Übungsverlaufes mit dem tatsächlichen Übungsverlauf.
- Beachtung des Ressourceneinsatzes während der Übung (waren die Sperrung von OP, Wegezeiten, Antwortzeiten Labor etc. realistisch?).
- Eine Fotodokumentation, denn ein Bild sagt manchmal mehr als tausend Worte!

Eine Schlüsselrolle bei der Auswertung der Übung haben die Berichte der Übungsbeobachter. Je nach Übungsart können sie aus anderen Abteilungen, anderen Krankenhäusern, Behörden oder anderen Organisationen akquiriert werden. Bei einer wechselseitigen Beteiligung von externen Beobachter kann so als Nebenerfolg eine Stärkung der interdisziplinären und einrichtungsübergreifenden Zusammenarbeit im Kreise der Alarmplanverantwortlichen entstehen. Darüber hinaus wird über den Erfahrungsaustausch und Kenntnisgewinn von Strukturen anderer Akteure eine Möglichkeit zur Übernahme von »Best Practice« geschaffen.

Voraussetzung für eine qualifizierte Beobachtung ist, dass die Übungsbeobachter kompetent und gut eingewiesen wurden. Alle sollten das Übungsziel kennen und auch die bestehenden Regelungen im Alarmplan. So können sie sachgerecht beurteilen, ob die Übenden aufgrund guter Schulung des Alarmplanes oder durch persönliche Kompetenzen die Herausforderungen der Übung bewältigt haben. Als Unterstützung für diese Aufgabe haben sich vorbereitete Beurteilungsbögen mit entsprechenden Fragestellungen bewährt. Bei der Bewertung der Führungssysteme könnte z. B. auf den Beobachterbögen u. a. folgende Fragen stehen: War allen Handelnden ihre Rolle bewusst? Wurde ein Leiter benannt? War dieser für Dritte erkennbar (durch Weste etc.)? Wie wurde kommuniziert?

Rolle und Unterstützung der Behörde

Eine gute Vorbereitung der Krankenhäuser auf Schadensfälle und Katastrophen ist ein wichtiger Baustein zur Daseinsvorsorge unsere Gesellschaft. Die jeweils zuständige Behörde kann die Krankenhäuser hierbei unterstützen. Die Erfahrungen der letzten Jahre haben gezeigt, dass Krankenhäuser sich aus eigener Kraft/eigenem Engagement oftmals nicht sachgerecht auf Großschadenslagen und Katastrophen vorbereiten (können). Gründe hierfür können sein:

- Die Finanzsituation lässt entsprechende Entscheidungen der Klinikleitung nicht zu. »Katastrophenschutz ist nicht erlösrelevant«.
- Kenntnisse über Szenarien und Lagebewältigung bei Katastrophen sind im Krankenhaus nicht im erforderlichen Umfang vorhanden.
- Im Alltag fehlt es an den notwendigen Kontakten zu den anderen Playern (Polizei, Feuerwehr etc.).
- Es fehlt schlicht die personelle Ressource.

Behörden können aufgrund ihrer fachlichen Rolle den notwendigen Anstoß und eine sinnvolle Unterstützung für Krankenhausübungen geben. Dabei ist zu unterscheiden, ob es, wie in einigen Bundesländern gegeben, eine gesetzliche Verpflichtung der Krankenhäuser zur Beteiligung an Übungen gibt oder die Zusammenarbeit in partnerschaftlicher Kooperation erfolgen würde.

Beispiel Hamburg: Auf Grundlage der gesetzlichen Mitwirkungspflichten der Hamburger Krankenhäuser, übt die zuständige Behörde seit nunmehr 10 Jahren regelmäßig mit den Krankenhäusern der Not- und Unfallversorgung. Dabei werden unterschiedliche Übungsformate verwendet: Vollübungen, Stabsrahmenübungen, Alarmierungsübungen und Planbesprechungen (▶ Kap. 3.1.13). Oberstes Übungsziel ist jeweils die Schulung und Erprobung der organisatorischen und medizinischen Strukturen eines Krankenhauses mit jeweils wechselnden Schwerpunkten. Diese sind angepasst an die jeweilige Situation in den einzelnen Häusern oder ein Ergebnis der Leistungen aus vorangegangenen Übungen. Schwächen des jeweiligen Alarmplanes werden gezielt aufgegriffen und mit entsprechenden Schadensereignisses und Einlagen erneut erprobt. Jede Übung wird mit zeitlichem Abstand in dem Krankenhaus nachbesprochen. Zusätzlich erhält das Krankenhaus einen ausführlichen, vertraulichen Bericht und wenn gewünscht, eine Fotodokumentation.

Das »Hamburger Modell« sieht darüber hinaus auch die aktive Unterstützung aller Krankenhäuser bei eigenen Übungen, die Pflege eines Netzwerkes der Alarmplanverantwortlichen und eine Kontrolle der erforderlichen Vorbereitungen der Krankenhäuser auf Schadensfälle vor. Das »Hamburger Modell« bedeutet im Einzelnen:

Alle Hamburger Krankenhäuser werden bei der Planung und Durchführung von eigenen Übungen durch die zuständige Behörde aktiv unterstützt, z. B. durch:

- Bereitstellung von Unterlagen (Verletztenmuster, Szenarien etc.)
- Beratung oder Coaching bei der Vorbereitung
- Vermittlung von Kontakten zu Polizei, Feuerwehr etc.
- Teilnahme von Behördenmitarbeiter an den Übungen, z. B. als Beobachter oder »Ansprechstelle« (Simulation der Außenwelt)

Die Krankenhausalarm- und Einsatzpläne aller Hamburger Krankenhäuser werden zentral gelesen, gelagert und im Rahmen von Übungen evaluiert. Gefordert werden Alarm- und Einsatzpläne zum Vorgehen bei internen und externen Ereignissen, die der Behörde unaufgefordert zu übermitteln sind. Erwartet wird, dass diese Pläne im erforderlichen Maße permanent angepasst, intern und extern kommuniziert und alle Mitarbeiter entsprechend regelmäßig thematisch geschult werden. Darüber hinaus werden die Art und Anzahl der durchgeführten krankenhauseigenen Übungen und spezielle Schulungen regelmäßig abgefragt und systematisch ausgewertet. Auffälligkeiten wird in bilateralen Gesprächen nachgegangen.

Ziel und Philosophie in Hamburg ist es, regelmäßig Kontakt zu den verschiedenen Verantwortlichen in den Krankenhäusern zu halten, um so

- die Wichtigkeit einer guten Krankenhausalarmplanung im Fokus zu halten,
- die Schnittstellen als zentrale Abstimmungs- und Koordinierungsaufgabe aktiv zu pflegen, und
- die Kommunikation horizontal sowie vertikal durch gemeinsame Übungen, Schulungen und Projekte zu fördern und »Netzwerke« zu schaffen.

Sich im Alltag zu kennen, erleichtert allen die gemeinsame Bewältigung einer Krise bzw. eines Großschadensereignisses. Dazu gehört ein aktives Netzwerk, denn gerade in schwierigen Situationen gilt der bekannte Grundsatz »Persönlichkeit schafft Verbindlichkeit«. Gefördert werden kann so auch eine gemeinsame Sprache, ein Verständnis für die Arbeitsabläufe und Strukturen der jeweils anderen Bereiche, Absprachen zu Kommunikationswege und -techniken und nicht zu vergessen der Blick für »das große Ganze«. Eine Katastrophe kann von niemanden allein bewältigt werden. Es bedarf immer der Anstrengung und Koordination vieler Hände und Köpfe, um das Schadensausmaß so gering wie möglich zu halten und den in Not geratenen Menschen bestmöglich zu helfen.

In Hamburg ist im Bereich der Krankenhausalarm- und Einsatzplanung zwischenzeitlich vieles flächendeckend etabliert und standardisiert. Neben der Notwendigkeit, sich auf besondere Schadenslagen vorzubereiten, möchte sich auch jedes Krankenhaus in einer behördlichen Übung gut aufgestellt und leistungsfähig präsentieren. Es gibt ein aktives Netzwerk der Alarmplanverantwortlichen.

Als Ergebnis hat sich in den vergangenen Jahren die Reaktionsfähigkeit der Krankenhäuser auf besondere Schadenslagen erheblich verbessert. Die behördlichen Übungen werden überwiegend souverän gemeistert und die Anzahl der krankenhauseigenen Übungen hat sich deutlich erhöht.

4 Problemfelder im Krankenhaus

4.1 Führung im Krankenhaus bei Notfällen und Krisen

Peter Berger

Ja, mach nur einen Plan!
Sei nur ein großes Licht!
Und mach dann noch'nen zweiten Plan
Gehn tun sie beide nicht.
(Lied von der Unzulänglichkeit des menschlichen Strebens, Bertold Brecht, Dreigroschenoper)

In diesem Beitrag werden keine Vorgehensmodelle entwickelt und keine Handlungsanweisungen für Führungskräfte gegeben, etwa nach dem Motto »Was tut eine Führungskraft in der Krise«. Führung ist der Versuch, Menschen Orientierung zu geben. Das ist ein sehr komplexes Problem, welches in Krisensituationen noch komplexer wird. Da helfen keine Ablaufpläne, sondern die eigene Haltung, Selbstverantwortung, Engagement und Kommunikation. Führen in der Krise hat kaum etwas mit Notfallplänen und der Umsetzung von Leitungsmodellen zu tun. Das ist Sache des Managements. Aber Management ist nichts ohne Führung.

Fachliche Reputation und fähiges Management werden im medizinischen Bereich meist großzügig belohnt. Gute Führung aber, so scheint es, wird bei der Mehrzahl der Unternehmensleitungen und Krankenhausträger noch kaum als Wert erkannt. So gibt es kaum evaluierte Assessments für Führungskräfte und über mangelnde Nachhaltigkeit von Führungskräfteschulungen wird geklagt. Die Personalabteilungen beschäftigen sich meist mit Lohn- und Gehaltsabrechnung, während Personalentwicklung oder gar Führungskräfteentwicklung kaum stattfindet. So kann Führungskultur in Krankenhäusern nur schwer gedeihen, was sich in Notfällen und Krisen dann oft rächt.

4.1.1 Was kann Management? Notfall- und Krisenmanagement am Beispiel nosokomialer Infektionen

Wie das Management von Notfällen und Krisen zu erfolgen hat, ist in Vorschriften und Ablaufplänen seit Jahren niedergelegt und wird nach jedem Störfall und jeder Krise überarbeitet und verfeinert. Wo aber finden wir etwas über *Leadership* in den Krisen- und Notfallplänen?

Nehmen wir das Management von Ausbrüchen durch multiresistente Erreger im Krankenhaus als Beispiel. Die Kommission für Krankenhaushygiene und Infektionsprävention hat ausführlich beschrieben, welche strukturellen und betrieblich-organisatorischen Maßnahmen zur Prävention von nosokomialen Infektionen im Krankenhaus zu ergreifen sind, wie ein Ausbruchmanagement-Team zu etablieren ist, wie man einen Ausbruch zu handhaben hat, wenn er dann stattgefunden hat, wie eine abschließende

Evaluierung und Defizitanalyse zu erstellen ist und wie mit Öffentlichkeitsarbeit umgegangen werden soll (vgl. KRINKO, 2002). Auch personelle und organisatorische Voraussetzungen zur Prävention nosokomialer Infektionen sind festgelegt. In KRINKO (2009) kann man nachlesen, wie ein Hygieneteam mit den anderen Bereichen des Krankenhauses zusammenarbeiten soll, wie das Hygienemanagement in Kliniken zu organisieren ist, welche Qualifikationen das Fachpersonal in der Hygiene und Infektionsprävention haben soll und welche Aufgaben von den Mitgliedern des Hygieneteams HH) zu übernehmen sind. Das Infektionsschutzgesetz (vgl. IfSG) regelt die Meldepflichten bei einschlägigen Erregern sowie die Einbeziehung des Gesundheitsamts und der Gesundheitsbehörden.

Es ist also alles geregelt, was zu regeln ist – und dennoch haben wir folgenschwere Hygienemängel und zum Teil folgenschwere Ausbrüche durch multiresistente Erreger zu beklagen:

- Im Städtischen Klinikum München waren 2010 zeitweise nur noch Notoperationen möglich, da erhebliche Mängel in der Sterilgutaufbereitung des Krankenhauses Bogenhausen festgestellt worden waren. Diese musste vorübergehend geschlossen werden und der Klinik-Geschäftsführer wurde suspendiert. Ein Jahr später, im Sommer 2011, wurde dann im Deutschen Herzzentrum, einer Klinik der Technischen Universität München, auf zwei Intensivstationen bei 15 Patienten der Darm-Keim VRE festgestellt. Die Patienten wurden isoliert, die Abläufe überprüft und die Mitarbeiter erneut geschult. Der Klinikchef verwies darauf, dass in seinem Haus die Zahl der Infektionen weit unter dem Schnitt liege (vgl. tz 05.10.11).
- Im Klinikum Bremen Mitte wurden 2012 mehrere Frühgeborene mit einem resistenten Darmkeim infiziert, drei starben. Es wurden gravierende Hygienemängel festgestellt. es gab deutliche Mängel in der Reinigung, bei den Beschäftigten fehlte das Basiswissen da die Schulungen schlecht waren, es gab zu wenig Personal und das vorhandene Personal hatte zu wenig Zeit, die Hände ausreichend zu desinfizieren. Der Staatsanwalt ermittelte wegen fahrlässiger Tötung und es gab einen parlamentarischen Untersuchungsausschuss der bremischen Bürgerschaft (vgl. Bremische Bürgerschaft, 2012).
- In der Berliner Charité starb ein Baby durch eine Infektion mit einem multiresistenten Erreger. An mindestens 16 weiteren Kindern wurden die Erreger nachgewiesen. Mangelnde Händedesinfektion wurde als mögliche Ursache vermutet. Der vom Robert Koch-Institut empfohlene Personalschlüssel (s. KRINKO, 2009) wurde auf der Intensivstation für Frühchen nicht erreicht (Focus, 2012).
- Als größten bekannten Ausbruch dieser Art bezeichnete die Presse die Infektion von 79 meist schwerstkranken Patienten mit dem multiresistenten Erreger KPC im Leipziger Universitätsklinikum seit dem Jahr 2010, die 39 Tote forderte (vgl. Süddeutsche Zeitung, 2012). Seit 2012 wurden als Gegenmaßnahme alle auf den Intensivstationen und über die Notaufnahme aufgenommenen Patienten vor der Aufnahme auf den Erreger untersucht und bis zum Ausschluss der Infektion isoliert. Im Juni 2013 erklärte die Klinik den Ausbruch für beendet (vgl. Universitätsklinikum Leipzig, 2013). In den Folgejahren wurde eine Stiftungsprofessur für Hygiene mit dem Schwerpunkt Krankenhaushygiene eingerichtet und ein Institut für Hygiene/Krankenhaushygiene etabliert (Universitätsklinikum Leipzig, 2016).
- Im Universitätsklinikum Schleswig-Holstein hatte sich Ende 2014 ein resistenter Erreger ausgebreitet, da der als Auslöser geltende Patient (Indexpatient) in einem Dreibettzimmer untergebracht wurde. Es war kein Isolationszimmer mehr frei. In

der Folge starben elf weitere Patienten, bei denen der Erreger nachgewiesen worden war (vgl. Die Welt, 2015). Der Klinikchef bezeichnete den Ausbruch damals als »medizinischen Schicksalsschlag«.
- Im Klinikum Mannheim wurden im Herbst 2014 erhebliche Mängel bei der Reinigung von OP-Besteck und Endoskopen aufgedeckt. Von Haaren, Knochensplittern, Hautfetzen und toten Fliegen in den Instrumentenkästen war die Rede (Spiegel Online, 01.06.2015). Zwei Hygieneexperten traten aus der Hygienekommission aus. Die Staatsanwaltschaft ermittelte und die Hygienekommission tagte. Im Dezember 2016 sieht sich die Uniklinik Mannheim nach dem Hygieneskandal »wieder auf gutem Weg« (ärzteblatt.de, 05.12.2016).

In allen Fällen wurden die Ereignisse u. a. auf organisatorische Mängel und Managementfehler zurückgeführt (z. B. fehlende Hygienepläne, mangelnde Personalausstattung, mangelnde Qualifizierung der Beteiligten, bauliche Mängel). Aber wenn Mitarbeiter sich die Hände nicht ordentlich desinfizieren, wenn bei der Sterilisation nicht sorgfältig gearbeitet wird, wenn Klinikchefs abtauchen, Verantwortung abgeschoben und wegdelegiert wird, dann geht Vertrauen verloren. Da helfen dann auch keine verbesserten Managementmethoden. Da geht es um menschliches Verhalten und um *Führung*.

Nosokomiale Infektionen sind nicht vollständig vermeidbar, denn im Krankenhaus kumulieren die Gefährdungen durch Erreger, die durch Patienten und Angehörige eingebracht und durch den direkten Kontakt zu Ärzten und Pflegekräften weitergetragen werden. Da hilft eben nur strenge Hygiene und sorgfältige Händedesinfektion vor und nach dem Patientenkontakt.

Sicherlich ist eine angemessene Anzahl von Mitarbeitern die Voraussetzung dafür, dass weniger Arbeitsüberlastung entsteht und Aufgaben »ordnungsgemäß« wahrgenommen werden können – und z. B. auch die Hände vorschriftsmäßig desinfiziert werden. Und natürlich sollten vor allem die mit der Betreuung von Intensivpatienten betrauten Pflegekräfte die einschlägigen Schulungen besucht haben und sich in Hygienefragen gut auskennen.

Aber das sind eben nur *Voraussetzungen*, quasi Leitplanken, die nicht garantieren, dass keine Notfälle oder Krisen entstehen. Auch auf bestens ausgebauten Straßen mit häufiger Geschwindigkeitskontrolle geschehen Unfälle. Entscheidend ist, wie sich die Menschen in ihren Systemen und Organisationen *tatsächlich verhalten*. Bisher wird versucht, dieses Problem durch Appelle und Aufklärung zu lösen und damit auf das Verhalten der Mitarbeiter einzuwirken. Im Falle von Hygiene – speziell bei der Händedesinfektion und der Sterilisation der Instrumente – wird unter der Überschrift »Compliance« an die *Regeltreue* der Krankenhausbeschäftigten appelliert. Aber sind Regeln und der ständige Appell, diese einzuhalten, wirklich die Ultima Ratio?

Was wirklich wie abläuft, entscheiden die Menschen im Krankenhaus tagtäglich aufs Neue. Sie verhalten sich ihrer Tagesform entsprechend, bringen ihre eigenen Interessen und Probleme mit an den Arbeitsplatz und empfinden ihre Arbeit als Herzensangelegenheit – oder eben als notwendiges Übel. Sie verletzen permanent die Vorschriften ihres Arbeitgebers, manchmal auch gerade, *um* »den Laden am Laufen« zu halten. Manch ein Unternehmen würde schon längst nicht mehr existieren, wenn sich die Mitarbeiter an alle Vorschriften gehalten hätten. »Dienst nach Vorschrift« ist nicht umsonst ein Phänomen, welches mangelndes Engagement und Stillstand beschreibt (s. z. B. Gallup-Engagement-Index).

Wie kann nun dieses Gemenge von teilweise gegensätzlichen Beweggründen, Haltungen und Handlungen zum Nutzen des Unternehmens, der Mitarbeiter und aller sonstigen Stakeholder gebündelt werden?

4.1.2 Was soll Führung?

Hier kommt Führung oder *Leadership* ins Spiel. Management handhabt Sachverhalte, schafft Voraussetzungen und lenkt Prozesse. Führung dagegen hat dafür zu sorgen, dass die Geführten ihre Arbeit zu ihrem eigenen Anliegen machen, welches sie engagiert und selbstverantwortlich verfolgen. Menschen sind eigensinnig (und deshalb auch kreativ). Darum lassen sie sich nicht bruchlos in Regeln und Prozessabläufe einfügen. Führung gibt ihnen Orientierung und fordert und fördert sie darin, ihren Teil an der gemeinsamen Sache zu leisten. Auf den folgenden Seiten soll diesen menschlichen Qualitäten im Krisen- oder Notfallmanagement ein angemessener Raum gegeben werden.

Die Führungskraft als Vorgesetzter

Meist werden Vorgesetzte als »Führungskräfte« bezeichnet. Da ist aber der Wunsch der Vater des Gedanken. Vorgesetzte agieren im Rahmen der betrieblichen Hierarchie auf der Basis ihrer positionalen Macht, sie sind den Mitarbeitern vor-gesetzt und sorgen mehr oder weniger effektiv dafür, dass diese die von ihnen geforderte Arbeit tun. Fast alle sogenannten Führungskräfte fangen in der Rolle des Vorgesetzten an, nicht wenige verharren ein Berufsleben lang in dieser Position. Vorgesetzte sind Teil des unternehmerischen Managements und als solche für den Unternehmenserfolg mitverantwortlich. Sie orientieren sich dabei mehr oder weniger an den formalen Vorgaben des Unternehmens.

Die Führungskraft als Gestalter von Unternehmens-Struktur und -Kultur

Vorgesetzte arbeiten im Rahmen der herrschenden Strukturen sowie der gewachsenen Kultur ihrer Organisation und müssen ihr Handeln darauf abstimmen. Nicht selten sind Vorgesetzte, wenn sie die Führung übernehmen wollen, erfolglos, weil ihre Konzepte und Entscheidungen an den Unternehmensstrukturen scheitern oder nicht in die gegenwärtige Unternehmensphilosophie passen.

Die Führungskraft als Partner in sozialen Beziehungen

Vorgesetzte werden zu Führungskräften in dem Maße, wie sie es erreichen, dass ihre Mitarbeiter, Kollegen, Vorgesetzten und Kunden sie als Partner schätzen und anerkennen und mit ihnen konstruktiv an der Verwirklichung gemeinsamer Ziele arbeiten. In der Führungsbeziehung entsteht eine Wechselwirkung von Führen und Geführtwerden, von der beide Seiten profitieren.

In der Krise zeigt sich, was eine gute Führungskraft bereits lange *vor* dem Eintreten von krisenhaften unerwarteten Ereignissen bei ihren Mitarbeitern erreicht hat. Durch Führung wird wertvolle *Krisenprävention* geleistet, indem die Mitarbeiter ins Vertrauen gezogen und in die Verantwortung geführt werden. Führung ist Krisenprävention, weil sie die Mitarbeiter vor Ort als die wirklichen Experten für die Krisenbewältigung anerkennt, ohne die keine Krisenbewältigung denkbar ist.

In einer Krise zeigt sich dann, wie effektiv Führungsarbeit bisher gewesen ist:

- Wie viel Vertrauen besteht in die Institution und ihre Führungskräfte?
- Wie qualifiziert und engagiert sind die Mitarbeiter bei der Krisenbewältigung?
- Wie viel Verantwortung übernehmen die Mitarbeiter für die nachhaltige Verbesserung der Zustände?
- Wie effektiv können die Mitarbeiter über Berufs- und Statusgrenzen hinweg miteinander kommunizieren und kooperieren?

4.1.3 Krisenprävention durch Führung

Krisenprävention durch Vertrauenskultur

Es ist ein international anerkannter Fakt der Führungslehre, dass Vertrauen die wesentliche Basis für positive Beziehungen zwischen Arbeitgeber und Arbeitnehmern ist (vgl. z. B. IPD, 1994; Armstrong, 2003; Baron/Krebs, 1999). Die formale Seite dieser Beziehungen wird durch Regeln und festgelegte Prozesse gestaltet. Die *emotionale Seite*, um die es bei nachhaltiger Führung vor allem geht, beinhaltet Vertrauen, Verstehen, Abhängigkeit voneinander, Erwartung und Commitment, also die Verbundenheit des Arbeitnehmers mit dem Unternehmen, und die daraus resultierende innere Bereitschaft, sich mit dem eigenen Leistungsvermögen voll für das Unternehmen zu engagieren. Vertrauen, Verantwortung und Commitment bilden das soziale Kapital eines Unternehmens.

Voraussetzung für Vertrauen: Positives Menschenbild

Eine Führungskraft, die ihren Mitarbeitern Vertrauen schenkt, gibt einen Vertrauensvorschuss. Sie glaubt also daran, dass ihr Vertrauen gerechtfertigt ist. Ein solches Verhalten gibt den Mitarbeitern Sicherheit, was gerade in einer unsicheren Situation wichtig ist. Einen vertrauensvollen Umgang mit Menschen kann eine Führungskraft natürlich nur dann haben, wenn sie selbst ein positives Menschenbild hat. Deshalb ist einer der wesentlichen Gründe, aus denen Unternehmen jemanden zur Führungskraft machen sollten, dessen positives Menschenbild (zu Menschenbildern vgl. Völker, 1980; Gührs/Nowak, 2002). Wenn Assessments für Führungskräfte in Krankenhäusern eingeführt werden, sollte dieses Kriterium ganz besonders berücksichtigt werden.

Indem ich Vertrauen schenke, schaffe ich mir erst die Mitarbeiter, die mein Vertrauen rechtfertigen. An dieser Stelle sei Goethe zitiert: »Behandelt die Menschen so, als ob sie schon wären, wie ihr sie haben wollt, es ist der einzige Weg, sie dazu zu machen.«

Voraussetzung für Vertrauen: Abhängigkeit – Die Perspektive der Spieltheorie

Guter Wille, Ethik und kulturelle Normen sowie gesetzliche Regelungen und betriebliche Vereinbarungen liefern den Rahmen für die Beziehungen von Arbeitgeber und Arbeitnehmer und zwischen Führungskraft und Mitarbeiter. Innerhalb dieses Rahmens haben beide Parteien bestimmte formale Rechte und Garantien. Diese sind hilfreich, reichen aber nicht aus, um das Vertrauen in eine beiderseitig nützliche Kooperation entstehen zu lassen. Dazu gehören

- lange gute Erfahrungen miteinander und
- ein Gefühl der Sicherheit, vom Gegenüber nicht »über den Tisch gezogen« zu werden.

Diese Sicherheit, die wesentlich für das Entstehen von Vertrauen ist, erwächst oft durch die Erkenntnis, voneinander abhängig zu sein. Welche Faktoren hierbei eine Rolle spielen, darüber kann uns die *Spieltheorie* Hinweise geben (vgl. hierzu Rieck, 2008; Axelrod, 2005; Baron/Krebs, 1999).

Fünf Faktoren bestimmen die spieltheoretische Perspektive von Vertrauen:

1. *Prinzip Tit for Tat:* Jede Seite erwartet von der anderen Seite, dass sie Gutes mit Gutem und Schlechtes mit Schlechtem vergeltet. Auf beiden Seiten muss die Gewissheit vorhanden sein, dass das Gegenüber seine Macht nicht missbraucht und dass, wenn die eine Seite dies tut, Vergeltungsmechanismen verfügbar sind. Empirische Studien zeigen, dass »Tit for Tat«

allen anderen Führungsstrategien langfristig überlegen ist (s. Axelrod, 2005).
2. *Investitionen in die Arbeitsbeziehung:* Je höher die »Investitionen« von Arbeitgeber und Arbeitnehmer in ihre Arbeitsbeziehung bisher waren, desto höher sind die Bedrohungspotenziale, welche beide aufeinander ausüben können. Der Arbeitnehmer kann kündigen und dem Arbeitgeber damit schweren Schaden zufügen, z. B. wenn er oder sie Firmenwissen mit zu einem Wettbewerber nimmt. Umgekehrt kann der Arbeitgeber den Arbeitnehmer entlassen und diesem damit schaden.
3. *Balance of Power:* Wenn die Bedrohungspotenziale gleich groß sind, also der mögliche Schaden einer Beendigung des Arbeitsverhältnisses für beide Seiten gleich groß ist, ist »Balance of Power« hergestellt, die beiden Seiten durch wechselseitige Abhängigkeit Sicherheit gibt und damit die Basis von Vertrauen ist.
4. *Reputation:* Die Behandlung eines einzelnen Arbeitnehmers bzw. einer Gruppe von Arbeitnehmern beeinflusst die Reputation als Arbeitgeber bei allen anderen Arbeitnehmern. Wenn ein Arbeitnehmer schlecht behandelt wird, so nehmen das alle anderen wahr und verlieren das Vertrauen in den Arbeitgeber.
5. *Positive Erwartungen:* Die Wertschätzung des Gegenübers ist effizienzfördernd! Negative Erwartungen an den Transaktionspartner sind mächtige Effizienzkiller und die häufigste Ursache für ineffiziente Arbeitsbeziehungen. Wer positive Erwartungen an den Arbeitgeber hat, ist bereit, Vertrauen aufzubauen.

Krisenprävention durch Leistungsmotivation

Vertrauen ist die erste Voraussetzung für effektive Krisenprävention. Auf dieser Basis können dann Leistungsbereitschaft, Engagement, fachliche Entwicklung und Qualifikation gefördert werden.

Die *Leistungsbereitschaft* der Mitarbeiter ist ein wesentlicher Bestimmungsfaktor für die Leistungserbringung im Unternehmen. Wenn der Arbeitsplatz allerdings keine guten Voraussetzungen bietet, wenn die Arbeit schlecht organisiert ist, wenn Arbeitsmittel und Personal fehlen, wenn der Vorgesetzte seine Rolle als Führungskraft schlecht wahrnimmt, wenn Mitarbeiter für ihren Job schlecht ausgebildet sind, wenn sie krank sind oder die Arbeit zu hohe Anforderungen an sie stellt, in all diesen Fällen werden auch die modernsten und ausgeklügeltsten Motivierungs- und Compliance-Strategien nichts nützen und wohl eher zu Demotivation und innerer Kündigung führen.

Leistungsbereitschaft wird durch folgende Motivationsfaktoren gefördert.

Motivationsfaktor Arbeitsgestaltung

In komplexen, mehrdeutigen Arbeitssituationen ist vor allem der *innere Antrieb* des Individuums maßgebend. Menschen handeln nicht nur zweckrational, sondern sind vorwiegend von unbewussten Faktoren wie Streben nach Anerkennung, Zuneigung, Macht und dem Bedürfnis nach Selbstverwirklichung (in der Arbeit) geleitet. Werden solche Kerndimensionen von Arbeit berücksichtigt und in Arbeitszusammenhänge eingebaut, so kann erwartet werden, dass Verantwortung für die Aufgabe entsteht und Interesse für die Ergebnisse der Arbeit erzeugt wird.

Sehr wichtig für die Leistungsmotivation eines Menschen ist auch, in welchem Maße er über *Selbstwirksamkeit* (vgl. Bandura, 1997) verfügt. Damit ist gemeint, dass Menschen selbst davon überzeugt sind, Fähigkeiten zu besitzen und einer bestimmten Aufgabe gewachsen zu sein. Menschen mit einem hohen Grad an Selbstwirksamkeit wählen sich schwierigere Ziele als andere und haben für diese Ziele ein stärkeres Commitment.

Gute Führung heißt also auch, die Mitarbeiter in ihrer Arbeit zu bestärken und sie dafür anzuerkennen und wertzuschätzen.

Motivationsfaktor Erfüllung von Bedürfnissen

Viele Führungskräfte gehen davon aus, dass ihre Mitarbeiter ihre Arbeit nicht aus eigenem Antrieb tun. Aus dieser Perspektive müssen die Mitarbeiter ständig kontrolliert werden und können nur durch externe Anreize wie Boni, Belobigungen usw. zum Arbeiten gebracht werden. Vielfach wirken solche externen Anreize jedoch demotivierend.

Eine Führungskraft sollte versuchen, systematisch einzuschätzen, auf welcher Bedürfnisebene sich die einzelnen Mitarbeiter befinden. Es empfiehlt sich für eine Führungskraft, im täglichen Umgang und in Mitarbeitergesprächen genau hinzuschauen und zuzuhören, was die Mitarbeiter zu sagen haben.

Die *Q 12 des Gallup-Instituts* (vgl. Buckingham, 2005) können Führungskräften als Anhaltspunkte dabei dienen, ihre eigene Motivation und die ihrer Mitarbeiter für die Arbeit im Unternehmen auf den Prüfstand zu stellen:

- Ich weiß, was bei der Arbeit von mir erwartet wird.
- Ich habe die Materialien und die Arbeitsmittel, um meine Arbeit richtig zu machen.
- Ich habe bei der Arbeit jeden Tag die Gelegenheit, das zu tun, was ich am besten kann.
- Ich habe in den letzten sieben Tagen für gute Arbeit Anerkennung ... bekommen.
- Mein Vorgesetzter/Meine Vorgesetzte ... interessiert sich für mich als Mensch.
- Bei der Arbeit gibt es jemanden, der mich in meiner Entwicklung fördert.
- Bei der Arbeit scheinen meine Meinungen zu zählen.
- Die Ziele und die Unternehmensphilosophie meiner Firma geben mir das Gefühl, dass meine Arbeit wichtig ist.
- Meine Kollegen/Kolleginnen haben einen inneren Antrieb, Arbeit von hoher Qualität zu leisten.
- Ich habe einen sehr guten Freund/eine sehr gute Freundin innerhalb der Firma.
- In den letzten sechs Monaten hat jemand in der Firma mit mir über meine Fortschritte gesprochen.
- Während des letzten Jahres hatte ich bei der Arbeit die Gelegenheit, Neues zu lernen und mich weiterzuentwickeln.

Krisenprävention durch Verantwortung

Mit Vertrauen, Leistungsbereitschaft, Engagement und Qualifikation ist schon viel erreicht. Jetzt fehlt noch die Umsetzung in die Tat. Der Transmissionsriemen dafür ist die Übernahme von Verantwortung für Entscheidung und Handeln.

Verantwortung übernehmen

Gerade in Krisen entsteht oft der Eindruck, dass in Unternehmen organisierte Unverantwortlichkeit (Sprenger, 1994) herrscht. Da wird abgetaucht, sich in Sicherheit gebracht und Verantwortung abgeschoben. Verantwortung kann aber nicht delegiert werden. Verantwortung übernimmt man – oder eben nicht.

Mangelnde Bereitschaft, Verantwortung zu übernehmen, zeigt sich u. a. in zwei Grundhaltungen:

- Infantilisierung: Ich habe große Ansprüche, Wünsche und Erwartungen, bin aber nicht bereit, die Verantwortung für deren Realisierung zu übernehmen. Das macht mein Chef. Und wenn etwas schief geht, dann bin ich jedenfalls nicht schuld, weil ich ja so ein kleines Licht bin und sowieso nichts ändern kann.

- Viktimisierung: Ich bin immer das Opfer, Schuld sind immer die anderen. Weil ich immer das Opfer bin, sind die Anderen immer die Täter. So behalte ich meine weiße Weste und mache mir die Hände nicht schmutzig.

Verantwortung zu übernehmen, setzt Folgendes voraus:

- Handlungsfreiheit: Verantwortung übernehmen kann ich nur, wenn ich mich nicht fremdbestimmt fühle. Führungskräfte müssen auch aus diesem Grunde ihren Mitarbeitern zutrauen, dass sie selbst die richtigen Wege gehen. Auch hier spielt also Vertrauenskultur eine große Rolle.
- Voraussetzung ist die Fähigkeit, die Folgen des eigenen Tuns abschätzen zu können (»Wir hätten es wissen können ...«). Verantwortliches Handeln beinhaltet Wissen, klare Entscheidung und beherzte Abwägung der Folgen, denn wir werden niemals vollständige Gewissheit erlangen können. Auch deshalb haben Führungskräfte die Aufgabe, ihre Mitarbeiter zu qualifizieren, ihnen also das Wissen zugänglich zu machen, auf dessen Basis sie Verantwortung übernehmen können.

Führungskräfte müssen es vorleben, Verantwortung zu übernehmen. Wer sich in Krisen selbst aus der Verantwortung stiehlt, verursacht unter seinen Mitarbeitern unter Umständen Orientierungslosigkeit und Panikgefühle, so dass sich der Zusammenhalt im Team und im Unternehmen auflöst.

Mitarbeiter in die Selbstverantwortung führen

Selbstverantwortung ist das Zauberwort, welches Führung schlagartig erfolgreich machen würde, welches aber kaum eingelöst wird. Das liegt zum Teil auch an dem Unvermögen von Shareholdern, Unternehmenslenkern und Führungskräften, von ihrem Kontrollparadigma abzulassen – ohne Führung und Management bricht schließlich das Chaos im Unternehmen aus – meint man. Und: Manche Führungskräfte befürchten auch, tendenziell überflüssig zu werden, wenn klar wird, dass Mitarbeiter im Prinzip auch mit weniger Führung – gemeint sind Kontrolle und Steuerung – auskommen könnten.

Selbstverantwortung bedeutet, niemand anderes als ich selbst ist verantwortlich dafür, dass ich bestimmte Dinge tue oder lasse und niemand anderes als ich selbst ist verantwortlich dafür, dass ich mich gut oder schlecht fühle. Dies ist ziemlich simpel und liegt eigentlich auf der Hand. Allerdings verhalten wir uns im Alltag meist anders: *Jemand* beleidigt uns, *jemand* bringt uns zum Weinen oder provoziert uns. Immer sind es die Anderen, die in unserer Wahrnehmung die Verantwortung für unsere Handlungen und Gefühle haben.

In Wirklichkeit liegt es aber in meiner eigenen Verantwortung, ob es mir gut geht oder schlecht. Ich selbst habe dafür zu sorgen, dass das Unternehmen, in dem ich arbeite, so ist, dass ich mich darin gut fühlen kann – niemand anders wird mich erretten.

Leider sehen wir in der betrieblichen Praxis oft genau das Gegenteil: Viele Vorgesetzte dominieren Besprechungen, produzieren Lösungsansätze am laufenden Band, treffen alle Entscheidungen selbst und schauen ihren Leuten regelmäßig zur Kontrolle über die Schulter. Sie halten damit ihre Mitarbeiter wirksam davon ab, Verantwortung für ihre Aufgaben wahrzunehmen.

Krisenprävention durch Kommunikation

Wenn wir Führungsverantwortung haben, müssen wir mit den Menschen um uns herum reden können, egal, welchen Beruf sie ausüben und welche Stellung sie in der betrieblichen Hierarchie einnehmen. Wir müssen die Fähigkeit haben, uns verständlich zu machen und unser Gegenüber zu verstehen. Das sind große Aufgaben, die nicht einfach wahrzunehmen sind.

Wenn wir kommunizieren, dann teilen wir uns einander mit. Wie aber geschieht das im Einzelnen? Übermitteln wir »Informationen« oder gar »Wissen«, wenn wir kommunizieren? Dies legen jedenfalls Begriffe wie »Informationstechnik«, »Informationsgesellschaft«, »Wissensmanagement« usw. nahe. Leider tauschen wir aber keine Informationen aus, sondern nur *Nachrichten*. Unser Gegenüber macht sich daraus seine eigenen Informationen, ob wir wollen oder nicht. Missverständnisse sind vorprogrammiert. Verstehen ist also in der Tat unwahrscheinlich! Aus dieser Erkenntnis resultiert, dass wir uns alle Mühe geben sollten, wenn wir verstanden werden wollen.

Wenn ich andere Menschen von einer Idee oder einem Projekt überzeugen möchte, dann stellen sich zwei Kardinalfragen:

1. Bin ich selbst von der Sache überzeugt? Merke: *Nur was mich selbst erglüht, kann andere entzünden!*
2. Was kann ich tun, um gehört, verstanden und als überzeugend wahrgenommen zu werden? Merke: *Nur wenn ich die anderen dort abhole, wo sie gerade stehen, kann ich sie mitnehmen!*

Kommunikation ist gelungen und Gespräche werden produktiv, wenn ich dem Gegenüber *respektvoll* gegenübertrete. Das heißt z. B.,

- den Gesprächspartner so zu akzeptieren, wie er ist, ihn also nicht verändern zu wollen,
- echtes Interesse an dem Gesprächspartner zu haben (auch an Menschen, über die wir uns aufregen, haben wir ja auf diese negative Weise Interesse),
- das Gegenüber nicht verächtlich oder herablassend zu behandeln,
- die Äußerungen des Gegenübers nicht zu bewerten (wer eine Frage stellt, sollte die Antwort nicht bewerten, z. B. »richtig« oder »Sie wollen damit doch bloß deutlich machen, dass ...«),
- auf »Augenhöhe« miteinander zu reden, sich also weder groß noch klein zu machen und
- den Gesprächspartner nicht »über den Tisch ziehen zu wollen« (auf Manipulationstechniken bewusst verzichten!).

4.1.4 Führungsverhalten in der Krise

Soweit zur Krisen*prävention* durch Führung. Wenn ich als Führungskraft die eben beschriebenen Tugenden schon immer beherzigt und sie mit meinen Mitarbeitern als geübte Praxis tagtäglich gelebt habe, bin ich auf kommende Krisen gut vorbereitet.

Genauso wenig, wie sich Führungskräfte vor der Übernahme von Verantwortung drücken dürfen, sollten sie beim Eintreten von Notfällen oder Krisen nicht so tun, als ob sie die Probleme allein lösen können. In der Tat sollten sie die Führung für alle sichtbar übernehmen und den Prozess der Krisenbewältigung *anführen*, dann aber gemeinsam mit ihrem Team und Experten mögliche Lösungen konkret und schnell in Angriff nehmen.

Dabei sind zuvor entwickelte Vorgehensmodelle und Notfall- und Krisenpläne zwar unverzichtbar. Für die Führung ist aber entscheidend, welche Haltung Führungskraft und Mitarbeiter haben und wie sie Mut, klares Denken, Verantwortung und Einsatzbereitschaft zeigen.

Beispiel Führung im Ausbruchmanagement

Schauen wir uns anhand der Teilschritte des Ausbruchmanagements (vgl. KRINKO, 2002) einmal an, wie das Management eines Ausbruchs im Krankenhaus unter Berücksichtigung der Führungsperspektive durch die Krankenhausleitung vonstattengehen gehen sollte:

Feststellung eines Ausbruchs

Management: Wird ein Ausbruch durch multiresistente Erreger von dem Hygieniker oder der Hygienefachkraft vor Ort festgestellt, so benachrichtigen diese im Idealfall selbstständig den Hygienebeauftragten gemäß Hygieneplan, veranlassen die erforderlichen Untersuchungen und protokollieren die Ereignisse.

Führung: Wenn die Mitarbeiter bereits vor Eintreten der Krise in der täglichen Zusammenarbeit Vertrauen und Übernahme von Verantwortung verinnerlicht haben und stets aktuell geschult worden sind, verlaufen die Prozesse gemäß Hygieneplan.

- Führung bedeutet in dieser Phase:
- Informationen einholen,
- Richtung vorgeben,
- die richtigen Fragen stellen.

Beurteilung der Situation

Management: Die Führungskraft lässt sich von den Hygieneexperten über deren Beurteilung der Situation informieren und entscheidet dann über die Einberufung des Ausbruchmanagement-Teams. Sie wägt zusammen mit den Hygieneexperten die Folgen des Ausbruchs ab und entscheidet über Maßnahmen zur Begrenzung des Schadensausmaßes.

Führung: Die *Handlungsfähigkeit* der Mitarbeiter ist bei Vorliegen eines Notfalls von der Führungskraft umgehend sicherzustellen. Dazu gehört auch die schnelle Bereitstellung von genügend Personal (notfalls Aushilfen, Leiharbeitskräfte, Honorarkräfte usw.) und sächlichen Ressourcen. Die Mitarbeiter müssen aufgrund ihrer Befähigung umgehend Maßnahmen ergreifen. Dabei gibt die Führungskraft die Richtung vor.

Die *Entscheidungsfähigkeit* auch der nachgeordneten Führungsebenen muss sichergestellt werden, denn die Krankenhausleitung verfügt weder über den notwendigen Hygienesachverstand noch kann sie alle erforderlichen Schritte des Ausbruchmanagements im Detail selbst steuern. Sie kann nur wiederum die Richtung vorgeben und sich Schlüsselentscheidungen vorbehalten. Das heißt, es muss den Mitarbeitern die Sicherheit gegeben werden, dass sie ermächtigt und fähig sind, vor Ort über die erforderlichen Maßnahmen selbst zu entscheiden. Es gilt, sie zu ermutigen, Verantwortung zu übernehmen.

Einberufung des Ausbruchmanagement-Teams

Management: Das Ausbruchmanagement-Team prüft die bisher vorliegenden Befunde und führt eine vorläufige Gefährdungsbeurteilung durch. Liegt tatsächlich ein Ausbruch vor, so wird das Gesundheitsamt gemäß IfSG benachrichtigt und ein Vertreter der Gesundheitsbehörde wird in den weiteren Verlauf des Ausbruchmanagements einbezogen.

Führung: Die Führungskraft leitet das Ausbruchmanagement-Team. Sie beschränkt sich dabei möglichst auf die Vorgabe der Richtung und moderiert das Gespräch. Auch hier kommt es darauf an, nicht alles zu wissen, sondern die richtigen Fragen zu stellen. In dieser Phase zeigt sich insbesondere die Fähigkeit der Führungskraft, die Gesprächsführung respektvoll und auf Augenhöhe, unabhängig von Profession oder Stellung der Gesprächspartner zu übernehmen.

Die Führungskraft trifft klare Entscheidungen, nachdem sie die Sichtweisen der Experten eingeholt hat. Gemeinsam mit den entsprechenden Experten wird die Öffentlichkeitsarbeit konzeptioniert und vorbereitet.

Gespräche mit Ämtern und Behörden übernimmt die Führungskraft. Die Öffentlichkeitsarbeit wird an einer dafür kompetenten Stelle im Ausbruchmanagement-Team verankert (mit einer Stimme sprechen) und mit dem Gesundheitsamt abgestimmt. Die Art und Weise der an die Öffentlichkeit gegebenen Informationen bestimmt die Führungskraft. Es empfiehlt sich eine offene und kooperative Öffentlichkeitsarbeit, die kontinuierlich über den Stand der gesicherten Erkenntnisse informiert.

Festlegung von Interventionsmaßnahmen zur Gefahrenabwehr

Management: Auf der Basis der Gefährdungsanalyse und der festgestellten Hygienemängel werden Sofortmaßnahmen zur Verhinderung der Weiterverbreitung des Erregers festgelegt. Das Personal wird entsprechend unterwiesen, es werden ggf. spezielle Desinfektionsmaßnahmen getroffen, ggf. werden Patienten isoliert oder Abteilungen geschlossen.

Führung: Die von den Hygieneexperten vorgeschlagenen Maßnahmen werden im Ausbruchmanagement-Team besprochen. Die Führungskraft entscheidet dann über deren Durchführung. Dabei werden die Zuständigkeiten für die Maßnahmen verbindlich festgelegt. Die Führungskraft achtet darauf, dass hierbei *Verantwortung* übernommen und nicht nur Aufgaben delegiert werden. Das wiederum lässt sich erreichen, wenn schon vor Eintreten der Krise verantwortlich miteinander umgegangen wurde und wenn unter den Beschäftigten Vertrauen und Commitment zum Unternehmen herrschen (▶ Kap. 4.1.3).

Über den Fortschritt der Maßnahmendurchführung wird der Führungskraft laufend Bericht erstattet. Diese entscheidet – unter Umständen unter Hinzuziehung des Sachverstands von Mitarbeitern und Experten – zügig und klar über das weitere Vorgehen.

Ursachenfindung, kontinuierliche Verbesserung und Surveillance

Management: Nachdem Sofortmaßnahmen zur Gefahrenabwehr eingeleitet sind, geht es um die nachhaltige Verbesserung der hygienischen Zustände und Prozesse, z. B. um die Überprüfung von Handlungsabläufen und deren eventuelle Modifizierung. Das Ausbruchmanagement-Team setzt Interventionsmaßnahmen zur Ausschaltung von Infektionserregern und Übertragungswegen in Kraft und beobachtet, wie sich das Infektionsgeschehen daraufhin entwickelt.

Führung: Die Führungskraft entscheidet aufgrund der Befunde und der weiteren Infektionsentwicklung über die Durchführung von weiteren Interventionsmaßnahmen. Die operativen Schritte werden den Experten und den qualifizierten Mitarbeitern überlassen.

Abschluss des Ausbruchmanagements, absichernde Maßnahmen und Evaluation

Management: Wenn keine Gefährdungen durch den Ausbruch mehr festgestellt werden, erklärt die Führungskraft das Ende des Ausbruchs in Abstimmung mit dem Gesundheitsamt.

Führung: Das Ausbruchmanagement-Team analysiert abschließend das Ereignis und die Managementprozesse. Dabei wird anhand von bereits im Hygieneplan festgelegten Erfolgskriterien überprüft, welche Präventionsmaßnahmen sich bewährt haben und welche modifiziert werden müssen. Auch der Führungs- und Managementprozess selbst wird im Hygieneteam evaluiert.

An dem Beispiel »Ausbruchmanagement« sollte deutlich geworden sein, dass Führen in komplexen, zeitkritischen Situationen vor allem darin besteht, die Gesamtverantwortung für die Krisenbewältigung zu übernehmen, Richtungsentscheidungen zu treffen und den Mitarbeitern Orientierung zu geben. Gleichzeitig sollte den Mitarbeitern aber die Verantwortung für die notwendigen Analysen und Einzelmaßnahmen gelassen werden. Dies kann natürlich nur dann funktionieren, wenn die Mitarbeiter fähig und bereit sind, diese Verantwortung selbst zu übernehmen. Die wirklich wichtige Führungsarbeit muss also vor Eintreten von Krisen in der tagtäglichen Zusammenarbeit geleistet und in der Unternehmenskultur spürbar werden (▶ Kap. 4.1.3).

»Führen mit Auftrag« auch in Krankenhäusern

Gerade bei Notfällen müssen Mitarbeiter vor Ort schnell entscheiden und handeln, ohne auf Anweisungen vom Chef zu warten. Dies können sie tun, wenn ihnen die *Intention* der Führung klar ist. In komplexen Situationen – diese sind in Notfällen und Krisen im Krankenhaus allemal gegeben – können hierarchieübergreifende verbindende Werte diese Klärung, gewährleisten.

Hier lohnt es sich, das Konzept der Inneren Führung der Bundeswehr und damit das Prinzip »Führen mit Auftrag« zu betrachten (vgl. Bundeswehr, 2014). Unter dem Eindruck wachsender Anforderungen an die Soldaten im Auslandseinsatz hat die Bundeswehr den »Koblenzer Ethikcheck« entwickelt (vgl. Elßner, 2011), mit dem die Soldaten im Einsatz sehr schnell und einfach die Konformität ihrer Handlungsalternativen mit den Werten der Bundeswehr abprüfen können.

Zugrunde gelegt werden 5 Prüfkriterien (nach Pagano, 1987):

1. Legalitätsprüfung
   a) Für jeden Einsatz gibt es die Rules of Engagement. Diese werden als Taschenkarte an die Soldaten verteilt.
   b) Es kann damit schnell geprüft werden, ob eine Handlung grundsätzlich von den Einsatzregeln gedeckt ist.
   c) Auch die übergeordnete Befehlsebene muss darauf achten, dass die Befehle durch die Rules of Engagement gedeckt sind.
   d) Daraus folgt wiederum das Vertrauen der Soldaten der untergeordneten Ebene, dass sie auf die Befehle vertrauen können.
2. Feuer der Öffentlichkeit
   a) Heute kann jede Handlung mit Foto und Video dokumentiert und zu unbestimmtem Zeitpunkt weltweit verbreitet werden.
   b) Kriterium: Würdest du als Soldat so reden oder handeln, wenn dir die Weltöffentlichkeit dabei per Live-Übertragung zuhören und zuschauen könnte?
3. Wahrhaftigkeitstest
   a) Kriterium: Würde ich meiner Frau und meinem Kind sagen können, was ich getan oder unterlassen habe? Was würde mein Sohn oder meine Tochter zu meinen Handlungen sagen?
   b) Habe ich mich in der konkreten Situation um eine wirklich angemessene Situationsbewältigung bemüht?
   c) Kann ich später guten Gewissens in den Spiegel schauen?
4. Goldene Regel: Kriterium: Möchtest du das, was du anderen antun willst, auch an dir selbst erfahren? Die Goldene Regel ist schon im Matthäusevangelium enthalten und ist Bestandteil der großen Weltreligionen.
5. Kategorischer Imperativ: Immanuel Kant: »Handle nur nach derjenigen Maxime, durch die du zugleich wollen kannst, dass sie ein allgemeines Gesetz werde.«
   a) Kriterium: Besitzen meine persönlichen Motive, denen ich zum Erreichen eines Ziels folge, die Voraussetzungen, dass sie zu einem allgemeinen Gesetz werden könnten?
   b) Wenn ich für mein Handeln einen Ausnahmestatus in Anspruch nehme, verstoße ich gegen den Kategorischen Imperativ.

Wahrscheinlich wäre es spannend, den »Koblenzer Ethikcheck« einmal auf die Entscheidungssituationen im Falle eines Erreger-Ausbruchs anzuwenden.

4.1.5 Qualifizierung von Führungskräften in Krankenhäusern

Immer mehr Krankenhäuser legen heute Wert darauf, dass ihre Leitungskräfte nicht nur gute Fachkenntnisse vorweisen können und für das Management des Klinikgeschehens geeignet sind, zunehmend wichtiger wird auch, dass sie ihre Mitarbeiter und Teams effektiv führen können: Vorgesetzte sollen zu Führungskräften werden.

Führungskräfteentwicklung in Krankenhäusern ist aufwändig und braucht zielgruppengenaue Settings für jede Leitungsebene:

- Dabei setzt sich zunehmend die Auffassung durch, dass Führung nicht durch herkömmliche Schulungen vermittelt werden kann, denn hier geht es ja an erster Stelle um Verhalten und Haltung.
- Angesichts allgegenwärtiger Personalknappheit will es sich außerdem kaum ein Krankenhaus mehr leisten, die wertvollen Mitarbeiter in tagelangen Schulungen verschwinden zu sehen.
- In Krankenhäusern gibt es das Problem der »lateralen Führung« (Führung ohne Disziplinarverantwortung) mehr als anderswo. Darauf muss die Fortbildung von Führungskräften besonders abgestimmt werden.

Aus diesen und ähnlichen Gründen entstehen zunehmend neue Formen der Führungskräfteentwicklung, die auf die Verhältnisse in Krankenhäusern abgestimmt sind und den Führungskräften der verschiedenen Leitungsebenen maßgeschneiderte Seminarkonzepte bieten. Eine besonders effiziente Form der Fortbildung ist das Blended Learning: Präsenz-Workshops wechseln sich mit Selbstlernphasen, Aufgabenbearbeitung, Coaching und Kollegialer Beratung ab. Dabei verfügen die Teilnehmer über ein Optimum an Flexibilität und können z. B. in begleiteten Lernphasen »on-the-job« neue Führungstechniken erproben. In mehreren Zyklen werden Kompetenzen trainiert, die Führungskräfte im Krankenhaus in ihrem Tagesgeschäft benötigen (siehe z. B. www.professore.de/seminare).

Moderne Fortbildungskonzepte umfassen

- Führungskräfte-Assessments und Development-Center, in denen der individuelle Entwicklungsbedarf der Führungskräfte erfasst wird,
- Auftakt- und Abschlussveranstaltungen für die einzelnen Fortbildungscluster mit kulturbildender Wirkung und damit großem Einfluss auf die Nachhaltigkeit des Programms,
- nach Leitungsebenen differenzierte Lernmodule für jeweils folgende Gruppen:
  - Krankenhausleitung,
  - Leitende Ärzte und Abteilungsleitung Pflege,
  - Stationsärzte, Stationsleitungen, Leitungen Tagesförderung, Funktionsdienste, Fachtherapeutische Dienste, Sozialdienste usw. sowie
  - gesonderte Programme für Nachwuchs-Führungskräfte,
- inhaltliche Schwerpunkte, z. B. »Die Führungskraft als Coach und Personalentwickler« oder »Innovationsmanagement« oder »Unternehmensführung«,
- strukturelle Schwerpunkte, z. B. Train-the-Trainer-Ausbildungen, mit denen erfahrene Führungskräfte befähigt werden, Nachwuchs-Führungskräfte zu coachen und für neue Führungsaufgaben fit zu machen,
- Verbindungen zur Personal- und Organisationsentwicklung und zum Change Management, über die professionell an der Struktur- und der Kulturbildung des Krankenhauses gearbeitet werden kann.

Literatur

ärzteblatt.de: Uniklinik Mannheim sieht sich nach Hygieneskandal wieder auf gutem Weg,

05.12.2016 http://www.aerzteblatt.de/nachrichten/71817/Uniklinik-Mannheim-sieht-sich-nach-Hygieneskandal-wieder-auf-gutem-Weg, zuletzt angezeigt am 22.01.2017

Axelrod, R. (2005) Die Evolution der Kooperation, München

Armstrong, M. (2003) Human Resource Management Practice, 9th edition, London and Sterling

Bandura, A. (1997) Self-efficiacy: The exercise of controll, New York

Baron, J. N., Kreps, D. M. (1999) Strategic Human Resources, Framework for General Managers, Danvers

Beck, H.-C., Singer, C. (Hrsg.) (2011) Entscheiden, Führen, Verantworten. Soldat sein im 21. Jahrhundert, Berlin

Bremische Bürgerschaft (2012) Bericht des Untersuchungsausschusses Aufklärung der Umstände der Infektionswelle und der Todesfälle von frühgeborenen Kindern auf der neonatologischen Intensivstation im Klinikum Bremen Mitte sowie der damit in Zusammenhang stehenden mutmaßlichen Missachtung von Vorschriften der Krankenhaushygiene, der Nichtbeachtung von Meldevorschriften sowie struktureller, personeller und organisatorischer Mängel hinsichtlich der Einhaltung von Hygienevorschriften und Notwendigkeiten und Möglichkeiten von Verbesserungen in diesem Bereich, Drucksache 18/677 vom 29.11.2012

Führungsakademie der Bundeswehr (2014) Auftragstaktik in der modernen militärischen Operationsführung. Ausprägung, Historie und Kritik – Ergebniszusammenfassung der Strategischen Analysen des Lehrgangs Generalstabs-/Admiralstabsdienst National 2012, Hamburg, im Juli 2014

Elßner, T. (2011) Praxisorientierte Ethikausbildung in den deutschen Streitkräften, in: Beck/Singer (Hrsg.) Entscheiden, Führen, Verantworten. Soldat sein im 21. Jahrhundert, S. 84 ff.

Fokus (2012) Nach Tod eines Frühchens – Berliner Charité räumt Hygiene-Mängel ein, Focus 24.10.2012, 10:28 http://www.focus.de/familie/news/berliner-charite-raeumt-hygiene-maengel-ein-nach-tod-eines-fruehchens_id_2276457.html zuletzt angezeigt am 22.01.2017

Gallup-Engagement-Index 2015 http://www.gallup.de/file/190028/Praesentation%20zum%20Gallup%20Engagement%20Index%20 2015.pdf zuletzt angezeigt am 22.01.2017

Gührs, M., Nowak, C. (2002): Das konstruktive Gespräch, 5. Aufl., Verlag Limmer

Herriot, P., Hirsh, W., Riley, P. (1998) Trust and Transition: Managing the employment relationship, Wiley Chichester 1998

Gesetz zur Verhütung und Bekämpfung von Infektionskrankheiten beim Menschen (Infektionsschutzgesetz - IfSG) (2000, 2016), Ausfertigungsdatum: 20.07.2000, letzte Änderung 2016

Institute of Personnel and Development (1994) People make the difference, London 1994

Kommission für Krankenhaushygiene und Infektionsprävention beim Robert Koch-Institut: Ausbruchmanagement und strukturiertes Vorgehen bei gehäuftem Auftreten nosokomialer Infektionen (KRINKO) (2002) Bundesgesundheitsblatt Gesundheitsforschung – Gesundheitsschutz 2002/45:180-186, Springer-

Kommission für Krankenhaushygiene und Infektionsprävention: Personelle und organisatorische Voraussetzungen zur Prävention nosokomialer Infektionen (KRINKO) (2009) Bundesgesundheitsblatt 2009/52:951-962, Springer-

Leventhal, G. S. (1980) What should be done with equity theory? in: Social Exchange: Advances in theory and research, ed G K Gergen, M S Greenberg and R H Willis, Plenum, New York 1980

Pagano, A. M. (1987) Criteria for Ethical Decision Making in Managerial Situations. A Paper presented at the Academy of Management Meetings, New Orleans

Rieck, Ch. (2008) Spieltheorie, Rieck Verlag, Eschborn

Spiegel Online: Dreckiges OP-Besteck in Mannheim. »Es ist das pure Chaos«, Spielgel Online 01.06.2015 http://www.spiegel.de/lebenundlernen/job/uni-klinik-mannheim-op-stopp-wegen-hygieneskandal-a-1036538.html zuletzt angezeigt am 22.01.2017

Sprenger, R.K. (1994) Das Prinzip Selbstverantwortung, Campus 1994

Süddeutsche Zeitung: 30 Tote nach Keimbefall, Süddeutsche Zeitung, Panorama, 07. Juni 2012 http://www.sueddeutsche.de/panorama/2.220/uniklinikum-leipzig-tote-nach-keimbefall-1.1375910 zuletzt angezeigt am 26.01.2017

Tyler, T. R., Blies, R. J. (1990) Beyond formal procedures: the interpersonal context of procedural justice, in: Applied Social Psychology and Organizational Settings, ed JS Carrol, Lawrence Erlbaum, Hilldale, NJ

tz München: Hygienealarm an zwei Münchner Kliniken, tz 05.10.2011 https://www.tz.de/muenchen/stadt/hygiene-alarm-zwei-muenchner-kliniken-1434078.html zuletzt angezeigt am 22.01.2017

Universitätsklinikum Leipzig: KPC-Ausbruchsgeschehen erfolgreich beendet, Pressemitteilung vom 24.06.2013

Universitätsklinikum Leipzig: Neues Zentrum für Infektionsmedizin am UKL vereint Wissen und Können zum Nutzen der Patienten, Zentrum für Infekionsmedizin (ZINF) 2016 http://www.uniklinikum-leipzig.de/r-ratgeber.html?tipp_id=591

Völker, U. (Hrsg.) (1980) Humanistische Psychologie, Weinheim

Die Welt: Kieler Keim-Skandal – Uniklinik erwägt den Bau von Containerdorf, 28.01.2015, https://www.welt.de/regionales/hamburg/article136870560/Uniklinik-erwaegt-den-Bau-von-Containerdorf.html zuletzt angezeigt am 22.01.2017

4.2 Führungsorganisation in der Krise

Peter Gretenkort

4.2.1 Einleitung

Komplexe Krisensituationen erfordern angemessene Reaktionen, und die Bündelung vieler handelnder Personen in komplexen Situationen verlangt eine entscheidungsfähige Führung. Komplexität drückt sich für die Protagonisten in Kriterien aus, wie sie für das Handeln in medizinischen Notfallsituationen angegeben werden. Hierzu zählen die Unbestimmtheit und Ungewissheit der Lage, mehrere parallel zu bewältigende Aufgaben, kurzfristige Veränderungen in der Zielsetzung sowie zeitlich enge Staffelung der anfallenden Aufgaben (Xiao et al., 1996).

Diese Kriterien treffen auf die Arbeitsbedingungen einer Krankenhauseinsatzleitung zu, vor allem in der Initialphase einer krisenhaften Situation. In dieser Phase besteht ein erhebliches Missverhältnis zwischen der Menge der zu bewältigenden Aufgaben und den verfügbaren Kräften (Gretenkort, 2009). Der Initialphase kommt eine überragende Bedeutung für die Strukturierung der weiteren Abläufe bis zur endgültigen Bewältigung der Lage zu. Die Erfolgsaussicht einer Krankenhaus-Einsatzleitung misst sich daher vor allem daran, wie gut die Fokussierung auf die Ausgangssituation einer Krise gelingt.

In diesem Sinne soll im Folgenden versucht werden, anhand des exemplarischen Vergleichs verschiedener Führungskonzepte die Anforderungen an die Krankenhauseinsatzleitung vor allem in der Initialphase einer Krisensituation zu beschreiben.

4.2.2 Reale Führungsmodelle

Modell »Bayern«

In Krisensituationen im Krankenhaus verspricht man sich traditionell eine kompetente Führung von den Führungskräften des Alltagsbetriebes. Ein solches Führungskonzept wurde exemplarisch vom Bayerischen Staatsministerium des Inneren formuliert (Bayrisches Staatsministerium des Inneren 2006). Nach den zwischenzeitlich aktualisierten »Hinweisen für das Anlegen von Krankenhausalarm- und Einsatzplänen« soll eine eindeutige Führungsstruktur aufgebaut werden, die sich aus sachkundigen, entscheidungs- und weisungsbefugten Krankenhausmitarbeitern zusammensetzt und alle Maßnahmen des Krankenhauses leitet. Die Krankenhauseinsatzleitung besteht in diesem Konzept aus der Ärztlichen Leitung, der Verwaltungsleitung, der Pflegedienstleitung, der Technischen Leitung sowie Unterstützungskräften. Die Mitglieder der Krankenhauseinsatzleitung und der Standort der

Krankenhauseinsatzleitung sollten vorbestimmt und den Einsatzdiensten bekannt sein. Standort (auch ein Ausweichstandort), Erreichbarkeit, Aufbau- und Ablauforganisation der Krankenhauseinsatzleitung sollten vorbereitet und erprobt sein. Die Zuständigkeiten des täglichen Routinebetriebs sollten möglichst nicht geändert werden.

Zwei weitere Funktionen werden für das Funktionieren einer solchen Einsatzleitung für wichtig erachtet und in den »Hinweisen« beschrieben. Ein Mitarbeiter »aus der Mitte der Krankenhauseinsatzleitung« soll als »Beauftragter für Gefahrenlagen« für die Aufstellung und Umsetzung des Krankenhausalarm- und Einsatzplanes wie auch für laufende Aktualisierungen zuständig sein.

Die zweite Funktion ist der sogenannte »Krankenhausentscheidungsträger«, der außerhalb der normalen Dienstzeiten bis zum Eintreffen der Krankenhauseinsatzleitung für die ersten notwendigen Maßnahmen zuständig ist. Dazu gehört die Entscheidung über die Alarmierung von zusätzlichem Personal sowie Art und Umfang der Alarmierung.

Mit der Benennung eines vorübergehenden Vertreters der Krankenhauseinsatzleitung wird ein Schwachpunkt dieses Konzeptes deutlich. Offenbar ist den Alarmplanern bewusst, dass sich kritische Situationen typischerweise außerhalb der Regelarbeitszeit, mithin in Abwesenheit der originär benannten und eingeplanten Führungskräfte ereignen. Mit dem halbherzigen Vorsatz, dieses Problem zu lösen und eine »Führung ohne Führung« zu definieren, gelangte man zur Empfehlung, »z. B. diensthabende Oberärzte« als vermeintlich geeignete Vertretungspersonen einzusetzen.

Der Krankenhausentscheidungsträger soll im Algorithmus der »Hinweise« nach Lageeinschätzung die Verstärkung der betroffenen Fachabteilungen und Funktionsbereiche vornehmen und die Krankenhauseinsatzleitung alarmieren. Die Bewältigung dieser Aufgabe setzt sowohl Erfahrungen in der Lageeinschätzung einerseits als auch differenzierte Kenntnisse des Krankenhausalarm- und Einsatzplanes voraus. Die Einweisung der in Frage kommenden Personen ist Grundvoraussetzung, insbesondere unter Berücksichtigung von personeller Fluktuation innerhalb der in Frage kommenden Dienstgruppe. Während alle anderen Führungskräfte ad personam benannt sein sollen und insofern bei Einweisungen und Übungen persönlich einbezogen werden können, wird die Funktion des Krankenhausentscheidungsträgers je nach Dienstplan von verschiedenen Personen ausgefüllt, deren Einweisung und Einbindung in Übungen lückenhaft oder unmöglich ist.

Modell »Niedersachsen«

Das niedersächsische Muster eines Krankenhausalarm- und Einsatzplanes entstand 2008 in der Zusammenarbeit von Ministerien, Krankenhäusern, Ärztekammer und Hilfsorganisation (Schenk, 2008). In diesem Modell steht der Leiter der Krankenhauseinsatzleitung ebenfalls bereits vorab fest. Die Krankenhauseinsatzleitung (KEL) soll im Notfall klar umrissene Leitungskompetenzen haben und die Abläufe im internen Krisenmanagement koordinieren sowie die Kooperation mit der externen Einsatzleitung regeln. Die Krankenhauseinsatzleitung ist auch für die Aufstellung des Alarm- und Einsatzplanes verantwortlich. Wie im bayerischen Modell kann ein »Beauftragter für Gefahrenlagen« mit der kontinuierlichen Arbeit am Konzept beauftragt werden.

Im Einsatz ist eine stabsmäßige Gliederung nach den Sachgebieten S1 bis S6 (Personal, Lage, Einsatz, Versorgung, Öffentlichkeitsarbeit, Kommunikation) vorgesehen. Für die Leitung der Sachgebiete werden die Abteilungsleiter des Klinikbetriebes (Leiter Personalabteilung, Leiter Einkauf etc.) vorgesehen, lediglich beim Sachgebiet »Einsatz« wird ein im Klinikalltag nicht definierter »Leitender Arzt für die medizinische Versorgung« vorgeschlagen, der möglichst über die

Qualifikation zum Leitenden Notarzt verfügen soll. Die Struktur der KEL wird den Gegebenheiten und dem Leistungsprofil des Krankenhauses angepasst. Standort und Ausweichstandort, Erreichbarkeit, Aufbau- und Ablauforganisation der KEL sollen vorbereitet und erprobt sein. Die Aufgabenzuweisung, die Struktur innerhalb des Stabes mit der Bestimmung des Leiters, der Aufteilung der Stäbe (S 1 bis S 6) sowie der Berater werden vorab festgelegt.

Außerhalb der Regeldienstzeit soll die KEL zunächst durch einen »Ärztlichen Leiter vom Dienst« vertreten werden, der möglichst über die Kompetenz eines notfallmedizinisch erfahrenen Facharztes verfügen soll. Dieser soll den regulären Einsatzleiter der KEL so lange vertreten, bis dieser die Leitung übernehmen kann. Er ist bis zur Übergabe an den Einsatzleiter der KEL gegenüber allen Mitarbeitern weisungsbefugt und übt das Hausrecht aus.

Im Unterschied zum bayerischen Modell werden sowohl für den »vorläufigen Einsatzleiter« als auch für den Leiter des zentralen Sachgebietes »Einsatz« in der endgültigen KEL ausdrücklich notfallmedizinische Qualifikationen gefordert. Hier kommen zwei wichtige Sachverhalte zum Ausdruck:

1) Krisenhafte Situationen im Krankenhaus sind im Kern medizinische Problemstellungen, bei denen notfallmedizinische Maßnahmen und Strategien zum Einsatz kommen;
2) Notfallmedizinische Erfahrung von Führungskräften begünstigt sowohl die interne organisatorisch-taktische Kommunikation als auch eine erfolgreiche Schnittstellenkommunikation mit Feuerwehr, Rettungsdienst und Polizei.

Führung nach der FwDV 100 und Modell »Hessen«

Die bundeseinheitliche Feuerwehr-Dienstvorschrift 100 »Führung und Leitung im Einsatz« (FwDV 100) beschreibt ein Führungssystem unter den Aspekten von Führungsorganisation, Führungsvorgang und Führungsmitteln (Ausschuss für Feuerwehrangelegenheiten 1999). Je nach Ausmaß des Schadensereignisses bzw. der Gefahrenlage wird mit diesem System ein kontinuierlicher Aufbau der Feuerwehr-Führungsorganisation ermöglicht.

Die Führungsgrundsätze der FwDV 100 bestehen in der Abstimmung von Aufgaben, Befugnissen und Mitteln, der Abgrenzung der Aufgabenbereiche, der Festlegung von Unterstellungsverhältnis und Weisungsrecht sowie der Gewährleistung der Zusammenarbeit mit anderen, nicht unterstellten Kräften und Stellen. Feuerwehren sind im Alltag bei kleinen und großen Einsatzlagen mit diesen Führungsprinzipien vielfach geübt und vertraut. Positionen innerhalb der Führungsorganisation ergeben sich aus der dienstlichen Zuordnung. Hierarchie, Aufgaben und Befugnisse liegen in gewissen Grenzen fest.

Die FwDV 100 kennt für überschaubare, alltägliche Lagen auch ein »Führen ohne Führungseinheit«. Ab einer bestimmten Art und Größe des Einsatzes ist aber der Einsatzleiter auch mit Unterstützung durch eine Führungseinheit (Melder, Fahrer) nicht mehr in der Lage, die Aufgaben allein wahrzunehmen. Die Einsatzleitung wird dann nach der klassischen, stabsmäßigen Aufgabenteilung vorgenommen. Im Kern des operativ-taktischen Konzepts steht unterhalb des Einsatzleiters die stabsmäßige Aufgabenteilung in die Sachgebiete S1 (Personal/Innerer Dienst), S2 (Lage), S3 (Einsatz), S4 (Versorgung) sowie bedarfsweise die Sachgebiete S5 (Presse- und Medienarbeit) sowie S6 (Informations- und Kommunikationswesen). Die Stäbe werden ergänzt um Fachberater und Verbindungspersonen.

Im Krankenhauseinsatzplan (KHEP) das Landes Hessen wird auf die FwDV 100 ausdrücklich Bezug genommen (Hessisches Sozialministerium, 2007). Der KHEP wurde als Erlass des Hessischen Sozialministeriums im Jahre 2007 zum Musterplan für die hessischen Krankenhäuser. Im Aufbaumodell einer Krankenhauseinsatzleitung werden darin die Aufgaben der Einsatzleitung wie in der FwDV 100 den stabsmäßig angelegten Sachgebieten S1 bis S6 zugeordnet, und es wird auf die lageabhängige Modifikation dieser Führungsstruktur verwiesen. Als wesentliches Argument für die Zugrundelegung der FwDV 100 gilt, dass sie auch im Bereich des Katastrophenschutzes angewendet wird. Auf diese Weise wird versucht, in der Krise die Organisationsstrukturen von Krankenhaus und externen Kooperationspartnern einander anzugleichen.

Anders als im bayerischen und niedersächsischen Modell ist außerhalb der Regelarbeitszeit kein »Krankenhausentscheidungsträger« definiert. Der Alarmierungsablauf der KHEL umfasst auf der Alarmstufe 1 den »Krankenhauseinsatzleiter oder Vertreter, die Rufbereitschaft Technischer Dienst, den Brandschutzbeauftragten oder die Verwaltungsleitung oder die Leitung Haustechnik oder Vertretung, die diensthabenden Oberärzte/Ärzte der betroffenen Klinik, die diensthabenden Oberärzte/Ärzte der benachbarten Bereiche sowie die Hauptnachtwache Pflegedienst« (in dieser Reihenfolge). Die Auslösung der Alarmstufe 2 »Alarmierung weiterer Führungskräfte und Mitarbeiter« wird bei Bedarf von einer dieser Personen in Abstimmung mit der Einsatzleitung der Feuerwehr veranlasst. Für die verschiedenen Aufgabenbereiche (KHEL, Unternehmensleitung, Ärztlicher Dienst, Verwaltungsdienst, Haustechnik, Pflegedienst) werden Checklisten beschrieben. Diese werden ausnahmslos mit dem Satz eingeleitet: »Sind die Maßnahmen (z. B. Personalgestellung, Materialbeschaffung) durch eigenes Personal nicht zeitnah umzusetzen, so ist frühzeitig bei der externen Einsatzleitung (Polizei, Feuerwehr etc.) Hilfe anzufordern ...« (Hessisches Sozialministerium, 2007).

Die Übertragung von Führungsgrundsätzen und Stabskonzept auf eine Krankenhauseinsatzleitung klingt zunächst plausibel. In der Praxis sind jedoch diverse Schwierigkeiten zu erwarten. Führungskräfte im Krankenhaus sind mit Stabsarbeit nicht vertraut, wie auch insgesamt die Hierarchien im Krankenhausalltag differieren; die Kommunikation zwischen Führungsstab und Mitarbeitern ist in der Regel nicht geübt; der Zeitbedarf bis zur Einrichtung der KHEL und zur Besetzung der verschiedenen Funktionen im Stab ist je nach Tageszeit unterschiedlich, anders als bei der Feuerwehr; Raumbedarf und Kommunikationsmittel (Führungsmittel) müssen bedacht und vorbereitet sein. Der systematische Hinweis, »frühzeitig« externe Hilfe anzufordern, dokumentiert die bestehenden Zweifel an einer »zeitnah« herstellbaren Autarkie des KHEL-Konzeptes und vermittelt zugleich die trügerische Sicherheit, es sei bei Bedarf Hilfe von außen zu erwarten. Dabei verfügen weder Feuerwehr noch Polizei in der Aufbauphase ihrer eigenen Führungsstruktur über eine Personalreserve.

Hospital Incident Command System

Ein Konzept der Krankenhauseinsatzleitung, welches seine Organisationsstruktur ausdrücklich von der administrativen Struktur des Krankenhauses abgrenzt, ist das amerikanische Hospital Incident Command System (HICS): »The HICS organization structure frequently does not correlate to the daily administrative structure of the hospital« (California Emergency Medical Services Authority, 2014). Weiterentwickelt seit 1991 und inzwischen zur fünften Ausgabe gereift, wird es in vielen Krankenhäusern der USA und auch zunehmend international als Grundlage der Krankenhausalarm- und Einsatzplanung verwendet. Es handelt sich um ein Konzept mit großer Detailtiefe, einem hohen Grad an Vereinheitlichung der Funktionen und Begriffe sowie einem ganzheitlichen Anspruch, indem es Anleitungen von Planungsvorbereitung über Einsatzabwicklung bis hin zur abschließenden Demobilisation für vielfältigste Szenarien gibt. Zugleich gibt es auch Empfehlungen für die nachhaltige Einführung und Implementation des Konzeptes.

HICS ist ein ablauforganisatorisches Konzept mit stabsmäßiger Gliederung und eindeutiger Kommunikationsstruktur. Für jede Führungsposition in HICS werden je nach zeitlicher Verfügbarkeit mehrere mögliche Personen aus der Routinehierarchie des Krankenhauses vorgesehen, wobei die Festlegung der personellen Alternativen in jedem Haus getroffen werden muss. Die Implementierung des Systems beginnt mit der Übernahme der Einsatzleitung durch eine der geeigneten anwesenden Personen sowie der nachfolgenden Aufteilung der Zuständigkeitsbereiche an nachgeordnete anwesende Funktionsträger. Die Funktionen werden in Auftragsblättern differenziert beschrieben, welche nach drei Einsatzphasen (0-2 Stunden, 2-12 Stunden, > 12 Stunden) sowie der Phase der Demobilisierung (Recovery) gegliedert sind. Der Fokus der Aufgaben wird dabei je nach Zeitabschnitt unterschiedlich gelegt.

Trotz der Ausführlichkeit und Differenziertheit, die unter anderem in der Vielfalt der bearbeiteten Szenarien zum Ausdruck kommt, wird ausdrücklich darauf hingewiesen, dass das Modell sorgfältig an die Besonderheiten der jeweiligen Klinik angepasst werden muss. Von großer didaktischer Bedeutung ist die Art und Weise der Anleitungen zur Einsatzvorbereitung (»Incident Planning Guide«). Anhand von plastischen Szenarien werden nicht etwa Vorgaben und Empfehlungen abgegeben. Vielmehr werden differenzierte Fragen an den Leser gerichtet, die den lokalen Stand der strukturellen und organisatorischen Vorbereitung adressieren. Um eine spezifische Alarmplanung festzuschreiben, müssen diese Fragen zunächst selbstkritisch diskutiert und beantwortet werden, was die Nachhaltigkeit der Implementierung gegenüber einem reinen »Abschreiben von Vorgaben« drastisch steigert. Zum Erreichen von Kompetenz und adäquatem Leistungsniveau werden Ausbildung und wiederholtes Training vorausgesetzt.

»Krefelder Modell«

Das »Krefelder Modell« wurde ursprünglich als probatorische Variante eines Führungskonzeptes im Rahmen einer ausgedehnten Realübung in einem Klinikum der Maximalversorgung im Jahre 1998 konzipiert (Gretenkort, 1999). Ausgearbeitete Vorlagen standen damals nur in begrenztem Umfang zur Verfügung. Noch während der Übungsvorbereitung, welche in intensiver Zusammenarbeit mit der Feuerwehr vorgenommen wurde, stellte sich das Konzept für beide Seiten als sinnvoll und praktikabel heraus, so dass das Modell über die Phase der Übung hinaus festgeschrieben wurde (Gretenkort, 2001, 2002).

Im »Krefelder Modell« besteht die Klinikeinsatzleitung aus drei Funktionen. Für den ärztlichen Klinikeinsatzleiter wurde der Begriff Koordinierender Arzt (Ko-Arzt) geprägt. Die neudefinierte Klinikeinsatzleitung wird vervollständigt durch eine Koordinierende Pflegedienstleitung (Ko-PDL) sowie einen Koordinierenden Technischen Leiter (Ko-Technik). Alle drei Funktionen werden aus Gruppen mehrerer durch gemeinsame Projektarbeit vorbereiteter Mitarbeiter besetzt und sind vom Alarmierungsablauf so strukturiert, dass sie zu allen Zeiten bereits in der frühesten Einsatzphase aus dem Bereitschaftsdienst heraus vor Ort ausgefüllt werden können. Inhalte und Abläufe der Zusammenarbeit im Einsatzfall werden im Rahmen der Projektarbeitsgruppe kontinuierlich gemeinsam erarbeitet und mit Feuerwehr und Polizeibehörde abgestimmt. Die Koordinierende Klinikeinsatzleitung (Ko-KlinEL) hat interne Weisungsbefugnis und bleibt im Bereich operativ-taktischer Leitungsaufgaben auch in späteren Einsatzphasen zuständig.

Bei einem internen Notfall ist das Zusammentreffen von Ko-KlinEL und dem Einsatzleiter der Feuerwehr am Einsatzleitwagen bereits zum Zeitpunkt des Eintreffens der Feuerwehr vorgesehen, während eine konventionell zusammengesetzte Krankenhauseinsatzleitung sich bei einer sich ausdehnenden Lage im Hintergrund auf die Übernahme strategisch-administrativer Aufgaben vorbereitet. Diese Aufteilung erleichtert auch erheblich eine niederschwellige Alarmierung der Ko-KlinEL bereits im Verdachts- oder Übungsfall mit dem Ergebnis einer regelmäßigen gemeinsamen Einsatzerfahrung von Ko-KlinEL und Einsatzleitung von Feuerwehr und Polizei.

»Leitfaden Krankenhaus-Alarmplanung«

Das höchst verdienstvolle deutschsprachige Referenzwerk zur Krankenhaus-Alarmplanung ist der »Leitfaden« (Cwojdzinski, 2008), herausgegeben 2009 vom Bundesamt für Bevölkerungsschutz und Katastrophenhilfe (vergriffen). Sehr systematisch werden darin alle wesentlichen Aufgabenbereiche aufgearbeitet. Zum Thema Krankenhauseinsatzleitung wird ausdrücklich betont, dass Entscheidungen »ab den ersten Minuten« erforderlich sind. Nachdem sich aber hier die Krankenhauseinsatzleitung nach konventionellem Muster aus Führungspersönlichkeiten des Krankenhauses unter der Gesamtverantwortung des Ärztlichen Leiters des Krankenhauses zusammensetzt, benötigt auch der Leitfaden zur Erreichung dieses Zieles einen »Krankenhausentscheidungsträger«, der hier Koordinierender Einsatzleiter (KoEL) genannt wird, »in der Regel der 1. Chirurg vom Dienst«. Die Ähnlichkeit der Terminologie (»Ko-«) zum »Krefelder Modell« darf aber nicht den Blick darauf verstellen, dass der KoEL im »Leitfaden« nach Etablierung der vollständigen Krankenhauseinsatzleitung seine Leitungsfunktion an den Einsatzleiter übergibt und danach nur noch das Bindeglied zwischen der etablierten Einsatzleitung und dem Einsatzgeschehen darstellt und Lageentscheidungen der Krankenhauseinsatzleitung an die Basis übermittelt. Eine autarke Zuständigkeit und Weisungsbefugnis im operativ-taktischen Bereich besteht – anders als im Krefelder Modell – nicht fort.

Auch im Leitfaden wird der Wert einer interdisziplinären Arbeitsgruppe Krankenhausalarmplanung als dauerhafte Aufgabe betont.

4.2.3 Aspekte und Kriterien

Die vorgestellte (unvollständige) Liste an Beispielen zeigt die Unterschiedlichkeit von Konzepten zur Krankenhauseinsatzleitung. An den Stärken und Schwächen im Vergleich dieser Konzepte lassen sich die objektiven Anforderungen darstellen. Es bilden sich dabei drei zentrale Aspekte heraus:

1. Wer soll die Führung »ab den ersten Minuten« in der Initialphase einer kritischen Einsatzlage in die Hand nehmen?
2. Ist es sinnvoll, die Führungsfunktionen des Klinikalltags auch in Alarmsituationen beizubehalten, oder ist eine alternative Führungsstruktur besser geeignet?
3. Welche Voraussetzungen müssen für Planung und Implementation eines funktionierenden Krankenhauseinsatzkonzeptes gegeben sein?

Zuständigkeit in der Initialphase

Während die Konzeption einer vielköpfigen Einsatzleitung mit verteilten Aufgaben vergleichsweise einfach erscheint, ist es umso schwieriger, die Überbrückung der Initialphase einer Krisenlage bis zur Funktionsfähigkeit dieser Krankenhauseinsatzleitung zu definieren. Bis in die jüngste Vergangenheit gab es in diesem Zusammenhang bedenklichen Alarmplan-»Blüten«. So war beispielsweise bei einer deutschen Universitätsklinik zu lesen: »Bis zum Eintreffen der ersten Mitglieder der Einsatzleitung übernimmt der diensthabende Arzt der chirurgischen Notaufnahme oder im Falle dessen Abwesenheit der diensthabende Oberarzt der Unfallchirurgie die Aufgaben des Einsatzleiters.« Man ahnt, dass mit hoher Wahrscheinlichkeit weder der originär gemeinte dienstliche Funktionsträger noch sein Vertreter auf die Übernahme dieser wichtigen Aufgabe gefasst sein würden und eine rasche Abstimmung der vorgesehenen Vertretungsregelung nicht gelingen würde, zumindest nicht ohne dezidierte weitere Vorgaben und Kenntlichmachung. Eine andere Universitätsklinik legte sich in noch allgemeinerer Weise fest: »Bis zum Eintreffen der Klinikeinsatzleitung übernimmt derjenige Oberarzt die Einsatzleitung, der sich als Erster in der Notaufnahme als verfügbar meldet.« Hier wird Beliebigkeit zum Prinzip genau dort, wo es um die Sicherheit von Patienten und Mitarbeitern oder um hohe Sachwerte bis hin zur existenziellen Gefährdung des Betriebes geht. Die Fehler, die potenziell unter einer solchen Ersatz-Einsatzleitung gemacht werden, sind später auch von der besten Klinikeinsatzleitung womöglich nicht aufzuholen.

Es muss daher die Alarmplanung darauf ausgerichtet sein, bereits in der absoluten Frühphase einer Krisensituation eine kompetente und weisungsbefugte Führung verfügbar zu machen. Insbesondere außerhalb von Regelarbeitszeiten kann die Konstituierung einer komplexen Klinikeinsatzleitung zu viel Zeit in Anspruch nehmen, um frühzeitig steuernd in die sich entwickelnde Lage eingreifen zu können. Eine überbrückende Führung darf keinesfalls eine Alibilösung sein. Vielmehr müssen in dieser Führung die elementaren Aufgaben der Krankenhauseinsatzleitung abgebildet sein, namentlich Lageeinschätzung, genaue Kenntnis des Alarmplanes, Kommunikation nach intern und extern sowie umfassende notfallmedizinische Erfahrung. Diese Anforderungen kommen in den verschiedenen vorgestellten Modellen in unterschiedlichem Maß zum Ausdruck. Damit eine Führung funktionieren kann, müssen geeignete Führungsmittel (Kommunikationsmittel, Planunterlagen, Dokumentationsmaterial) zur Verfügung stehen, und die Weisungsbefugnis der Einsatzleitung muss für alle Beteiligten zweifelsfrei kenntlich sein.

Routineorganisation vs. alternatives Führungskonzept

Aus den oben formulierten Anforderungen an die Führung in der Initialphase leitet sich zwanglos ab, dass die Führungskräfte des Klinikalltags ohne gezielte Vorbereitung von den zu bewältigenden Aufgaben überfordert sein werden. Hinzu kommt das praktische Problem, dass zu einem größeren Teil des Tages mit deren Abwesenheit und Nicht-Erreichbarkeit gerechnet werden muss. Es ist daher plausibel, wenn im HICS – im Gegensatz zu anderen Modellen - betont wird, dass die Führung nach diesem Konzept nicht mit den administrativen Funktionen des Alltags korreliert. Im HICS wird davon ausgegangen, dass für definierte Leitungsaufgaben jeweils mehrere verschiedene Personen in Frage kommen, von denen die bestgeeignete diejenige ist, die gerade zum gegebenen Zeitpunkt zur Verfügung steht. Selbstverständlich spielen die beruflichen Erfahrungen aus dem Alltag (Ortskenntnis, Einblick in die technische Infrastruktur, Vertrautheit mit den Mitarbeitern, Bekanntschaft mit Führungskräften von Polizei und Feuerwehr) eine Rolle. Die verschiedenen Mitglieder einer Krankenhauseinsatzleitung bringen sich aus ihrer jeweiligen beruflichen Perspektive ein (medizinische Sichtweise, logistische Aspekte etc.), so dass Entscheidungen der Einsatzleitung auf einem gemeinsamen Informationspool aufbauen können. Für die Initialphase erscheint eine unmittelbar (aus dem Bereitschaftsdienst heraus) verfügbare, aus mehreren Professionen zusammengesetzte und gut vorbereitete Einsatzleitung sinnvoll, die nicht deckungsgleich mit Managementpositionen des Klinikalltags sein muss bzw. sein kann.

Planung und Implementation

In mehreren der vorgestellten Modelle wird ein »Beauftragter für Gefahrenlagen« oder Katastrophenschutzbeauftragter gefordert, der für die Aufstellung und Umsetzung des Krankenhausalarm- und Einsatzplanes wie auch für laufende Aktualisierungen zuständig ist. So sehr ein solcher »Kümmerer« wichtig ist, so sehr besteht die Gefahr, dass er mit seinen Aufgaben allein gelassen wird und nur bedingte Unterstützung von all denen bekommt, die im Klinikalltag bereits mit ihren ureigenen Dienstaufgaben ausgelastet sind. Unerlässliche Grundlage für die Implementation eines Klinikalarmplanes ist eine verbindliche Verpflichtungserklärung der Klinikleitung zur Unterstützung des Alarmplan-Projektes in einer gemeinsamen Kultur der Notfallvorsorge (vgl. HICS). Hierzu gehört ebenfalls die Bereitschaft für Konzeptentwicklung, Einweisungen und Übungen gemeinsam mit den Gefahrenabwehrbehörden. Die Kommunikation nach intern und extern muss sorgfältig geplant werden. Und schließlich muss jedes Haus bereit sein, seine Alarmplanung an die ganz individuellen lokalen Bedingungen anzupassen.

4.2.4 Praxistipps

Bei der Formulierung eines Krankenhausalarmplanes darf man sich nicht auf die Übertragbarkeit eines vorgegebenen Konzeptes verlassen. Lokale Strukturen sind immer verschieden und müssen bei der Erprobung von Führungskonzepten berücksichtigt werden.

Sofern noch keine etablierte Alarmplanung existiert oder wenn Verbesserungsmöglichkeiten vermutet werden können, kann am ehesten eine Realübung gemeinsam mit den Gefahrenabwehrbehörden zur Aufdeckung von Stärken und Schwächen bestehender Konzepte beitragen.

Alarmplan- oder Einsatzleitungsprojekte sollten nicht ohne verbindliche Unterstützung der Klinikleitung und immer gemeinsam mit den Gefahrenabwehrbehörden durchgeführt werden.

Der Fokus auf die Initialphase ist von größter Bedeutung. Darüber hinaus muss eine Planung für verschiedene denkbare Szenarien erfolgen und in Planungsunterlagen und Auftragsblättern hinterlegt werden.

4.2.5 Zusammenfassung

Anhand einer exemplarischen Auswahl verschiedener Führungskonzepte wurden die Probleme der Etablierung von Führungsstrukturen für außergewöhnliche Einsatzlagen im Krankenhaus vorgestellt. Entscheidend erscheint dabei die Fokussierung auf die Initialphase. Die komplexen Aufgaben und Probleme können nur nach ausgiebiger Vorbereitung der Führungskräfte gelöst werden. Managementfunktionen des Klinikalltags sind nicht automatisch geeignet, um in einer Krisensituation zeitgerecht die richtigen Entscheidungen treffen zu können.

Literatur

Ausschuss für Feuerwehrangelegenheiten (1999). Feuerwehr-Dienstvorschrift 100 – Führung und Leitung im Einsatz. (http://www.idf.nrw.de/service/downloads/pdf/fwdv100.pdf, Zugriff am 20.9.2016)

Bayerisches Staatsministerium des Inneren (2006). Hinweise für das Anlegen von Krankenhausalarm- und Einsatzplänen, Stand 04/2006 (erstmals erstellt 12/1997). (http://www.dgkm.org/files/downloads/krankenhaus_notfallplanung/Bayerisches_Staatsministerium_des_Innern__Hinweise_fuer_das_Anlegen_von_Krankenhaus-Alarm-_und_Einsatzplaenen.pdf, Zugriff am 20.9.2016).

California Emergency Medical Services Authority (2014). Hospital Incident Command System

Guidebook 5th Edition. (http://www.emsa.ca.gov/media/default/HICS/HICS_Guidebook_2014_10.pdf, Zugriff am 20.9.2016).

Cwojdzinski, D. (Hrsg.) (2008). Leitfaden Krankenhausalarmplanung. Berlin, Grimm (vergriffen)

Gretenkort, P., Thomas, P., Pache, B., Rheinfelder, W., Harke, H. (1999). Zeit- und Personalbedarf für die Gesamtevakuierung eines Klinikgebäudes: Übungskonzeption und Ergebnisse. Der Notarzt 15:67-73.

Gretenkort, P., Harke, H. (2001). Ärztliche Leitungsfunktion bei einer innerklinischen Gefahrenlage. Anästhesiologie und Intensivmedizin 42:170-5.

Gretenkort, P., Harke, H., Blazejak, J., Pache, B., Leledakis, G. (2002): Interface between hospital and fire authorities – a concept for management of incidents in hospitals. Prehospital and Disaster Medicine 17(1):42-47.

Gretenkort, P. (2009): Die Rolle der Krankenhauseinsatzleitung in Krisensituationen. Der Notarzt 25:194-199.

Hessisches Sozialministerium (2007). Krankenhaus-Einsatzplan für interne und externe Gefahrenlagen. (https://innen.hessen.de/sites/default/files/media/hmdis/sp_ab_5_plan_3_khep_hessen_2007.pdf, Zugriff am 20.9.2016).

Schenk, H.D. (2008). Krankenhaus-Alarm- und -Einsatzplan (KAEP), Niedersächsisches Muster. (https://www.aekn.de/fileadmin/media/Downloadcenter/Infos-fuer-Klinik–Praxis/KAEP.pdf, Zugriff am 20.9.2016).

Xiao, Y., Hunter, W.A., Mackenzie, C.F. et al. (1996): Task complexity in emergency medical care and its implications for team coordination. LOTAS Group. Level One Trauma Anesthesia Simulation. Human Factors 38:636–645.

4.3 Der Faktor Mensch: Psychologische Grundlagen des Notfall- und Krisenmanagements

Gesine Hofinger

Dieses Kapitel beschreibt psychologische Anforderungen an Notfall- und Krisenmanagement im Krankenhaus sowie Phänomene, mit denen bei Betroffenen und im Krisenmanagement gerechnet werden kann.

diese Ereignisse, ihre Verursachung und die für ihre Bewältigung nötigen Maßnahmen und Ressourcen sind, lassen sich doch immer wiederkehrende Anforderungen an die Handelnden beschreiben.

4.3.1 Einleitung

Krankenhäuser müssen sich auf eine Vielzahl intern und extern verursachter Ereignisse vorbereiten. Die Spanne reicht von beherrschbaren, lokal begrenzten Ereignissen (z. B. Zimmerbrand ohne Verletze) bis hin zu eskalierenden, hochdynamischen Lagen (z. B. Pandemie, Terroranschlag am oder im Krankenhaus). Dabei kann je nach Fallkonstellation der Normalbetrieb eingeschränkt oder unmöglich sein, die Infrastruktur des Krankenhauses betroffen, eigenes Personal verletzt oder krank sein. So unterschiedlich

4.3.2 Notfall – Krise

Hilfreich für die Planung der Bewältigung von Ereignissen ist die Unterscheidung zwischen »Notfall« und »Krise«, da diese unterschiedliche Zielsetzungen, Vorbereitungen und Ressourcen verlangen.

»Notfall« ist ein Zustand, der einem identifizierbaren auslösenden Ereignis folgt und dringend Handeln erfordert, da sonst Schaden eintritt bzw. vergrößert wird. Ein Notfall ereignet sich an einem bestimmten (abgrenzbaren) Ort zu einer bestimmten (endlichen) Zeit. Er ist ein Ereignis außerhalb des »Tagesgeschäfts«, kann aber mit den zur Verfügung stehenden Mitteln der Organisation bewältigt werden (Hofinger/Horn, 2002). In Notfällen steht schnelle Reaktion zur Vermeidung (weiteren) Schadens und der Erhalt der Handlungsfähigkeit im Vordergrund (so auch Diepenseifen et al., 2014). Anzumerken ist, dass es keine übergreifende, einheitliche Begriffsdefinition gibt: in der Literatur wie in der Praxis sind die Grenzen zwischen Notfall und Krise (und Katastrophe und Desaster) fließend.

Relevant für Krankenhäuser ist an dieser Definition, dass man Notfällen recht gut *planend* begegnen kann. Gute Notfallpläne enthalten Handlungsanweisungen und Checklisten, die grundsätzliche Tatsachen regeln, aber den Handelnden Entscheidungsfreiheit in besonderen, dynamischen Situationen lassen. Dazu ist es nötig, *Handlungen* vorauszudenken, *Ressourcen* bereitzustellen, die im Notfall schnell aktiviert werden können, sowie im Notfall benötigte *Informationen* im Voraus zur Verfügung zu stellen. Notfallplanung hilft also, die Handlungsfähigkeit in einem Ereignisfall zu erhalten, um Schaden abzuwenden oder zu minimieren. Dies setzt voraus, dass die nötigen Handlungsweisen gut geübt sind (Hofinger, 2014). Gute Krankenhausalarm- und Einsatzplanung ist nicht trivial: So müssen einerseits komplexe Vorbereitungen standardisiert werden und andererseits sollten die Ansätze und Vorgaben pragmatisch und leicht verständlich bleiben (Diepenseifen et al., 2014).

> **Praxistipp**
>
> Der Nutzen der Notfallplanung liegt in schneller Reaktionsfähigkeit und im Erhalt der Handlungsfähigkeit. Ein Notfallplan unterstützt die Handelnden durch vorgegebenen Handlungen, Informationen und Ressourcen und lässt dabei Spielraum für dynamische Situationen.

Eine Krise ist ein Ereignis, das die Gesundheit oder das Leben von Personen beeinträchtigen oder die Existenz einer Organisation bedroht (so auch BSI, o.J.). Im Krankenhaus sind damit nicht medizinische Krisen eines Patienten gemeint, sondern übergreifende Ereignisse. Die Dauer einer Krise ist – anders als beim Notfall – nicht absehbar. Krisen sind aufgrund dieser Merkmale und des mit ihnen einhergehenden erhöhten Entscheidungsbedarfs nicht mit der normalen Aufbau- und Ablauforganisation bewältigbar. Meist ist externe Unterstützung (Feuerwehr, Polizei, Gesundheitsamt, andere Krankenhäuser u. a.) notwendig. Zur Krisenbewältigung werden häufig Stäbe einberufen (zu Grundlagen der Stabsarbeit siehe Hofinger/Heimann, 2016); im Krankenhaus ist dies die Krankenhauseinsatzleitung.

Psychologisch wichtige Merkmale von Krisen sind *Komplexität*, *Dynamik* und *Unbestimmtheit* sowie die Wichtigkeit der Lage aufgrund des (zu erwartenden) Schadens. Zentral ist nicht (schnelle) Handlungsfähigkeit wie im Notfall, sondern Aufrechterhaltung oder Wiedergewinnung der Entscheidungsfähigkeit. Diese Merkmale bedeuten, dass es keine detaillierte Planung geben kann, sondern die besondere Herausforderung das »Management des Unerwarteten« ist (vgl. Weick/Sutcliffe, 2001). Planung für Krisen bedeutet deshalb vorrangig, sich mit dem möglichen Eintreten solcher Ereignisse zu beschäftigen, Ressourcen zu stärken und generelle Führungs- und Entscheidungsfähigkeiten zu verbessern.

Alarm- und Einsatzplanung im Krankenhaus hilft also in Krisen fachlich nur begrenzt weiter. Aber sie hilft, auch für eskalierenden Ereignisse, für die es keine »Rezepte« gibt, eine gute Ausgangsposition zu haben (Fock et al., 2001), und damit Spielraum für Denken und Entscheiden in einer Krise. Zudem sind die Informationen, die im Notfallplan hinterlegt sind (z. B. Erreichbarkeiten), natürlich auch in Krisen relevant. Crichton et al. (2009) betonen, dass der Prozess des

Planens für Notfälle dazu führt, Aspekte wie »das Undenkbare denken«, »Risiken nicht unterschätzen«, »die anderen Akteure kennen und verstehen lernen« zu stärken – durch einen (fachlich-technischen) Planungsprozess werden also psychologische Aspekte des Krisenmanagements »mitbehandelt«.

4.3.3 Psychologische Herausforderungen des Krisenmanagements

Keine Krise ist wie die andere – diese Binsenweisheit stimmt natürlich auch im Krankenhausbereich. Ob ein Krankenhaus infrastrukturell selber betroffen ist von einem Ereignis, ob personelle und materielle Ressourcen verfügbar bleiben, ob eine Bedrohungslage länger anhält, ob das Personal selber betroffen ist und viele weitere Fragen mehr: Das hat Einfluss nicht nur auf die inhaltliche Krisenbewältigung, sondern auch auf die psychologischen Dimensionen der Krise für Betroffene und Handelnde. Ein Busunfall, der dazu führt, dass ein Kreiskrankenhaus ein Dutzend Schwerverletzte aufnehmen muss, ist auch psychologisch etwas anderes als eine Explosion im Krankenhaus, die zu Toten und Verletzten und zum Ausfall der Infrastruktur führt.

Krisen sind also immer anders, trotzdem gibt es typische psychologische Herausforderungen, die bei Krisen in verschiedenen Ereignisarten und Branchen immer wieder zu beobachten sind (z. B. Dörner, 1989; Hofinger/Zinke, 2014, Hofinger, 2013).

Keine Vorbereitung – »Kann uns nicht passieren«

Damit Krankenhäuser aber im Katastrophenfall ihre Aufgaben wahrnehmen können, also unter erschwerten Bedingungen funktionsfähig bleiben können, müssen sie Zeit und Energie aufwenden für Risikoanalyse, Vorbereitung von Maßnahmen, Regelungen für den Einsatzfall, Ausbildung und Übung (siehe auch BMI, 2016). Warum unterbleiben diese Planungen so oft?

Natürlich ist die Ressourcenlage in allen Häusern angespannt (und Kosten für die vorgeschriebenen Planungen werden nicht erstattet). Um Zeit und Geld prioritär dem Thema zuzuordnen, braucht es einen deutlichen Impuls seitens der Leitungsebenen. Sonst fällt die Beschäftigung mit eventuell auftretenden zukünftigen Problemen – trotz gesetzlicher Vorschriften zur Krankenhausalarmplanung – immer dem Druck der zahlreichen aktuellen Probleme zum Opfer.

Die Beschäftigung mit all dem, was nicht nur schiefgehen kann, sondern richtig schlimm wäre, ist für die meisten Menschen unangenehm. Auch in Krankenhäusern scheitert eine angemessene Alarm- und Einsatzplanung, gute Notfallplanung und Vorbereitung auf Krisen häufig an psychologischen Faktoren (vgl. Schauwecker et al. 2003): Es fehlt immer noch an Bewusstsein für die Notwendigkeit dieser Planungen, weil Risiken unterschätzt werden. Der Zeitaufwand ist anfangs (wenn es noch keine Pläne gibt und nicht geübt wurde) hoch. Man produziert Kosten ohne direkt messbaren Nutzen (solange nichts passiert). Zudem fehlt es in Krankenhäusern häufig an Expertise für Notfall- und Krisenmanagement. Andererseits ist das Personal hoch erfahren im Management von unerwarteten (kleineren) Ereignissen, von Personalengpässen und Ressourcenmangel, im Umgang mit menschlichem Leid und Schmerz und arbeitet häufig hoch motiviert hart an der eigenen Belastungsgrenze. Das mag dazu führen, dass Verantwortliche glauben, ihre Mitarbeitenden könnten auch größere Ereignisse ohne gesonderte Vorbereitung stemmen.

Neben ungenügender oder nicht vorhandener Planung ist das Fehlen von Übungen die zweite Schwachstelle der Vorbereitung. Der beste (Notfall-)Plan nützt nichts, wenn die Verantwortlichen ihn nicht umsetzen können. Schulungen zu den Inhalten und Übungen oder Trainings für die Handlungskompetenzen sind deshalb für alle, die im Ereignisfall eingesetzt werden, unabdingbar. Natürlich sind Art und Umfang des Übens an die Aufgaben im Ereignisfall anzupassen. Grundlagen des Notfallmanagements müssen allen Mitarbeitenden vertraut sein (z. B. Notruftelefonnummern, Brandbekämpfungsmaßnahmen, Evakuierungskonzepte für die eigene Station). Verantwortliche im Krisenmanagement sollten, z. B. mit Stabsrahmenübungen, die Bewältigung komplexer Führungsaufgaben, strukturiertes Entscheiden und andere Krisenmanagementkompetenzen üben. Für Übungen trifft das oben Gesagte allerdings ebenso zu – auch wo Planung stattfindet, wird selten umfassend und regelmäßig geübt.

Stress und Zeitdruck

Notfälle und Krisen setzen Menschen durch hohe Arbeitsbelastung, durch die Neuartigkeit der Situation, durch die Wichtigkeit (Gefährdung von Menschenleben), ggf. auch die akute eigene Bedrohung unter Stress. Ein spezifischer Stressor im Krankenhaus ist bei einem Massenanfall von Verletzten (MANV) der Umstieg von der Suche nach der optimalen Versorgung der Einzelnen zur notwendigsten Behandlung für viele Patienten zugleich. Darauf ist das ärztliche und pflegerische Personal nicht vorbereitet (so schon Schauwecker et al., 2003).

Zugleich ist schnelles Handeln gefragt. Stress entsteht aus einem Ungleichgewicht von Anforderungen bzw. Belastungen und Ressourcen (z. B. Kaluza, 2014), wie es in Krisen grundsätzlich gegeben ist – man hat ja keine schnelle und klare Lösung des Problems (und oft ist anfangs nicht einmal klar, was das Problem eigentlich ist).

Stress als Reaktion auf Überforderung hat Auswirkungen auf der körperlichen, emotionalen, kognitiven und Verhaltensebene.

Stress und Zeitdruck verringern die Fähigkeit zum Analysieren, Planen und Reflektieren – klares Denken braucht Zeit und Gelassenheit. Dazu kommt, dass Entscheidungen unter Stress unbewusst vorrangig dem (körperlichen und emotionalen) Selbstschutz dienen. Typische Stressphänomene, auch in Stäben, sind deshalb Aktionismus (»etwas tun, um etwas zu tun«) oder »Überdosierung« des Handelns, also massive Eingriffe, um Erfolge zu sehen (Dörner, 1989). Dadurch wird das Handeln unter Stress häufig aktionistisch, »hochdosiert«, oft aggressiv gefärbt).

Weitere für das Krisenmanagement relevante Merkmale des Handelns unter Stress können sein (Dörner, 1989; Kaluza, 2014; Hofinger/Zinke, 2014):

- Reaktion statt Aktion
- Einschränkung der Wahrnehmung
- Verringerte Konzentrationsfähigkeit
- Bevorzugung von Routinen und bisher erfolgreichen Strategien (»Methodismus«)
- Verminderung des kognitiven Aufwands, Tendenz zu »einfachen und schnellen« Lösungen
- veränderte Kommunikation: weniger Erklärung, weniger aktives Informieren Anderer
- Kompetenzschutz

Es wird sich nicht verhindern lassen, dass Notfälle und Krisen Stress bedeuten. Aber es lassen sich durch etliche organisatorische Maßnahmen im Vorfeld die akuten Belastungen senken (Künzer, 2016). Dazu gehört üben, üben und üben. Außerdem die oben erwähne Notfallplanung und mentale Befassung mit Krisen, adäquate Ressourcenausstattung der Krankenhauseinsatzleitung etc. Stress-Reduktion ist also nicht allein eine individuelle Anforderung, sondern eine organisationale Aufgabe des Krisenmanagements! Ein Beispiel: In Stäben, z. B. Krankenhauseinsatzleitungen, ist ein relevanter Stressor die Menge eingehender Informationen, die gesichtet, bewertet und zu einem

Gesamtbild der Situation zusammengefügt werden müssen. Vor allem in der Orientierungsphase einer Krisenlage läuft eine Vielzahl an Informationen in den Stab ein.

> **Praxistipp**
>
> Die Unterstützung der Krankenhauseinsatzleitung durch ein gut geschultes Assistenzteam, das u. a. Informationen sichtet, vorbewertet und aufbereitet, kann stressverringernd wirken.

Keine Rezepte – Handlungsunsicherheit

Krisen zeigen alle Merkmale komplexe Problemlagen (Dörner et al., 1983): Sie sind neuartig, haben viele interagierende Elemente, es gibt viele Akteure, häufig gibt es eine hohe Dynamik (der Schadenslage oder der medialen Lage), was zu Informationsüberflutung bei gleichzeitigem Informationsmangel führt. Die weitere Entwicklung ist anfangs unklar und damit ist der Erwartungshorizont diffus.

Entsprechend gibt es keine »Rezepte«. Krisen fordern problemlösendes Denken, das Setzen von Zielen, das Treffen strategischer Entscheidungen trotz Unsicherheit und anderes mehr. Dieser »Zwang zum Nachdenken« ist gerade unter Stressbedingungen problematisch: Menschen führen generell möglichst viele Handlungen ohne Nachdenken aus, rufen Routinen und Automatismen ab, um kognitive Ressourcen zu sparen. Nur wenn keine Routinen und keine Wenn-dann-Regeln in einer Situation anwendbar sind, wird problemlösendes Denken aktiviert (Rasmussen, 1983). Gerade unter Stress gibt es eine starke Tendenz, kognitive Ressourcen zu sparen, da ja schon eine Überforderungssituation vorhanden ist. Der Drang zu einfachen und schnellen Lösungen und die Anforderungen der Situation widersprechen sich also in hohem Maß – einer der Gründe, warum Menschen so schlecht mit komplexen Problemen umgehen können (vgl. Dörner, 1989).

Mit guter Planung sind Prozesse für einzelne Elemente eines Krisenereignisses bekannt und geübt (Alarmierung, Evakuierung, Prozesse der Stabsarbeit etc.). Dennoch muss mindestens in der Anfangsphase improvisiert werden. Diese »Chaosphase« (oder euphemistisch »Orientierungsphase«) kennen auch die Einsatzorganisationen. Diese versuchen immer, möglichst schnell zum strukturierten Abarbeiten einer inhaltlich offenen Lage zu kommen, z. B. durch die Routinen der Stabsarbeit. Es wird so bei den Arbeitsprozessen Handlungssicherheit (wieder-)gewonnen und damit ein entlastender Rahmen für Problemlösen und Entscheiden.

> **Praxistipp**
>
> Handlungsunsicherheit in Krisen ist vor allem am Anfang normal. Mit guter Planung und Übung können aber die Prozesse des Krisenmanagements, insbesondere Stabsarbeit und Informationsflüsse, strukturiert und routiniert ablaufen. Damit wird ein entlastender Rahmen für die eigentliche Lösung der Probleme geschaffen.

»Kompetenzschutzrationalität«

Wenn ein Ereignis nicht eintritt, das man bislang (für die eigene Einrichtung) für unmöglich gehalten hatte, reagieren überforderte Menschen manchmal mit Nicht-wahrhaben-Wollen. Dies wird vereinfacht, wenn eine Krise nicht mit einem »selbstmeldenden Ereignis« beginnt, wie einem großen Unfall, einem Brand oder ähnlichem: Wenn Probleme sich schrittweise aufschaukeln bis zur offensichtlichen Eskalation, ist es psychologisch relativ einfach, das Problem lange Zeit nicht wahrhaben zu wollen, vor allem auf den

Führungsebenen. Ob es sich dabei um immer wieder gemeldete Hygienemängel handelt, um stetig ansteigende Überlastanzeigen des Personals, um zunehmende wirtschaftliche Schwierigkeiten: Es gibt viele »immunisierende« Strategien, die Symptome wegzuerklären (Dörner, 1989), um kein Problem zu »haben«. Behandelnde im Krankenhaus kennen solches Verhalten von manchen Patienten, aber es lässt sich auch in Organisationen finden, von Unternehmen bis zur Politik und natürlich auch in Krankenhäusern.

Erst wenn das Problem nicht mehr weggeredet werden kann, wird es in Angriff genommen und das dann gerne mit »operativer Hektik«: Es wird etwas getan, um sich und der Welt zu zeigen, dass man handlungsfähig ist. Solches Ad-hoc-Handeln dient mehr der Selbstentlastung und dem Schutz des eigenen Kompetenzgefühls als der Problemlösung. Von außen betrachtet, wirkt das irrational, aber dahinter steht eine Psycho-Logik des Selbstschutzes (St. Pierre/Hofinger, 2014): Krisen haben das Potenzial für psychologischen Kontrollverlust. »Kontrolle« bedeutet in der Psychologie, die Umwelt so beeinflussen zu können, dass die eigenen Bedürfnisse erfüllt werden können; vereinfacht: mit Erfolg handlungsfähig zu sein. Die Aufrechterhaltung von Kontrolle ist für Menschen ein Grundbedürfnis. Das Gefühl, etwas bewirken zu können (Kompetenzgefühl), ist Voraussetzung, um überhaupt zu handeln. Menschen haben deshalb ein starkes Motiv, ihr Kompetenzgefühl zu schützen und so ihre Handlungsfähigkeit aufrechtzuerhalten. Die Gefährdung des Kompetenzgefühls und der (drohende) Verlust von Handlungssicherheit werden als Anspannung, Unsicherheit, Angst oder Hilflosigkeit wahrgenommen. Die innere Logik des Handelns verändert sich von »Sachrationalität« zu »Kompetenzschutz-Rationalität« (Strohschneider, 2003). Das führt dazu, dass ein Mensch unbewusst mit dem Ziel der Wiedererlangung von Kontrolle und damit des Kompetenzgefühls handelt.

Veränderte Führungsanforderungen

Krisen fordern nicht zuletzt durch die Vielzahl von Akteuren und Aufgaben eine veränderte Führungsstruktur. Die fachliche Führung, z. B. durch Fachkompetenz und Erfahrung im ärztlichen Bereich, tritt in den Hintergrund. Dafür werden Prozessführung, Koordination, strukturiertes Entscheiden und Öffentlichkeitsarbeit relevanter.

Führungspersonen im Krankenhaus, insbesondere aus den behandelnden Bereichen, haben aber oft eine Tendenz ins Operative, vor allem wenn Menschen in Not sind. Nicht umsonst müssen Leitende Notärzte und Notärztinnen lernen, »mit den Händen in der Tasche« Sichtung vorzunehmen bzw. »mit weißen Handschuhen in die Lage zu gehen und aus der Lage zu kommen«, damit sie den Kopf für Führungsaufgaben frei haben. Der Wunsch zu helfen, aber auch das Bedürfnis, etwas zu tun, führen dazu, dass Führung nicht ausgeübt wird und dadurch das Chaos vergrößert wird.

Bei der Bewältigung einer akuten Lage mit hohem operativen Anteil (also im klassischen Notfallmanagement) ist eine stark koordinierende, direktive Führung nötig, die darauf vertrauen können muss, dass die einzelnen Personen das fachliche Können zur Ausführung haben. In den Einsatzorganisationen wird dies durch einheitliche, klar strukturierte Ausbildung auch in den Notfallprozessen und eine direktive, »befehlsgebende« Führung sichergestellt. Für die Alarm- und Einsatzplanung von Krankenhäusern wird eine solche zentralisierte, eindeutige Führungsstruktur gefordert (z. B. Bayerisches Staatsministerium des Inneren, 2006: »Sowohl bei internen als auch bei externen Gefahrenlagen ist im Krankenhaus eine eindeutige Führungsstruktur aufzubauen, die sich aus weisungsbefugten Krankenhausmitarbeitern zusammensetzt und alle Maßnahmen des Krankenhauses leitet.«). Trotz des starken Hierarchiegradienten ist eine solche Führungsstruktur und -kultur in Krankenhäusern ungewohnt. Zudem gehen Bemühungen des organisationalen Lernens hin zu flacheren Hierarchien. In Notfällen sollen nun Krankenhausführungspersonen führen wie in einer Einsatzorganisation. Sie sind aber als Chefärztinnen, Verwaltungsdirektoren oder Stationsleitungen in dieser Form des Führens meist nicht ausgebildet, und auch die Mitarbeitenden sind es nicht gewohnt, einsatzmäßig geführt zu werden. Eine Krankenhauseinsatzleitung kann also in solchen Fällen nur erfolgreich arbeiten, wenn sich sowohl ihre Mitglieder als auch die ausführenden Stellen mit Führen und Leiten im Einsatz vertraut machen. Krankenhäuser müssen dabei nicht Feuerwehr oder Polizei nachahmen, aber ein klarer Wechsel von Alltagsführung zu definierten Formen der Führung im Notfall ist wichtig.

> **Praxistipp**
>
> Krankenhauseinsatzleitungen werden erfolgreicher arbeiten, wenn die vom Alltag abweichenden Führungsformen für Notfälle und Krise bekannt und geübt sind.

In Krisen wird Kommunikation und Information nach innen und außen zu einer weiteren zentralen Führungsanforderung, die unterstützt werden muss durch vorgeplante Kommunikationsmittel und Formulierungen sowie durch eine Kommunikationsabteilung, die nicht nur professionelle Öffentlichkeitsarbeit beherrscht, sondern auch für Krisenkommunikation geschult ist.

Interorganisationale Kooperation

Lagen, in denen die Krankenhauseinsatzleitung aufgerufen wird, werden fast immer nur im Zusammenspiel mit verschiedener externen Akteuren und Organisationen zu bewältigen sein. Damit an den Schnittstellen der Organisationen keine Reibungsverluste entstehen, sind effektive Kommunikation, Abstimmung und Informationsaustausch zwischen den Organisationen nötig. Interorganisationale Zusammenarbeit bedeutet, dass Organisationen, die je eigene Aufgaben, Strukturen und Rahmenbedingungen haben, eine Aufgabe gemeinsam bewältigen wollen oder müssen. Damit diese Zusammenarbeit gelingt, sind folgende Voraussetzungen nötig (vgl. zusammenfassend Hofinger et al., 2013):

- Gemeinsamer Zielbezug
- Kooperationsbereitschaft
- Kommunikation, insbesondere Informationsaustausch und ein gemeinsames mentales Modell
- Klare Rollen und Zuständigkeiten

In Katastrophenlagen findet die interorganisationale Zusammenarbeit unter besonderen Bedingungen statt: in einer komplexen, zeitkritischen Situation müssen Ad-hoc-Teams unter dem Einfluss unterschiedlicher Organisationskulturen interagieren. Trotz des gemeinsamen Oberziels einer optimalen Lagebewältigung gibt es meist unterschiedliche Ziele und Strategien der Organisationen. Zuständigkeiten müssen teils ausgehandelt werden und gemeinsame Planung (so vorhanden) muss ad hoc an die Lageentwicklung angepasst werden.

4.3.4 Verhalten Betroffener von Katastrophen und Krisen

Nicht nur das Personal von Krankenhäusern steht in Notfällen und Krisen vor besonderen Anforderungen. Die vom Ereignis Betroffenen, die nicht direkt zur Problemlösung beitragen können, zeigen andere Verhaltensweisen als im Normalfall. Solche Betroffene können z. B. eingelieferte Unfallopfer und ihre Angehörigen sein, Patienten des eigenen Hauses (z. B. bei einer Evakuierung), Angehörige des Personals etc.

Es hält sich in Medien und bei Verantwortlichen hartnäckig die Überzeugung, dass Menschen bei schrecklichen Ereignissen in Panik verfallen, irrational und egoistisch handeln und nicht beeinflussbar sind. Empirisch ist das Gegenteil der Fall, wie anhand hunderter von Ereignissen (von Unfällen bis zu Terrorlagen) gezeigt werden konnte (Überblick z. B. in Künzer, 2015). Insbesondere ist Panik von Menschenmengen ein extrem seltenes Phänomen. Was in den Medien als »Massenpanik« bezeichnet wird, sind häufig Überfüllungs-Situationen mit teils tödlichen Auswirkungen; es ist aber nicht »panisches« Verhalten von Menschenmengen, das zu diesen Situationen führt. »Panik« im Sinne übereilter, kopfloser Flucht ist in Gefahrensituationen allgemein nicht zu erwarten. Entgegen weit verbreiteter Annahmen verhalten Menschen sich im allgemeinem auch in Notlagen eher vernünftig, sind hilfsbereit und gut führbar Die soziale Bindung (social attachment) nimmt in Krisensituationen meist zu; große Hilfsbereitschaft und das Bilden »sozialer Identitäten« (Drury/Cocking, 2009) sind wahrscheinlich. Ein gemeinsames Schicksal führt zu einem Gefühl der Zusammengehörigkeit, d. h. Notsituationen bringen Menschen eher einander näher, als sie gegeneinander aufzubringen. Menschen kommen, wenn und weil sie in Gruppen sind, in Notfällen besser zurecht als allein.

Natürlich sind schwerwiegende Lagen im Krankenhaus auch für die Betroffenen Ausnahmesituationen. Mit Stressreaktionen ist also auch bei ihnen zu rechnen. Stress bedeutet meist eine hohe Handlungs- und Bewegungsbereitschaft, eingeschränkte Wahrnehmung und Informationsverarbeitung, ausgeprägtes Anschlussbedürfnis (Affiliation) und hohe Bereitschaft, sich führen zu lassen – aber auch der Wunsch nach und direktiverer Führung als im Normalfall. Dazu kommt, dass Menschen in Ausnahmesituationen verstärkt nach Informationen suchen, um die Situation einschätzen zu können. In vielen Gefahrensituationen fehlen subjektiv gesehen Informationen für eine gute Entscheidung. Dies ist auch dann der Fall, wenn Warnungen und Alarme nicht als relevant eingestuft werden oder nicht richtig verstanden werden. Dann kann es z. B. zu verzögerten Evakuierungen kommen. Das Verhalten anderer Personen kann als Information dienen, was z. B. dazu führt, sich den Anderen anzuschließen (»Herdentrieb«). Rechtzeitige, verständliche Information ist deshalb ein Schlüssel zur Beeinflussung von Menschen in schwierigen Lagen. Dabei sollte auch an die nicht unmittelbar Betroffenen gedacht werden: Wichtig ist z. B. auch bei externen Lagen, bei denen das Krankenhaus »nur« etliche zusätzlichen Patienten und Patientinnen versorgen muss, die Information der bereits im Krankenhaus befindlichen Patienten und Patientinnen, damit diese nicht besorgt sind und eigenmächtig Maßnahmen ergreifen oder die Abläufe stören (Schauwecker et al., 2003), z. B. sich selbst evakuieren, obwohl es nicht nötig wäre.

> **Praxistipp**
>
> Menschen in Ausnahmesituationen haben ein starkes Bedürfnis nach Information. Rechtzeitige, verständliche, ehrliche Information ist deshalb ein Schlüssel zur Beeinflussung von Menschen in schwierigen Lagen.

Für Krankenhäuser ist bei externen Ereignissen mit vielen Verletzen oder Erkrankten/Infizierten ein besonderes Phänomen relevant: die Selbsteinweisung durch Personen, die gesund, aber besorgt sind (»worried well«). Derartige Selbsteinweiser binden unverhältnismäßig viel Personal und sind zahlenmäßig schwer kalkulierbar (Diepenseifen et al., 2014). Wenn zusätzlich zu den zugewiesenen Patienten und Patientinnen und den versorgungsbedürftigen Selbsteinweisern etliche solcher »worried wells« kommen, werden die Ressourcen des Krankenhauses noch schneller überlastet sein. Da aber mit diesem Phänomen fest zu rechnen ist, kann dafür in gewissen Grenzen geplant werden.

Bei größeren Ereignissen kann das Krankenhaus auch durch Personen überlastet werden, die das Gebäude aufsuchen, um Schutz vor Unwettern zu finden, zur Toilette zu gehen etc.

4.3.5 Fürsorge auch und gerade in Krisen: Psycho-soziale Notfallversorgung

Notfälle und Krisen sind für Betroffene und Handelnde belastend, selbst bei optimaler Lagebewältigung. Deshalb ist eine psycho-soziale Notfallversorgung (PSNV) auch und gerade im Krankenhaus sinnvoll und nötig. Aber trotz des Vorhandenseins von Notfallseelsorge im Krankenhaus ist PSNV für das Personal nach belastenden Einsätzen schon im Krankenhausalltag eher selten (z. B. nach erfolglosen Reanimationen). Supervision oder auch nur Nachbesprechungen solcher Ereignisse stehen häufig im Belieben der Führung. Die Einsatzorganisationen haben in den letzten Jahren die Notwendigkeit einer psychosozialen Betreuung für ihre Einsatzkräfte (PSNV-E) erkannt, bis hin in hohe Führungsebenen. Hier können Krankenhäuser Ausbildung- und Einsatzkonzepte auf Übertragbarkeit für die eigenen Bedürfnisse prüfen.

PSNV für Betroffene und Angehörige kann in Krankenhäusern oft durch die Krankenhaus-Seelsorge stattfinden. Allerdings wird diese, da meist mit einer Person besetzt, bei größeren Ereignissen nicht ausreichen. Weiteres eigenes, grundsätzlich kompetentes Personal wird mit der medizinischen Versorgung ausgelastet sein. Zudem gilt für die psycho-soziale Betreuung wie bei der medizinischen Versorgung, dass ein Umschalten der Versorgung von der optimalen Betreuung Einzelner zur notwendigen Betreuung Vieler nötig ist. Es ist deshalb Teil der Notfall- und Krisenvorsorge, die Krankenhausseelsorger und Krankenhausseelsorgerinnen in PSNV in Großschadenslagen ausbilden zu lassen sowie dafür zu sorgen, dass im Ereignisfall ausreichend externe PSNV-Kräfte hinzukommen und in die Strukturen und Prozesse des Hauses integriert werden können. In der Krankenhauseinsatzleitung ist über die Installation eines Fachberaters PSNV nachzudenken (z. B. Mähler/Nuth, 2016).

4.3.6 Zusammenfassung

Notfälle sind grundsätzlich bekannte Ereignisse, gegen die geplant und geübt werden kann. Krisen sind komplex, neuartig, und meist dynamisch. Dadurch fordern sie in besonderem Maß strategische Fähigkeiten, Kommunikation und Kooperation. Trotz der jeweils einmaligen Lage braucht die erfolgreiche Bewältigung von Krisen als Grundlage eine gute Planung und stringente Einübung der Notfall- und Krisenprozesse. Auf Seiten der Krisenmanager sowie der Betroffenen ist mit Stress zu rechnen, der zu verringerter Informationsaufnahme und veränderten Entscheidungsfindungen führt. Durch Phänomene wie Schutz des eigenen Kompetenzgefühls ist mit erhöhten Fehlerraten und scheinbar irrationalem Verhalten zu rechnen. Andererseits sind Menschen in Krisensituationen – anders als verbreitete Annahmen suggerieren – meist hilfsbereit, bleiben eher ruhig und sind gut führbar. Sie benötigen Information und Handlungsanweisungen. Krisenmanagement bei externen wie internen Ereignissen verlangt mentale Befassung mit Krisenszenarien, spezifische, im Krankenhausalltag ungewohnte Führungs- und Kommunikationsfähigkeiten sowie einen schnellen Überblick über die Lage und Entscheidungsbereitschaft. Übungen für Notfall- und Krisenszenarien sollten nicht nur zur Überprüfung geplanter Prozesse, sondern auch zur Stärkung dieser Fähigkeiten regelmäßig durchgeführt werden.

Literatur

Bayerisches Staatsministerium des Innern (2006): Hinweise für das Anlegen von Krankenhaus-Alarm- und Einsatzplänen. Online verfügbar unter http://www.dgkm.org/krankenhaus_notfallplanung [Zugriff am 04.01.2017].

Bundesamt für Sicherheit in der Informationstechnologie (BSI) (o.J.): IT Grundschutz. Online verfügbar unter https://www.bsi.bund.de/DE/Themen/ITGrundschutz/ITGrundschutzSchulung/Webkurs1004/1_Einfuehrung/4_Definitionen/Definitionen_node.html [Zugriff am 04.01.2017]

Bundesministerium des Inneren (2016): Konzeption zivile Verteidigung. Online verfügbar unter bmi.de [Zugriff am 04.01.2016]

Crichton, M.T., Ramsay, C.G., Kelly, T. (2009): Enhancing Organizational Resilience Through Emergency Planning: Learnings from Cross-Sectoral Lessons. Journal of Contingencies and Crisis Management, 17(1): 24-37.

Diepenseifen, C.J., Baumgarten, G., Schewe, J.-C. (2014): Krankenhausalarmplanung: Aufgaben der Krankenhäuser bei einem Massenanfall von Verletzten. Notfall Rettungsmed, 17: 32–38

Dörner, D. (1989): Die Logik des Mißlingens. Reinbek: Rowohlt.

Dörner, D., Kreuzig, H. W., Reither, F., Stäudel, T. (1983): Lohhausen. Vom Umgang mit Unbestimmtheit und Komplexität. Bern: Huber.

Drury, J., Cocking, C., Reicher, S. (2009): Everyone for themselves? A comparative study of crowd solidarity among emergency survivors. British Journal of Social Psychology, 48(3): 487-506.

Hofinger, G. (2014): Notfallplanung. Vorbereiten auf das Erwartbare. In: Bargstedt, U., Horn, G., van Vegten, A. (Hrsg.) Resilienz in Organisationen stärken. Vorbeugung und Bewältigung von kritischer Situationen. Frankfurt a. M.: Verlag für Polizeiwissenschaft. S. 165-182.

Hofinger, G. (2013): Fehler und Fallen im Umgang mit komplexen Problemen. In: Heimann, R., Strohschneider, S., Schaub, H. (Hrsg.) Entscheiden in kritischen Situation: Neue Perspektiven und Erkenntnisse Frankfurt a.M.: Verlag für Polizeiwissenschaft. S. 3-22.

Hofinger, G. (2002): Notfallplanung: Aufgaben, Anforderungen, Anregungen. In: Strohschneider, S., von der Weth, R. (Hrsg.) Ja, mach nur einen Plan. Pannen und Fehlschläge - Ursachen, Beispiele, Lösungen. 2., überarbeitete Auflage. Huber: Bern. S. 224-239.

Hofinger, G., Heimann (Hrsg.) (2016): Handbuch Stabsarbeit. Führungs- und Krisenstäbe in Einsatzorganisationen, Behörden und Unternehmen. Heidelberg u. a.: Springer.

Hofinger, G. & Zinke, R. (2014): Menschliches Handeln in Krisen – Fallstricke für Sicherheit. Zeitschrift für Außen- und Sicherheitspolitik ZfAS, 7(2): 145-158.

Hofinger, G., Künzer, L., Mähler, M., Zinke, R. (2013): Interorganisationale Kooperation und Kommunikation in Großschadenslagen. In: Unger, C. Mitschke, Th., Freudenberg, D. (Hrsg.) Krisenmanagement – Notfallplanung – Bevölkerungsschutz. Berlin: Duncker & Humblot. S. 211–235.

Kaluza, G. (2014): Gelassen und sicher im Stress. Das Stresskompetenzbuch – Stress erkennen, verstehen, bewältigen. 5., korrigierte Auflage. Heidelberg, Berlin: Springer.

Künzer, L. (2016): Stress und Stressbewältigung im Stab. In: Hofinger, G., Heimann, R (Hrsg.) (2016): Handbuch Stabsarbeit. Führungs- und Krisenstäbe in Einsatzorganisationen, Behörden und Unternehmen. Heidelberg: Springer. S. 135-143.

Künzer, L. (2015). Mythen der Räumung und Evakuierung. Feuertrutz (4): 44-47.

Mähler, M., Nuth, G. (2016): Fachberater der Psychosozialen Notfallversorgung in Stäben – Hintergründe und praktische Erfahrungen. In Hofinger, G., Heimann., R. (Hrsg.), Handbuch Stabsarbeit. Führungs- und Krisenstäbe in Einsatzorganisationen, Behörden und Unternehmen. Heidelberg: Springer. S. 297-301.

Rasmussen, Jens (1983): Skills, Rules, Knowledge – Signals, Signs and Symbols and Other Distinctions in Human Performance Models. IEEE – Transactions, Systems, Man, Cybernetics, SMC 13: 257-267.

Schauwecker, H., Schneppenheim, U., Bubser, HP. (2003). Organisatorische Vorbereitungen im Krankenhaus für die Bewältigung eines Massenanfalls von Patienten. Notfall & Rettungsmedizin, 6:596–602.

St. Pierre, M., Hofinger, G. (2014): Human Factors und Patientensicherheit in der Akutmedizin. Begründet von M. St.Pierre, G. Hofinger und C. Buerschaper. 3. Auflage. Berlin: Springer.

Strohschneider, S. (2003): Ja, mach nur einen Plan. In: Boothe, B., Marx, W. (Hrsg.), Panne - Irrtum - Missgeschick. Die Psychopathologie des Alltagslebens in interdisziplinärer Perspektive. Bern u. a.: Hans Huber. S. 127-144.

Weick, K., Sutcliffe, K. (2001): Managing the Unexpected. New York: Jossey Bass.

4.4 Zusammenspiel Raum und Organisation im Brandfall

Marcus Mehlkop

Der Brandfall im Krankenhaus

Betrachtet man ein Krankenhaus im Vergleich zu anderen Gebäuden, ist im Krankenhaus von einer erhöhten Personengefährdung im Brandfall auszugehen. Das zeigen auch die vielen Brandereignisse in Krankenhäuser, die im Weiteren noch genauer untersucht werden. Eine erhöhte Personengefährdung im Brandfall ergibt sich u. a. aus den nachfolgenden krankenhausspezifischen Besonderheiten:

- Große Anzahl immobiler bzw. mobilitätseingeschränkter Patienten, die teilweise oder vollständig auf fremde Hilfe angewiesen sind
- Patienten unter Medikamenteneinfluss, verletzt, frisch operiert, oder psychisch labil
- Patienten können sich im Gefahrenfall teilweise nicht selbstständig in Sicherheit bringen
- Patienten sind in fremder Umgebung, nicht ortskundig
- Im Krankenhaus halten sich viele Personen in unterschiedlichen Situationen auf, neben den Patienten beispielsweise auch Mitarbeiter, Besucher, Studenten, Forscher
- Hohe Brandwahrscheinlichkeit im Krankenhaus

Brandereignisse in Krankenhäusern

30.09.2016: BG Universitätsklinikum Bergmannsheil Bochum (Weber et al., 2017):

- 2 Tote, 7 Schwerverletzte
- 128 Patienten gerettet

Abb. 4.1: Brandereignis des Berufsgenossenschaftlichen Universitätsklinikums Bergmannsheil

4 Problemfelder im Krankenhaus

- Gesamtes Bettenhaus geräumt
- 80 Patienten vorzeitig entlassen
- Brandausbruch: Patientenzimmer im 6. OG
- Kein Rauchmelder im Patientenzimmer
- Patientin übergoss sich in suizidaler Absicht mit Desinfektionsmittel und zündet sich an.
- Rasend schnelle Brandausbreitung auf DG (7. und 8. OG)
- Alle dienstfreien Kräfte des Krankenhauses alarmiert
- Mehr als 400 Einsatzkräfte

03.08.2014: St. Antonius Krankenhaus Wissen, Rheinland-Pfalz (Rhein-Zeitung, 2014):

- 1 Tote, 2 Verletzte (offene psych. Station)
- 2 Patienten über Drehleiter gerettet
- Pflegepersonal hat vergeblich versucht, das Feuer zu löschen
- Krankenhaus teilweise evakuiert
- Mehr als 120 Einsatzkräfte

Abb. 4.2: Rettungskräfte bekämpfen den Brand im Weilburger Krankenhaus. Foto: Häring

10.11.2013: Kreiskrankenhaus Weilburg, Hessen (NNP, 2013):

- 1 Tote, 1 Schwerverletzter, 2 Leichtverletzte
- 5 Patienten über Drehleiter gerettet
- Gesamte Station des Krankenhauses geräumt, 35 Patienten intern verlegt
- Brandausbruch im Patientenzimmer
- Rauchausbreitung auf gesamte Station
- Mehr als 200 Einsatzkräfte
- Grundsanierung von 6-8 verrauchten Zimmern erforderlich

23.06.2013: Marienkrankenhaus Essen (Feuerwehr Essen, 2013)

- 2 Tote, 4 Verletzte
- 2 Patienten von Flachdach über Drehleiter gerettet
- Brandausbruch im Patientenzimmer (vollständig ausgebrannt), Station massiv verraucht
- Räumung der darüber liegenden Geschosse aufgrund Rauchentwicklung erforderlich
- Mehr als 90 Einsatzkräfte

09.06.2013: St. Antonius Krankenhaus Wissen, Rheinland-Pfalz (AK-Kurier, 2013):

- 1 Tote, 1 schwerverletzter Pfleger mit Brandverletzungen, 3 Verletzte in geschützter psychiatrischer Station
- Tote war zum Zeitpunkt des Brandes im Bett fixiert
- Kein Rauchmelder im Patientenzimmer
- Gesamtes Krankenhaus mit rund 80 Patienten geräumt
- Mehr als 240 Einsatzkräfte

4.4 Zusammenspiel Raum und Organisation im Brandfall

30.01.2007: Krankenhaus Wandsbeck Hamburg (FAZ, Die Welt, Spiegel Online, 2007):

- 1 Toter, 17 Verletzte
- Notaufnahme und Intensivstation evakuiert
- 3 hochschwangere Frauen aus Kreißsaal über Drehleiter der Feuerwehr gerettet
- Brand einer Matratze in einer Notaufnahme (Brandstiftung), Brandausbruch um ca. 2:07 Uhr
- Brand- und Rauchausbreitung im Gebäude
- Mehr als 110 Einsatzkräfte der Feuerwehr
- Erneuter Brandausbruch um ca. 8:00 Uhr, Notaufnahme und benachbarte Bereiche unbenutzbar

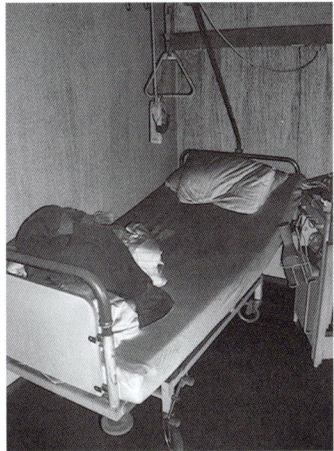

Abb. 4.3: Brandschaden (mit freundlicher Genehmigung der Berufsfeuerwehr Iserlohn)

26.05.2006: St.-Elisabeth-Hospital Iserlohn (Knust/Eichhorn, 2007):

- 2 Personen schwer verletzt (darunter ein Pfleger), brandverletzte Patientin stirbt im Krankenhaus
- Insgesamt 13 Verletzte
- Rund 90 Patienten wurden verlegt

- Brandausbruch im Patientenzimmer
- Kein Rauchmelder im Patientenzimmer
- Brandausbreitung über Fassade
- Mehr als 70 dienstfreie Mitarbeiter im Einsatz
- Mehr als 100 Einsatzkräfte

21.06.2005: Klinikum Neustadt bei Coburg (Main-Post 2005, 2006):

- 1 Tote, 1 Schwerverletzte,
- 5 Leichtverletzte
- 46 Patienten ins Freie gebracht
- Brandausbruch im Patientenzimmer
- Kein Rauchmelder im Patientenzimmer
- Mehr als 300 Einsatzkräfte

29.05.2005: Klinikum Bogenhausen, München (RP Online, 2005):

- 1 Toter
- 20 Patienten mit Rauchgasinhalation
- Brandausbruch im Patientenzimmer
- Rauchausbreitung im Gebäude
- Station unbenutzbar
- Mehr als 150 Einsatzkräfte

> **Statistik**
>
> In Deutschland kommt es alle 14 Tage zu einem nennenswerten Brandereignis in einem Krankenhaus (Wichert, 2001). Feuer ist die größte Gefahr im Krankenhaus. Etwa 34 % aller Schäden werden durch Brände verursacht (bvfa, 2014).

Folgen eines Brandereignisses für das Krankenhaus

- Tote, Verletzte
- Hoher Sachschaden
- Betriebsausfall: Patienten vorzeitig entlassen, Operationen absagen
- Funktionsfähigkeit des gesamten Krankenhauses in Gefahr
- Hoher Imageschaden

Zusammenfassend ist festzuhalten, dass es sich bei einem Krankenhaus um eine störungsempfindliche soziale Infrastruktur handelt. Deshalb gilt es umso mehr, für den Brand- und Gefahrenfall gut vorbereitet zu sein.

4.4.1 Identifizierung von Mängeln und Maßnahmen zur Risikominimierung

Schwachstellenanalyse: Brandrisiken im Krankenhaus

Grundlage für die Schwachstellenuntersuchung ist die Auswertung von 723 Krankenhausbränden über 10 Jahre von Herrn Dr. J. Reintsema und C. Hartung. Die Ergebnisse der Schwachstellenuntersuchung zeigt Tabelle 4.1 (Reintsema/Hartung, 2002).

In Tabelle 4.2 sind spezifische Gefahren für bestimmte Krankenhausbereiche aufgeführt (Reintsema/Hartung, 2002).

Risikomanagement: Risikominimierung im Krankenhaus

Das Risiko wird durch zwei Faktoren bestimmt, von der Eintrittswahrscheinlichkeit und von der Schadenshöhe. Maßnahmen zur Risikominimierung im Krankenhaus sind in Tabelle 4.3 zusammengefasst (Reintsema/Hartung, 2002).

Tab. 4.1: Beispielhafte Gefahrenschwerpunkte

Typische Brandursache	Gefahrenschwerpunkte
• Elektrische Defekte • Häufigste Brandursache, zweitgrößter Anteil an den Gesamtschäden bei Krankenhausbränden	• Mangelhafte Installation und Wartung • Defekte Leuchtstofflampen
• Baumaßnahmen und Renovierungsarbeiten: Feuergefährliche Arbeiten mit offener Flamme oder Funken • Auswirkungen sehr groß, Brände machen 47 % des Gesamtschadens der Krankenhausbrände aus	• Unachtsamkeit • Unsachgemäße Handhabung z. B. bei Dachdeckerarbeiten
• Brandstiftung • Häufiges Auftreten im Krankenhaus (siehe auch Brandereignisse) • Entstehen überwiegend Groß- und Mittelbrände mit hohen Schäden	• Meisten Brände werden am Tag gelegt • Ausbruchsort: Häufig in gering frequentierten Bereichen: Keller, Abstell- und Lagerräume und im Dachbereich
• Mangelnde Beaufsichtigung	• Brennende Kerzen zur Weihnachtszeit, vergessenes Essen auf dem Herd • Ausbruchsorte: Küchen, Patientenzimmer und Büroräume
• Raucher	• Achtlos in den falschen Müllbehälter geworfene Zigaretten • Problem des heimlichen Rauchens aufgrund des strikten Rauchverbots. Gefährdete Orte: Toiletten und Nebenräume

Tab. 4.2: Krankenhausspezifische Gefahren

Krankenhausbereich	Spezifische Gefahren
• Patientenpflegebereiche • Häufiger Entstehungsort von Bränden	• Typisch ist Brand von Betten und Inventar im Patientenzimmer durch Brandstiftung oder Unachtsamkeit (Rauchen) • In Fluren des Pflegebereichs entstehen Brände überwiegend tagsüber in Müll- und Abfalleimern
• Öffentliche Bereiche wie Flure und Treppenräume • Tagsüber entstehen in den öffentlichen Bereichen wie Flure und Treppenräume die meisten Brände	• Zugestellte, verstellte und verschlossene Rettungswege
• Lager- und Abstellräume	• Brandursache überwiegend durch Brandstiftung oder elektrische Defekte
• Operations- und Intensivpflegebereiche	• Gefährdung sehr hoch aufgrund zunehmender Anzahl an elektronischen Geräten (z. B. Techn. Großgeräte in OPs) und brennbaren Flüssigkeiten (z. B. Desinfektionsmittel)
• Laborbereiche	• Gefahren überwiegend durch elektrische Geräte und brennbare Stoffe

Tab. 4.3: Risikomanagement im Krankenhaus

Typische Brandrisiken	Maßnahmen zur Risikominimierung
• Elektrische Anlagen	• Abstellen von gravierenden Nachlässigkeiten bei der Montage, Wartung und Prüfung • Beachtliche Risikominimierung durch Thermografie • Austausch defekter Leuchtstofflampen
• Bauarbeiten im Krankenhaus: Unsachgemäßer Umgang mit offenem Feuer und Funken	• Probates Mittel zur Risikominimierung ist die konsequente Anwendung von Heißerlaubnisscheinverfahren (Freigabeschein für feuergefährliche Arbeiten)
• Brandstiftungen	• Verschluss von gefährdeten, gering frequentierten Bereichen (Keller, Abstellräume, Dachbereich) • Einführung von Zugangskontrollsystemen • Verstärkte Kontrolle gefährdeter Bereiche besonders zu den Schwerpunktzeiten
• zugestellte, verstellte und verschlossene Rettungswege (Flure und Treppenräume)	• Regelmäßige Brandschutzschulung des Krankenhauspersonals • Kontrollgänge durch den Brandschutzbeauftragten

Eine Brandmeldeanlage mit flächendeckend installierten Rauchmeldern ist ein wirksames Mittel zur frühzeitigen Branddetektion und sichert eine ständige Verfügbarkeit. Die Überwachung von Patientenzimmern ist dabei von besonderer Bedeutung als Aufenthaltsort von Personen, die sich nicht oder nur eingeschränkt selbst retten können.

Statistische Untersuchungen und Brandsimulationen zeigen, dass wesentliche Verbesserungen für den Personenschutz durch die Überwachung der Patientenzimmer mit Rauchmeldern erreicht werden können (Reintsema/Hartung, 2002). Die alleinige Überwachung von Fluren oder Lüftungsanlagen hat sich bei mehreren Bränden als unzureichend herausgestellt (Reintsema/Hartung, 2002).

> **Auswertung von 723 Brandereignissen in Krankenhäusern: Brandmeldeanlage (Reintsema/Hartung, 2002)**
>
> Bei Branddetektion über eine Brandmeldeanlage mit Rauchmeldern traten keine Groß- oder Mittelbrände auf.
> Bei Bränden mit Toten wurde die Feuerwehr immer über das Telefon alarmiert. In keinem Fall erfolgte eine automatische Alarmierung über eine Brandmeldeanlage.

Das bedeutet, dass auf die Besonderheiten der jeweiligen Krankenhausbereiche abgestimmte bauliche und anlagentechnische Brandschutzmaßnahmen erforderlich sind, die durch betriebliche/organisatorische Maßnahmen ergänzt werden müssen.

Die organisatorischen Brandschutzmaßnahmen im Krankenhaus sind dabei von besonderer Bedeutung. Das zeigt auch nachfolgende Untersuchung zur Brandschutzschulung:

> **Auswertung von 723 Brandereignissen in Krankenhäusern: Brandschutzschulung (Reintsema/Hartung, 2002)**
>
> Mangelhafte Brandschutzausbildung: Nur 26 % der Kleinbrände wurden vom Personal vor Eintreffen der Feuerwehr gelöscht. Hier ist ein großes Verbesserungspotenzial zu erkennen.

Der Arbeitgeber muss auf Grundlage des Arbeitsschutzgesetzes § 10 und entsprechend den Technischen Regeln für Arbeitsstätten ASR A2.2 (Maßnahmen gegen Brände) eine ausreichende Anzahl von Beschäftigten durch fachkundige Unterweisung und praktische Übungen im Umgang mit Feuerlöscheinrichtungen vertraut machen und als Brandschutzhelfer benennen. Die erforderliche Anzahl von Brandschutzhelfern ergibt sich aus der Gefährdungsbeurteilung.

Zusammenfassung

Es wurden Ansatzpunkte für einen effektiven und wirtschaftlichen Brandschutz in Krankenhäuser aufgeführt. Schon mit kostengünstigen Maßnahmen lassen sich wesentliche Verbesserungen des Brandschutzes erreichen.

Kenntnisse über die Gefahrenschwerpunkte und die Maßnahmen zur Risikominimierung versetzen den Krankenhausbetreiber in die Lage, Brandschutzmängel gezielt zu identifizieren und wirtschaftlich abzustellen.

4.4.2 Basiswissen

Rechtliche Grundlagen

> **§ 14 Musterbauordnung (MBO): Brandschutzziele nach dem Bauordnungsrecht**
>
> Bauliche Anlagen sind so anzuordnen, zu errichten, zu ändern und in Stand zu halten, dass der Entstehung eines Brandes und der Ausbreitung von Feuer und Rauch (Brandausbreitung) vorgebeugt wird und bei einem Brand die Rettung von Menschen und Tieren sowie wirksame Löscharbeiten möglich sind.

Schutzziel »Rettung von Menschen ermöglichen«

Die Grundsätze zur Auslegung des Schutzzieles »Rettung von Menschen ermöglichen« wurden im Oktober 2008 durch die Fachkommission Bauaufsicht der Bauministerkonferenz ARGEBAU in Abstimmung mit den Gremien der Arbeitsgemeinschaft der Leiter der Berufsfeuerwehren in Deutschland (AGBF Bund) wie folgt festgelegt:

Nach der Schutzzieldefinition der Musterbauordnung kann die Feuerwehr in Sonderbauten mit vielen Menschen die Personenrettung nicht sicherstellen; sie ist darauf angewiesen, dass die Personen beim Eintreffen der Feuerwehr das Gebäude bereits weitgehend verlassen haben oder sich in sicheren Bereichen befinden. »Für eine rechtzeitige Räumung hat deshalb in Sonderbauten (z. B. Versammlungs- und Verkaufsstätten, *Krankenhäuser*, Pflegeheime, Schulen) der *Betreiber* zu sorgen« (Famers/Messerer, 2008).

> **Betreiberverantwortung entsprechend der Schutzziele nach § 14 Musterbauordnung (MBO)**
>
> Für eine rechtzeitige Rettung bzw. Räumung der gefährdeten Patienten im Brandfall hat der Betreiber des Krankenhauses zu sorgen.
> Die Feuerwehr ist darauf angewiesen, dass die gefährdeten Patienten bereits vor dem Eintreffen der Feuerwehr durch das Krankenhauspersonal in sichere Bereiche gebracht wurden.

In Gebäuden, die überwiegend von Personen genutzt werden, die sich nicht oder nur eingeschränkt selbst retten können (z. B. Personen mit Mobilitätseinschränkung, Kinder, alte Menschen oder Patienten), muss die Evakuierung (Räumung) als Teil der Personenrettung im Brandfall Gegenstand geeigneter betrieblicher/organisatorischer Maßnahmen sein (in aller Regel eingewiesenes Personal/Verbringen in einen sicheren Bereich) (Famers/Messerer, 2008).

> Krankenhäuser sind hinsichtlich der baulichen, anlagentechnischen und organisatorischen Brandschutzmaßnahmen so zu planen, dass die Rettung von gefährdeten Patienten durch das Krankenhauspersonal vor dem Eintreffen der Feuerwehr möglich ist.

Schutzziele und Hilfsfristen der Feuerwehr

Grundlage für die Hilfsfrist der Feuerwehr ist die Schutzzieldefinition der Arbeitsgemeinschaft der Leiter der Berufsfeuerwehren in Deutschland (AGBF Bund), die als »allgemein anerkannte Regel der Technik« zu verstehen ist. Die zeitlichen Abläufe zeigt Abbildung 4.4.

4 Problemfelder im Krankenhaus

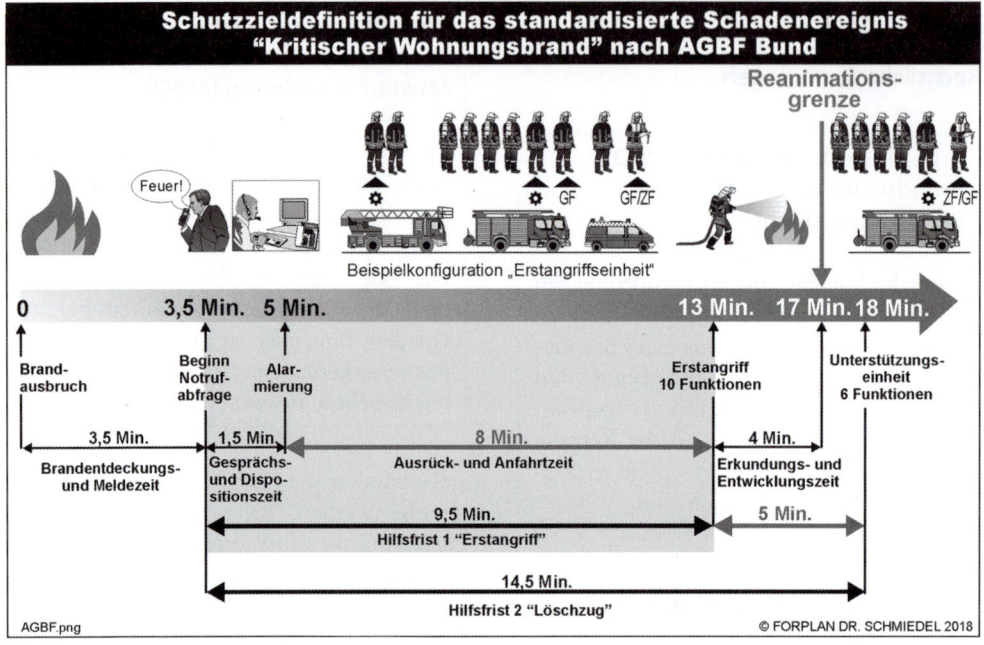

Abb. 4.4: Schutzzieldefinition nach AGBF Bund (Darstellung mit freundlicher Genehmigung von FORPLAN DR. SCHMIEDEL, www.forplan.de)

Mit dem Eintreffen der ersten Feuerwehrkräfte an der Einsatzstelle ist, wie die Abbildung 4.4 zeigt, ca. 13 Minuten nach Brandausbruch zu rechnen (Erstangriff mit 10 Feuerwehrleuten). Circa 17 Minuten nach Brandausbruch ist der Zeitpunkt, ab dem Einsatzmaßnahmen der Feuerwehr wirksam werden, das ist aber auch die Reanimationsgrenze für Personen im Brandrauch.

Als Grundlage für die Schutzzieldefinition wurde die sogenannte »Orbit Studie« herangezogen, welche besagt, dass die Erträglichkeitsgrenze für Personen im Brandrauch bei ca. 13 Minuten und die Reanimationsgrenze bei ca. 17 Minuten Verweildauer liegt (Farrenkopf, 1999).

Zusammenfassend zeigt die Abbildung 4.4 deutlich, dass das Verhalten des Krankenhauspersonals in den ersten 15 Minuten nach Brandausbruch für den weiteren Schadensverlauf eine entscheidende Rolle spielt, i. d. R. noch ohne Hilfe durch die Feuerwehr.

Regelwerke für Krankenhäuser

Die Schutzziele nach § 14 Musterbauordnung werden in Krankenhäusern, in denen sich eine große Anzahl hilfsbedürftiger Personen aufhält, durch bauliche und anlagentechnische Maßnahmen, wie Bildung von Brandabschnitten, geeignete sichere Rettungswege, Abschottung der Räume, Minderung der Brandlasten, Früherkennung von Bränden und Bekämpfung von Entstehungsbränden sowie durch betriebliche Brandschutzmaßnahmen erreicht.

Das nach der Musterbauordnung vorgegebene Prinzip der Selbstrettung über den ersten oder den zweiten baulichen Rettungsweg (Treppen) kann wegen der Hilfsbedürftigkeit und der großen Anzahl der stationär gepflegten Personen nicht angewendet werden. Demzufolge ist die horizontale Rettung von akut gefährdeten Patienten in einen benachbarten, besonders geschützten Bereich erforderlich.

Das Schutzziel »Rettung von Menschen ermöglichen« wird in modernen Regelwerken für Krankenhäuser wie folgt konkretisiert:

a) Brandenburgische Krankenhaus- und Pflegeheim-Bauverordnung – BbgKPBauV (§ 6):
»Krankenhäuser und Pflegeheime müssen so errichtet werden und ausgestattet sein, dass die Rettung kranker und pflegebedürftiger Personen ins Freie, in einen benachbarten Brandabschnitt oder einen anderen sicheren Bereich im Gefahrenfall *durch das eigene Personal in wenigen Minuten* durchgeführt werden kann.«

b) Brandschutztechnische Anforderungen an Krankenhäuser: Arbeitspapier der Arbeitsgemeinschaft der Leiter der Berufsfeuerwehren in NRW (Ziffer 9.2):
»Krankenhäuser müssen so errichtet werden und ausgestattet sein, dass die Rettung kranker oder pflegebedürftiger Personen ins Freie, in einen benachbarten Evakuierungsabschnitt oder einen anderen sicheren Bereich im Gefahrenfall *durch das eigene Personal in wenigen Minuten* durchgeführt werden kann.«

Es gibt Bundesländer mit modernen Brandschutzanforderungen für Krankenhäuser, in anderen Bundesländern sind die Vorschriften mehr als 20 Jahre alt und in vielen Bundesländern gibt es keine speziellen Brandschutzvorschriften für den Krankenhausneu- oder Erweiterungsbau.

Momentan existiert nur im Land Brandenburg eine allgemein verbindliche gesetzliche Regelung für Krankenhäuser mit Verordnungscharakter, die auch moderne Brandschutzanforderungen berücksichtigt.

Die Muster-Krankenhausbauverordnung der Fachkommission Bauaufsicht aus dem 1976 berücksichtigt den damaligen Stand der Technik noch ohne schutzzielorientierte Betrachtung und Begründung. In Nordrhein-Westfalen ist die Krankenhausbauverordnung zum 31.12.2009 ersatzlos außer Kraft getreten.

> **Brandschutztechnische Regelwerke für Krankenhausneu- und Erweiterungsbauten**
>
> In Deutschland gibt es keine einheitlichen brandschutztechnischen Mindestanforderungen bei einem Krankenhausneu- oder Erweiterungsbau.
> Eine allgemein verbindliche gesetzliche Regelung für Krankenhäuser, die auch moderne Brandschutzanforderungen berücksichtigt, existiert aktuell nur für das Land Brandenburg.

Der Verzicht auf verbindliche gesetzliche Regelungen für den Brandschutz in Krankenhäuser hat sich in der Praxis als sehr nachteilig erwiesen, da die im sicherheitsrechtlichen Bereich notwendige Klarheit und Allgemeinverbindlichkeit fehlt. Dies verunsichert zum einen die Planer und zum anderen werden die Bauaufsichtsbehörden und Brandschutzdienststellen permanent vom Antragsteller unter Druck gesetzt, damit eine unzureichende Planung doch noch verwirklicht werden kann. Hier besteht die Gefahr, dass die gesetzlich gebotenen und auch vernünftigen brandschutztechnischen Anforderungen auf Druck des Antragstellers gesenkt werden. Aus Gründen der Rechtssicherheit wäre es aus Sicht des Verfassers wünschenswert, das brandschutztechnische Anforderungen an Krankenhäusern allgemein verbindlich auf dem Verordnungsweg auch in anderen Bundesländern geregelt werden.

Schutzzielorientiertes Brandschutzkonzept

Da in der Mehrzahl von Bundesländern spezielle gesetzliche Regelungen für den Krankenhausneu- bzw. Erweiterungsbau fehlen, ist der schutzzielorientierte Brandschutznachweis durch ein ganzheitliches objektspezifisches Brandschutzkonzept von besonderer

Wichtigkeit. Im Brandschutzkonzept sind die Risiken eines Brandes im Krankenhaus abzuschätzen und zu bewerten, um ein angemessenes Sicherheitsniveau zu erreichen. Das Gefahrenpotenzial muss durch bauliche und anlagentechnische Brandschutzmaßnahmen begrenzt sowie durch notwendige organisatorische bzw. betriebliche Schutzmaßnahmen ergänzt werden. Dabei ist eine abgestimmte Planung mit allen Beteiligten von besonderer Bedeutung, z. B. mit Betreiber, Architekt, Brandschutzplaner, Bauaufsicht, Brandschutzdienststelle und Feuerwehr.

4.4.3 Räumliche Gegebenheiten und Sicherheit

Vorbeugender und Abwehrender Brandschutz

In der Tabelle 4.4 sind wichtige Aspekte des baulichen, anlagentechnischen, organisatorischen und abwehrenden Brandschutzes für Krankenhäuser aufgeführt, die aufeinander abgestimmt werden müssen.

Tab. 4.4: Maßnahmen im vorbeugenden und abwehrenden Brandschutz

Baulicher Brandschutz (passiver Schutz)	• Möglichkeit der horizontalen Räumung in einen nicht gefährdeten Brandabschnitt • Ausreichende Rettungswege (2 bauliche unabhängige Rettungswege) insbesondere auch als Angriffsweg für die Feuerwehr • »Brandschutzzellenbildung« (z. B. brandschutztechnische Abschottung der Patientenzimmer, siehe Definition auf Seite 157) • Baustoffwahl möglichst nicht brennbar, auch für Außenwanddämmstoffe • Restöffnungen an Kabel- und Rohrdurchführungen schließen
Anlagentechnischer Brandschutz	• Flächendeckende selbsttätige Brandmeldeanlage zur frühzeitigen Erkennung von Entstehungsbränden • Unmittelbare und automatischer Alarmierung der Feuerwehr über die Brandmeldeanlage • Automatisierte Alarmierung des zuständigen Personals; für Pflegebereiche i. d. R. als stille Alarmierung mit Ort der Alarmauslösung im Klartext • Einrichtungen zur Anweisung und Information des Personals durch die Feuerwehr im Schadensfall (Auslösung von Alarmierungsstufen für einzelne Krankenhausbereiche) • Maßnahmen für den Rauch- und Wärmeabzug • Selbsttätige Feuerlöschanlagen • Wandhydranten oder Trockene Steigleitungen für Feuerwehr • Feuerlöscher und andere Selbsthilfeeinrichtungen • Aufzüge mit Brandfallsteuerung • Prüfung und Instandhaltung sicherheitstechnischer Anlagen
Organisatorischer/ Betrieblicher Brandschutz	• Freihalten der Rettungswege • Aufstellung einer Brandschutzordnung auf Grundlage des Räumungskonzepts • Räumungs- und Brandschutzhelfer benennen • Bestellung eines Brandschutzbeauftragten • Regelmäßige Brandschutzunterweisung des Personals • Aufstellen eines Krankenhaus-Alarmplans • Konzept zur Kommunikation zwischen Feuerwehr und Krankenhaus im Schadensfall • Alarmierungsstufenplan mit vorgeplanten Handlungsanweisungen für das Personal • Bildung einer Führungsstruktur als koordinierendes Team im Krankenhaus (Medizin, Pflege, Technik), das der Feuerwehr bei jedem Schadenereignis sofort beratend zur Verfügung steht

4.4 Zusammenspiel Raum und Organisation im Brandfall

Tab. 4.4: Maßnahmen im vorbeugenden und abwehrenden Brandschutz – Fortsetzung

	• Vorplanung zur Alarmierung von dienstfreien Mitarbeitern für den Großschadenfall
Abwehrender Brandschutz	• Feuerwehrpläne und Feuerwehrlaufkarten auf aktuellem Stand • Ausreichende Flächen für die Feuerwehr vor- und freihalten • Raum mit zentralen Bedienungsvorrichtungen für maschinelle Entrauchungs-, Feuerlösch-, Brandmelde- und Alarmierungsanlagen • Sicherstellung der Löschwasserversorgung • Haus- bzw. Werkfeuerwehr ab 1000 Betten

Rettungskonzepte für Krankenhäuser

Begriffsbestimmung

Begriff	Definition/Erläuterung
Räumung	• Das schnelle In-Sicherheit-Bringen von Personen aus einem akut gefährdeten Bereich (Wolf, 2001) → zeitkritisch, unmittelbare Gefahr
Evakuierung	• Organisierte Verlegung von Personen aus einem gefährdeten Bereich in einen intakten Bereich mit gleichwertiger Versorgungsmöglichkeit → i. d. R. nicht zeitkritisch, mittelbare Gefahr
Brandschutzzelle	• Mit der Brandschutzzelle wird eine erste Schottungsebene geschaffen, die eine unkontrollierte Brand- und Rauchausbreitung verhindern soll. Das Schutzzellenkonzept hat das Ziel, die Räumung der Station zu verhindern oder wenigstens zu verzögern. • Die Brandschutzzelle (z. B. das Patientenzimmer) besteht aus brandschutztechnisch qualifizierten Bauteilen (bauliche Brandschutzmaßnahmen) oder einer Kombination von baulichen (z. B. rauchdichte Bauteile) und anlagentechnischen Maßnahmen (selbsttätige Feuerlöschanlage). • Achtung: Eine unkontrollierte Rauchübertragung über Lüftungskanäle muss wirksam verhindert wird.

Die Räumung oder Evakuierung von Krankenhäusern kann nicht nur aufgrund eines Brandes, sondern auch aus anderen Gründen (Terrordrohung/-anschlag, Amoklauf, Wassereinbruch, Teileinsturz etc.) erforderlich werden.

Rettungskonzepte im Krankenhaus (Stufenkonzept)

Die Räumung von Pflegebereichen in Krankenhäusern sollte unter Berücksichtigung der Gefahrenlage stufenweise erfolgen. An erster Stelle steht der Rettungsversuch akut gefährdeter Patienten durch das Krankenhauspersonal unter Beachtung des Eigenschutzes.

Die weiteren Stufen sind in der Abbildung 4.5 dargestellt. Von Stufe zu Stufe erhöht sich der Personal- und Zeitaufwand.

Räumungskonzepte für Pflegebereiche

Grundlage für die Forderung eines Räumungskonzepts ist die Musterbauvorlagenverordnung (§ 11). In der Bauprüfverordnung NRW (§ 9) werden explizite Angaben

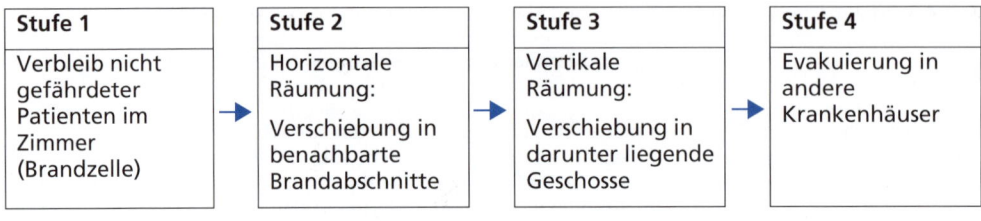

Abb. 4.5: Stufenmodell bei der Räumung und Evakuierung in Krankenhäusern

zum Nachweis der Maßnahmen zur Räumung im Brandschutzkonzept gefordert.

Räumungskonzeption entsprechend der Brandenburgischen Krankenhaus und Pflegeheim Bauverordnung: (Begründung BbgKPBauV 2002)

Die Brandenburgische Krankenhaus und Pflegeheim Bauverordnung sieht für Pflegebereiche eine horizontale Bettenrettung in einen benachbarten, besonders geschützten Bereich. Dabei bedeutet Bettenrettung, dass die hilfsbedürftigen Personen im Brandfall vom Personal des Krankenhauses mit dem Bett aus dem Zimmer in den benachbarten sicheren Brandabschnitt geschoben werden können müssen. Im Hinblick auf die für die Räumung eines Brandabschnitts erforderliche Zeit müssen Bauteile so beschaffen sein, dass ein Eintritt von Feuer und Rauch in die Rettungswege und die Bettenzimmer für die Zeitdauer der Räumung ausgeschlossen ist.

Im Brandschutzkonzept ist nachzuweisen,

- dass die Räumung des von der Gefahr unmittelbar betroffenen Brandabschnitts auch mit der geringsten personellen Besetzung kurzfristig gesichert ist und
- wie viele Hilfspersonen des Betreibers zur kurzfristigen Räumung des betroffenen Brandabschnitts unter Berücksichtigung der Art des zu evakuierenden Personenkreises, der vorgesehenen Rettungsmethode, der baulichen Ausführung und der Art der sicherheitstechnischen Anlagen erforderlich sind.

Sollte die Räumung des Brandabschnitts in der durch den konstruktiven Brandschutz vorgegebenen Zeit nicht möglich sein, hat dies die Konsequenz, dass höhere brandschutztechnische Anforderungen gestellt werden müssen.

Diese erhöhten Anforderungen können beispielsweise bestehen in

- einer Verringerung der Brandabschnittsgröße und
- einer Abschottung der Bettenzimmer untereinander und zum Flur durch brandschutztechnisch qualifizierte Bauteile.

Aus Sicht des Verfassers kommt hier auch der Einbau von selbsttätigen Feuerlöschanlagen als erhöhte Anforderung in Frage.

Räumungskonzeption entsprechend den brandschutztechnische Anforderungen an Krankenhäuser: Arbeitspapier der Arbeitsgemeinschaft der Leiter der Berufsfeuerwehren in NRW, Ziffer 9:

»Krankenhäuser müssen so errichtet werden und ausgestattet sein, dass die Rettung kranker und pflegebedürftiger Personen ins Freie, in einen benachbarten Evakuierungsabschnitt oder einen anderen sicheren Bereich im Gefahrenfall durch das eigene Personal in wenigen Minuten durchgeführt werden kann« (AGBF NRW 2011, S. 8). Dabei müssen bauliche Gegebenheiten, wie Freilauftürschließer und für das Evakuierungsverfahren geeignete Bodenbeläge die Evakuierungsvorgänge unterstützen.

Im Brandschutzkonzept

- ist für hilfsbedürftige Personen der Nachweis über den sicheren Verbleib in nicht unmittelbar vom Brand betroffenen Räumen bzw. über die notwendigen Hilfsmaßnahmen bis zum Eintreffen der Feuerwehr zu führen. Im Einzelnen sind die dazu notwendigen Maßnahmen zu beschreiben (z. B. Schließen von Türen, »Brandschutzzellenbildung«),
- sind Angaben zur Rettung von hilfsbedürftigen Personen aus vom Brand unmittelbar betroffener Räume mit Angabe der erforderlichen Rettungsmittel erforderlich und
- ist die Anzahl des Personals anzugeben.

Räumungs- und Evakuierungskonzepte für Intensivstationen

Im Brand- oder Gefahrenfall sind Intensivbereiche besonders sensibel, da dort Patienten untergebracht sind, die in einem außergewöhnlichen Maß einer Behandlung, Pflege und Überwachung bedürfen. Intensivpatienten sind regelmäßig an medizinischen Geräten angeschlossen und in einem gesundheitlich labilen Zustand. Im Räumungs- oder Evakuierungsfall kommt für Intensivbereiche nur eine Bettenrettung in Betracht. Räumungen oder Evakuierungen von Intensivstationen sind ein besonderes Problem, da ein Transport in der Regel mit einem hohen bis lebensbedrohlichen Risiko für die Patienten verbunden ist (▶ Kap. 7.2).

Die Anweisung zur Räumung oder Evakuierung einer Intensivstation ist eine sehr schwierige Entscheidung, da bei einem Brand oder einem anderen Gefahrenfall im Krankenhaus auch das jeweilige Krankheitsbild der Patienten berücksichtigt werden muss. Hier gilt es, die Gefahr durch das Brandereignis für den Patienten auf der einen Seite mit dem für den Patienten durch eine Räumung bzw. Evakuierung verbundenen Risiko auf der anderen Seite abzuwägen. Die Schnittstelle zwischen dem Ärztlichen Leiter, dem die medizinische Risikobeurteilung für die Patienten obliegt, und dem Einsatzleiter der Feuerwehr, der die Ausbreitung von Feuer- und Rauch abschätzen muss, ist dabei von besonderer Bedeutung. Eine vertrauensvolle Zusammenarbeit ist hier besonders wichtig.

Im Brandschutzkonzept sind die besonderen baulichen, anlagentechnischen und betrieblichen Schutz- und Sicherheitsmaßnahmen für Intensivbereiche darzustellen.

Grundlagen zur Erstellung von Räumungs- und Evakuierungskonzepten für Intensivbereiche:

- Angaben zur Nutzung und der maximalen Bettenzahl je Brandabschnitt
- Horizontales Verfahren von Intensivbetten in einen anderen Brandabschnitt muss möglich sein
- Bei vertikalem Verfahren von Intensivbetten: Bemessung der Aufzugsvorräume und Aufzugskabine anhand der Bettengröße mit intensivmedizinischem Equipment und notwendigem Personal
- Angaben zur brandschutztechnischen Infrastruktur des Krankenhauses, z. B. bauliche Brandschutzmaßnahmen, Schutzumfang der Brandmeldeanlage, Einzelheiten zur Alarmierung des zuständigen Personals, selbsttätige Feuerlöschanlage
- Notwendige Anzahl von mobilem medizinischen Equipment für die Räumung bzw. Evakuierung zur Mitnahme
  - Verfügbarkeit mobiler Beatmungsgeräte
  - Monitoring, Perfusoren und Infusomaten (transportabel und akkugepuffert)
- Zeit- und Personalbedarf aus medizinischer Sicht zur Herstellung der Transportfähigkeit eines Intensivpatienten. Betrachtung von Sonderfällen, z. B. Patienten im Sandbett
- Erforderliche Anzahl und Verfügbarkeit von Räumungs- und Evakuierungshel-

fern, ggf. auch aus anderen Krankenhausbereichen
- Klare Regelung von Aufgaben und Zuständigkeiten (Verantwortlichkeiten) im Räumungs- oder Evakuierungsfall
- Festlegung von Evakuierungszielen mit adäquater Möglichkeit zur Weiterversorgung von Intensivpatienten innerhalb des Krankenhauses
- Vorplanung der medizinischen Weiterversorgung der Intensivpatienten am Evakuierungsziel zur Erreichung der notwendigen Versorgungsstandards am aufnehmenden Ort
- Konzept zur Kommunikation zwischen Feuerwehr und Krankenhaus im Schadensfall: Alarmierungsstufenplan mit vorgeplanten Handlungsanweisungen für das Personal der Intensivstation
- Bildung einer Führungsstruktur als koordinierendes Team Krankenhaus (Medizin, Pflege, Technik), das der Feuerwehr bei jedem Schadenereignis sofort beratend zur Verfügung steht

Neben dem Brandfall sind auch andere kritische Ereignisse zu betrachten, die eine Räumung oder Evakuierung einer Intensivstation erfordern. Eine Evakuierung aufgrund eines Bombenfunds oder Ausfalls der Infrastruktur (z. B. medizinische Gase, Strom) wird in der Regel gesondert betrachtet, z. B. im Krankenhaus-Alarmplan.

Jeder Brandabschnitt mit einer Intensivstation sollte hinsichtlich der Versorgung mit wichtigen Medien (z. B. medizinische Gase, Strom) eigenständig versorgt werden, damit die Intensivstation bei einem Brandfall im Nachbarbereich nicht aufgrund des Ausfalls der Infrastruktur geräumt bzw. evakuiert werden muss.

Ausblick

Bei einem Brand im Krankenhaus ist die Gefahr für Leben und Gesundheit besonders hoch. Die Funktionsfähigkeit des gesamten Krankenhauses ist in Gefahr. Das richtige Verhalten der Krankenhausmitarbeiter spielt im Gefahrenfall eine entscheidende Rolle.

Der Fachkräftemangel im Pflegebereich hat auch Einfluss auf den Brandschutz im Krankenhaus. Bei der Festlegung der erforderlichen baulichen und anlagentechnischen Brandschutzmaßnahmen müssen auch geringere Personalverfügbarkeiten berücksichtigen werden.

Literatur

AK-Kurier (2013). (http://www.ak-kurier.de/ak¬kurier/www/artikel/22259-brand-im-kranken¬haus-forderte-ein-todesopfer—vier-verletzte, http://www.ak-kurier.de/akkurier/www/arti¬kel/22452-st–antonius-krankenhaus–brand–ursache-weiterhin-unklar, Zugriff am 06.05.2017).

Arbeitsgemeinschaft der Leiter der Berufsfeuerwehren in Nordrhein-Westfalen (AGBF NRW), Arbeitskreis Vorbeugender Brandschutz – Dr. Langenberg (Hrsg.) (2011): Brandschutztechnische Anforderungen an Krankenhäuser - Arbeitspapier für die Brandschutzdienststellen, Stand: 08.07.2011.

Bundesverband Technischer Brandschutz e.V. (bvfa) (Hrsg.) (2014): Brandschutzkompakt - Nr. 52 - Februar 2014, Schwerpunkt: Brandschutz in Krankenhäusern, S. 2.

Famers G., Messerer J. (Hrsg.) (2008): »Rettung von Personen« und »wirksame Löscharbeiten« – bauordnungsrechtliche Schutzziele mit Blick auf die Entrauchung, Grundsätze zur Auslegung des § 14 MBO der Fachkommission Bauaufsicht der Bauministerkonferenz (ARGEBAU) abgestimmt mit dem AK Grundsatzfragen und dem AK VB/G der AGBF, 16./17.10.2008

Farrenkopf, D. (1999): Leserbrief in der Brandschutz. Deutsche Feuerwehrzeitung 3/1999, S. 274.

FAZ - Frankfurter Allgemeine Zeitung, Die Welt, Spiegel Online (2007). (http://www.faz.net/ak¬tuell/gesellschaft/ungluecke/feuer-ein-toter-bei-¬brand-in-hamburger-krankenhaus-1408716.¬html, https://www.welt.de/print-welt/article715669/Psychisch-Gestoerte-legt-Feuer-in-¬Wandsbeker-Klinik.html, http://www.spiegel.de/panorama/hamburg-toter-und-verletzte-bei-¬brand-in-krankenhaus-a-463044.html, Zugriff jeweils am 06.05.2017).

Feuerwehr Essen (2013). (http://www.presseportal.de/blaulicht/pm/56893/2498998, Zugriff am 06.05.2017).

Knust, K., Eichhorn, C. (2007): Brand im St.-Elisabeth-Hospital Iserlohn, 112 Magazin 2 (4): S. 42-46, 48.

Land Brandenburg, Ministerium für Stadtentwicklung, Wohnen und Verkehr für das Land Brandenburg (Hrsg.): Verordnung über bauaufsichtliche Anforderungen an Krankenhäuser und Pflegeheime im Land Brandenburg (Brandenburgische Krankenhaus- und Pflegeheim-Bauverordnung – BbgKPBauV) vom 21.02.2003, zuletzt geändert am 19.12.2006.

Land Brandenburg, Ministerium für Stadtentwicklung, Wohnen und Verkehr für das Land Brandenburg (Hrsg.): Begründung zur Verordnung über bauaufsichtliche Anforderungen an Krankenhäuser und Pflegeheime im Land Brandenburg (Brandenburgische Krankenhaus- und Pflegeheim-Bauverordnung – BbgKPBauV), Entwurf vom 11.06.2002.

Land Nordrhein-Westfalen, Verordnung über bautechnische Prüfungen – BauPrüfVO vom 6.12.1995, § 9.

Main-Post (2005,2006). (http://www.mainpost.de/regional/franken/86-jaehrige-Patientin-stirbt-nach-Brand-in-Klinik;art1727,3145407, Zugriff am 07.05.2017).

Musterbauordnung - MBO - vom 01.11.2002, zuletzt geändert am 21.09.2012, § 14.

Muster einer Verordnung über Bauvorlagen und bauaufsichtliche Anzeigen (Musterbauvorlagenverordnung) - MBauVorlV - Fassung Februar 2007, § 11.

NNP, Nassauische Neue Presse (2013). (http://www.nnp.de/lokales/limburg_und_umgebung/Patientin-stirbt-in-den-Flammen;art680,680411, Zugriff am 06.05.2017).

Reintsema, J., Hartung, C. (Hrsg.) (2002): Brandschutz im Krankenhaus –Analyse von Bränden im Krankenhaus und Empfehlungen zur Risikominimierung für Patienten und Personal. Wegscheid: WIKOM GmbH.

Rhein Zeitung (2014). (http://www.rhein-zeitung.de/region/lokales/altenkirchen-betzdorf_artikel,-feuer-im-wissener-krankenhaus-offenbar-verletzte-_arid,1188143.html, Zugriff am 06.05.2017).

RP Online - Rheinische Post Online (2005). (http://www.rp-online.de/panorama/deutschland/patient-stirbt-bei-feuer-in-muenchner-krankenhaus-aid-1.1601286, Zugriff am 07.05.2017).

Weber, M., Lieber, S., Wüstenkamp, T., Franke, M., Hess, A., Schwede, L. (2017): Bochum: Großbrand im Berufsgenossenschaftlichen Uni-Klinikum, BrandSchutz Deutsche Feuerwehr-Zeitung 3/17: 174-188

Wichert, J. (2001): Pressemitteilung Firma Järven Health Care vom 08.08.2001.

Wolf, T. (2001): Modellierung von Räumungen in Krankenhäusern und anderen Pflegeeinrichtungen. Köln: Wuppertaler Berichte zum Brand- und Explosionsschutz, Band 2, VdS Schadenverhütung Verlag.

4.5 Information und Alarmierung

Rüdiger Giebler

Wie in allen Bereichen der Krankenhaus-Einsatzplanung sind auch beim Informationsaustausch und der Alarmierung die Einbindung des Krankenhauses in die regionalen Gegebenheiten sowie die Größe des Hauses und dessen interne Organisationsstruktur der maßgebliche Faktor für die Ausrichtung und Umsetzung geeigneter Konzepte.

Die Struktur der eigenen Betriebsorganisation ist mitbestimmend für die organisatorischen und technischen Maßnahmen bei der Alarmierung und der Krisenkommunikation. Eine in viele Kliniken, Zentren und Institute aufgeteilte Großklinik ist mitunter kleinteiliger strukturiert und stark hierarchisch unterteilt, wodurch bei der internen Alarmierung und dem Interinstitutionellen Informationsaustausch mehr Hürden zu überwinden sind, als dies bei einem kleineren Krankenhaus der Fall ist. Problematisch wird es, wenn die Institute derartig eigenständig sind, dass diese über eigene IT und Kommunikationstechnik innerhalb des Klinikums verfügen.

Diese in der bundesdeutschen Krankenhauslandschaft vorhandenen vielfältigen Ausprägungen machen es unmöglich einheitliche Lösungsansätze zu definieren.

4.5.1 Interinstitutioneller Informationsaustausch

Bei der Bewältigung von Krisen ist die Art, wie wir innerhalb der Krankenhausstruktur kommunizieren, mitentscheidend für die Bewältigung der Lage, aber auch für die Wirkung nach außen.

Wie in jedem Betrieb, so muss auch in einem Krankenhaus durch interne Abstimmung festgelegt werden, welche Führungsebene zu welcher Ausprägung eines Ereignisses hinzugezogen werden muss. Handelt es sich um Störungen im Betriebsablauf mit einer geringen und kurzfristigen Auswirkung auf einzelne Prozesse, reicht es aus, lediglich denjenigen zu benachrichtigen, der zur Behebung der Störung geeignet ist. Erkennt dieser, dass das Ereignis seine Kompetenz oder seine Entscheidungsbefugnis übersteigt, muss es auf die nächste Ebene eskaliert werden. In Abhängigkeit der vorhandenen Unterstützungsebenen wird die aktive Mitwirkung des höchsten Führungsstabes früher oder später erforderlich werden. Maßgeblich ist neben der Qualifikation der einzelnen Ebenen auch deren Kompetenz in Krisensituationen.

Gut vorbereitetes Personal kann besser auf Störungen reagieren und erkennt schneller, wenn es an die eigenen Leistungsgrenzen kommt und somit eine Situation eskalieren muss. Hier empfiehlt es sich, im Vorfeld Eskalationsstufen für die verschiedensten Szenarien festzulegen, um ihrer Anwendung durch die verschiedenen Hierarchieebenen eine Rechtssicherheit zu geben. Als Beispiel dienen hierfür die während der Schweinegrippe gewonnenen Erfahrungen. Aufgrund der Meldungen zur möglichen Pandemie kam es zu Engpässen bei der Lieferung von medizinischen Schutzhandschuhen. Hier kann durch Festlegung der Krankenhausleitung ein Trigger (Auslösekriterium) verankert werden, bei dessen Erreichen der Einkauf ermächtigt wird, frühzeitig und über die Grenzen des üblichen Budgets hinaus einen Vorrat dieser Artikel zu beschaffen. Im Bereich des Patientenmanagements bzw. Controllings kann eine Abfrage auf die für die Grippe relevanten Behandlungsziffern erfolgen. Diese Zahlen in Verbindung mit der aktuellen Lage ermöglichen eine Einschätzung für das eigene Haus mit der Möglichkeit, auf Basis eines Vorwarnsystems Maßnahmen zu Starten oder im Krisenstab zu bewerten.

Ähnliche Trigger können für technische Störfälle, Personalkrisen oder bei Szenarien wie MANV festgelegt werden.

Auch wenn nicht jedes Ereignis die aktive Mitwirkung der Krankenhausleitung erforderlich macht, so ist dennoch eine Information über den Vorfall selbst und den Sachstand sinnvoll, um bei Anfragen Außenstehender entsprechend informiert antworten zu können.

Dementsprechend sind auch kleine Ereignisse mit besonderer Wirkung in der Öffentlichkeit Anlass, umgehend die Krankenhausleitung sowie den Pressesprecher zu informieren.

Beispiel:

- Nach einem Verkehrsunfall wird eine Person des öffentlichen Lebens im Krankenhaus versorgt.
- Bei dem Probelauf einer neuen technischen Anlage stand eine große und weithin sichtbare Dampfwolke über dem Krankenhaus. Anwohner haben besorgt die Feuerwehr alarmiert. Letztendlich war es jedoch nur ein technischer Defekt ohne Folgen.

Gerade im täglichen Betrieb eines Krankenhauses ist der Austausch von Informationen wichtig. Streikt der Reindampferzeuger der zentralen Energiezentrale, so müssen hierüber zunächst die Sterilgutaufbereitung sowie in Folge auch der OP-Koordinator informiert werden, da ggf. die für folgende Eingriffe notwendigen Instrumente nicht rechtzeitig zur Verfügung stehen. Ist die mögliche Kompensation eine manuelle Reinigung muss hierfür Personal, Material und Gerät zur Verfügung stehen.

Auch diese Informationsschwellen müssen in Abhängigkeit vorhandener Ressourcen und Redundanzen für jedes Krankenhaus individuell festgelegt werden.

Hat das Krankenhaus die Risikoanalyse seiner kritischen Infrastrukturen durchgeführt, ist eine Übersicht darüber vorhanden, wie die zentralen Einrichtungen von den »Zulieferern« abhängig sind und welche Art von Störungen welchen Behinderungsgrad hervorrufen. Anhand dieser Risikobeurteilung werden die Trigger, Auslöseschwellen und Alarmstufen definiert.

Die Ereignisse, die in einem Krankenhausalarm- und Einsatzplan behandelt werden müssen, unterscheiden sich im Hinblick auf die Art der Alarmierung weniger in der Frage, ob es sich um eine endo- oder exogene Ursache Handelt. Viel mehr ist die Auswirkung des Ereignisses selbst das Kriterium, wer und somit auch wie alarmiert werden muss.

Eine technische Störung in der Kritischen Infrastruktur mit Auswirkung auf den Betrieb des Krankenhauses hat im ersten Schritt die Alarmierung von technischem und unterstützendem Personal zur Folge. Führt die technische Störung zu einem höheren Risiko in der medizinischen Versorgung oder der Sicherheit der Patienten, so werden auch zusätzliche medizinische Kräfte benötigt.

Welche Alarmschwellen für einzelne Bereiche an zu setzen ist, ist auch im Falle eines MANV von der Leistungsfähigkeit des jeweiligen Bereiches abhängig.

Eine fixe Schwelle für alle gleich zu definieren, wird mit zunehmender Größe des Hauses schwerer. Zu viele tagesabhängige Faktoren wie Krankenstand, technische Auslastung, Materialbevorratung uvm. bestimmen die Leistungsfähigkeiten der Bereiche.

4 Problemfelder im Krankenhaus

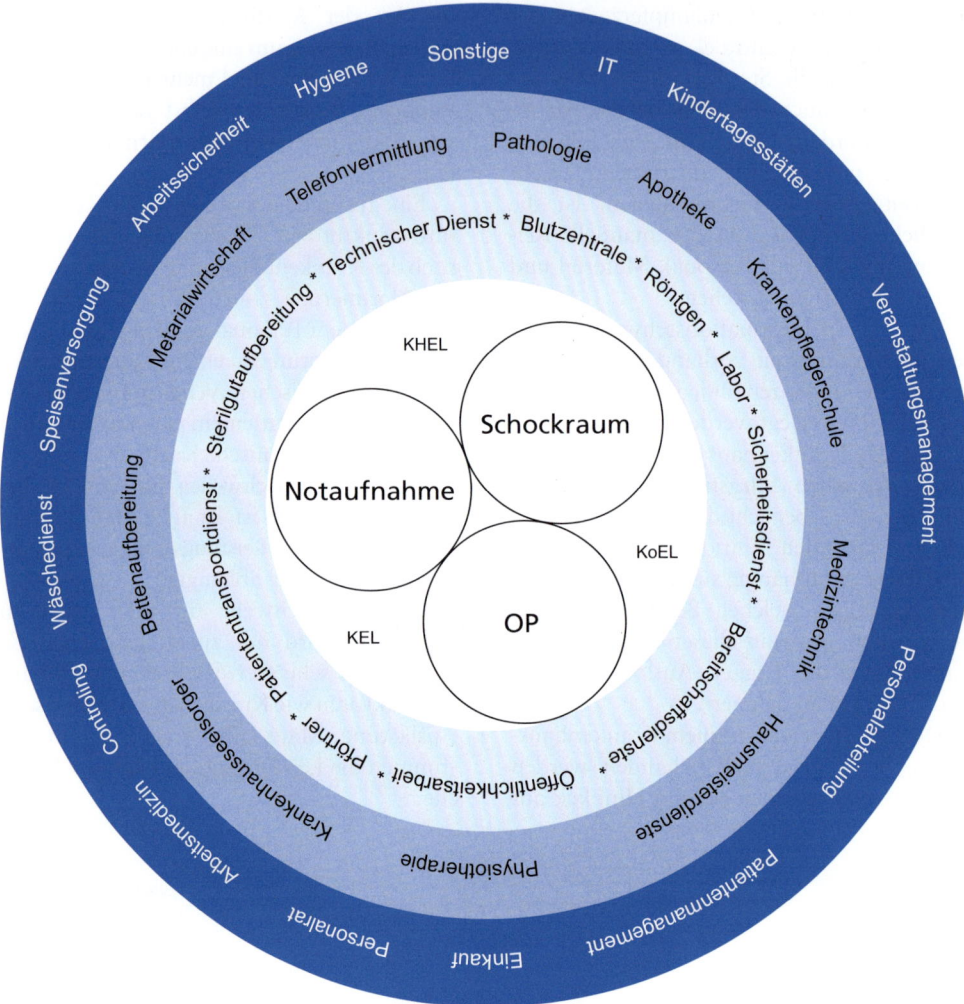

Mit Auftreten des Ereignisses ist eine schnelle Information in die Bereiche notwendig, die zur Bewältigung der Lage erforderlich sind. Darüber hinaus ist ab einer gewissen Schwelle auch Personal notwendig, welches im Normalbetrieb nicht zur Versorgung von Patienten eingesetzt würde.

4.5.2 Organisation der Alarmarchitektur – Vulnerable Stellen

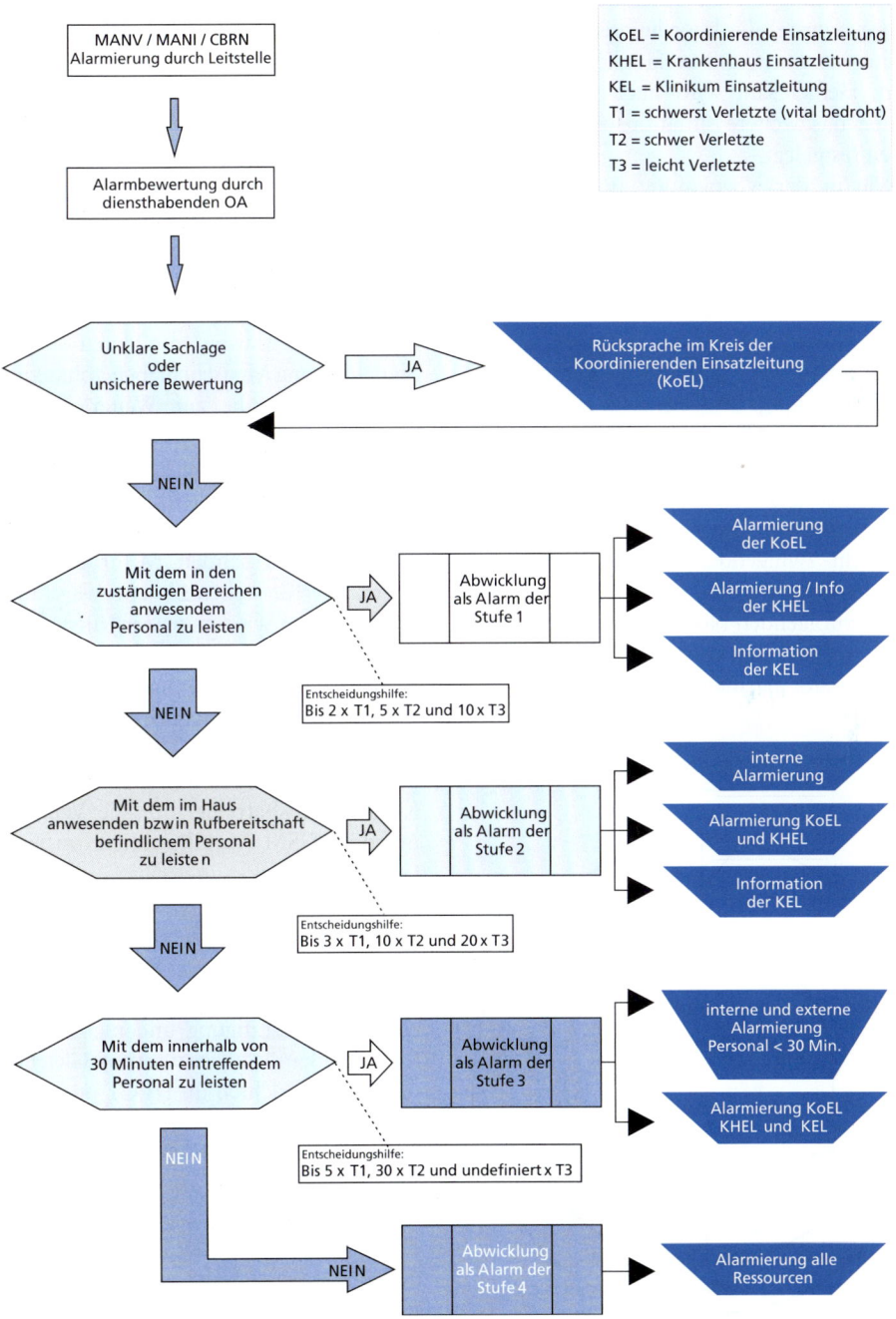

Auch wenn unterschiedliche Szenarien die Abarbeitung durch unterschiedliche Kräfte erforderlich machen, so ist es notwendig, dass ab dem Zeitpunkt, zu dem ein Szenario als Bedrohung des klinischen Betriebes identifiziert wurde, die koordinierende Einsatzleitung alarmiert und umfänglich informiert wird. Gemeinsam wird nach Vorlage der Fakten das weitere situationsbedingte Vorgehen festgelegt.

Wie in der Vorplanung ist es wichtig, hierbei die von der Lage betroffenen und besonders gefährdeten Bereiche zu identifizieren, das Risiko zu bewerten und entsprechende Maßnahmen zu veranlassen. Mit der ersten Umsetzung der Maßnahmen ist darüber hinaus eine erneute Evaluation der Lage notwendig. Im Gegensatz zur Lagebeurteilung der Hilfsorganisationen muss bei Schadenslagen im Krankenhaus auch die Rückführung in den Normalbetrieb berücksichtigt werden. Die bedeutet, dass Kräfte, die nicht zwingend zur Beherrschung der Lage benötigt werden, für die Sicherstellung des nachfolgenden Normalbetriebes zurückgehalten bzw. mit entsprechenden Instruktionen später alarmiert werden müssen.

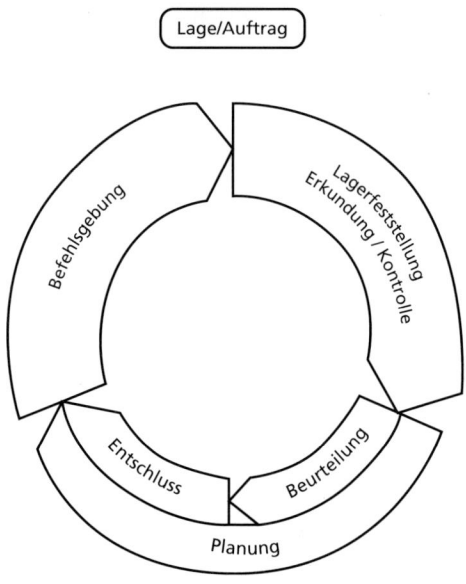

4.5.3 Technik und Logistik der Alarmierung

Die Alarmierung des Personals kann auf unterschiedliche Arten erfolgen. In Abhängigkeit davon, ob die Alarmierung intern oder extern durchgeführt wird, stehen verschiedene Varianten zur Verfügung.

Für eine interne Alarmierung können zunächst die im Betrieb verwendeten Kommunikationsmittel genutzt werden. Wichtig hierbei ist die Unterscheidung zwischen Alarmen der höchsten Anforderungsstufe wie Sektioalarm, Schwesternruf, Brandalarm oder andere Alarme, von deren sichereren Signalisierung Menschenleben abhängig sind und Alarmen, die zur Weiterleitung und Vervielfältigung von Informationen dienen (Herzalarm, Technische Störmeldungen oder Monitorüberwachungen).

Bei der internen Alarmierung werden die im Haus anwesenden Mitarbeiter informiert. Hierfür stehen üblicherweise technische Anlagen wie Schwesternruf- oder eine Lautsprecheranlage (ELA/SAA) zur Verfügung. Auch die Kommunikationsanlagen wie Personensuchanlage (Pager) oder mobile Telefonie via DECT oder WLAN kommen zum Einsatz. In wenigen Fällen greifen Krankenhausbetreiber auf die Versorgung mit dem GSM Mobilfunknetz im eigenen Gebäude zurück.

Bis auf die mobile Telefonie haben alle den Nachteil einer einseitigen Kommunikation. Auch wenn moderne Pageranlagen eine Rückmeldung zulassen, so ist dies meist nur eine Alarmbestätigung und nicht mit einer Kommunikation gleichzusetzen. Gleiches gilt für Textnachrichten im DECT oder WLAN bzw. für eine SMS im Mobilnetz.

Beim GSM/SMS im Bereich der internen Versorgung besteht auch heute noch die Problematik möglicher Störeinflüsse auf Medizingeräte, weshalb der Betrieb von Handys in unmittelbarer Nähe von Medizingeräten weiterhin als kritisch angesehen und ein

4.5 Information und Alarmierung

Sicherheitsabstand von 3,3 m empfohlen wird (Positionspapier 9/0508 des BfArM).

Bei den internen Übertragungswegen gilt für die individuelle Alarmierung die direkte bidirektionale verbale Kommunikation als die sicherste Variante. Hier ist eine direkte Übermittlung und unmittelbare Bestätigung standardmäßig gegeben. Allerdings ist sie zugleich die langsamste Alarmierungsmethode und daher nur zur Alarmierung einzelner oder weniger Empfänger geeignet. Nach einer Auswertung eines Alarmsystembetreibers dauert die manuelle Alarmierung von 9 Personen ca. 20 Minuten (Anwendungsbericht Techniker Krankenkasse und FACT24 vom 01.06.2015).

Ist eine Alarmierung aller oder vieler Mitarbeiter in kürzester Zeit notwendig, ist die schnellste Variante die interne Alarmierung mittels akustischer und optischer Signale der ELA. Um einen gewissen Grad an Vertraulichkeit zu erreichen, wird mit Codewörtern gearbeitet.

Die Alarmierung durch Textnachrichten im DECT- oder WLAN-System sind zuverlässig und können mit Auslieferungsnachweis vom Endgerät ausgeführt werden. Was bei professionellen DECT-Systemen Standard ist, muss allerdings im WLAN-Bereich mittels aufwändiger Zusatzfunktionen ergänzt werden und ist erst in den Standards neuerer Kommunikationsprotokolle integriert.

Am unsichersten ist die Alarmübermittlung via SMS, Nachrichtendienst oder Email auf das Handy oder Smartphone. Neben der möglichen Verzögerung der Nachrichtenübermittlung (Netzüberlastung, kostenoptimierter Datenversand u.Ä.) kommt in dieser Technologie die Ungewissheit der Erreichbarkeit hinzu.

Bei einer externen Alarmierung stehen die technisch sicheren Übertragungssysteme meist nicht zur Verfügung. Hier müssen die bei den Mitarbeitern vorhandenen Kommunikationsmittel als Alarmgerät angesprochen werden. Während Festnetz- und Mobiltelefone für Sprachnachrichten und SMS zur Alarmierung verwendet werden, wird Email mehr dazu verwendet, einer Alarmierung Zusatzinformationen mitzugeben.

Wie bei der internen Alarmierung ist die reine Textübermittlung gegenüber der Sprachalarmierung zwar die schnellere Variante, eine Bestätigung darüber, ob der Alarm empfangen und verstanden wurde und ob der Alarmierung folgegeleistet wird, ist ohne zusätzliche Tools nur bei der Sprachalarmierung gegeben.

Für die Alarmierung oder Information eines kleinen Personenkreises wie z. B. der Krankenhauseinsatzleitung empfiehlt sich die Alarmierung mit gleichzeitiger Einschaltung in eine Telefonkonferenz.

Solche Konferenzschaltungen können mit wenigen Teilnehmern (meist drei) die Telefonanlagen selbst oder Alarmserversysteme schalten. Bei der Alarmierung mehrerer Personen ist aufgrund des Zeitfaktors die computergestützte Variante der manuellen Telefonkette vorzuziehen.

Bei der technischen Unterstützung der Alarmierung gibt es unterschiedliche Varianten, die jedem Haus in Abhängigkeit der eigenen Anforderungen, technischen Ausstattung und Leistungsfähigkeit eine wirtschaftliche Lösung bietet.

Alarmgruppen bei TK Provider

Telekommunikationsbetreiber bieten Benachrichtigungsservice an die zuvor in Gruppen hinterlegte Telefonnummern nach Auslösung der Gruppe innerhalb kurzer Zeit mit der ebenfalls hinterlegten Nachricht alarmieren. Die Alarmierungslogik sowie das Personalmanagement liegen hierbei beim beauftragenden Krankenhaus. Der Dienstleister stellt lediglich die Alarmierung der hinterlegten Nummern sicher.

Vorteil: Einfache und günstige Variante – Betriebssicherheit, Updates und ausreichende Anbindung an das öffentliche Telekommunikationsnetz obliegen dem Dienstleister

Nachteil: Da jede Gruppe nur eine begrenzte Anzahl an Nummern aufnehmen kann und der Preis sich nach der Anzahl der Gruppen richtet, wird diese Lösung meist für volle Alarmierungen bzw. bei Alarmierungen mit geringer Differenzierung verwendet. Eine Alarmauslösung auf die internen Kommunikationssysteme wie Pager usw. oder durch interne Auslöser ist meist nicht möglich bzw. benötigt kleine Gruppen, zusätzliche Hardware wie Telefonwahlgeräte und generiert auch bei einem internen Alarm Kosten durch Anrufe von extern. Das Krankenhaus ist nicht selbst Herr der Alarmierung.

Alarmierung durch externe Dienstleister

Unternehmen, welche sich darauf spezialisiert haben, die Alarmierung für ihre Auftraggeber zu übernehmen, bieten hingegen auch die zur Verwaltung der Logik und zum Management der Personaldaten notwendigen Tools über separate Zugänge im Internet an. Mehrere Anbieter ermöglichen es den Mitarbeitern zudem, über individuelle Zugänge ihre personenbezogenen Daten selbst zu aktualisieren. Der vom Krankenhaus mit der Alarmierung Beauftragte kann die Zuordnung der Personen zu den einsatztaktischen Alarmgruppen online vornehmen. Die Systeme bieten zudem weitere Informationen und Möglichkeiten zur Alarmsteuerung und Eskalation inkl. der Auswertung von Rückmeldungen via SMS oder der Tatsache, dass bei Anruf ein Code eingegeben wird.

Vorteil: Betriebssicherheit, Updates und ausreichende Anbindung an das öffentliche Telekommunikationsnetz obliegen dem Dienstleister. Einige Anbieter ermöglichen die individuelle Aktualisierung der Daten durch die Mitarbeiter selbst.

Nachteil: Das Krankenhaus ist nicht selbst Herr der Alarmierung. Eine Alarmauslösung auf die internen Kommunikationssysteme wie Pager usw. oder durch interne Auslöser ist meist nicht möglich bzw. benötigt kleine Gruppen, zusätzliche Hardware wie Telefonwahlgeräte und generiert auch bei einem internen Alarm Kosten durch Anrufe von extern. Die personenbezogenen Daten des Personals liegen auf fremden Systemen.

Alarmierung mit eigenen Systemen (Alarmserver)

Während einige Hersteller von Telefonanlagen den Alarmserver als zusätzliche Komponente anbieten, bieten mehrere Firmen auch eigenständige Alarmserver, welche in die Telekommunikationslandschaft des Krankenhauses eingebunden werden an. Als Bestandteil der eignen TK bzw. IT-Landschaft unterliegt ein solcher Server oder Serververbund der eigenen Sicherheitsphilosophie. Die Leistungsfähigkeit des Gesamtsystems wird dabei durch die Einbindung in die Kommunikationsstränge und an andere Systeme wesentlich beeinflusst. Bei einem voll vernetzten System, welches mit der Gebäudeleittechnik ebenso über bidirektionale Schnittstellen verbunden ist wie mit der Brandmeldeanlage, dem Rohrpostsystem oder Schwesternrufanlage, geht der Nutzen schnell über den eines Alarmierungscomputers hinaus. Automatisierte Benachrichtigungen einzelner Fachgruppen, separate Zugänge mit Auslösemasken, Messenger Funktionen und Auftragssteuerung für den Patientenbegleitdienst sind ebenso möglich wie der Schutz von Einzelarbeitsplätzen durch eine Personennotruffunktion mit Ortsinformationen. Alarmserversysteme können Telefonkonferenzen managen und bei Aktivierung Anrufumleitungen mit Sprachansagen lagebezogen managen.

Vorteil: Eigener Herr der sicherheitsrelevanten Anlagentechnik und des Datenbestandes. Bei Schadenslagen mit dem Ausfall externer Versorgungseinrichtungen ist eine interne Alarmierung weiterhin möglich. Die Leistungsfähigkeit dieser Systeme kann durch interne Synergien kostengünstig voll ausgenutzt werden. Änderungen, Proberufe und Administration bedürfen keiner Dienstleistung eines externen Anbieters.

Nachteil: Die Kosten der Hardware sowie Aufwendungen von Soft- und Hardwareanpassungen und deren zyklischen Erneuerung trägt das Haus selbst (bei externen in Raten über die Vertragskosten).

Es ist eigenes Knowhow für die sichere Anlagentechnik und deren Administration erforderlich.

Literatur

Positionspapier »Nutzung von Mobilfunktechnik in medizinischen Einrichtungen« des BfArM
http://www.bfarm.de/SharedDocs/Risikoinformationen/Medizinprodukte/DE/mobilfunktechnik.html

4.6 Exponierte Positionen

4.6.1 Rolle der Notaufnahme in der Krise

Björn Hossfeld und Matthias Helm

Zu den Kernkompetenzen einer zentralen interdisziplinären Notaufnahme (ZINA) gehört, jederzeit flexibel auf das Eintreffen einer unvorhersehbaren Anzahl Erkrankter oder Verletzter zu reagieren. Die dort vorgehaltenen personellen Kompetenzen und materiellen Ressourcen machen die ZINA zu einem zentralen Anlaufpunkt für Patienten und Rettungsdienste sowie zum verlässlichen Partner für Einsatzleitung und Leitstellen im Rahmen von größeren externen wie internen Schadenslagen.

Dieses Kapitel soll die vielfältigen Rollen der Notaufnahme in der Krise beleuchten.

Alarmierung

Die ZINA eines Krankenhauses ist 24 Stunden jeden Tag interdisziplinär besetzt und aufnahmebereit und entsprechend für die Anmeldung von Patienten durch die Rettungsleitstelle jederzeit erreichbar. Damit ist sie der ideale Alarmierungspunkt eines Krankenhauses bei externen Schadenslagen. Die Leitstelle informiert telefonisch über Art und Ausmaß des Ereignisses und in welchen Zeitraum mit wie vielen Patienten zu rechnen ist. Das Leitungspersonal der Notaufnahme verfügt über die nötige Entscheidungskompetenz oder kann verantwortliche Entscheidungsträger umgehend erreichen und hinzuziehen. Im Falle einer Alarmierung entscheidet dieser Personenkreis über die Aktivierung des Krankenhausalarmplans mit den entsprechenden Führungs- und Personalstrukturen [1, sowie über Eingriffe in laufende Prozesse (z. B. Unterbrechung des OP-Programms, Entlassung von ambulanten oder mobilen stationären Patienten). Für solche Beschlüsse ist es erforderlich, einen Entscheidungsträger mit ausreichenden Befugnissen (z. B. Oberarzt der verantwortlichen Abteilung) mit einzubinden (▶ Kap. 2.4).

Bei internen Schadenslagen wiederum sind Krankenhäuser auf Hilfe von außen angewiesen. Die Kompetenz der Notaufnahmemitarbeiter in prähospitaler Notfall- und innerklinischer Akutmedizin sowie möglicherweise im Management von größeren Schadenslagen machen die Notaufnahme im Gegenzug auch zum Alarmierungspunkt bei Krisen innerhalb einer Klinik, um den routinierten Kontakt zur Rettungsleitstelle auch in umgekehrter Richtung zu nutzen.

Bei der Sarin-Gas Attacke in der U-Bahn der japanischen Hauptstadt Tokyo 1995 erreichten die ersten Patienten die Notaufnahme eines nahegelegenen Krankenhauses etwa eine halbe Stunde nach dem Anschlag (Okumura et al., 1998). Zu diesem Zeitpunkt gingen die Behörden noch von einer Gasexplosion aus und die Notaufnahme bereitete sich auf Explosionsverletzungen und Verbrennungen vor. Erst mit den eintreffenden Patienten, welche in der Anfangsphase nicht vom Rettungsdienst, sondern von Taxis und Passanten transportiert wurden, ergaben sich Hinweise auf eine abweichende Schadensursache. Diese Tatsache macht bereits zwei wichtige Aspekte deutlich: Unmittelbar an den Schadensraum angrenzende Notaufnahmen werden unvermeidlich von meist leichtverletzten oder -erkrankten Patienten überlaufen, sodass sie ggf. nicht mehr zur Aufnahme von Patienten des Rettungsdienstes in der Lage sind. Außerdem erreichen diese Patienten die Notaufnahme mitunter schneller, als verlässliche Informationen über das Schadensereignis seitens der Rettungsleitstelle vorliegen.

Daraus ergibt sich eine notwendige Vigilanzschulung des Notaufnahmepersonals für »ungewohntes Patientenaufkommen«, um aus der Häufung von Symptomen oder Verletzungen frühzeitig Anzeichen für einen Massenanfall zu erkennen und entsprechen eines Krankenhausalarmplans zu reagieren und ihrerseits die Rettungsleitstelle zu informieren.

Externe Schadenslagen

Die Annahme, dass Notaufnahmen in relativer Nähe zum Schadensort schnell durch leicht verletzte oder erkrankte »Selbstzuweiser« überlaufen und in ihrer Handlungsfähigkeit eingeschränkt sind, führte bereits bei den Planungen zur Fußballweltmeisterschaft 2006 zum Konzept von sogenannten Erstversorgungskliniken (Adams et al., 2015b) mit der Idee, dass in der für die Mitarbeiter gewohnten Umgebung einer Notaufnahme respektive eines Krankenhaus Patienten effektiver versorgt werden können als auf einem behelfsmäßig aufzubauenden Behandlungsplatz. Entsprechend wurde vorgeschlagen, Katastrophenschutzeinheiten direkt zur Unterstützung an betroffenen Notaufnahmen zu alarmieren.

Notaufnahmen als sichere Bereiche

Dieses Modell bekommt zusätzlich Bedeutung, wenn im Rahmen terroristischer Bedrohung die Etablierung stationärer Versorgungsstrukturen im prähospitalen Bereich (z. B. zeltgestützter Behandlungsplatz – BHP) ein nicht zu schützendes »weiches« Ziel entstehen ließe. Da die für den Schutz einer solchen Infrastruktur nötigen Polizeikräfte im Rahmen einer »bedrohlichen Einsatzlage« mit vielfältigen anderen Aufgaben ausgelastet sind, müssen neue Konzepte erwogen werden. Die Notaufnahmen von Krankenhäusern lassen sich durch Kontrolle der Ein- und Ausgänge zu weitgehend sicheren Bereichen machen. Für diesen Fall könnten Krankenhäuser mit einen differenzierten Schließkonzept ausgestattet werden, welches nach brandschutztechnischen Erfordernissen eine Öffnung von innen jederzeit ermöglicht, den Zutritt von außen durch Unbefugte jedoch verwehrt. Zusätzlich sollte eine Kontrolle der Ein- und Ausgänge erfolgen. Um Ein- und Ausgänge zu besetzen und Patientenströme zu leiten, hat die Medizinische Hochschule Hannover seit Jahren Vereinbarungen mit Kräften der freiwilligen Feuerwehren (Adams et al., 2015a).

Die Aufnahmebereitschaft kann erhöht werden, indem Besucher und ambulante Patienten aufgefordert werden, die Klinik zu verlassen, soweit dies ohne Gefährdung möglich ist. Dies gilt ebenso für Patienten in der Notaufnahme, welche sich selbst ambulant vorgestellt haben und für die bei aufgeschobener

Behandlung keine akute Bedrohung besteht. Sollte ein Verlassen der Klinik nicht möglich sein, müssen für diesen Personenkreis bereits im Vorfeld mögliche Wartebereiche (z. B. Hörsaal) identifiziert sein, wo sie die Versorgung der erwarteten Patienten nicht stören.

Aus- und Eingänge müssen besetzt werden. Der Zugang zur Klinik darf ausnahmslos über die Notaufnahme möglich sein, um Patienten zu registrieren und um die Möglichkeit zu minimieren, Attentäter in die Klinik hineinzulassen. Für alarmierte Mitarbeiter sollten Sammelpunkte definiert sein. Da vor allem bei internen Schadenslagen Polizei und Feuerwehr den Zugang zum Klinikgelände beschränken werden, sind ID-Karten, Mitarbeiterausweise o. Ä. für das Klinikpersonal hilfreich, um alarmiertes oder selbstständig in die Klinik kommendes Personal zu identifizieren (Hossfeld et al., 1999) und passieren zu lassen.

Notaufnahme als Sammelpunkt

Die Notaufnahme ist der erste Sammelpunkt für Patienten. Daher wird die Versorgungsdichte zunächst in diesem Bereich besonders hoch sein. Andere Bereiche der Klinik (Diagnostik, OP, Intensiv- und Normalstationen) werden Patienten erst bekommen, wenn diese die Notaufnahme passiert haben. Entsprechend sollte sich eintreffendes Personal unabhängig von der originären Abteilung oder Aufgabe in der Klinik zunächst in der Notaufnahme melden, um mit einer Konzentration der eintreffenden Kräfte auf die aktuelle Situation reagieren zu können.

Schon aus dem Routinebetrieb heraus sind Notaufnahmen an Phasen mit besonders hohem Patientenaufkommen gewöhnt (»Crowding«) (Pines et al., 2011). Dementsprechend kann der unerwartete Anstieg des Patientenaufkommens in einer Krise routiniert abgearbeitet werden, wenngleich zumindest für die erste Phase eines Massenanfalls eine Verstärkung mit Personal und Material erforderlich werden kann (Daniel, 2006).

Da moderne Notaufnahmen in der Regel interdisziplinär strukturiert sind und bereits im Routinebetrieb auf eine Vielzahl unterschiedlicher Krankheitssymptome und -schweregrade reagieren, erlaubt dies die weitgehend reibungslose Integration von abteilungsfremden Personal.

Darüber hinaus kann die Notaufnahme auch mit Medizingeräten (Monitore, Ultraschallgeräte etc.) und Material (Rollstühle, Liegen etc.) aus anderen Funktionsbereichen der Klinik zusätzlich ausgestattet und verstärkt werden. Erst mit der Verlegung von Notaufnahmepatienten in andere Funktionsbereiche werden diese durch zugehöriges Personal dorthin begleitet.

Sichtung und erste klinische Versorgung

Wird auf die Etablierung eines BHP im prähospitalen Umfeld verzichtet, ist die Notaufnahme nicht nur Anlaufpunkt für Leichtverletzte, sondern auch die erste Behandlungseinrichtung, die der Rettungsdienst erreicht. Eine Sichtung aller eintreffenden Patienten ist somit unerlässlich. Diese sollte möglichst außerhalb der Notaufnahme stattfinden, um Betroffene und Patienten besser zu kanalisieren und nur die Patienten in die Notaufnahme einzulassen, welche tatsächlich akut behandlungsbedürftig sind, während solche, auf die das nicht zutrifft, in anderen Räumlichkeiten (z. B. Speisesaal) betreut werden können. In den Alarmplänen vieler Kliniken ist für diese Sichtung beispielsweise die Halle der Liegendkrankenzufahrt vorgesehen. Bei »bedrohlichen Lagen muss dabei auch an das Thema Entwaffnung gedacht werden, um die Sicherheit von Patienten und Personal zu gewährleisten. Besonders zu Beginn einer »bedrohlichen Lage« stehen dafür wahrscheinlich nicht unmittelbar Polizeikräfte zur Verfügung. Entsprechend müssen mögliche Lösungen für dieses Problem im Vorfeld besprochen werden und könnten beispielsweise Teil eines Krankenhaus-Notfallplans sein.

Für die eintreffenden Patienten steht die Entscheidung über eine zeitkritisch notwendige Operation im Vordergrund. Die üblichen apparativen diagnostischen Möglichkeiten einer Notaufnahme (Bildgebung, Labor) können im Massenanfall schnell zum Flaschenhals werden (Frykberg, 2002). Sonographie (eFAST) mit mobilen Geräten kann hier eine entscheidende Hilfe bieten. Während Patienten im Routinebetrieb möglicherweise an Funktionsbereiche (Radiologie etc.) zur Sonographie weitergeleitet werden, kann es in der Krise sinnvoll sein, erfahrene Untersucher nebst mobilem Gerät in die Notaufnahme oder gar in den Sichtungsprozess zu integrieren (Daniel, 2006). Trotz einer solchen Maßnahme müssen dringende OP-Indikationen möglicherweise mit wenigen Befunden gestellt werden. Deshalb ist unbedingt ein in Katastrophen-, Einsatz- oder Taktischer Medizin erfahrener chirurgischer Fach- oder Oberarzt für die zentrale operative Notfallkoordination erforderlich (Franke et al., 2017). Die operative Versorgung muss individuell auf das Nötigste beschränkt werden. Gleiches gilt für die Ausnutzung der vorhandenen OP-Kapazitäten, um stets noch Teams und Säle für absolute Indikationen in der Hinterhand zu haben. Die Notaufnahme dient hierbei nur als Filter und kann, um funktionsfähig und aufnahmebereit zu bleiben, nicht die Pufferfunktion für die eingeschränkte OP-Kapazität bieten. Patienten müssen zeitnah auf Stationen oder zur Überwachung in andere Bereiche (z. B. Aufwachraum) verlegt werden. Patienten, die einmal die Notaufnahme verlassen haben, dürfen nicht dahin zurückkommen; nicht verzichtbare Diagnostik und Dokumentation müssen bei Verlassen der Notaufnahme abgeschlossen sein.

Infrastrukturelle Vorbereitung der Notaufnahmen

Um die Dokumentation bei einem Massenanfall von Notfallpatienten zu erleichtern und der Verwechslung von Anamnesen, Befunden und Anordnungen vorzubeugen, sollten die Patienten in der Reihenfolge ihres Eintreffens in der Notaufnahme nummeriert werden. Damit die Dokumentation aller im Verlauf des einzelnen Patienten erhobenen Daten vereinfacht wird, erhält der Patient ein mit seiner Nummer vorbereitetes Notfall-Dokumentations-Set mit einer Basisdokumentation, Laboranforderung, Röntgenanforderung, einem Beutel für Patienteneigentum etc. jeweils bereits mit der entsprechenden Nummer versehen. Dies bedeutet eine nicht zu unterschätzende Zeitersparnis bei der Dokumentation (Hossfeld et al., 1999). Je nach Software-Lösung lassen sich solche Notfall-Nummern für den Massenanfall bereits im Klinikinformationssystem hinterlegen und müssen dann lediglich mit den prähospital vergebenen Nummern abgeglichen werden.

Bereits in der Versorgung einzelner Patienten entstehen immer wieder Informationsverluste, bei der Übergabe zwischen einzelnen Bereichen in der Klinik (Ruchholtz et al., 1997). Das Risiko dazu ist im Massenanfall von Verletzten ungleich größer. Die Kollegen aus Paris beschreiben nach den Ereignissen vom November 2015, dass sie den Patienten feste Teams zugeordnet hatten, welche diese durch alle Stationen bis in den OP und auf die Intensiv- oder Normalstation begleitet haben (Hirsch et al., 2015).

Wiederausstattung des Rettungsdienstes

Vorbereitungen sind auch nötig, um den Rettungsdienst nach Übernahme der Patienten wieder mit Verbrauchsmaterial zu versorgen. In einem Massenanfall haben die RTW-Besatzungen kaum die Möglichkeit nach einem Einsatz ihr Fahrzeug auf der Rettungswache wieder einsatzklar aufzurüsten. Vielmehr müssen sie umgehend zur Einsatzstelle zurückkehren, um die nächsten Patienten aufzunehmen. Entsprechend sollte

Material (z. B. Infusionen, Verbände, Tourniquets, etc.) in den Notaufnahmen bereitstehen, aus dem sich der Rettungsdienst versorgen kann. Absprachen mit den Rettungsdienstbetreibern hierzu müssen bereits im Vorfeld erfolgen.

Interne Schadenslagen

Bei internen Krisensituationen (z. B. Brandevakuierung) befindet sich die Notaufnahme an der Nahtstelle zum Rettungsdienst. Schon wegen der unmittelbaren Nähe zur Liegendkrankenzufahrt passieren alle nicht-gehfähigen Patienten, die das Haus mit dem Rettungsdienst verlassen, die Notaufnahme. Ähnlich wie bei der Sichtung von Patienten aus externen Schadenslagen ergibt sich hier die Möglichkeit, Patienten zu sichten und zu beurteilen, welches Transportziel (andere Klinik oder behelfsmäßiger Überwachungsraum) und welche Transportart (von liegendem Einzeltransport im RTW bis zum sitzenden Sammeltransport) sinnvoll erscheinen. Parallel ist eine Ausgangs-Registrierung erforderlich, die bei späterer Rückführung der Patienten ebenfalls mit einer Eingangs-Registrierung beim Passieren der Notaufnahme abgeglichen werden kann. Sollten die gehfähigen Patienten die Klinik über andere Ausgänge verlassen, muss dort ebenfalls oder spätestens an einem Sammelpunkt, die Ausgangsregistrierung für diese Patientengruppe erfolgen.

Für die Registrierung bestehen abhängig von der Digitalisierung der Klinik unterschiedliche Möglichkeiten, von handschriftlicher Dokumentation über das Entnehmen von Klebe-Etiketten aus der Patientenakte bis hin zum Scannen von Bar-Codes auf Patientenarmbändern.

Übungen

Das Zusammenspiel von Notaufnahmepersonal und externen Kräften, sei es aus anderen Abteilungen der Klinik oder aus Einheiten des Katastrophenschutzes sollte durch Hospitationen in der Notaufnahme und in entsprechenden Übungen trainiert werden.

Fazit

Die zentrale interdisziplinäre Notaufnahme eines Krankenhauses ist gewohnt, interdisziplinär auch auf ungewöhnlich hohes Patientenaufkommen zu reagieren. Als erste Anlaufstelle bildet sie einen Puffer für die gesamte Klinik. Entsprechend muss durch eintreffendes Personal sowie durch Material aus anderen Funktionsbereichen verstärkt werden. Eine Sichtung bei externen Schadenslagen erfolgt idealerweise nicht bei Eingang in die Notaufnahme, sondern bereits davor (z. B. Halle der Liegendkrankenzufahrt). Nur so kann ein Bypass nicht-behandlungsbedürftiger Patienten sowie im Falle einer »bedrohlichen Lage« eine frühzeitige Entwaffnung der Patienten erfolgen. Die Sichtung selbst sollte durch einen erfahrenen chirurgischen Fach- oder Oberarzt erfolgen, um dringende OP-Indikationen auch ohne Befunde apparativer Diagnostik stellen zu können. Bei internen Schadenslagen kann die Notaufnahme eine wichtige Funktion in der Patientenregistrierung übernehmen.

Literatur

Adams HA, Flemming A, Krettek C, Koppert W (2015a) Der Notfallplan des Krankemhauses. *Medizinische Klinik - Intensiv Notfallmed 110*: 37–48.
Adams HA, Flemming A, Lange C, Koppert W, Krettek C. (2015b) Versorgungskonzepte im Großschadens- und Katastrophenfall. Medizinische Klinik - Intensivmed u. Notfallmed 110: 27–36.
Daniel HP (2011) Die Zentrale Notaufnahme als »Nucleus« im Alarmplan eines Krankenhauses. Wehrmedizinische Monatsschrift; 55: 151.
Franke A, Bieler D, Friemert B, Schwab R, Kollig E, Güsgen C (2017) The first aid and hospital

treatment of gunshot and blast injuries. Dtsch Arztebl Int 114: 237–43.

Frykberg ER (2002) Medical management of disasters and mass casualties from terrorist bombings: how can we cope? J Trauma 53: 201–12.

Hirsch M, Carli P, Nizard R, Riou B, Baroudjian B, Baubet T, et al. (2015) The medical response to multisite terrorist attacks in Paris. *Lancet* 386: 2535–8.

Hossfeld B, Helm M, Lampl L (1999) Die Notaufnahme im Massenanfall. Der Notarzt 15: 111–8.

Okumura T, Suzuki K, Fukuda A, Kohama A, Takasu N, Ishimatsu S, Hinohara S (1998) The Tokyo subway sarin attack: disaster management, Part 2: Hospital response. Academic Emergency Medicine 5: 618–24.

Pines JM, Hilton JA, Weber EJ, Alkemade AJ, Shabanah Al H, Anderson PD et al. (2011) International Perspectives on Emergency Department Crowding. Academic Emergency Medicine 18: 1358–70.

Ruchholtz S et al. (1997) Qualitätsmanagement in der frühen klinischen Polytraumaversorgung. Unfallchirurg 100: 859–66.

4.6.2 Die Rolle des Empfangs in der Krise

Michael Schneider

Der Empfang, die Rezeption, im Normalfall der erste Kontaktpunkt für viele internen und die meisten externen Kunden, ein Ort der Betreuung, die zentrale Schnittstelle vieler Unternehmen.

Wie der Titel dieses Kapitels bereits vermuten lässt, wird im Folgenden aber vielmehr auf die Rolle des Empfangs in Krisenfällen eingegangen. In solchen Situationen ist der Empfang nicht mehr nur eine Serviceeinheit, sondern überdies eine überaus bedeutsame, ja unverzichtbare Instanz im Rahmen des Krisenmanagements.

Das vorliegende Kapitel legt – stets unter Berücksichtigung realer Herausforderungen in vielen deutschen Krankenhäusern – besonderes Augenmerk auf räumlich-technische Begebenheiten sowie das Personalmanagement. Hierbei wird dargestellt, aus welchen Gründen gerade diese zuvor genannten Aspekte einer besonders intelligenten und nachhaltigen Steuerung bedürfen, um krisensicheres Handeln im Ernstfall zu ermöglichen.

Die Rolle des Empfangs umfasst mehr Zuständigkeiten, als es der Begriff zunächst vermuten lässt. Synonyme wie »Zentrale«, »Call-Center« oder auch »Zentrales Service Center« zeigen deutlich auf, dass dem Empfang im Krankenhaus die Rolle eines zentralen Knotenpunktes zukommt. Hier werden bedeutsame Informationen empfangen, gefiltert und kanalisiert.

Zunächst soll nun der Begriff »Krisenfall« genauer definiert werden. Unter »Krise« wird im vorliegenden Kapitel jede Situation verstanden, die einen negativen Verlauf nehmend vom Normalfall abweicht.

Herausforderungen für den Knotenpunkt »Empfang«

Die Erwartungen an den Empfang sind äußerst vielfältig. Eine ausschließliche Fokussierung auf diese Erwartungen wäre jedoch zu einseitig, vielmehr müssen diese vor dem Hintergrund aktueller Rahmenbedingungen diskutiert werden. Die sich hieraus ergebenden Spannungsfelder werden im Folgenden skizziert.

Rezeption oder Leitstelle?

Zunächst als provokante Fragestellung formuliert, wird deutlich, dass dem Selbstverständnis der am Empfang eingesetzten Mitarbeiter eine bedeutsame Rolle zukommt. Aktuell kommt ästhetischen Aspekten immer mehr Bedeutung zu: klare Linien, ein moderner, offener Tresen-Bereich, dem Corporate-Design entsprechendes Styling und ansprechende Ausleuchtung. Reizvolle Ästhetik – zumal diese an zentraler Stelle im Hause verortet ist – hat unzweifelhaft positive Wirkung auf sowohl Mitarbeiter als auch »Kunden«. Doch gilt auch hier, dass ein ansprechendes Deckmäntelchen keinesfalls inhärent marode Strukturen zu verdecken vermag. Zentral steht zu jeder Zeit die Ablauforganisation. Der Kunde steht im Fokus, nur fortlaufend geschulte Mitarbeiter sind in der Lage, professionell auf die Bedürfnisse der täglichen Klientel einzugehen.

Der Arbeitsplatz: die tägliche »Krise«

Die Anforderung des Arbeitsplatzes Empfang an die hier tätigen Mitarbeiter steht in krassem Widerspruch zur Common-sense-Annahme, dass dieser ein »Schon-Arbeitsplatz« sei. Diese Annahme ist offensichtliche Geringschätzung, ist die Tätigkeit doch äußerst kräftezehrend: Die Tätigkeit wird meist stehend, im Schichtdienst und bei erhöhtem Lärmpegel ausgeübt. Es gilt, der Kundschaft stets professionell zu begegnen und unterstützend zur Seite zu stehen. Die Branche bringt es mit sich, dass die täglichen Begegnungen hierbei bereits krisenhaften Charakter besitzen; nervöse Patienten, besorgte Angehörige oder Dienstleister unter Zeitdruck sind nur einige Beispiele von Kunden, die sich in Ausnahmesituationen befinden. Das Stresslevel der Empfangsmitarbeiter ist also bereits im »Normalfall« deutlich erhöht.

Aufgaben und Tätigkeiten

Die mit der Arbeit am Empfang einhergehenden Aufgaben und Tätigkeiten sind vielseitig: Wie Tabelle 4.5 zeigt, ist insbesondere zu Stoßzeiten die Erledigung der Aufgaben nur unter erhöhtem Arbeitstempo erreichbar. Insbesondere Punkt 6, kann als »weicher Faktor« zugunsten der anderen Tätigkeiten häufig nicht zufriedenstellend berücksichtigt werden.

Tab. 4.5: Normalfall und Krisenfall

Normalfall	Krisenfall
Auskünfte geben	1. Notfallhandys verteilen
Einweisen von Dienstleistern	2. Notfallschlüssel ausgeben
Schlüssel ausgeben	3. Notfalllisten abtelefonieren
Telefonate vermitteln	4. Presseanfragen lenken
Wege erklären	5. Einweisen
Zeit haben, sich kümmern	6. Konglomerat aus *Normalfall 1.-5.*

Das Personal

Als besonders kritisch muss die mitunter übliche Praxis bewertet werden, Mitarbeiter an den Empfängen einzusetzen, die ihren bisherigen Tätigkeiten in der Pflege oder im Wirtschaftsdienst auf Grund von multiplen Einschränkungen nicht mehr nachkommen können. Zentraler Kritikpunkt hierbei ist, dass hierbei das mit der Tätigkeit einhergehende, kontinuierlich hohe Stresslevel negiert wird. Ebenso mangelt es oftmals an einem auf das Krisenmanagement vorbereitende Training. Erwartungskonform ergeben sich hieraus insbesondere steigende Ausfallzeiten sowie eine Destabilisierung zuvor intakter Teamstrukturen.

Die Besetzung freier Empfangsstellen sollte keinesfalls der oben genannten Logik folgen, vielmehr ist es unverzichtbar, die Besetzung der Positionen und Verantwortungsbereiche gemäß des zugrundeliegenden

Servicegedankens vorzunehmen. Sind es doch Dienstleistungen verschiedenster Art, die den Arbeitsalltag kennzeichnen.

Folglich sollte bei der Auswahl der Empfangsmitarbeiter auf folgende Eigenschaften erhöhter Wert gelegt werden:

- Geistige Belastbarkeit
- Stressresistenz und Lärmverträglichkeit
- Körperliche Belastbarkeit

Gleichzeitig sind zum Beispiel Freundlichkeit, Zuverlässigkeit und erweiterte Sprachkenntnisse notwendige Grundvoraussetzung.

Wenn nun aber der »Pförtner« zum »Front-Office-Manager« geschult werden soll, stellt sich eine entscheidende Frage: Kann man Serviceorientierung lernen?

Zur Beantwortung dieser Frage sei ein Vergleich mit der modernen Hotellerie gestattet: Betrachten wir einen Wirtschaftsbetrieb mit 400 Betten, ein Businesshotel, in dem täglich in zwei engen Zeitfenstern ein Ansturm wichtiger Bedürfnisträger in Form teils gestresster Geschäftsleute auf die Mitarbeiter der Hotelrezeption losbricht, so sehen wir auf der anderen Seite geschultes Fachpersonal, welches nach dreijähriger Ausbildung mit teils weiterer Berufserfahrung in unterschiedlichen Hierarchiestufen gut gerüstet Stand hält. Die Technik ist meist auf dem neusten Stand, die Abläufe standardisiert und straff organisiert. Sämtliche Krisenszenarien sind erprobt und werden entsprechend den hohen Standards des Mutterkonzerns, der Geschäftspartner und der Gäste in regelmäßigen Intervallen erneut aufgefrischt. In der Hotellerie ist es also ebenfalls das Empfangsteam, welches im Zentrum des Alltags-, aber auch Krisen- und Katastrophenmanagements steht.

Die Anforderungen an die Mitarbeiter im Krankenhausbetrieb unterscheiden sich nicht maßgeblich von denen eines großen Hotelbetriebes. Deutliche Unterschiede zeigen sich jedoch, vergleicht man die personellen Skills der Empfangsmitarbeiter beider Institutionen. Die klassischen Pflichtschulungen im Krankenhaus beschränken sich in der Regel auf Brandschutz, Hygiene, Erste Hilfe und bestenfalls noch Beschwerdemanagement. Dabei zeigt sich deutlich, dass strukturierte Schulungs- und Entwicklungsprogramme, die Einbindung der Mitarbeiter in Stabs-Rahmenübungen und spezielle Team-Trainings einen klar positiven Effekt auf die Performanz, aber auch das Selbstverständnis der Empfangsmitarbeiter haben können.

Die folgende Tabelle zeigt Aspekte auf, die bedarfsgerecht im Rahmen von kontinuierlichen Fortbildungsmaßnahmen berücksichtigt werden sollten:

Tab. 4.6: Relevante Aspekte für Fortbildungen

Kommunikation und Service	• Richtig Zuhören und Verstehen • Gespräche führen • Zugewandt handeln • Reklamations-Handling • Klinikvokabular
IT & Technik	• Richtig Telefonieren • Call-Center-Software effizient nutzen • Neue Medien: Internet, WLAN, Social Media • Web 3.0: Informationsqualität und neue Kommunikationswege • KIS – Die richtige Information für meinen Kunden • Ausfall von EDV, Telefonanalage etc. • Medienausfall (Sauerstoff, Wasser, Strom etc.)
Sicherheit	• Meldeketten • Selbstschutz

Tab. 4.6: Relevante Aspekte für Fortbildungen – Fortsetzung

	• Handlungsschemata bei: • Pandemie • M.A.N.V. • Terrorismus • Feuer • Geiselnahme • Amoklauf • Suizid
Hospitationen	• Patientenaufnahme • Notaufnahme • Internistische Station • Patiententransport • Tertiärdienste

Nur durch regelmäßige, themenspezifische Schulungen und deren ebenso regelmäßige Auffrischung und Anwendung kann das Personal befähigt werden, im Krisenfall kompetent handlungsfähig zu bleiben. Die Mitarbeiter werden krisenmündig.

Dokumentation

Im klassischen Sinne der klinischen Qualitätssicherung liegt der Schwerpunkt aktuell häufig auf der Dokumentation von Verfahrensanweisungen und Vorfällen. Weder deren strategische Evaluation noch die Ableitung geeigneter Maßnahmen stehen derzeit im Vordergrund. Dies ist bedauerlich, bieten Evaluationen doch die beste Grundlage, die Krisensicherheit zu verbessern. Die Einbindung der Mitarbeiter in Evaluationsprozesse kann neben der deutlichen und transparenten Qualitätssteigerung gleichzeitig das Commitment verbessern und sogar als Team-Building-Maßnahme wirken. Gemeinsam erarbeitete Ziele sind vorgegebenen stets vorzuziehen, befähigen sie doch jeden Prozessbeteiligten zur Reflexion und bieten Raum für das Erfahren subjektiver Handlungskompetenz. Kann die klassische Paper-Pencil-Dokumentation durch eine digitale, prozessorientierte Dokumentation ersetzt werden, so erhalten wir über das vorgenannte Qualitätsentwicklungswerkzeug für den Empfang hinaus einen übergeordneten Indikator für Krisensicherheit und Servicequalität.

Technik und Medien

Die zentrale Fragestellung vor dem Hintergrund der Digitalisierung ist: Wie erreichen wir unseren digitalen Mitarbeiter, den Netzbürger?

Das Stichwort Digitalisierung ist in der Pflege und der medizinischen Versorgung, den primären Einsatzgebieten, längst angekommen. An der digitalen Erfassung, Steuerung und Entwicklung tertiärer Abläufe krankt es jedoch aktuell noch vielerorts.

Dabei bieten digitale Applikationen, wie Call-Center-Software oder Logistik-Apps, zusätzliche Kennzahlen und schaffen durch Automatisierung weitere Prozesssicherheit. Neue Medien, insbesondere soziale Medien, die bereits von großen Teilen der Mitarbeiter ganz selbstverständlich genutzt werden, werden bisher kaum oder gar nicht als Informations- oder Alarmierungsmedium eingesetzt.

Integration des Empfangs in das Notfallmanagement

Das Bewusstsein über die Rolle des Empfangs und die Bedeutung professioneller Kommunikation im Krisenfall fordert die enge Anbindung an die krisenbewältigenden Gremien KEL und MEL.

Um diese Rolle jedoch wahrnehmen zu können, bedarf es weiterer Ressourcen, die zum Beispiel durch die Zuordnung erwarteter Bedürfnisträger zu vordefinierten Pfaden gewonnen werden können. Eine entsprechende Priorisierung zu Lasten der Servicequalität hilft, im Krisenfall handlungsfähig zu bleiben.

Tab. 4.7: Zuordnung Bedürfnisträger

• Angehörige an	➢ Definierten Einzelplatz
• Leitstellen an	➢ KEL
• Mitarbeiter außer Dienst an	➢ Definierte Funktion der Abteilung
• Mitarbeiter im Dienst an	➢ Definierte Funktion der Abteilung
• Presse zur	➢ Pressestelle

Essenziell ist es, die Tätigkeiten und Pfade mit Funktionen zu verknüpfen, sodass personenunabhängig das System funktioniert.

Außenwirkung

Neben den offiziellen Kommunikationswegen über die qualifizierten und geschulten Stellen, ist der Einfluss professionellen, krisensicheren Handelns des Empfangs auf die Außenwirkung des klinischen Krisenmanagements immens, sofern die Weichen für die Informationen so gestellt werden, dass sie effizient und richtig fließen. Der geschulte und qualifizierte Mitarbeiter handelt sicher auf Grund von Wissen, agiert strukturiert, ruhig und zugewandt.

Fazit

Legen wir mehr Wert auf diesen Knotenpunkt, die Qualifikation des Teams und geben ihnen Wertschätzung und Wissen, so haben wir bei zeitgemäßem Einsatz von Technik und neuen Medien erhebliche Effizienzpotenziale zur Steigerung der Prozesssicherheit und Service-Qualität, sodass der Empfang seiner Rolle in der Krise souverän gerecht werden kann.

5 Kommunikation und Öffentlichkeit

5.1 Grundsätze der Krisenkommunikation mit Mitarbeitern und Angehörigen

Monika Funken

»Trojaner im OP« – »Grippe legt Krankenhaus lahm« – »Aufnahmestopp im Krankenhaus« – »Schwere Vorwürfe gegen Krankenhaus« – »Krankenhaus unter Beschuss«. Bei einer Internetsuche nach Schlagzeilen zu Krankenhäusern tauchen schon unter den ersten Suchergebnissen Überschriften auf, die auf eine Krise in der Klinik deuten (Online-Recherche www.google.de am 27.01.2017).

Anlässe für Krisen gibt es in Krankenhäusern viele: Hygienemängel, Behandlungsfehler, verunreinigte Infusionen, Spendenskandale, drohende Pandemien, gravierendes Fehlverhalten von Geschäftsleitung oder Mitarbeitern.

Schon diese wenigen Stichworte zeigen: Krankenhäuser sind sehr krisenanfällig. Nach dem Jahresbericht 2015 des amerikanischen »Institute for Crisis Management (ICM)« gehört das Gesundheitswesen zu den Top Ten der krisenanfälligen Wirtschaftszweige (http://¬crisisconsultant.com/mismanagement-white-¬collar-crime-top-2015-business-crises/).

Das ICM untersuchte für den Jahresbericht 2015 mehr als 200.000 Krisenfälle aller Branchen und stellte dabei als häufigste Krisenthemen (hier nur die TOP-10-Themen) fest:

- Falsche Unternehmensleitung, Misswirtschaft (31,41 %)
- Wirtschaftskriminalität (13,35 %)
- Verbraucheraktivitäten (7,75 %)
- Umweltschäden (6,21 %)
- »Whistle Blower« (5,88 %)
- Diskriminierung (5,32 %)
- Cyber-Kriminalität (4,75 %)
- Arbeitskonflikte (4,51)
- Feindliche Übernahmen (3,83)
- Sammelklagen (3,32 %)

Diese Beispiele zeigen, dass eine Krise nicht selbstverschuldet sein muss, sondern kann beispielsweise – ein recht neues, aber nicht unbedeutendes Phänomen für Krankenhäuser – durch einen Hacker-Angriff auf die IT verursacht werden. Deutlich wird: Jedes Krankenhaus kann jederzeit auch ohne eigenes Verschulden in eine Krise geraten.

Durch Internet und die zunehmende Bedeutung von Social Media wie Blogs, Twitter, Youtube, Facebook werden Nachrichten zudem viel schneller und flächendeckend transportiert. Vorkommnisse, die früher vielleicht von regionaler Bedeutung waren, können heute große Kreise ziehen.

Da bei Krisen im Krankenhaus meist die Gesundheit oder das Leben von Menschen gefährdet ist, reagieren Öffentlichkeit und Medien auf Vorfälle in Krankenhäusern sehr emotional. Jede krisenhafte Situation löst ein großes Kommunikationsbedürfnis intern und extern aus.

Deshalb ist Kommunikation eine Hauptaufgabe des Krisenmanagements. Informationen müssen gesammelt und bewertet werden, sich zu Wissen entwickeln, das mit anderen geteilt wird (vgl. Coombs/Holladay, 2012).

Aufgrund der großen Krisenanfälligkeit von Krankenhäusern sollte Krisenkommunikation für Kliniken von hoher Bedeutung sein.

5.1.1 Was ist eine Krise?

Doch nicht jede kritische Bewertung im Internet, jeder Behandlungsfehler oder jede negative Schlagzeile ist gleichbedeutend mit einer Krise. Was kennzeichnet eine Krise und was bedeutet das Wort überhaupt?

Im Deutschen Wörterbuch von Jacob und Wilhelm Grimm wird die Krise definiert als »entscheidung in einem zustande, in dem altes und neues, krankheit und gesundheit u. ä. mit einander streiten, [...]« (Im Deutschen Wörterbuch von Jacob und Wilhelm Grimm. 16 Bde. in 32 Teilbänden. Leipzig 1854-1961. Quellenverzeichnis Leipzig 1971. Online-Version vom 06.01.2017). Diese Erklärung trifft im Grunde heute noch zu. Für die Arbeit in der Krisenkommunikation stützen viele Fachleute sich auf die differenziertere Erklärung von Ulrich Kystek:

> »Unternehmenskrisen sind ungeplante und ungewollte Prozesse von begrenzter Dauer und Beeinflußbarkeit sowie mit ambivalentem Ausgang. Sie sind in der Lage, den Fortbestand der gesamten Unternehmung substantiell und nachhaltig zu gefährden oder sogar unmöglich zu machen.« (Krystek, 1987, S. 6)

Eine Krise zeichnet sich also im Wesentlichen dadurch aus, dass ein Prozess

- ungeplant und ungewollt,
- zeitlich befristet ist,
- mit ambivalenten Ausgang und
- existenzbedrohend sein kann.

5.1.2 Mögliche Folgen einer Krise im Krankenhaus

Ein ungewolltes Vorkommnis, das zu einer Krise führt, kann schnell gravierende Folgen haben: Im Klinikum Fulda wurde im Frühjahr 2011 rund ein Dutzend Patienten mit nicht korrekt gereinigtem OP-Besteck behandelt. Die mit dem verunreinigten OP-Besteck behandelten Patienten seien nach den Angaben im Zeitungsbericht glücklicherweise nicht zu Schaden gekommen. Das Klinikum Fulda hatte deutliche Einbußen: Rund ein Jahr nach dem Vorfall bezifferte der Vorstandssprecher Thomas Menzel den finanziellen Schaden durch die Hygiene-Mängel auf 12 Millionen Euro; Stellenabbau und ein strikter Sparkurs waren die Folge (Frankfurter Allgemeine Zeitung, 13.02.2012). (http://www.faz.net/aktuell/rhein-main/hygiene-skandal-am-fuldaer-klinikum-mancher-glaubt-bis-heute-an-sabotage-11648542.html, abgerufen am 27.01.2017)

Das Klinikum Mannheim rutschte – so ein Bericht der Südwest-Presse vom 04.01.2016 – ebenfalls durch einen Hygieneskandal in die roten Zahlen. Als Gründe nannte der Sprecher hohe Investitionen in den Hygienebereich und Mindereinnahmen durch weniger Patienten (http://www.swp.de/ulm/nachrichten/suedwestumschau/mannheimer-klinik-nach-hygieneskandal-weiter-in-roten-zahlen-14090255.html, abgerufen am 27.01.2017).

Diese Beispiele zeigen, dass Fehler zu einem Imageschaden führen, der – beispielsweise durch Ausbleiben von Patienten oder ungeplante Investitionen – finanzielle Folgen nach sich zieht und im Extremfall bis zur Zahlungsunfähigkeit führen kann.

Ein professionelles Krisenmanagement mit einer guten Krisenkommunikation ist daher für jede Klinik lebenswichtig. Wenn eine Krise eintritt, ist der Handlungsdruck enorm. Eine gute Vorbereitung auf eine schwierige Situation schafft Sicherheit und ist daher unverzichtbar.

5.1.3 Status der Krisenprävention in deutschen Krankenhäusern

Wie steht es um die Krisenkommunikation in Krankenhäusern? Mit dieser Frage beschäftigt sich eine Masterarbeit mit dem Thema »Präventive Kommunikationsmaßnahmen für den Krisenfall: Eine quantitative Untersuchung am Beispiel deutscher Krankenhäuser«, die 2016 an der Technischen Universität Ilmenau vorgelegt wurde (Peine, 2016).

Leider haben sich nur 110 deutsche Krankenhäuser unterschiedlicher Größe und Träger an der Online-Befragung dieser Untersuchung beteiligt. Aber die Autorin Monique Peine kommt zu dem Resultat. »Die Ergebnisse der 110 Teilnehmer zeigen, dass deutsche Krankenhäuser derzeit mangelhafte Krisenprävention betreiben, die grundlegenden organisatorischen Strukturen, wie ein Krisenstab, jedoch vorhanden sind. Zudem wurde eruiert, dass Krisenprävention in Krankenhäusern mit Krisenerfahrung am umfangreichsten praktiziert wird.« (Peine, 2016, Seite III)

Eine umfassende Vorstellung von Krisenpräventionsmaßnahmen ist hier nicht möglich. Daher sind nur in Kurzform die wichtigsten Maßnahmen (in Anlehnung an die Darstellung von Monique Peine (Ebd., Seite 27 - 31), mit eigenen inhaltlichen Ergänzungen) zusammengefasst. Sinnvoll sind vor allem

- Etablierung von »Frühwarnsystemen« Regelmäßige Medienbeobachtung und Analyse inkl. Social Media, um mögliche Trends und Probleme frühzeitig zu erkennen. Erfassen und Beobachtung von Krisenthemen in anderen Branchen und Unternehmen, die sich auf das eigene Haus auswirken können (»Issues Management«), um rechtzeitig vorbeugen, planen und idealerweise eine Krise verhindern zu können.
- Risikoerfassung und Schwachstellenanalysen
- Nutzung des internen Wissens durch eine gute Fehlerkultur und ein niederschwellig erreichbares, sanktionsfreies Meldesystem für kritische Zwischenfälle (CIRS)
- Erarbeitung und jährliche Aktualisierung eines Krisenmanagementplans inkl.
  - Regelungen zur Auslösung des Krisenfalls
  - Festlegung eines Krisenstabs mit den unterschiedlichen Rollen
  - Festlegung unterschiedlicher Alarmstufen
  - Alarmierungsmatrix
  - Zusammenstellung von Kontaktdaten interner und externer Ansprechpartner für den Krisenfall
- Checklisten zu folgenden Themen
  - Arbeitsmittel des Krisenstabs
  - Adressliste wichtiger Ansprechpartner bei Medien, Behörden und verschiedenen Zielgruppen
  - Überprüfung des Informationsbedarfs
  - Festlegen der Kommunikationsmedien intern und extern
  - Medienanalyse in der Krise
  - Tipps für Interviews
- Regelmäßige Krisenübungen, in denen anhand eines realistischen Beispiels überprüft wird, ob und wie der Krankenhausalarm- und Einsatzplan funktioniert
- Medientraining für die Personen, die in Krisensituationen für das Unternehmen sprechen
- Gute Beziehung zu Journalisten und wichtigen Multiplikatoren schaffen
- Mustertexte für interne und externe Mitteilungen entwickeln
- Erstellung einer »Dark Site«, also einer vorbereiteten Microsite, die bspw. aktuelle Informationen, Ansprechpartner oder Fragen und Antworten enthält und bei Bedarf der normalen Website vorgeschaltet wird.

- Ggf. Kooperation mit Experten zur Krisenkommunikation

Für Krankenhäuser, die ohne externe Unterstützung einen Krisenkommunikationsplan erarbeiten möchten, bietet beispielsweise die Broschüre »Krisenkommunikation« des Bundesministeriums des Inneren, die im Internet bestellt oder heruntergeladen werden kann, eine erste gute Grundlage zur Vorbereitung. (http://www.bmi.bund.de/SharedDocs/Downloads/BVS/DE/Krisenkommunikation/Krisenkommunikation.html)

Wichtig ist, sich überhaupt mit dem Thema zu beschäftigen, denn – wie es im Jahresbericht des Institute for Crisis Management formuliert wird: As the saying goes, failing to plan is planning to fail. (http://crisisconsultant.com/crisis-services/crisis-plan-development/)

5.1.4 Ursprünge von Krisen im Krankenhaus

Auf welche konkreten Krisenursprünge sollte ein Krankenhaus sich vorbereiten? Die oben genannten Schlagzeilen und die Zusammenfassung des ICM deuten schon verschiedene Themenfelder an. Üblicherweise werden in der Literatur fünf Themenkomplexe genannt: Naturkatastrophen, Böswilligkeit, Fehlverhalten, Unfälle und Gerüchte. Die Autorin der oben genannten Masterarbeit ergänzt für Krankenhäuser zwei weitere Problembereiche: finanzielle Bedingungen (aus dem Finanzierungssystem ergeben sich Sparzwänge) und patientenverursachte Krisenursprünge beispielsweise durch Weglaufen oder Suizid (▶ Abb. 5.1) (Peine, 2016).

5.1.5 Unterschiedliche Krisentypen und mögliche Reaktionen

Hilfe, die Krise ist da! Was nun? Auch wenn bei einer Krise eine rasche Reaktion wichtig ist, darf diese nicht unüberlegt sein. Wichtig ist, zunächst zu analysieren, was die Krise ausgelöst hat, ob und in welchem Umfang das Unternehmen dafür verantwortlich ist und welche Reaktionsmöglichkeiten es gibt.

W. Timothy Coombs, einer der profiliertesten Forscher zum Thema Krisenkommunikation, hat im Rahmen der Entwicklung seiner Situational Crisis Communication Theory - SCCT drei Krisentypen beschrieben:

- Die Opferkrise = das Unternehmen hat wenig Einfluss auf den Vorfall, sondern ist selbst »Opfer« geworden; ihm wird wenig Verantwortung zugeschrieben. Beispiel: Aufgrund einer Epidemie oder eine Katastrophe ist die Patientenversorgung nicht auf die gewohnte Art und Weise möglich.
- Die Unfallkrise = das Vorfall ereignet sich eher zufällig bei diesem Unternehmen, die Hauptverantwortung liegt nicht dort. Beispiel: Aufgrund eines plötzlich auftretenden technischen Fehlers fallen Geräte aus.
- Die Verantwortungskrise/Produktkrise = der Vorfall fällt in den Verantwortungsbereich des Unternehmens; dieses trägt in der öffentlichen Wahrnehmung hohe Verantwortung, Beispiele: Bekannte Hygienemängel werden nicht abgestellt oder finanzielle Schäden durch Unterschlagung.

Die Stakeholder reagieren unterschiedlich auf die Krisentypen, daher hat Coombs auch die folgenden unterschiedlichen Reaktionsmöglichkeiten erarbeitet.

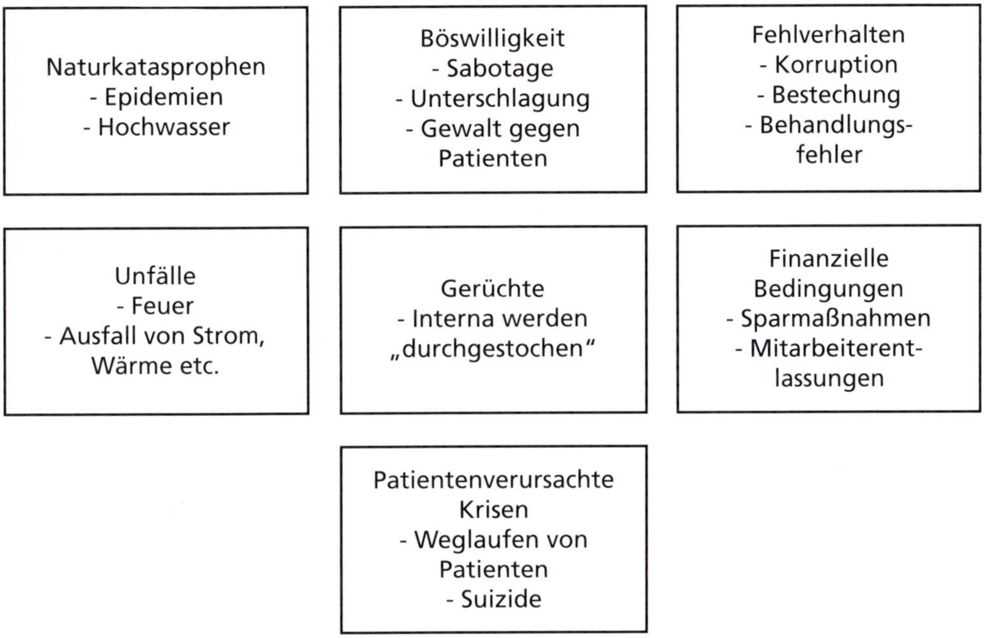

5.1 Grundsätze der Krisenkommunikation mit Mitarbeitern und Angehörigen

Naturkatasprophen - Epidemien - Hochwasser	Böswilligkeit - Sabotage - Unterschlagung - Gewalt gegen Patienten	Fehlverhalten - Korruption - Bestechung - Behandlungsfehler
Unfälle - Feuer - Ausfall von Strom, Wärme etc.	Gerüchte - Interna werden „durchgestochen"	Finanzielle Bedingungen - Sparmaßnahmen - Mitarbeiterentlassungen
	Patientenverursachte Krisen - Weglaufen von Patienten - Suizide	

Abb. 5.1: Mögliche Krisenursachen im Krankenhaus (Eigene Darstellung in Anlehnung an Peine, 2016)

5.1.6 Übersicht der Strategien zur Wiederherstellung der Reputation

1. Angriff/Attacke: Der Krisenmanager tritt der Person oder Gruppe entgegen, indem er behauptet, dass bei dieser Organisation etwas falsch ist.
2. Ablehnung: Der Krisenmanager versichert, dass es keine Krise gibt.
3. Sündenbock: Der Krisenmanager macht eine Person oder Gruppe außerhalb der Organisation für die Krise verantwortlich.
4. Ausflucht: Der Krisenmanager spielt die Verantwortlichkeit der Organisation herunter, indem er einen vorsätzlichen Schaden abstreitet oder behauptet, dass der krisenauslösende Vorfall unkontrollierbar war.
   a) Provokation: Die Krise entstand als Ergebnis der Reaktion auf das Handeln eines anderen.
   b) Anfechtbarkeit: Es fehlten Informationen über die Vorkommnisse, die zur Krisituation führten.
   c) Unbeabsichtigt: Es fehlte die Kontrolle über die Vorkommnisse, die zur Krisensituation führten
   d) Gute Absichten: die Organisation wollte alles richtig machen.
5. Rechtfertigung: Der Krisenmanager spielt den durch die Krise hervorgerufenen Schaden herunter.
6. Erinnerung: Der Krisenmanager erinnert die Stakeholder an die gute Arbeit der Organisation in der Vergangenheit.
7. Anbiederung/Liebenswürdigkeit: Der Krisenmanager lobt die Stakeholder für ihre Aktionen.

8. Entschädigung: Der Krisenmanager bietet den Opfern Geld oder Geschenke an.
9. Entschuldigung: Der Krisenmanager zeigt, dass die Organisation die volle Verantwortung für die Krise übernimmt und bittet die Stakeholder um Vergebung (http://www.instituteforpr.org/crisis-management-and-communications/, eigene Übersetzung, abgerufen am 27.01.2017).

Der Schweizer Kommunikationsberater Ansgar Thießen fasste die möglichen Kommunikationsstrategien wie folgt zusammen (Thießen, 2011).

Tab. 5.1: Mögliche Kommunikationsstrategien

	Strategie-Cluster	Rhetorische Botschaftsstrategie
Opferkrise (geringer Reputationsschaden)	Strategien der Zurückweisung	• Attacke • Zurückweisung • Sündenbock
Unfallkrise (milder Reputationsschaden)	Strategien der Milderung	• Vorwand • Rechtfertigung • Liebenswürdigkeit
Vermeidbare Krise (hoher Reputationsschaden)	Strategien der Übereinkunft	• Betroffenheit • Entschuldigen • Beichte • Eingestehen

5.1.7 Kommunikationsstrategien in der Krise

Doch was tun, wenn die Krise da ist? Ein positives Beispiel für Krisenkommunikation: Im August 2010 starben in der Uniklinik Mainz drei Säuglinge durch verunreinigte Infusionslösungen. Die Klinik entschied sich für ein offensives und transparentes Vorgehen intern wie extern. Prof. Dr. Norbert Pfeiffer, damals Medizinischer Vorstand und Vorstandsvorsitzender der Uniklinik, informierte selbst die Öffentlichkeit. Er stand bei allen Fragen Rede und Antwort und räumte in Interviews die Möglichkeit ein, dass ein interner Fehler zu dem Tod der Säuglinge geführt haben könne. Die Medienresonanz auf den Tod der Babys war riesig. Die Informationspolitik der Uniklinik war vorbildlich, wurde häufig gelobt und im November 2010 auf dem Kommunikationskongress der Gesundheitswirtschaft ausgezeichnet. (http://www.aerztezeitung.de/praxis_wirtschaft/praxismanagement/praxisfuehrung/article/627044/uni-mainz-erhaelt-preis-krisenkommunikation.html, abgerufen 27.01.2017)

Die Art der Kommunikation hat einen direkten Einfluss darauf, wie das Vorkommnis bei den verschiedenen Zielgruppen – Patientinnen und Patienten, Beschäftigte, Medien, Öffentlichkeit – wahrgenommen wird. Nach einer Studie der PR-Agentur Porter/Novelli glauben zwei Drittel der Befragten, dass es ein Schuldeingeständnis ist, wenn ein Unternehmen in einer Krise schweigt. Häufig wird durch eine falsche Kommunikationsstrategie (Schweigen, Leugnen, Vertuschen) nicht nur das Vorkommnis als Skandal wahrgenommen, sondern vor allem der Umgang damit. Bekannte Negativbeispiele dafür sind z.B. das Kommunikationsverhalten nach der Umweltkatastrophe am Golf von Mexiko oder der Loveparade-Katastrophe in Duisburg.

Bei einer offensiven Kommunikationspolitik – schnell, aber nicht überstürzt oder ungeplant - lässt das Medieninteresse schneller nach. Wenn keine Informationen nach außen gegeben werden, recherchieren Journalisten auf eigene Faust und finden in der Regel auch Wege, die gesuchten Informationen zu erhalten. Dann besteht die Gefahr, dass Gerüchte oder Halbwahrheiten transportiert werden. Eine fremdbestimmte Berichterstattung führt dazu, dass nicht mehr agiert, sondern nur noch reagiert werden kann. Dies schränkt die eigenen Möglichkeiten ein und sollte meist vermieden werden. Dazu gehört es, dass alle internen und externen Zielgruppen rasch und verantwortungsvoll informiert werden. Es muss mit einer Stimme gesprochen werden. Daher muss zügig feststehen, wer die Sprecherrolle (Geschäftsführung, Ärztlicher Direktor, Unternehmenskommunikation, ...) übernimmt.

Dr. Andreas Schwarz, Geschäftsführer der Internationalen Forschungsgruppe Krisenkommunikation an der TU Ilmenau, empfiehlt fünf grundsätzliche Kommunikationsregeln zu beachten:

- Konsistent kommunizieren
- Transparenz schaffen
- Empathie zeigen
- Schnell reagieren
- Auf die Schuldfrage eingehen

»Am Wichtigsten ist es in einer Krise, überhaupt zu kommunizieren«, so Schwarz abschließend. »Kein Kommentar ist auch ein Kommentar und zwar der schlechteste. Unternehmen, die nicht mit der Öffentlichkeit sprechen, nehmen sich die Chance, ihre Sicht der Dinge darzustellen und die Krise zu bewältigen. Wenn ein Unternehmen mauert, wird automatisch immer eine Schuld vermutet.« (https://www.tu-ilmenau.de/fileadmin/media/crisis/DIE_NEWS_Interview_09-2012_final.pdf)

5.1.8 Besonderheiten bei der Krisenkommunikation im Krankenhaus

In der Literatur findet sich überall der Rat, in Krisen offen und umfassend zu informieren. Im Krankenhaus herrscht allerdings ein anderer rechtlicher Rahmen als in den meisten Unternehmen. Das ärztliche Standesrecht mit der ärztlichen Schweigepflicht (http://www.bundesaerztekammer.de/recht/berufsrecht/muster-berufsordnung-aerzte/muster-berufsordnung/, abgerufen am 27.01.2017), der Daten- und Patientenschutz (https://www.aerzteblatt.de/archiv/160611/Empfehlungen-zur-aerztlichen-Schweigepflicht-Datenschutz-und-Datenverarbeitung-in-der-Arztpraxis) stehen beispielsweise im Widerspruch zum Informationswunsch der Presse, so dass die Möglichkeiten einer offensiven Kommunikation eingeschränkt sind, wenn Patienten betroffen sind.

Außerdem gibt es Meldepflichten, die im Krisenfall nicht vergessen werden dürfen (Meldung verschiedener Erkrankungen oder Krankheitserreger, Meldung von MRSA) (https://www.gesetze-im-internet.de/ifsg/__6.html).

Wenn es um den Vorwurf eines Behandlungsfehlers geht oder Strafverfahren gegen Beschäftigte eingeleitet werden, sollte unbedingt juristischer Rat eingeholt werden.

5.1.9 Wie gehe ich vor? Mit welchen Schritten beginne ich?

Wenn die Krise da ist, scheint alles auf einmal auf die handelnden Personen einzustürmen. Wichtig ist dann, einen klaren Kopf zu behalten und strukturiert vorzugehen. In dem Buch »Krisenkommunikation – Grundlagen und Praxis« haben die Autoren Thomas W. Ullrich und Mathias Brandstädter ein übersichtliches und sehr praxistaugliches Vorgehen zur Entscheidung über die Kommunikation im Krisenfall entwickelt (Brandstädter/Ullrich, 2016). Sie empfehlen die Entscheidungsfindung anhand der folgenden Aspekte:

1. Zeitpunkt der kommunikativen Intervention
2. Absender der kommunikativen Intervention
3. Nachricht der kommunikativen Intervention
4. Adressaten der kommunikativen Intervention
5. Kanäle der kommunikativen Intervention
6. Intervention auf dem Rechtsweg

5.1.10 Wer sind die Stakeholder eines Krankenhauses?

Doch wer muss im Falle einer Krise informiert, mit wem muss kommuniziert werden? Kommunikation im Krankenhaus ist nicht trivial, da ein Krankenhaus eine vielschichtige und komplexe Organisation ist mit vielfältigen Stakeholdern, deren Interessen nicht einheitlich sind. Die wichtigsten Zielgruppen eines Krankenhauses, die auch im Krisenfall nicht vergessen werden dürfen, zeigt Abbildung 5.2.

Im Rahmen dieses Kapitels sollen die internen Zielgruppen beleuchtet werden, dazu zählen Mitarbeiterinnen und Mitarbeiter, Patientinnen und Patienten sowie Angehörige.

Abb. 5.2:
Ausgewählte Zielgruppen eines Krankenhauses

5.1.11 Kommunikation mit Patientinnen, Patienten und Angehörigen

Das Kölner Rheingold-Institut hat 2013 im Rahmen einer Studie »Heilsame Stimmung im Krankenhaus« auch Interviews mit Patienten durchgeführt und kommt dabei unter anderem zu folgendem Ergebnis: »Die Einlieferung in ein Krankenhaus wird von allen Patienten als ein schmerzlicher und schicksalhafter Einbruch erlebt. Sie fühlen sich aus ihrem Leben und Alltag herausgerissen. Für die meisten Patienten ist das Krankenhaus eine Gegenwelt zur heutigen Turbo- und Effizienz-Gesellschaft, in der sich viele Menschen in einem Zustand besinnungsloser Überbetriebsamkeit befinden. Im Krankenhaus fühlen sich die Patienten weitestgehend stillgelegt und entmündigt. Sie erleben hier eine oft kränkende Umkehrung der vertrauten Alltagsverhältnisse. Weitgehend ohnmächtig geraten sie in ein fremdes Getriebe, eine Schicksalsmühle mit oft schwer nachvollziehbaren Regeln.« (http://www.rheingold-marktforschung.de/veroeffentlichungen/artikel/Heilsame_Stimmung_im_Krankenhaus_-_Die_Studie_2013.html) Prof. Dr. Dipl. Psych. Karin Tritt, Psychologische Psychotherapeutin, beschreibt in einem Skript zum Arzt-Patienten-Verhältnis die Stressreaktionen von Patienten – von der kognitiven Ebene über emotionale und vegetativ-hormonelle Ebene bis hin zu muskulären Reaktionen (http://www.meb.uni-bonn.de/psychiatrie/medpsy/manuskripte/ss06_medizinsoziologie_kommunikation_arzt_patient_tritt.pdf). Für Patientinnen und Patienten ist also bereits der Krankenhausaufenthalt eine Ausnahmesituation. Kommt noch eine Belastung durch eine Krise innerhalb des Krankenhauses – beispielsweise durch Medienberichte über angebliche Hygienemängel oder Behandlungsfehler – hinzu, verstärkt dies diesen Zustand. Fehlende Information und Nichtwissen führen zu dann zu weiterer Verunsicherung und zu wenig hilfreichen Spekulationen.

Ähnliches gilt auch für Angehörige. Sie sind – gerade bei schwerkranken Patienten – in Sorge, emotional belastet. Das Krankenhausumfeld, die Medizintechnik, die Sprache und das Regelwerk des Krankenhausalltags sind ihnen fremd (http://www.rhccc.med.tum.de/sites/www.rhccc.med.tum.de/files/inhaltsseiten_generell/Mayr_8_Patientenforum.pdf). Für Angehörige in der Klinik erscheint vieles, was für Ärzte und Pflegende Alltag ist, sehr bedrohlich. Schläuche, Apparate und hektisches Personal lösen oft große Ängste aus. Was Angehörige erwarten, ist das unmittelbare Eingehen auf ihre aktuelle Situation und ihre Hilflosigkeit (http://www.linus-geisler.de/art2007/200705mabuse-angehoerige.html).

Krankenhäusern müssen diese Emotionen und Erwartungen bewusst sein und gerade in einer Krise die Kommunikation mit Patienten und Angehörigen gezielt planen. Zu berücksichtigen sind dabei sowohl die ambulanten und stationären Patienten mit Angehörigen, die sich bereits im Krankenhaus befinden, als auch diejenigen, bei denen ein Krankenhausaufenthalt geplant ist oder als Notfall unvermeidlich wird. Über welche Medien im Krisenfall kommuniziert wird, hängt vom konkreten Vorfall und den Kommunikationsmitteln des Krankenhauses ab. Erste Anlaufstelle für die stationär aufgenommenen Patienten mit Angehörigen ist in der Regel das Stationsteam, das eine Sprachregelung kennen muss. Bei einem schweren Unfall mit einem Massenanfall von Verletzten oder einen Brand im Krankenhaus kann ein Bürgertelefon notwendig sein, um Anfragen künftiger Patienten und besorgter Angehöriger beantworten zu können. Ein freundliches Info-Kärtchen kann bei einem kurzfristigen Stromausfall, der keine Folgen für die Patientenversorgung hatte, ausreichen. Zur Vorbereitung ist es sinnvoll, eine Checkliste mit einer Übersicht der vorhandenen Kommunikationskanäle anzulegen, auf die im Bedarfsfall sofort zugegriffen werden kann.

5.1.12 Crisis Communication begins at home?

In der Krise denken viele Krisenmanager zunächst an die externen Bezugsgruppen. Insbesondere börsenorientierte Unternehmen sind verpflichtet, bestimmte Vorkommnisse zu melden. Auch Krankenhäuser haben je nach Krisenfall verschiedene Meldepflichten zu erfüllen. Zudem überlagert die Angst vor einem »Shitstorm« im Internet oder einer negativen Presseberichterstattung häufig die Gedanken an die internen Ansprechpartner.

Doch keinesfalls darf vergessen werden, dass die Beschäftigten eines Krankenhauses eine zentrale Rolle in der Kommunikation spielen. Ärzte und Pflegekräfte sind erste Anlaufstellen für viele externe Anspruchsgruppen: Patientinnen und Patienten, Angehörige, Einweiser, Kooperationspartner gehen häufig zuerst auf die ihnen bekannten Ansprechpartner zu, bevor sie Fragen an die Unternehmensleitung oder die Kommunikationsabteilung stellen. Mitarbeiterinnen und Mitarbeiter sind also zum einen wichtige Indikatoren, weil sie erste Krisenanzeichen wahrnehmen können, und gleichzeitig bedeutsame Multiplikatoren bei der Krankenhauskommunikation. Da ein einheitliches Auftreten in der Krise bedeutsam ist, muss es klare Sprachregelungen geben; das Unternehmen muss mit »einer Stimme« sprechen. Damit die Beschäftigten dazu beitragen können, müssen sie informiert, für die Krise sensibilisiert sowie instruiert werden, wie sie sich verhalten sollen.

Zudem sind die Mitarbeiterinnen und Mitarbeiter vor Ort eine beliebte Anlaufstelle für Journalisten. Unabhängig von den Informationen, die von der Unternehmensleitung kommen, recherchieren Journalisten gerne auf eigene Faust, um möglicherweise zusätzliche Informationen zu erhalten. Daher darf nicht vergessen werden, Mitarbeiterinnen und Mitarbeiter zu informieren, wie sie sich im Krisenfall zu verhalten haben und ggf. eine verbindliche Sprachregelung zu kommunizieren.

Zudem muss bedacht werden, dass die Beschäftigten im Krisenfall selbst betroffen sind. Sie sorgen sich um »ihr« Krankenhaus, vielleicht sogar um einen möglichen Fortbestand des Unternehmens. Dies spiegelt sich sowohl in der täglichen Arbeit als auch im persönlichen Umfeld wider, zum Beispiel in Gesprächen mit der Familie, mit Freunden und Verwandten. Daher gilt der häufig zitierte Spruch »Public Relations begins at home« von Edward Louis Bernays, einem der Begründer der Public Relations, unbedingt auch für die Krisenkommunikation.

Ein Krankenhaus verfügt über eine heterogene Mitarbeiterschaft mit unterschiedlicher Vorbildung, unterschiedlichen Kommunikationsgewohnheiten und -möglichkeiten. Daher muss die Kommunikation im Krisenfall möglichst vielfältig sein, um alle Beschäftigten zu erreichen. Mit der internen Kommunikation darf nicht erst in der Krise begonnen werden, sondern eine etablierte Kommunikation zahlt sich aus:

> »Eine starke interne Kommunikation und eine positive Unternehmenskultur sorgen dafür, dass die Mitarbeiter gegenüber dem Unternehmen loyal sind und den Führungskräften vertrauen«, sagt der Ilmenauer Krisenkommunikationsexperte Dr. Schwarz in dem oben genannten Interview. »Sie werden auch in einer Krise ein positiveres Bild des Unternehmens nach außen tragen.« (https://www.tu-ilmenau.de/fileadmin/media/crisis/DIE_NEWS_Interview_09-2012_final.pdf)

5.1.13 Intern gleich extern? Es gibt kein Standardrezept für die Kommunikation in der Krise

Im Mittelpunkt der Forschung zur Krisenkommunikation stehen vor allem die externe

Wirkung der Krise und die Kommunikation mit externen Stakeholdern. Doch wird die Krise intern genauso wahrgenommen? In der Masterarbeit »Intern gleich extern? – Der Einfluss der Krisenkommunikation eines Unternehmens auf seine Mitarbeiter und Kunden« untersucht die Autorin Susanne Lanzmich diese Frage mittels einer experimentellen Online-Befragung. Sie führt in einem Abstract zur Bewerbung um den Nachwuchsförderpreis 2015 des Bundesverbandes deutscher Pressesprecher e.V. (BdP) weiter aus:

»In der Auswertung der Untersuchung zeigt sich, dass die zentralen, von der SCCT beschriebenen Wirkungszusammenhänge sowohl bei Kunden als auch bei Mitarbeitern Gültigkeit besitzen. […] Mitarbeiter neigen dazu, einem Unternehmen in der Krise in geringerem Maße die Verantwortung zuzuschreiben als Kunden. Diese Unterschiede schlagen sich auch in der weiteren Reaktion der Stakeholder auf die Krise nieder: Die beiden Gruppen weichen im Krisenfall in ihren Emotionen, Verhaltensabsichten und Einstellungen voneinander ab, wobei die Reaktionen der Mitarbeiter tendenziell positiver ausfallen: Sie empfinden mehr Mitgefühl, sind eher bereit sich positiv über das Unternehmen zu äußern und weisen insgesamt eine etwas positivere Einstellung ihm gegenüber auf. […]. Insgesamt müssen sich Kommunikationsmanager in der Bewältigung von Krisen also bewusst machen und berücksichtigen, dass eine Krisensituation intern und extern unterschiedlich wahrgenommen wird und verschiedene Reaktionen hervorrufen kann […].« (https://www.bdp-net.de/sites/default/files/¬abstract_lanzmich_susanne.pdf)

Zusammenfassung

- Krankenhäuser sind – auch ohne eigenes Verschulden - anfällig für Krisen.
- Krisenprävention – also Krisenvorsorge und Krisenvermeidung - ist essenziell. Viele Krankenhäuser haben hier noch Nachholbedarf.
- Entwickeln Sie einen Krisenplan und aktualisieren Sie ihn mindestens jährlich. Halten Sie die Adressen Ihrer wichtigsten Zielgruppen aktuell und üben Sie für den Ernstfall.
- Versuchen Sie, mögliche kritische Themen im Vorfeld einer Krise zu entdecken, um gegensteuern zu können.
- Krankenhäuser sollten nach den gleichen Grundsätzen kommunizieren wie andere Unternehmen. Vergessen Sie aber nicht höhere Rechtsgüter wie ärztliche Schweigepflicht und Datenschutz, die auch bei der Kommunikation in der Krise berücksichtigt werden müssen.
- Gehen Sie bei der Krisenkommunikation strukturiert vor.
- Communication begins at home!

Literatur

Ärzteblatt - Bekanntmachung der Bundesärztekammer und der Kassenärztlichen Bundesvereinigung (Juni 2014): Empfehlungen zur ärztlichen Schweigepflicht. (https://www.aerz¬teblatt.de/archiv/160611/Empfehlungen-zur-¬aerztliche-Schweigepflicht-Datenschutz-und-¬Datenverarbeitung-in-der-Arztpraxis, abgerufen am 20.01.2017)

Ärztezeitung (03.11.2010): Uni Mainz erhält Preis für Krisenkommunikation. (http://www.¬aerztezeitung.de/praxis_wirtschaft/praxisma¬nagement/praxisfuehrung/article/627044/uni-¬mainz-erhaelt-preis-krisenkommunikation.¬html, abgerufen 27.01.2017)

Bundesärztekammer (Muster-)Berufsordnung für die in Deutschland tätigen Ärztinnen und Ärzte (Stand 2015). (http://www.bundesaerztekam¬mer.de/recht/berufsrecht/muster-berufsord¬nung-aerzte/muster-berufsordnung/, abgerufen am 27.01.2017)

Bundesministerium des Inneren (2015): Leitfaden Krisenkommunikation. (http://www.bmi.¬bund.de/SharedDocs/Downloads/BVS/DE/Kri¬senkommunikation/Krisenkommunikation.¬html, abgerufen am 06.01.2017)

Coombs, W. Timothy (2007): Crisis Management and Communications. (http://www.institute¬forpr.org/crisis-management-and-communi¬cations/), eigene Übersetzung, abgerufen am 27.01.2017

Coombs, Timothy W. (2012): Parameters for Crisis Communication. In: Coombs, Timothy W., Holladay, Sherry J. (Hrsg.): The Handbook of Crisis Communication, John Wiley & Sons. Seite 17 - 53

Hileman, Deb, Institut for crises management (2016): Mismanagement, White Collar Crime Top 2015 Business Crises (http://crisiscon¬sultant.com/mismanagement-white-collar-crime-top-2015-business-crises/)

Grimm, Jacob und Wilhelm: Deutsches Wörterbuch. 16 Bde. in 32 Teilbänden. Leipzig 1854-1961. Quellenverzeichnis Leipzig 1971. Online-Version http://dwb.uni-trier.de/de/, abgerufen am 06.01.2017

Frankfurter Allgemeine FAZ (2012) Hygiene-Skandal am Fuldaer Klinikum: Mancher glaubt bis heute an Sabotage. (http://www.faz.net/¬aktuell/rhein-main/hygiene-skandal-am-ful¬daer-klinikum-mancher-glaubt-bis-heute-an-¬sabotage-11648542.html), abgerufen am 27.01.2017

Krystek, U. (1987): Unternehmungskrisen - Beschreibung, Vermeidung und Bewältigung Überlebenskritischer Prozesse in Unternehmungen. Wiesbaden: Gabler Verlag

Lanzmich, Susanne (2015), Formblatt zur Einreichung für den Nachwuchsförderpreis 2015 des Bundesverbandes deutscher Pressesprecher e.V. (BdP) – Abstract- – Masterarbeit – Intern gleich extern? Der Einfluss der Krisenkommunikation eines Unternehmens auf seine Mitarbeiter und Kunden. (https://www.bdp-net.¬de/sites/default/files/abstract_lanzmich_susanne.¬pdf, abgerufen am 06.01.2017)

Geisler, Linus: Feind, Freund oder Partner? - Angehörige im Krankenhaus. DR. MED. MABUSE, Nr. 167, Mai/Juni 2007, S. 23-26 (http://¬www.linus-geisler.de/art2007/200705mabuse-¬angehoerige.html), abgerufen am 27.01.2017

Mayr, Martina (2011): Umgang mit den Angehörigen im Krankenhaus - Vortrag beim 8. Patientenforum des Roman-Herzog-Krebszentrums. (http://www.rhccc.med.tum.de/sites/¬www.rhccc.med.tum.de/files/inhaltsseiten_¬generell/Mayr_8_Patientenforum.pdf, abgerufen am 27.01.2017

Tritt, Katja (2006): Kommunikation in der Arzt-Patienten-Beziehung. (http://www.meb.uni-bonn.de/psychiatrie/medpsy/manuskripte/ss06_¬medizinsoziologie_kommunikation_arzt_pati¬ent_tritt.pdf), abgerufen am 27.01.2017

Peine, Monique (Masterarbeit): Präventive Kommunikationsmaßnahmen für den Krisenfall eine quantitative Untersuchung am Beispiel deutscher Krankenhäuser, Verfasser/in: Monique Peine; Kathrin Schleicher; Martin Löffelholz, Dissertation: Masterarbeit Technische Universität Ilmenau 2016

Przyklenk, Andrea (2012) in »Die News«: Kein Kommentar ist der schlechteste - Stumme unternehmen tun sich schwerer in der Krise (https://www.tu-ilmenau.de/fileadmin/media/¬crisis/DIE_NEWS_Interview_09-2012_final.¬pdf), abgerufen am 27.01.2017

Rheingold-Institut (2013): Heilsame Stimmung im Krankenhaus - Die Studie 2013 (http://www.¬rheingold-marktforschung.de/veroeffentlichun¬gen/artikel/Heilsame_Stimmung_im_Krankenh¬aus_-_Die_Studie_2013.html), abgerufen am 27.01.2017

Südwestpresse (2016): Mannheimer Klinik nach Hygieneskandal weiter in roten Zahlen. (http://¬www.swp.de/ulm/nachrichten/suedwestum¬schau/mannheimer-klinik-nach-hygieneskan¬dal-weiter-in-roten-zahlen-14090255.html), abgerufen am 27.01.2017

Thießen, Ansgar (2011): Organisationskommunikation in Krisen. Wiesbaden, VS Verlag für Sozialwissenschaften

Ullrich, T., Brandstädter, M. (2016): Krisenkommunikation – Grundlagen und Praxis. Eine Einführung mit ergänzender Fallstudie am Beispiel Krankenhaus. Stuttgart: Kohlhammer.

5.2 Krisenkommunikation mit den Medien: Hinweise für eine kommunikative Intervention im Ernstfall. Eine Entscheidungshilfe.

Matthias Brandstädter

5.2.1 Krisenkommunikation – Was sie ist, was nicht

Zunächst: Nicht jede Unannehmlichkeit, ist eine Krise. Umgekehrt gilt aber auch: Nicht jede Krise ist in ihrer Drastik sofort zu erkennen. Die Verlaufsformen unterscheiden sich drastisch: Streik und innerbetriebliche Krisen, Kunstfehler, Brände, Kunstfehler, Hygienemängel, Ermittlungsverfahren oder Unregelmäßigkeiten bei der Abrechnung oder in der Zentralsterilisation – die Anlässe für krisenhafte Ereignisse sind ebenso vielfältig wie unterschiedlich. Stellte die Krisenkommunikation schon vor der Digitalisierung eine zentrale PR-Disziplin dar, gewinnt sie jetzt noch mehr an Stellenwert. Wettbewerb, Fachkräftemangel, anspruchsvolle Patienten sowie eine Medienlandschaft, die aufgrund des Wandels der Skandalisierung immer aufgeschlossener erscheint. Umso erstaunlicher ist es, dass in den meisten fachlichen Diskussionen nach wie vor ein eher unausgegorenes Verständnis von Krise und von Krisenkommunikation tradiert wird.

Die Liste kommunikativer Missgriffe scheint unerschöpflich. Was für den politischen und industriellen Sektor gilt, trifft auch auf das Klinikwesen zu: Vor allem sogenannte Hygieneskandale oder vermeintliche Behandlungsfehler stehen dabei oftmals im Fokus, aber die Liste kritischer Ereignisse ließe sich beliebig verlängern. Natürlich ist nicht jedes gehäufte Auftreten nosokomialer Infektionen oder ein suboptimales Behandlungsergebnis gleich ein *Skandal*; die Grenzen dessen, was im medialen Diskurs vermittelt wird, sind aber gerade in diesen Fällen eng gesteckt. Gleichzeitig blüht im Schatten dieser Kommunikationspannen eine Beratungsindustrie, die mit selbsterstellten Krisenkommunikationsrezepten und kuriosen Checklisten eilfertig Abhilfe verspricht – zum Teil für hohe vierstellige Tagesgagen. *Seien Sie transparent, authentisch, eigeninitiativ und gehen Sie möglichst zügig an die Öffentlichkeit*: Oftmals werden dann derlei unsinnige Ratschläge kolportiert, die nicht immer falsch sein müssen, aber vor allem auch nicht immer richtig. Sie stammen meist aus der Feder ehemaliger Journalisten, die sich wünschen, man hätte ihnen gegenüber so berichtet. Aber wie sieht effiziente Krisenkommunikation aus? Was kann sie leisten? Um diese Fragen zu beantworten, bietet es sich an, zunächst einen Blick darauf zu werfen, wie sie eben nicht funktioniert. Die Disziplin der Krisenkommunikation wird seit jeher auch durch Mutmaßungen und diverse Fehlinformationen angereichert. Diese sind zunächst einfach nur unnütz oder ärgerlich, bisweilen aber auch richtig gefährlich – vor allem für denjenigen, der sich im Ernstfall darauf verlässt. Diese Spurenelemente der Krisenkommunikation sind aber hilfreich, dieses Aufgabenfeld, das zu Recht als Königsdisziplin gilt, vom Kopf auf die Füße zu stellen. Ansonsten bleibt jede Theorie und Praxis der Krisenkommunikation akademische Fingerübung ohne echten Nutzen. Welche Fehlannahmen sind gemeint?

- *Erstens:* Nicht jede Unannehmlichkeit, mediale Auseinandersetzung oder Unwägbarkeit ist faktisch eine Krise. Der Begriff der »Krise« wird oftmals völlig unreflektiert, falsch und vor allem viel zu leichtfertig verwendet. Insoweit bedarf er einer Klärung, denn seine Verwendung ist eindeutig mehrdeutig. *Eine Krise ist in kommunikativer Hinsicht immer eine Imagekrise, die bei relevanten Ziel- und Anspruchsgruppen einen Vertrauensverlust bewirkt.* Ein Vorfall bewirkt demnach eine Imageänderung bei den Ziel- und Anspruchsgruppen und tangiert damit die Vertrauensbeziehung und perspektivisch den Markenwert Es besteht die Gefahr, dass sich Kunden und Kooperationspartner daraufhin über kürzere oder längere Dauer vom Unternehmen abwenden.[6] Zentral aber ist: Damit ist die Imagekrise deutlich von der Krise im betriebswirtschaftlichen Sinne zu trennen. Eine Imagekrise kann im Effekt auch Geld kosten, aber eine betriebswirtschaftliche Krise muss umgekehrt keine Imagekrise sein. Das zeigt das Beispiel des TV-Geräteherstellers Loewe, dessen Insolvenzantrag vor einigen Jahren mit einer ausgeprägten medialen Reverenz für die Traditionsmarke einherging. Ein Unternehmen kann in den Augen der Zielgruppen ein vorzügliches Image haben, aber insolvent gehen, oder es kann – wie am Beispiel der Firma Monsanto zu studieren war – ein in der medialen Öffentlichkeit umfassend beschädigtes Image verkörpern, aber gleichzeitig wirtschaftlich erfolgreich sein.

- *Zweitens:* Kommunikative Krisen sind Enttäuschungen der Images, die sich relevanten Gruppen vom Unternehmen in der Vergangenheit gemacht haben. Durch eine Krise kann ein Schaden drohen. Dieser Schaden ist in erster Linie immateriell, es sind Verluste am fragilen Gut Vertrauen. Dies hat aber mittelfristig kausalen Impact auf Umsatz und Ertrag eines Krankenhauses. Wer kommunikativ Schützenhilfe bieten will, muss diesen Zusammenhang entschlüsseln. Es gilt also: Nicht jede Existenzbedrohung führt zu einer relevanten Imageenttäuschung, aber *jede Imageenttäuschung zieht, sofern sie nicht nachhaltig geheilt wird, einen Vertrauensverlust beim Kunden und einen monetären Schaden nach sich. Der Schaden ist dabei proportional zur Summe der Vertrauensverluste bei den Ziel- und Anspruchsgruppen abzüglich der Bekanntheitssteigerungen.* Jede Krise, ohne mediale Beachtung wäre es schließlich keine, geht mit massiver Öffentlichkeit und einem medialen Fokus einher.

- *Drittens* ist Krisenkommunikation nur ein Spezialfall dessen, was man Issues Management oder Themenmanagement nennt. Darunter verstehen wir das aktive Managen von Themen (sogenannten Issues), die für eine Unternehmung von strategischer Bedeutung sind. Dabei gilt es, die Themen und die damit verbundenen Chancen und Risiken frühzeitig zu erkennen, geeignete Handlungsstrategien zu entwickeln, Positionen und Begründungen zu erarbeiten und die interne und externe Kommunikation proaktiv vorzubereiten. Tritt ein Thema von der Latenzphase in die manifeste Phase, greifen die vorher erarbeiteten Kommunikationsstrategien. Diese Betrachtungsweise ist alles andere als trivial, denn daraus folgt, dass der überwiegende Teil der Krisenkommunikation unsichtbar bleibt und proaktiv oder antizipativ geschieht. Es sind *Akte der kommunikativen Vorsorge.* Große Teile des Themenmanagements erblicken – vor allem dann, wenn sie funktionieren – nie das Licht der medialen Öffentlichkeit. Über diesen Aspekt der Krisenkommunikation wird aber kaum geredet. Nicht zuletzt, da er in der Regel

---

6 Der Artikel orientiert sich grundlegend an der 2016 erschienenen Monographie zum Thema Krisenkommunikation: Mathias Brandstädter/Thomas Ullrich: Krisenkommunikation – Grundlagen und Praxis. Eine Einführung mit ergänzender Fallstudie am Beispiel Krankenhaus. Stuttgart: Kohlhammer. Relevant sind hier vor allem Kapitel 2, 3 und 7.

nicht umfassend medial wahrnehmbar geschieht. In den Köpfen vieler Funktionsträger hält sich aber nachhaltig das Vorurteil, Krisenkommunikation hätte automatisch etwas mit Pressekonferenzen und Akten befreiender Rede versiert formulierender Menschen zu tun. Wer so in Pressekonferenzen handelt, ist bestenfalls leichtsinnig, schlimmstenfalls einfach nur fahrlässig unterwegs.

- *Viertens:* Da in vielen Kommunikationsabteilungen ehemalige Journalisten arbeiten, kursieren Faustformeln zur Krisenkommunikation, die aus Sicht der Journalisten entwickelt wurden und offenbar in erster Linie deren Bedürfnisse widerspiegeln. Aktiv, transparent und authentisch heißen die Schlagwörter. Von Kommunikationsexperten wird oft betont, Unternehmen seien gut beraten, bei wichtigen negativen Informationen grundsätzlich die offene und aktive Kommunikation mit den Stakeholdern zu suchen. Das mag in einigen Fällen stimmen, aber nicht in allen und schon gar nicht per se im Gesundheitssektor, wo wir es je nach Krise auch mit Fragen des Versicherungsschutzes und des Schutzes von Daten und Persönlichkeitsrechten oder mit strikten Auflagen im Zuge staatsanwaltlicher Ermittlungen zu tun haben. Hier ist eine differenzierte Betrachtungsweise angebracht, die den Horizont solcher pauschalen Empfehlungen erweitert.

5.2.2 Proaktiv: Erfolgskritische Faktoren erkennen und bewerten

Krisenkommunikation verhält sich analog zum schwimmenden Eisberg: Ein Großteil ist für Außenstehende nicht zu erkennen. Was hat also im Vorfeld zu geschehen? Ein strategisches Issue ist ein Sachverhalt oder ein Ereignis, welches das bestehende Unternehmens- oder Produktimage bei den wirtschaftlich relevanten Teilöffentlichkeiten dergestalt verändern **könnte**, dass diese (merklich) Vertrauen zu dem Unternehmen bzw. dem Produkt verlieren oder gewinnen. Der Unterschied zur Definition der Imagekrise ist hier also nur der fett markierte Modus des Konjunktivs, insofern ist Krisenkommunikation, wie in der Folge zu sehen sein wird, nichts anderes als Themenmanagement in zeitlicher Raffung (Ebd.). Kommunikation und Marketing sind dabei natürlich nicht die einzigen Gewerke, die sich mit erfolgskritischen Themen befassen, es handelt sich um eine Querschnittsaufgabe von Medizinstrategie, Qualitäts- und Risikomanagement, Patientenmanagement, HR und Kommunikation unter der Gesamtführung des Vorstands.

Strategische Issues können Imagekrisen verursachen und katalysieren (oder wiederum heilen), sie können Vertrauensprozesse unterminieren oder initiieren – nicht mehr oder weniger meint der ergänzende Konjunktiv. Die Zuschreibung von Verantwortung für den Sachverhalt ist dafür ebenso notwendig wie ein Interesse und die mediale Vermittlungsfähigkeit. Vor der Folie des so gefassten *Issue-Begriffs lässt sich auch das Issues Management als Disziplin und Prozess auf den Punkt bringen: Issues Management ist ein methodisch angeleitetes Verfahren kommunikativer Vorsorge, das auf Basis der systematischen Identifikation, Analyse und Beobachtung der Umwelt der Unternehmen Bewertungen über Issues und die damit verbundene Meinungsbildung von (Teil-)Öffentlichkeiten liefert (Ebd.).* Ziel ist es, potenzielle interne und externe Krisensituationen rechtzeitig zu antizipieren, damit verbundene Gefahren zu bannen und Chancenpotenziale effektiv zu nutzen. Kurz: Krisenkommunikation ist beschleunigtes Issues Management.

Erfolgskritische Faktoren zu erkennen, speist sich auch aus einer gewissen Berufs- oder Branchenerfahrung. Wer einige Zeit den Krankenhausmarkt beobachtet hat und den Blick auf den Wettbewerb, die jüngere Geschichte des eigenen Hauses, die Wertschöpfungskette und das Risikomanagement richtet, sieht schnell, dass es branchenweit ein Handvoll typischer Issues gibt, die im Zweifelsfall über Wohl und Wehe einer Klinik oder eines ganzen Krankenhauses entscheiden können: Fachkräftemangel, die Unzufriedenheit des Patienten über eine mangelnde (oftmals nicht einmal medizinische, sondern persönliche, also zwischenmenschlich unzureichende) Betreuung, Fragen von Qualität(-sproblemen), Hygieneaspekte, Übernahmen, Streiks, wirtschaftliche Verluste sowie Kunst- und Produktfehler, mangelnde Erreichbarkeit, übergriffiges Personal oder eine nur bedingt funktionsfähige Notaufnahme rücken oftmals kritisch in den Fokus der Öffentlichkeit.

Leicht lassen sich die Überlappungen der Issues erkennen: Fachkräftemangel und Qualität hängen beispielsweise eng zusammen, denn eine geringe Quote an Fachpersonal bei steigendem Output und Arbeitsverdichtung erhöht gerade bei kleineren Häusern zwangsläufig das Risiko von Fehlern bei Therapie und Diagnostik. Aber nicht alle Themen haben bei allen Zielgruppen den gleichen Impact, Häufigkeit oder Drastik. Da bis auf die Universitätsklinika beinahe alle Krankenhäuser spürbar unter dem Mangel an ausgebildeten Fachärzten leiden, wird das Thema in Bezug auf ein einzelnes Haus oftmals medial marginalisiert (es ist dem Haus also selbst nicht anzulasten, sondern ein strukturelles Problem der Branche) – dies allerdings nur so lange, bis es zum Schadensfall kommt und sich beide Issues besonders kritisch vermengen.

- Fachkräftemangel
- Wirtschaftliche Verluste/Übernahmen/Buyouts
- Qualitätsthemen
- Notfallversorgung
- Hygiene
- Abrechnungsfehler/Konflikt mit Kostenträgern
- Datenschutzprobleme
- Kunstfehler
- Produktfehler
- Streiks
- Verfahren/Ermittlungen
- Pandemien
- Brand/Katastrophen/Sabotage

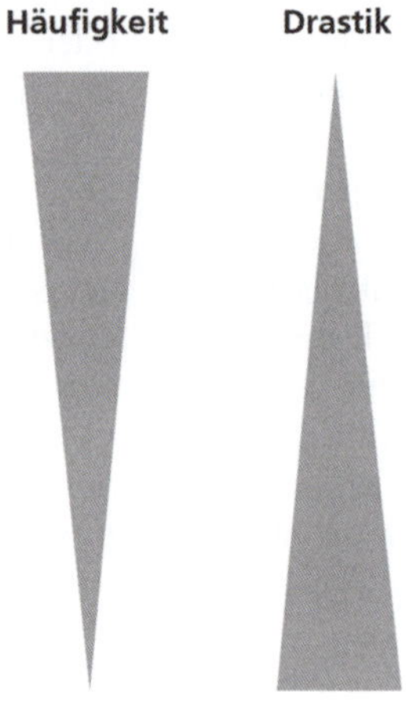

Häufigkeit **Drastik**

Abb. 5.3: Cluster von Eintrittswahrscheinlichkeit und Drastik erfolgskritischer Themen im Krankenhaus (nach: Ullrich, 2012; Brandstädter/Ullrich, 2016)

Die oben dargestellte Liste ließe sich je nach Haus und Kontext beliebig verlängern, im Alltagsgeschäft dürfte es jedoch kaum möglich sein, mehr als zwölf Issues dauerhaft zu bearbeiten. Ein Bündel von Fragen ist nun zu klären: Wie positioniert sich das Haus zu diesen kritischen Erfolgsfaktoren, wie geht der Wettbewerber damit um? Welche Issues sollen besonders fokussiert und einer eingehenden Analyse unterzogen werden. Wie werden diese Issues und ihre aktuellen Entwicklungen nachvollzogen (Beobachten der Medienlandschaft und des Social Webs) und welche proaktiven Maßnahmen werden initiiert (FAQ-Katalogen für Führungskräfte, Sprachregelungen, proaktive und Reaktive Statements, Krisenstäbe und -übungen, Fixen von Meldeketten usw.)?

Erfolgskritische Themen antizipierend zu bearbeiten, meint vor allem Botschaft, Zielgruppe sowie Kanäle/Instrumente und entsprechende Deutungsrahmen und Argumentationsbrücken im Sinne des Krankenhauses zu bestimmen und über die Regelkommunikation den Medien und anderen Key-Stakeholdern kontinuierlich zu spiegeln und – sei es implizit oder im Sinne der stillen Bezugnahme – fest in die interne und externe Kommunikation des Krankenhauses zu integrieren. Das Unternehmen sollte sich also nicht am Tag der Imagekrise erstmalig mit dem Issue befassen, sondern bereits auf einen existierenden Deutungsrahmen und Informationen zurückgreifen können.

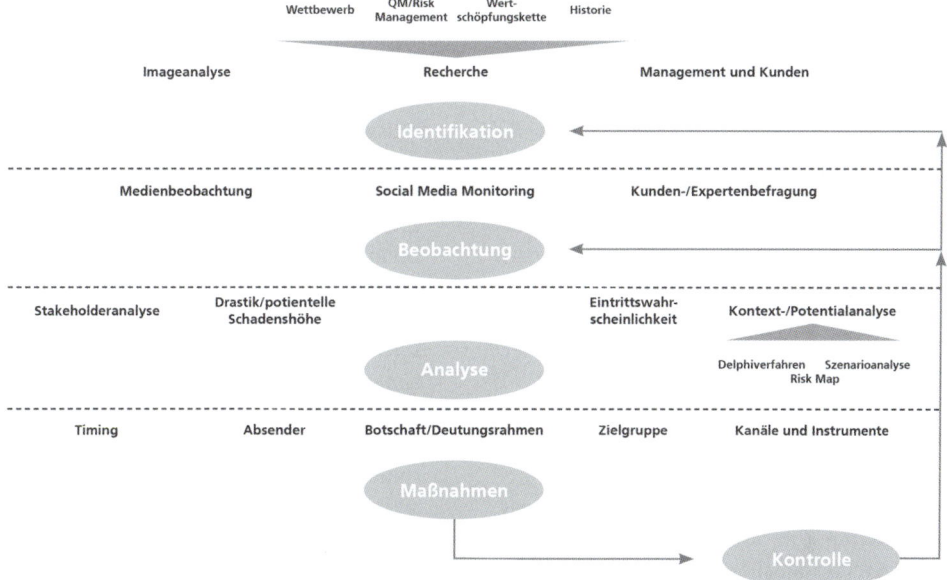

Abb. 5.4: Das Verfahren des Themenmanagements als antizipierte Krisenkommunikation im Abriss (nach: Ullrich, 2012; Brandstädter/Ullrich, 2016)

Der Issues-Management-Prozess beschreibt einen Zyklus, der die Phasen Identifikation, Beobachten, Analysieren und Bewerten, Ableitung von Handlungsoptionen und konkreten Maßnahmen, Bearbeitung und Kontrolle umfasst. Jedes Issue sollte mit Hilfe von Tools beobachtet und mittels proaktiver Maßnahmen aufbereitet werden: Hierzu gehören unter Umständen FAQ-Kataloge, Sprachregelungen, Dossiers und Themensammlungen, proaktive und reaktive Statements, Meldeketten und Krisentrainings. Im Rahmen der Regelkommunikation sollte jedes Issue in punkto Timing, Absender, Botschaft/Deutungsrahmen, Zielgruppe sowie Kanäle/Instrumente Eingang finden und entsprechende Deutungsrahmen und Argumentationsbrücken im Sinne des Unternehmens definiert und gegebenenfalls den Medien und anderen Key-Stakeholdern kontinuierlich gespiegelt werden.

5.2.3 Im Krisenfall – Ein Schema im Abriss

Krisenkommunikation ist kein unvermittelter Akt, den der Fachmann tagesaktuell beim

Betreten des Büros spontan initiiert. Es ist ein rollierender Prozess, der mittels Themenmanagement, Vertrauensbildung und Organisation auch den Bereich Prävention umfasst. Bei einer akuten Kriseneindämmung ist die zentrale Frage vor dem Hintergrund der oben genannten Definition folgende: Wie muss kommuniziert werden, damit sich der Schaden via Vertrauensverlust minimieren lässt? Diese Frage orientiert sich am Standardschema (Who says what in which channel to whom with what effect?) des US-amerikanischen Politikwissenschaftlers und Kommunikationstheoretikers Harold Dwight Lasswell, die seit Mitte des letzten Jahrhunderts das grundlegende Modell der Massenkommunikation beschreibt. An diesem Modell orientiert sich seither das Lern- und Forschungsfeld der Kommunikationswissenschaft.

Im Detail gilt es dann, die Fragen zu klären, die sich am bekannten Modell der Massenkommunikation orientieren: *Who* (1.) says *what* (2.) in *which channel* (3.) to whom (4.) with *what effect* (5.)?

1. *Wer*: Hier sind je nach Glaubwürdigkeit und Sympathie und relativ im Blick auf den Kreis möglicher Adressaten zahlreiche Sprecher denkbar: Pressesprecher, Fachansprechpartner, Verbandssprecher oder Vorstand. Bedeutet konkret: Wer besitzt von Fall zu Fall die sprecherbezogenen, sach-/methodenbezogenen und adressatenbezogenen Eigenschaften, um bei den jeweiligen Zielgruppen mit den Botschaften zu verfangen. Hier ist dringend vor einer Überhöhung des Begriffs »Pressesprecher« zu warnen, er legt nämlich nahe, dass auch er immer der natürliche Sprecher sei. Dem ist nicht so: Je nach Sachverhalt kann er durch die ausführende Sprecherrolle von anderen ablenken (wenn es darum geht, andere Funktionsträger zu schützen) oder eben diese Rolle anderen Fachansprechpartnern überantworten, beispielsweise um deren Fachwissen oder Führungsstärke zu dokumentieren oder zu unterstreichen. Diese Frage sollte also situativ und ohne Präjudiz offen diskutiert und abgewogen werden.

2. *Wann*: Möglichst schnell zu kommunizieren, ist seitens der Presse ein verständlicher Wunsch, im Blick auf die Kommunikationsarbeit im Krankenhaus aber kein Patentrezept, sondern Indiz mangelnder Reflektiertheit. Die fallbezogene Reaktion kann grundsätzlich proaktiv, unmittelbar, auf Nachfrage oder entsprechend gesetzlicher Erfordernisse geschehen und orientiert sich am folgenden Flussdiagramm (▶ Abb. 5.5). Damit wird deutlich, dass es durchaus krisenhafte Ereignisse geben kann, die niemals das Licht der Öffentlichkeit erblicken, die Imagekrise demnach ausbleibt. Dass sie vorerst ausbleibt, bedeutet aber nicht, dass dies auch auf Dauer so bleiben wird. Oftmals stehen die Ereignisse erst viel später noch einmal zur Diskussion.

3. *Was*: Fakten sollten nicht bloß benannt werden, sondern wiederum mittels Relativierung, Versachlichung oder Konkretisierung sowie Verantwortungszuschreibung und geeigneten Reaktionsweisen des Unternehmens behutsam kontextualisiert, gerahmt und gewertet werden. Spricht das Unternehmen selbst aus der Perspektive des Opfers, des Mitverursachers oder des vorsätzlichen Verursachers. Die Beantwortung dieser Frage ist für die Botschaft entscheidend, denn kein Krankenhausträger ist für individuelles Fehlverhalten schuldig zu machen, wohl aber für die Arbeitsbedingungen und die Organisation des Krankenhausbetriebs (▶ Abb. 5.6).

4. *Wem*: Massenmedien auf lokaler, überregionaler Ebene, aber vor allem Einweiser, Kooperationspartner, Behörden, die Mitarbeiterschaft, die Gesellschafter/der Aufsichtsrat des Unternehmens. Es ist ein Kardinalfehler, dass sich Krisenkommunikationsinterventionen oftmals nur an die Massenmedien wenden. Die eigene

5.2 Krisenkommunikation mit den Medien

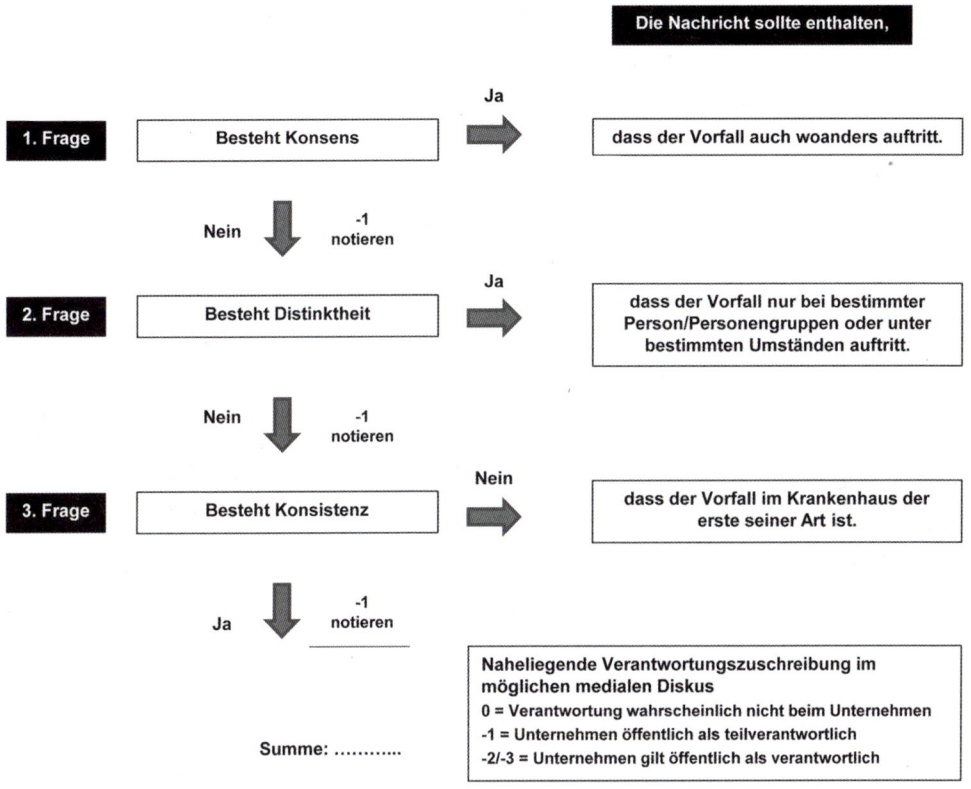

Abb. 5.5: Flussdiagramm zur Wahl des Interventionszeitpunkts (nach: Ullrich, 2012; Brandstädter/Ullrich, 2016)

Mitarbeiterschaft, der Aufsichtsrat, Behörden und Dienstaufsicht, Kooperationspartner und einweisende Ärzte sind im Hinblick auf die Aufmerksamkeitsökonomie als Fachansprechpartner insofern zentral, als dass Hintergründe und Fakten dort noch einmal differenzierter wahrgenommen und länger erinnert werden.

5. Über *welchen Kanal*: Pressegespräch, Pressemitteilung, Mail, Fax, Telefon, Brief, Flyer, Poster, Anzeige, Kundennewsletter oder -zeitschrift? Vom reflexhaften Automatismus einer Pressekonferenz ist abzuraten, alternative Kanäle sind oftmals deutlich risikoärmer und einer eingehenden Prüfung zu unterziehen. Wer in eine Pressekonferenz geht, sollte wirklich Neuigkeiten mitzuteilen haben und sich auch sicher wähnen, dass er dort nicht konkurrierenden Wahrnehmungen und bislang unbekannten Fakten gegenübersteht. Schriftliche Kanäle wirken auf den ersten Blick nicht so verbindlich, bieten aber Schutz vor Fehlinterpretationen und lassen sich deutlich besser im Vorfeld mit Versicherern, Staatsanwälten oder hohen Funktionsträgern abstimmen. Vor allem aber minimieren sie oftmals Fernseh- und Radioberichterstattungen, da diese dann kein entsprechendes Material und sendbare O-Töne haben.

Angesichts der vielfältigen Kombinations- und Reaktionsmöglichkeiten wird deutlich:

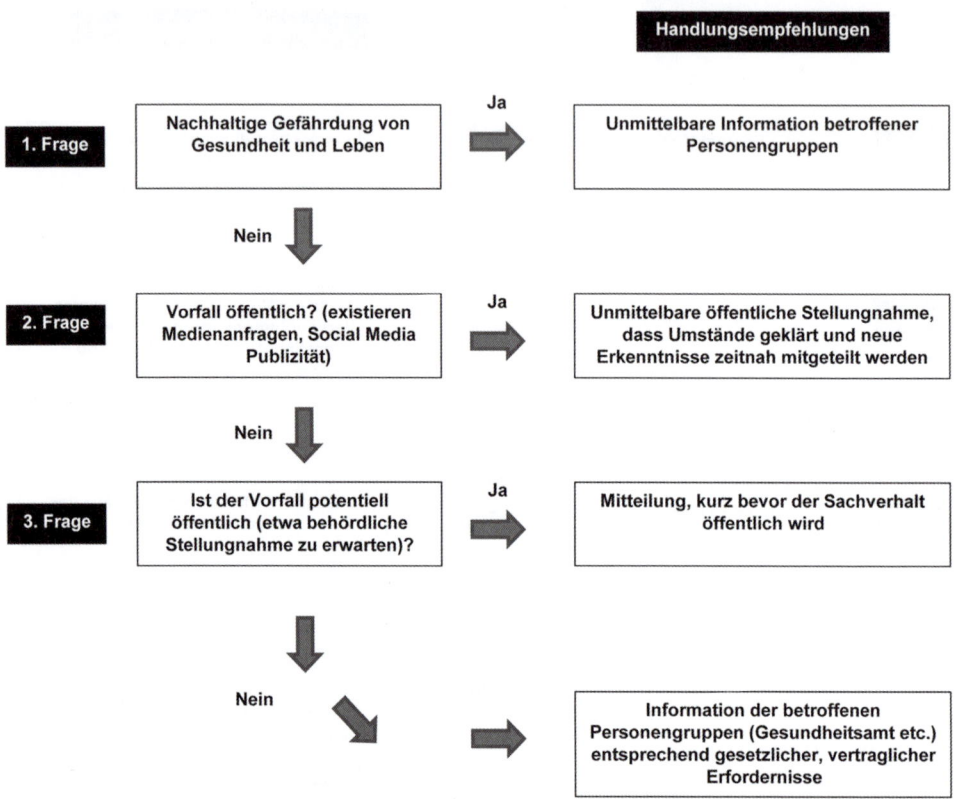

Abb. 5.6: Flussdiagramm zur Einschätzung der wahrscheinlichen Verantwortungszuschreibung und entsprechend relevanter Botschaften (nach: Ullrich, 2012; Brandstädter/Ullrich, 2016)

Eine Faustformel kann es nicht geben, diese Fragen sind immer kontextspezifisch zu beantworten und ergeben ein fallbezogenes, individuelles Ergebnis. Wichtig: Die Beantwortung der Fragen kann durchaus ganz anders ausfallen, als es die üblichen Standardformeln der Krisenkommunikation vorsehen. Wer meint, einen isolierten Norovirus nicht nur den gesetzlichen Vorgaben entsprechend nach § 6 und 7 des Infektionsschutzgesetzes zu melden, sondern auch gleich die Tagespresse und Einweiser verständigt, hätte seinem Unternehmen einen zweifelhaften Dienst erwiesen. Wer meint, proaktiv umfassende Kommunikation nach einem vermeintlichen Behandlungsfehler betreiben zu müssen, handelt nach den Klischees der Krisenkommunikation. Er begibt sich de facto auf dünnes Eis, da er in der Regel Gefahr läuft, durch unabsichtliche Selbstbelastung den Versicherungsschutz zu riskieren oder Ermittlungsverfahren zu tangieren. In Fällen, in denen eine nachhaltige Gefährdung von Gesundheit und Leben besteht, ist eine unmittelbare Information der betroffenen Personengruppen erforderlich.

Letztendlich spielt auch die Nachbereitung einer Krise eine entscheidende Rolle: Welche Maßnahmen zur Imagepflege werden getroffen? Gibt es Strategien zur Re-Positionierung, Strategien zum Dialog mit den Zielgruppen? Der Kern der Krise ist für Kommunikatoren eben der Vertrauensverlust durch Imageenttäuschung. Hier – auch nicht nur in Krisenzeiten – ist in personelle und finanzielle Ressourcen zu investieren, denn eine hochfrequente Regelkommunikation ermöglicht nach der Krise eine schnelle Re-Etablierung von positiven Themen auf der medialen Agenda.

Literatur

Brandstädter, M., Ullrich TW (2016): Krisenkommunikation – Grundlagen und Praxis. Eine Einführung mit ergänzender Fallstudie am Beispiel Krankenhaus. Stuttgart: Kohlhammer.
Ullrich, TW (2012): Imagekrisen und kommunikative Intervention. Thesis. Berlin: SMI School of Management and Innovation (unveröff. Manuskript).

5.3 Information der Bevölkerung

Peer Rechenbach

5.3.1 Einleitung

Im Zeitalter der Information und Kommunikation stehen den Menschen unterschiedliche Informationskanäle zur Verfügung, die sie in allen Variationen nutzen. Ob Tageszeitungen, Radio, Fernsehen, soziale Medien oder das Internet, die Menschen nutzen vom Frühstücksfernsehen bis zur Autozeitschrift alle unterschiedlichen Quellen. Gleichzeitig ist in den letzten Jahren die Verbreitung eigener Meinungen, Kommentare oder Bilder für eine gezielte Nutzergruppe (sogenannte »Freunde«) oder für alle Interessierten möglich geworden. Die Menschen konsumieren und produzieren Informationen gleichzeitig. Sie sind zum sogenannten Prosumenten (Das Kunstwort Prosument ergibt sich Produzent und Konsument) geworden. Diese sich weiter etablierende Verhaltensweise generiert eine Erwartungshaltung an die regionalen Krankenhäuser in der Art, dass die Menschen Informationen zur aktuellen Leistungsfähigkeit der Gesundheitsversorgung haben wollen. Um dieser Erwartungshaltung zu entsprechen, müssen die Krankenhäuser ein detailliertes Konzept entwickeln und kontinuiech fortschreiben, um jederzeit eine zeit- und zielgerichtete Informatirlion an die Menschen in der Region geben zu können.

5.3.2 Ziele der kontinuierlichen Informationsbereitstellung

Grundsätzlich haben die Menschen ein Grundvertrauen an die Leistungsfähigkeit der Krankenhäuser der Region. Je konkreter ein erforderlicher Krankenhausaufenthalt (z. B. fällige Operation der Hüfte oder anstehende Geburt), desto intensiver nehmen sie Informationen bezüglich der Gesundheitsversorgung auf. Dies erfolgt üblicherweise durch gezielte Suche oder über die Berichte und Erzählungen von Freunden und Bekannten. Einen hohen Stellenwert haben dabei die Informationen, die von den Mitarbeitern des Krankenhauses weitergegeben werden.

Weiterhin ist zu berücksichtigen, dass über die sozialen Medien alle vermeintlichen Unzulänglichkeiten, die sich während eines Krankenhausaufenthalts eines Patienten ergeben (z. B. schnarchen des Zimmernachbarn, unfreundliches Pflegepersonal, geschmacklose Speisen oder unzureichend kommunizierte

Verzögerungen im Therapieablauf oder dgl. mehr), in den sozialen Medien verbreitet werden. Dafür muss nicht unbedingt der Patient selbst sorgen, dies erfolgt auch von den Angehörigen und Besuchern, die den jeweiligen vermeintlichen Sachverhalt aufgenommen haben. Es ist ausgeschlossen, auf alle diese subjektiven Eindrücke zu reagieren. Gleichwohl muss ein Krankenhaus alle verfügbaren Informationskanäle erschließen und kontinuierlich Information für die Menschen und die Medien bereitstellen. Neben den klassischen Informationan an die regionalen Medien (Tageszeitungen, Rundfunk- und Fernsehsender) mit vorgefertigten Presseerklärungen, müssen zusätzlich kontinuierlich Meldungen über die sozialen Medien verbreitet werden, um diesen Informationskanal für die Menschen in der Region zu erschließen. Weiterhin müssen die über die sozialen Medien verbreiteten Nachrichten mit zusätzlichen Hintergründen im Internet und Intranet des Krankenhauses verfügbar sein. So müssen regelmäßig (wöchentlich bis maximal täglich) neue Meldungen über Prozesse des Krankenhauses verbreitet werden. Dazu gehören auch weniger erfreuliche Meldungen (z. B. »trotz Ausschöpfung aller medizinischer Möglichkeiten, konnte das schwer verletzte Kind nicht gerettet werden«). Dieser kontinuierliche Prozess schafft ein Vertrauensverhältnis zu den Menschen, dass das Krankenhaus rechtzeitig und wahrheitsgemäß informiert. Andere Informationsquellen, deren Wahrheitsgehalt fragwürdig erscheint, werden dann objektiver bewertet.

Die so kontinuierlich entwickelten Informationskanäle des Krankenhauses sind dann in einem Krisenfall, in dem die Kapazität bzw. die Funktionalität des Krankenhauses gestört ist, effektiv nutzbar. Wurden sie nicht im Vorfeld etabliert, können sie im Krisenfall weder aufgebaut noch genutzt werden. Patienten, Besucher und Mitarbeiter müssen durch geeignete Hinweise (z. B. Flyer, Hinweisschilder, Speisekarten der Cafeteria und dgl. mehr) auf diese Informationsmöglichkeiten hingeweisen werden. Die schlaglichtartigen Informationen, die insbesondere über die sozialen Medien verbreitet werden, müssen gleichzeitig mit weitergehenden detaillierten Hintergründen im Internet verfügbar sein. Hier können z. B. Grundsätze der Krankenhausverpflegung für Patienten oder die Prozesse bei einer Operation allgemeinverständlich erläutert werden. Mit der Möglichkeit gezielt nach Antworten zu suchen (Frequently Asked Questions, FAQs), werden häufige Fragen präzise beantwortet. Weiterhin sind die Grundsätze erläutert, die umgesetzt werden, wenn eine spontane Erweiterung der Kapazität (z. B. Verschiebung von terminierten Operationen) oder eine nachhaltige Begrenzung der Funktionalität (z. B. Inanspruchnahme von benachbarten diagnostischen Einrichtungen) eintreten sollte. Diese Informationen zeigen, dass das Krankenhaus auch für ungewöhnliche Fälle vorbereitet ist und schaffen zusätzliches Vertrauen. Von besonderer Bedeutung sind in diesem Kontext die Mitarbeiter des Karnkenhauses sowie die Dienstleister, die kontinuierlich in die Prozesse integriert sind (Wäscherei, Handwerksbetriebeetc.). Diese müssen gleichermaßen über das Intranet informiert werden. Dabei sind weitergehende Hintergrundinformationen sowie die jeweils verantwortlichen Arbeitsbereiche detailliert darzustellen, um Nachfragen bei der zuständigen Stelle jederzeit zu ermöglichen.

Um in einem Krisenfall die genannten Informationskanäle effektiv nutzen zu können, müssen im Rahmen der Entwicklung des Krisenabwehrplans die besonderen Bedürfnisse zur Information der

- *Bevölkerung,*
- *Angehörigen, Besucher und Gäste,*
- *Mitarbeiterinnen und Mitarbeiter,*
- *im Krankenhaus tätigen Dienstleistungsunternehmen,*
- *Zulieferer und*
- *Medien*

geplant und vorbereitet sein. Ein wichtiger Multiplikator zur Information der Bevölkerung sind die im Krankenhaus tätigen Menschen. Deren Aussagen haben im Freundes und Bekanntenkreis ein höheres Vertrauenspotenzial als über die Medien publizierte Meldungen. Deshalb müssen diese wahrheitsgemäß, umfassend und schnell über die tatsächliche Situation informiert werden. Eine beispielhafte Aussage eines Mitarbeiters gegenüber Freunden mit dem Inhalt

»Ich weiss auch nicht , was da los ist«,

zeigt eine negative Wirkung, die sich schnell verbreitet. Die alternative Aussage

»Alle Akteure arbeiten zielgerichtet an der Lösung des Problems«,

bewirkt Positives. Diese alternative Aussage ist nur zu erreichen, wenn die jeweiligen Personen zeitgerecht und umfassend über geeignete Informationskanäle informiert sind.

In Abhängigkeit zu den denkbaren Ereignissen, die die Kapazität oder die Funktionalität mindestens temporär beeinträchtigen, wie z. B.

- Schadensereignisse mit Auswirkungen auf die Kapaziträt des Krankenhauses z. B. Massenanfall von verletzten oder erkrankten Patienten oder
- Schadenereignisse mit Wirkungen auf die Funktionalität des Krankenhauses (z. B. Hochwasser, Rohrbruch, Brand, unbekannte Infektionsherde)

müssen die notwendigen Informationen (sogenannte Dark Sites) im Vorfeld soweit entwickelt werden, dass sie mit wenigen aktuellen Ergänzungen über die verschiedenen Informationskanäle schnellstmöglich verbreitet werden können. Es sind in der Phase der Krisenbewältigung keine personellen Ressourcen verfügbar, die dann erst die erforderlichen Meldungen im Detail entwi-

ckeln können. Gelingt es nicht, die verschiedenen Informationskanäle für die genannten Bedarsfträger mit Meldungen zu bedienen, erfolgen entsprechende telefonische Nachfragen, die aufgrund fehlender personeller Kapazitäten nicht bewältigt werden können. Die fehlende Bereitstellung von qualifizierten, kurzen und wahrheitsgemäßen Meldungen ist ursächlich für die Verbreitung von Gerüchten und Falschmeldungen, die dann nur sehr begrenzt oder gar nicht korrigiert werden können.

5.3.3 Informationskanäle

In den letzten 15 Jahren haben sich die Rahmenbedingungen zur Information nachhaltig verändert. Dieses ist grundsätzlich von vielen Krankenhäusern mit der kontinuierlichen Öffentlichkeitsarbeit gewürdigt worden. Da die örtlichen Strukturen bezüglich der Information sehr unterschiedlich sind, muss eine detaillierte Analyse erfolgen, welche Informationskanäle wofür genutzt werden sollen und können. Es gibt keinen Informationskanal, der die Bevölkerung gleichermaßen erreicht oder die erforderlichen Informationen umfassend bereitstellt. Deshalb muss immer eine Kombinationen genutzt werden. Je besser sich die verschiedenen Informationskanäle ergänzen, desto effektiver wird die Bevölkerung erreicht. So kann beispielsweise über die sozialen Medien aufgezeigt werden, dass für Schwangere ausführliche Informationen im Internet bereitgestellt wurden.

5.3.4 Internet + Intranet

Dieselben Informationen, wie sie beispielsweise als Broschüre versandt wurden, sollten gleichermaßen im Internet und Intranet verfügbar sein. Dabei sind die Möglichkeiten zu nutzen, weitergehende und detailliertere Informationen (z. B. für Schwangere, Asthmatiker,

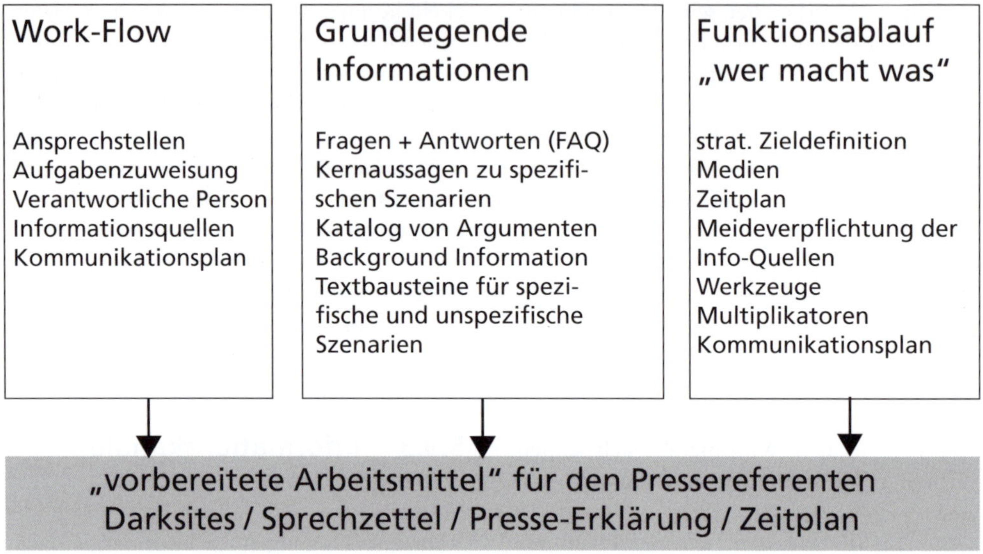

5 Kommunikation und Öffentlichkeit

Work-Flow	Grundlegende Informationen	Funktionsablauf „wer macht was"
Ansprechstellen Aufgabenzuweisung Verantwortliche Person Informationsquellen Kommunikationsplan	Fragen + Antworten (FAQ) Kernaussagen zu spezifischen Szenarien Katalog von Argumenten Background Information Textbausteine für spezifische und unspezifische Szenarien	strat. Zieldefinition Medien Zeitplan Meideverpflichtung der Info-Quellen Werkzeuge Multiplikatoren Kommunikationsplan

→ „vorbereitete Arbeitsmittel" für den Pressereferenten
Darksites / Sprechzettel / Presse-Erklärung / Zeitplan

Abb. 5.7: Prinzipielle Darstellung der vorbereitenden Prozesse im Krisenabwehrplan für die Presse- und Öffentlichkeitsarbeit

Besucher) bereitzustellen. Hier können die Informationen auch in Fremdsprachen abgebildet werden, um den spezifischen Bevölkerungsgruppen gerecht zu werden. Antworten auf die am häufigsten gestellten Fragen (sogenannte »Frequently Asked Questions«, FAQs) für einzelne Themenbereiche können im Internet detailliert beantwortet werden. Dadurch werden Nachfragen der Menschen, die insbesondere telefonische Nachfragen stellen, reduziert. Weiterhin können Links zu ergänzenden Quellen (Bundesamt für Strahlenschutz, Robert Koch-Institut etc.) publiziert werden.

5.3.5 Soziale Medien

Die Krankenhäuser nutzen zunehmend einzelne Plattformen der sozialen Medien für den Informationsaustausch mit den Menschen der Region. Die Wirksamkeit der Plattform hängt wesentlich vom Informationsgehalt im Wechselspiel mit der Internetdarstellung ab. Wenn es gelingt, hier einen bedeutsamen Informationsaustausch zu etablieren, ist dieser auch für die Information im Krisenfall effektiv nutzbar. Es zeigt sich, dass, wenn ein Krankenhaus soziale Medien kontinuierlich nutzt, keine nachhaltigen negativen Effekte eintreten. Unvollständige oder fehlerhafte Informationen bzw. Gerüchte, die in den sozialen Medien gezielt oder versehentlich verbreitet werden, werden durch vertrauenswürdige Meldungen des Krankenhauses aufgefangen. Fehlt jedoch die schnelle und gezielte Information durch das Krankenhaus, gewinnen Gerüchte und Fehlinformationen schnell die Oberhand. Ein kontinuierlich gepflegtes Vertrauensverhältnis zwischen der Bevölkerung und dem Krankenhaus ist insbesondere im Krisenfall von besonderer Bedeutung. Es muss hier berücksichtigt werden, dass die Meldungen in den sozialen Medien von den Prosumenten weiterverbreitet werden. Somit werden auch Bürger erreicht, die normalerweise diese Medien nicht nutzen.

5.3.6 Bevölkerung

Die Zielgruppe »Bevölkerung« ist kein eindeutig abgegrenzter Personenkreis: Hiermit sind die Menschen erfasst, die in einer Region das Krankenhaus im Notfall, bei Geburten oder für notwendige medizinische Behandlungen nutzen. Dieser Personenkreis ist heterogen. Dies bedeutet, dass sich eine Mischung aus unterschiedlichen gesellschaftlichen, religiösen, ethnischen und sozialen Gruppen in einer Region gebildet hat, die jeweils persönliche individuelle Vorstellungen zur Gesundheitsbehandlung haben. Diese Unterschiede müssen bei der Entwicklung von Meldungen in Abhängigkeit zum auslösenden Ereignis berücksichtigt werden. Schwangere reagieren auf bestimmte Ereignisse anders als Astmatiker oder schwer erkrankte Krebspatienten. Dabei wird deutlich, dass dies in der Krise nur gelingen kann, wenn entsprechende Vorbereitungen getroffen wurden und diese nur Ereignisabhängig aktualisiert und optimiert werden müssen.

> **Merke**
>
> Wer die vorhandenen Informationskanäle kontinuierlich nutzt und so zu den Menschen der Region ein Vertrauensverhältnis entwickelt hat, kann diese auch in der Krise effektiv nutzen!

6 Kooperationspartner

6.1 Kooperation mit dem Rettungsdienst

Peer Rechenbach, Thomas Wurmb und Katja Scholtes

In den einzelnen Ländern ist durch die jeweiligen Rettungsdienste geregelt, welche Leistungen zur Versorgung von akut erkrankten Patienten oder verletzten Personen im Rahmen der der öffentlichen Daseinsvorsorge verfügbar sein müssen. Grundsätzlich haben in allen Ländern die Kreise[7] bzw. die kreisfreien Städte den Rettungsdienst sicherzustellen. In einzelnen Regionen haben sich die Kreise bzw. kreisfreien Städte zu Rettungsdienstzweckverbänden zusammengeschlossen, um eine hohe Effizienz zu gewährleisten. Neben den landesspezifischen Regelungen zur gestuften Ausstattung und Qualifizierung des im Rettungsdienst tätigen Personals sind die spezifischen Regelungen der Kreise bzw. kreisfreien Städte in den Rettungsdienstbedarfsplänen (Interventionszeiten, Erreichungsgrad, Hygieneregelungen, Führungsorganisation, Maßnahmen zur Qualitätssicherung und dgl.) festgeschrieben.

In allen Regionen werden Rettungswagen sowie arztbesetzte Rettungsmittel (Notarzteinsatzfahrzeuge NEF, Notarztwagen NAW, Rettungshubschrauber RTH) zur Versorgung akuter Notfallerkrankungen oder unfallbedingten Verletzungen flächendeckend vorgehalten.

Für die Fahrzeuge zur Beförderung bzw. notfallmedizinische Versorgung von Patienten sind grundsätzliche Regelungen in den Normen

- »Rettungsfahrzeuge und deren Ausrüstung -Krankenkraftwagen« (DIN EN 1789 Dez. 2014)
- »Rettungssysteme - Intensivtransportwagen (ITW) - Begriffe, Anforderungen, Prüfung« (DIN 75076 Mai 2012)
- »Notarzt-Einsatzfahrzeuge (NEF) – Begriffe, Anforderungen, Prüfung« (DIN 75079 Nov. 2009)

als Stand der Technik beschrieben.

Die Qualifikation des Personals sowie die jeweils erforderliche Mindestausstattung der eingesetzten Fahrzeuge für die Versorgung bzw. Betreuung der Patienten sind in landesspezifischen Verordnungen oder ministeriellen Erlassen geregelt. Üblicherweise werden die arztbesetzten Rettungsmittel mit einem Notarzt (Qualifikation entsprechend den Regelungen der Bundesärztekammer) und einem Rettungsassistenten oder Notfallsanitäter besetzt. Die Rettungswagen zur Versorgung akuter erkrankter oder verunfallter Patienten werden mit einem Rettungsassistenten oder Notfallsanitäter und einen Rettungssanitäter (Mindestens 520 h Ausbil-

---

[7] In den Ländern Berlin, Bremen und Hamburg bestehen spezielle stadtstaatliche Regelungen. In Bayern wird der Rettungsdienst durch das Bayrische Rote Kreuz als staatliche Einrichtung gewährleistet.

dung) besetzt. Fahrzeuge der risikolosen Krankenbeförderung werden mit einem Rettungssanitäter und einem Helfer besetzt.

Die Besetzung der arztbesetzten Rettungsmittel erfolgt überwiegend durch ärztliches Personal eines Krankenhauses. In einigen Ländern (z. B. Bayern) sind niedergelassene Ärzte in die Notarztversorgung integriert (dies ist unabhängig von dem kassenärztlichen Notdienstarzt außerhalb der üblichen Sprechstunden niedergelassener Ärzte). Darüber hinaus haben sich in einigen Regionen Notarztbörsen etabliert, die den Krankenhäusern bzw. den Kreisen oder kreisfreien Städten freiberuflich tätige Notärzte entsenden.

Weiterhin stehen zusätzlich Intensivtransportwagen, Infektionstransportwagen, Intensivtransporthubschrauber, Babynotarztwagen, Großraumrettungswagen (GRTW) oder sonstige Spezialfahrzeuge (z. B. mobile Stroke-Units) für die Versorgung der Notfallpatienten oder deren Verlegung in Krankenhäuser mit Spezialabteilungen zur Verfügung. Diese Fahrzeuge werden auch für den überregionalen Bedarf anlassbezogen genutzt. Es muss im Rahmen der Planung geklärt werden, welche Ressourcen in welcher Quantität und Qualität und in welchem zeitlichen Rahmen verfügbar gemacht werden können.

Die administrativen und operativen Aufgaben und Befugnisse sowie die damit verbundenen Qualifikationen der Schlüsselfunktionsträger des Rettungsdienstes eines Kreises bzw. einer kreisfreien Stadt sind in den entsprechenden gesetzlichen Regelungen landesspezifisch definiert und regional sehr unterschiedlich.

Grundsätzlich sollen der vom Träger des Rettungsdienstes bestellte Ärztliche Leiter Rettungsdienst sowie die administrative Leitung des Rettungsdienstes die effektive Umsetzung der Festlegungen des Rettungsdienstbedarfsplans kontrollieren und steuern. Weiterhin muss die Qualitätssicherung (Struktur-, Prozess- und Ergebnisqualität) gewährleistet sein. Die Einführung neuer Handlungsprozesse und technischer Systeme auf der Basis des Stands der Technik oder der medizinischen Wissenschaft muss gleichermaßen kontinuierlich umgesetzt werden. Diese administrativen Tätigkeiten dienen der Sicherstellung einer optimalen Effektivität mit hoher Effizienz. Weitergehende operative Aufgaben und Kompetenzen bei Großschadenslagen, Katastrophen oder einem Massenanfall von erkrankten oder verletzten Patienten (MANV) sind in den örtlichen und/oder landesspezifischen Regelungen definiert. Dafür werden die Funktionen des »Organisatorischen Leiters Rettungsdienst (OrgL)« und des »Leitenden Notarztes (LNA)« eingesetzt. Ob und inwieweit administrative und einsatzspezifische Aufgaben in Personalunion wahrgenommen werden, ist von den jeweiligen örtlichen Organisationsformen sowie den landesspezifischen Regelungen abhängig.

Der Leitende Notarzt nimmt überwiegend die medizinische Leitung des Einsatzes bei Großschadenslagen, Katastrophen oder einem Massenanfall von erkrankten oder verletzten Patienten (MANV) war. Die jeweiligen Aufgaben und Kompetenzen sind in den örtlichen und/oder landesspezifischen Regelungen definiert. Die speziellen Qualifikationen und Anforderungen eines Leitenden Notarztes sind von der Bundesärztekammer definiert. Weitergehende landesspezifische Regelungen sind in einigen Ländern zusätzlich eingeführt (Verordnungen oder ministerielle Erlasse).

In einzelnen Regionen sind Kombinationen der Funktionen des Ärztlichen Leiters Rettungsdienst und des Leitenden Notarztes etabliert.

Bei der Erarbeitung eines Krankenhausalarm- und Einsatzplanes muss geklärt werden, welche Einrichtungen, Hilfsorganisationen oder gewerbliche Unternehmen mit welchen Teilaufgaben des Rettungsdienstes betraut sind und welche zusätzlichen Leistungspotenziale in welcher Zeit aktiviert werden können. Dabei ist zu berücksichtigen, dass innerhalb der Region immer eine effektive Notfallrettung für akute Erkrankungen oder Unfälle verfügbar sein muss (Hilfsfrist).

Die administrativen und/oder operativen Aufgaben der genannten Schlüsselfunktionsträger sind in der Kooperation des Krankenhauses oder einer Pflegeeinrichtung mit dem Rettungsdienst von zentraler Bedeutung. Diese Funktionsträger entscheiden, in welcher Form der Rettungsdienst bei einer Störung der Kapazität und/oder der Funktionalität des Krankenhauses Unterstützung leisten kann. Bei einem Massenanfall von erkrankten oder verunfallten Patienten, bei Großschadenslagen oder Katastrophen sind diese Funktionsträger für die Verteilung der Patienten auf die Krankenhäuser der Region zuständig. Es ist deshalb von zentraler Bedeutung, die Regelungen und Festlegungen des Krankenhausalarm- und Einsatzplans in kooperativer Abstimmung mit den Schlüsselfunktionsträgern zu entwickeln und fortzuschreiben. Gemeinsame Planbesprechungen und Stabsrahmenübungen sind regelmäßig durchzuführen.

Folgende praktische Beispiele sollen die Bedeutung der Kooperation zwischen Rettungsdienst und Krankenhäusern unterstreichen.

6.1.1 An- und Abfahrtswege

Bei einem Massenanfall von Patienten ist die Raumordnung des aufnehmenden Krankenhauses ein wesentlicher Schlüssel für eine erfolgreiche Einsatzbewältigung. Hierbei spielen die Aufnahmewege und die Einrichtung einer Sichtungsstelle eine entscheidende Rolle. Am besten erfolgt die Einlieferung der Patienten über einen vorher festgelegten Weg, bei dem die Einrichtung eines Kreisverkehres oder die Lösung mit Ein- und Ausgang im Einbahnstraßensystem zur Anwendung kommt. Im Vorfeld ist es zwischen dem Rettungsdienst und dem jeweiligen Krankenhaus abzustimmen, welcher Anfahrts- und Abfahrtsweg gewählt wird. Oberstes Ziel ist die schnelle reibungslose Übergabe der Patienten zwischen Rettungsdienst und Krankenhaus und die Vermeidung von einer Verstopfung der Zu- und Abfahrtswege.

6.1.2 Verteilung der Patienten im MANV

In manchen Ländern wie z. B. Hessen steht dem Rettungsdienst und den damit vernetzten Krankenhäusern ein IT-gestütztes System zur Verteilung der Patienten zur Verfügung (beispielsweise Interdisziplinärer Versorgungsnachweis IVENA oder, Informationssystem Gefahrenabwehr für Nordrhein-Westfalen IG NRW).

Sie werden täglich zur besseren Übersicht und Steuerung der Patienten eingesetzt. Im MANV-Fall verschaffen sie schnell einen Überblick, wie viele Patienten welcher Sichtungskategorie in welches Krankenhaus gebracht worden sind und wo noch freie Kapazitäten bestehen.

Eine weitere Option der Verteilung der gesichteten Patienten stellt das im Mainkinzigkreis/Hessen eingesetzte Ticketmodell dar (▸ Abb. 6.1)

Jedes Krankenhaus hat im Vorfeld festgelegt, wie viele Patienten der jeweiligen Sichtungskategorie aufgenommen werden können. Für jeden Patienten kann ein Ticket nur einmal verwendet werden.

Allerdings sind beim MANV-T (Terroranschlag) diesem System Grenzen gesetzt, z. B. bei einer hohen Zahl sich selbst einweisender Patienten. Der Terroranschlag im November 2015 in Paris hat gezeigt, dass eine große Anzahl unversorgter Patienten mit einem Konvoi aus Rettungsfahrzeugen, aber auch mit Fahrzeugen aller Art, wie Polizeifahrzeugen, Taxis und Privat-PKW in die Krankenhäuser gelangten.

6.1 Kooperation mit dem Rettungsdienst

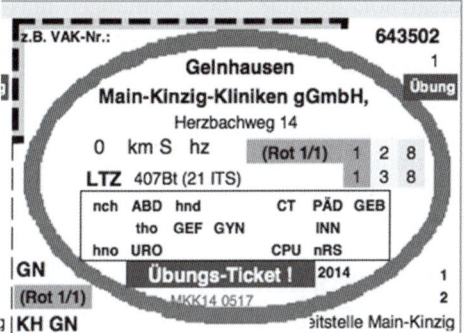

Abb. 6.1: Ticketmodell (mit freundlicher Genehmigung von Wolfgang Lenz, ÄLRD MKK)

6.1.3 Materialversorgung für den Rettungsdienst:

Bei einem Massenanfall von Patienten, insbesondere im Rahmen einer lebensbedrohlichen Einsatzlage wird es den Fahrzeugen des Rettungsdienstes nicht gelingen, ihre Heimatwache anzufahren, um sich mit neuem Verbrauchsmaterial auszustatten, um schnellstmöglich wieder einsatzbereit zu sein. Ein Konzept könnte darin bestehen, seitens der Krankenhäuser fertig gepackte Sets vorzuhalten, die vom Rettungsdienst aufgenommen werden, um so eine schnelle Einsatzbereitschaft herzustellen. Dieses Vorgehen muss im Vorfeld geplant und abgestimmt werden.

6.1.4 Verlegung von Einheiten des Katastrophenschutzes an die Krankenhäuser

Im Falle einer lebensbedrohlichen Einsatzlage (z. B. Terroranschlag) werden die Strukturen des Katastrophenschutzes vor Ort kaum zum Tragen kommen können. So verbietet die Strategie »Clear the scene« und die potenzielle Gefährdung vor Ort beispielsweise den Aufbau eines Behandlungsplatzes. Dieser könnte nach Abschluss einer intensiven gemeinsamen Planung im Bereich eines Krankenhauses aufgebaut werden, um hier wertvolle Hilfe bei der Bewältigung einer solchen Lage zu leisten.

6.1.5 Dekontamination

Auch, wenn in den meisten Fällen die Feuerwehr für die Dekontamination von kontaminationspflichtigen Patienten zuständig ist, könnten Einheiten des Katastrophenschutzes (z. B. die »Einheit Gefährliche Stoffe und Güter«, GSG) im Falle einer chemischen oder radionuklearen Gefahrenlage direkt an Krankenhäuser angebunden werden, um hier bei einer Dekontamination unterstützend tätig zu werden. Dies erfordert sehr genaue Absprachen zwischen Feuerwehr, Rettungsdienst und Krankenhäusern sowie anschließende Übungen, um im Ernstfall richtig handeln zu können.

6.1.6 Vorgehen bei einem Massenanfall infizierter Patienten (B-Lage)

Bei einem solchen Ereignis sind neben der Akuttherapie der erkrankten Patienten die Vermeidung von sekundärer Kontamination des Krankenhauses und die Vermeidung von Infektion der Patienten und des Krankenhauspersonals bedeutende Schutzziele. Um dies zu erreichen, bedarf es sehr umfassender Planungen seitens des Krankenhauses. Dies umfasst auch eine möglicherweise vollständig different geführte Aufnahme von Patienten, die Einrichtung isolierter Behandlungsbereiche und evtl. auch die Etablierung einer Ersatznotaufnahme. Diese Planungen müssen essenziell mit dem Rettungsdienst abgestimmt werden, damit im Einsatzfall die Wege und Vorgehensweisen bekannt sind. Diese Absprachen sind unbedingt im Vorfeld zu treffen und bedürfen dann auch einer entsprechenden Übung.

6.1.7 Vorgehen bei Gefahrenlagen innerhalb eines Krankenhauses

Für den Fall einer Gefährdung des Krankenhauses selbst müssen Rahmenbedingungen für den rettungsdienstlichen Einsatz definiert werden. Hierzu zählt die Festlegung von Anfahrtswegen, von Bereitstellungsräumen, von Übergabestellen der Patienten und eine Planung von möglichen Evakuierungen.

6.1.8 Zusammenfassung

Wie in den hier aufgeführten Beispielen auszugsweise gezeigt, gibt es im Rahmen der Krankenhausalarm- und Einsatzplanung eine Vielzahl von Berührungspunkten zwischen Rettungsdienst und Krankenhäusern. Diese müssen im Vorfeld geregelt werden. Hierzu ist eine regelmäßige und vertrauensvolle Zusammenarbeit erforderlich, wie sie schon im alltäglichen Umgang mit dem Rettungsdienst praktiziert werden sollte.

6.2 Kooperation mit den Hilfsorganisationen

Peer Rechenbach

Ereignisse, die die Kapazität oder die Funktionalität eines Krankenhauses einschränken oder den Betrieb letztendlich unmöglich werden lassen, werden durch externe oder interne Ereignisse oder Kombinationsformen ausgelöst. Ziel der Krankenhauseinsatzleitung ist es, dass die Funktionalität aufrechterhalten und ggf. die Kapazität erweitert werden. Die Kooperation mit den Hilfsorganisationen ist dabei eine wichtige Handlungsoption, um diese Ziele zu gewährleisten.

Der Begriff »Hilfsorganisation« hat seinen Ursprung vor einigen Jahrzehnten im Zivilschutz. Seinerzeit war die Frage zu beantworten, welche nichtstaatliche, Organisationen (Non-Governmental-Organization, NGO) aufgrund ihrer ehrenamtlichen personellen Leistungsfähigkeit in der Lage sind, bestimmte Aufgaben im Zivilschutz zu übernehmen (insbesondere Sanitäts- und Betreuungsdienst). Folgende nichtstaatliche Organisationen haben sich bereit erklärt mitzuwirken und betreiben entsprechende Einheiten mit qualifizierten ehrenamtlichen Helferinnen und Helfern:

- Arbeiter Samariter Bund (ASB)
- Deutsche Lebensrettungsgesellschaft (DLRG)
- Deutsches Rotes Kreuz (DRK)
- Johanniter Unfallhilfe (JUH)
- Malteser Hilfsdienst (MHD)

Die Deutsche Lebensrettungsgesellschaft (DLRG) ist erst später dazu gekommen. Deshalb konzentriert sich der Begriff »Hilfsorganisationen« formal auf die Organisationen, die schon am Anfang dabei waren. Die erforderliche technische Ausstattung (Fahrzeuge, medizinische Geräte, Kommunikationsmittel und dgl.) wird vom Bund und den Ländern oder den Organisationen selbst bereitgestellt. Die regionale Präsenz und personelle Leistungsfähigkeit dieser Organisationen im Umfeld des betreffenden Krankenhauses ist sehr unterschiedlich, und muss anhand der örtlichen Gegebenheiten geklärt und kontinuierlich evaluiert werden. In einigen Regionen sind weitere ehrenamtliche nichtstaatliche Organisationen (z. B. Bergwacht, Wasserwacht, Höhlenrettung) tätig, die ein vergleichbares personelles Leistungsportfolio auf örtlicher Ebene haben und gleichermaßen wie die klassischen Hilfsorganisationen für eine Kooperation gewonnen werden können. Hier muss der Leiter der Krankenhausalarm- und Einsatzplanung prüfen, welche lokalen ehrenamtlichen Organisationen in welcher Form in eine Kooperation eingebunden werden könnten.

Die internen Strukturen der Hilfsorganisationen sind sehr unterschiedlich. Teilweise handeln sie als örtlich eingetragener gemeinnütziger Verein (eigenständige Rechtspersönlichkeit) oder sie sind Bestandteil einer Landesstruktur mit ggf. beschränkter örtlicher Handlungsvollmacht. Auch Strukturen, die sich an den kirchlichen Organisationsformen orientieren sind gegeben. Hier muss der Leiter der Krankenhausalarm- und Einsatzplanung mit der jeweiligen örtlichen Repräsentanz der Hilfsorganisation klären, welche Regularien innerhalb der Struktur eingehalten werden müssen.

Die Betätigungsfelder der Hilfsorganisationen sind sehr vielfältig und umfassen insbesondere Aufgaben im Rettungsdienst, im Katastrophenschutz, der Wasserwacht, der Altenpflege oder der Kinderbetreuung. Während die Aktivitäten im Rettungsdienst, der Kinder- oder Altenbetreuung nahezu vollständig von hauptamtlichem Personal realisiert werden, sind im Katastrophenschutz mit den Arbeitsfeldern der sanitäts- und betreuungsdienstlichen Versorgung nahezu ausschließlich ehrenamtliche Helfer tätig.

Die Helfer sind in Einheiten gegliedert, die über eine spezifische materielle Ausstattung (Fahrzeuge und Geräte) verfügen. Die dem Katastrophenschutz zugeordneten Einheiten unterliegen dem uneingeschränkten Zugriff durch den Kreis als untere Katastrophenschutzbehörde. Dies bedeutet, dass in einem Großschaden- oder Katastrophenfall diese Ressourcen nur vom Kreis für Aufgaben im Krankenhaus zugewiesen werden. Nur bei einer internen Krise, die die Funktionalität oder Kapazität des Krankenhauses einschränkt, kann das Krankenhaus auf diese personellen und ggf. materiellen (z. B. Beatmungsgeräte) Ressourcen in Kooperation mit der jeweiligen Organisation zurückgreifen. Dies erfordert eine detaillierte Abstimmung der Prozesse mit der jeweiligen Organisation und der unteren Katastrophenschutzbehörde (z. B. Kreisverwaltung). Insbesondere können durch entsprechende Kooperationen mit einer örtlichen Hilfsorganisation zusätzliche personelle Ressourcen aktiviert werden, die zur Unterstützung der Prozesse im Krankenhaus eingesetzt werden können, um so die Kapazität aufrechtzuerhalten oder nachhaltig zu erweitern. Neben der quantitativen personellen Leistungsfähigkeit konzentriert sich die fachliche Qualifikation der ehrenamtlichen Helfer auf die sanitätsdienstliche Versorgung und die Betreuung von Menschen in einer Notsituation. Ein Teil der ehrenamtlichen Helfer hat höherwertige Qualifikationen (z. B. Rettungssanitäter, Rettungsassistent oder Notfallsanitäter), die auch zur unmittelbaren Versorgung von Patienten genutzt werden können.

Um bei bestimmten Ereignissen die Funktionalität eines Krankenhauses aufrechtzuerhalten oder die Versorgungskapazität zu steigern, ist die Kooperation mit einer oder mehreren örtlichen Gliederungen der Hilfsorganisationen ein effektives Mittel. Bevor solche Kooperationsmöglichkeiten genutzt werden können, müssen die folgenden Rahmenbedingungen abschließend geklärt werden:

- Bei externen Schadensereignissen kann ein Krankenhaus nur dann auf diese personellen Ressourcen zugreifen, wenn die Katastrophenabwehrleitung des Kreises dem zugestimmt hat.
- In vielen Regionen wirken einzelne oder mehrere Hilfsorganisationen im Rettungsdienst mit oder sind mit der Durchführung beauftragt. Die Notfallrettung im Rettungsdienst ist ein Element der Daseinsvorsorge und orientiert sich an den jeweiligen Rettungsdienstgesetzen der Länder sowie dem Rettungsdienstbedarfsplan des Kreises. Auf diese Ressourcen kann ein Krankenhaus grundsätzlich nicht zugreifen. In den Fällen, in denen Behandlungskapazitäten nicht mehr gegeben sind und Patienten verlegt bzw. das Krankenhaus evakuiert werden muss, greift der Rettungsdienst mit ein.
- Sofern die personellen Ressourcen des Katastrophenschutzes zur unmittelbaren Gefahrenabwehr vom Kreis nicht oder nicht mehr benötigt werden, können diese im Krankenhaus zur Sicherung der Kapazität oder zur Aufrechterhaltung der Funktionalität genutzt werden. Deshalb ist im Rahmen der Einsatzplanung im Vorfeld zu klären, wie viele Helfer nach welcher Alarmierungszeit verfügbar sind und welche rettungs- oder sanitätsdienstlichen Qualifikation dann genutzt werden kann.
- Welche Unterstützungsleistungen können die Helfer im Krankenhaus über welchen Zeitraum leisten?
- Die personellen Ressourcen der Hilfsorganisationen sind grundsätzlich in Einheiten gegliedert, die von qualifizierten Helfern geführt werden. Es ist im Rahmen der Einsatzvorbereitung zu klären, wie diese Führungskräfte in die Prozesse im Krankenhaus eingegliedert werden können, damit der Einsatz der ehrenamtlichen Helfer effektiv abläuft.

Die lokale technische Ausstattung orientiert sich grundsätzlich an den Aufgaben im Sanitäts- und Betreuungsdienst sowie der personellen Leistungsfähigkeit. Die Hilfsorganisationen nehmen vielfältige Aufgaben bei Sportveranstaltungen, Freiluftkonzerten, Straßen- und Volksfesten sowie sonstigen Großveranstaltungen wahr. Dazu zählen insbesondere Aufgaben im Sanitätswachtdienst, Wasserwacht und Betreuung. Partiell nehmen die ehrenamtlichen Helfer auch in der Krankenbeförderung und in der Notfallrettung teil. Die technische Ausstattung orientiert sich dabei an den Standards des Rettungsdienstes mit normgerecht ausgestatteten Krankenkraftwagen und Notarzteinsatzfahrzeugen (gemäß den Normen Rettungsdienstfahrzeuge und deren Ausrüstung - Krankenkraftwagen; EN 1789 von 2007 und Notarzt-Einsatzfahrzeuge, NEF, DIN 75079 vom Nov. 2009). In einigen Bereichen werden auch Notarztwagen und Intensivtransportfahrzeuge vorgehalten. Die von den Kommunen und Ländern ergänzend bereitgestellte Ausstattung bezieht sich in der Regel auf die sanitätsdienstliche Versorgung bei einem Massenanfall von verletzten Personen oder auf die Betreuung von evakuierten Menschen in Notunterkünften. Die Hilfsorganisationen haben die Helfer mit dieser lokal verfügbaren technischen Ausstattung in sogenannten Spezial- oder Schnell-Einsatz-Gruppen (SEG) gegliedert.

> **Beispiel aus der Praxis**
>
> Die sogenannte Schnelleinsatzgruppe des Ortsverbandes Celle im Deutschen Roten Kreuz (DRK) gliedert sich in die Fachbereiche »Rettung und Soforthilfe« sowie »Verpflegung und Betreuung«.

Diese Strukturen sind lokal sehr unterschiedlich und müssen in der Region individuell für die Krankenhausalarm- und Einsatzplanung geklärt werden.

Mit der Bereitstellung der medizinischen Task Forces (MTF) durch den Bund stehen weitere Einheiten für die rettungs- und sanitätsdienstliche Versorgung bei einem Massenanfall von Verletzten mit dem Aufbau und Betrieb eines Behandlungsplatzes sowie der Beförderung von Patienten in die Krankenhäuser zur Verfügung. Weiterhin verfügt die medizinische Task Force in der Kooperation mit der Feuerwehr über die Möglichkeit der Dekontamination von verletzten Personen.

In Abbildung 6.2 wird gezeigt, wie die im Aufbau befindlichen 61 medizinischen Task Forces vom Bund auf die jeweiligen Länder verteilt werden. Die Länder haben bzw. werden diese Einheiten dann wieder den Kreisen und kreisfreien Städten als untere Katastrophenschutzbehörde mit den örtlichen Hilfsorganisationen zugewiesen bzw. zuweisen.

Die Medizinische Task Force ist eine standardisierte taktische Einheit mit Spezialfähigkeiten zur Unterstützung bzw. Ergänzung von Einheiten des Katastrophenschutzes. Sie ist eine arztbesetzte sanitätsdienstliche Einsatzabteilung des Zivilschutzes und dient insbesondere der landesübergreifenden Unterstützung bei Katastrophen. Zum Leistungsspektrum gehören insbesondere folgende Aufgaben:

- Dekontamination Verletzter
- Aufbau und Betrieb eines Behandlungsplatzes
- Weiträumige/überregionale Beförderung von Patienten
- Aufbau und Betrieb von Patientenablagen
- Aufbau und Betrieb einer Patientenablage zwischen einem kontaminierten und nichtkontaminierten Bereich
- Aufbau und Betrieb von Unfallhilfs- und Meldestellen
- Aufbau und Betrieb einer Sichtungsstelle vor einem Krankenhaus
- Aufbau und Betrieb einer Dekontaminationseinrichtung für Verletzte Patienten vor einem Krankenhaus

Grundsätzlich gliedert sich die medizinische Task Force in folgende Teileinheiten mit insgesamt 126 ehrenamtlichen Helferinnen und Helfern sowie einer Ausstattung mit insgesamt 24 Fahrzeugen (▶ Tab. 6.1).

Da im gesamten Bundesgebiet im Endausbau nur 61 medizinische Task Forces zur Verfügung stehen, muss individuell geklärt werden, welche der Teilkomponenten örtlich verfügbar sind und wie diese in die Krankenhausalarm- und Einsatzplanung integriert werden können.

6 Kooperationspartner

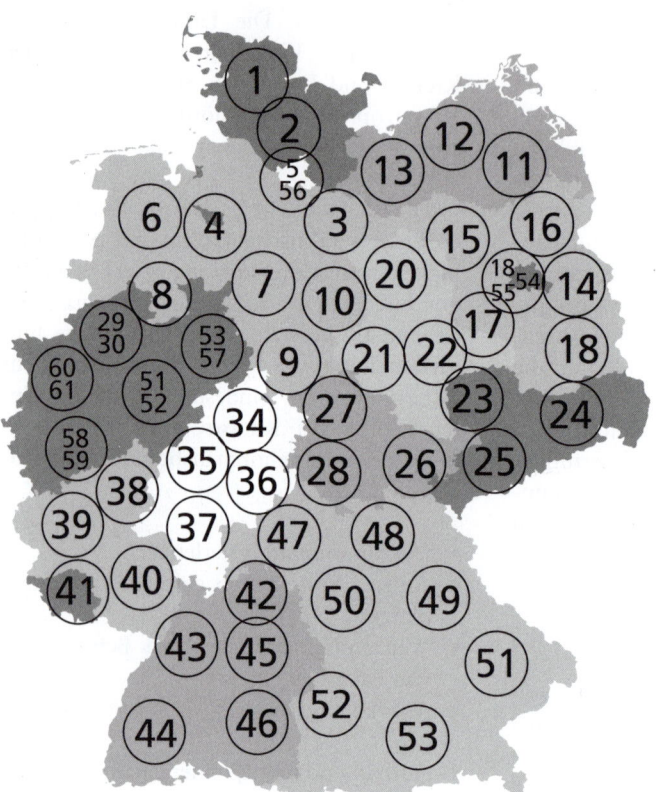

Abb. 6.2:
Verteilung der medizinischen Task Forces durch den Bund auf die einzelnen Länder (Quelle: http://www.bbk.bund.de/DE/¬AufgabenundAusstattung/¬GesundhBevschutz/MTF/Allge¬meineGrundlagen/Allgemeine¬Grundlagen_node.html)

Tab. 6.1: Gliederung einer medizinischen Task Force (MTF)

Teileinheit	Helfer	Fahrzeuge
Führung (TE Fü)	9	2
Dekontamination Verletzter (TE DekV)	36	5
Behandlung (TE Be)	66	10
Patiententransport (TE Pt)	12	6
Logistik (TE Log)	3	1

Für die Krankenhausalarm- und Einsatzplanung muss individuell mit der jeweiligen Hilfsorganisation geklärt und kontinuierlich evaluiert werden, welche personelle und ggf. materielle Unterstützung zur Aufrechterhaltung der Kapazität und/oder Funktionalität des Krankenhauses geleistet werden kann. Dabei ist zu klären, nach welcher Alarmierungszeit die personellen und/oder technischen Ressourcen für welchen Zeitraum zur Verfügung stehen.

6.3 Kooperation mit der Feuerwehr

Peer Rechenbach

Die Brandbekämpfung sowie die technische Rettung bei Not- oder Unglücksfällen ist bundesweit Aufgabe der Feuerwehr. Dies ist flächendeckend in den Brandschutz-, Feuerwehr- oder Hilfeleistungsgesetzen der Länder geregelt. Demnach hat jede Gemeinde eine den örtlichen Verhältnissen angepasste Feuerwehr einzurichten, auszustatten und zu betreiben. Die Brandbekämpfung sowie die Rettung von Menschen aus akuten Gefahrensituationen ist eine hoheitliche Aufgabe. Deshalb sind den Feuerwehren zur Erfüllung dieser Aufgaben bestimmte Hoheitsrechte eingeräumt, die ihnen die sach- und fachgerechte Aufgabenwahrnehmung garantieren. Dazu gehören z. B. die Aufhebung der »Unverletzlichkeit der Wohnung« oder der »Zugriff auf notwendige Hilfsmittel Dritter« zur Abwehr einer Brandgefahr.[8]

Die örtliche Feuerwehr kann als Berufsfeuerwehr, Freiwillige Feuerwehr oder Pflichtfeuerwehr aufgestellt werden. In ca. 112 Großstädten Deutschlands sind Berufsfeuerwehren eingerichtet. In allen anderen Städten und Gemeinden sind Freiwillige Feuerwehren etabliert. Die einzelnen Freiwilligen Feuerwehren können dabei in mehrere Ortsfeuerwehren einer Gemeinde untergliedert sein. In größeren Gemeinden (über 20.000 Einwohner) mit einer Freiwilligen Feuerwehr können zur Unterstützung der ehrenamtlichen Kräfte zusätzlich hauptamtliche Personen eingesetzt sein (z. B. Freiwillige Feuerwehr mit hauptamtlicher Wachbereitschaft).[9] In einem Kreis oder einer Region werden verschiedene spezielle Aufgaben arbeitsteilig von den einzelnen Gemeindefeuerwehren oder der sogenannten Kreisfeuerwehrzentrale bzw. einer Stützpunktfeuerwehr wahrgenommen (z. B. Gefahrguteinsätze). Eine Pflichtfeuerwehr wird nur in den Fällen eingerichtet, wenn in einer Gemeinde keine Freiwillige Feuerwehr gebildet werden kann oder nicht genügend ehrenamtliche Helferinnen und Helfer zur Verfügung stehen. Dies ist derzeit nur in wenigen Gemeinden der Fall.

Bei größeren Schadenereignissen ist es gängige Praxis, dass sich die jeweiligen Feuerwehren der Städte und Gemeinden gegenseitig unterstützen. Die geschieht üblicherweise im Rahmen der gegenseitigen nachbarschaftlichen »Löschhilfe« und funktioniert reibungslos. Bei dieser gegenseitigen Unterstützung bleibt die Einsatzleitung immer bei der örtlich zuständigen Feuerwehr der Stadt bzw. der Gemeinde.

Bei besonders schwerwiegenden Großschadensereignissen ist der sogenannte Kreisbrandmeister, Kreisbrandinspekteur oder Kreiswehrführer (Bezeichnungen in den einzelnen Ländern unterschiedlich) befugt, die Einsatzleitung zu übernehmen. Dies bedeutet jedoch nicht, dass der Katastrophenfall vom Kreis festgestellt wurde. Es dient lediglich der klaren Führungsorganisation an einer Großschadensstelle mit dem Ziel der optimalen Gefahrenabwehr durch eine Vielzahl von unterschiedlichen Akteuren.

Unabhängig von der Aufgabe der Gemeinde, eine Feuerwehr einzurichten, auszustatten und zu betreiben, können Betriebe oder besondere Einrichtungen mit einem überdurchschnittlichen Brand- und Explosionsrisiko verpflichtet werden, betriebseigene

---

8 Die jeweilige rechtliche Grundlage findet sich in den einzelnen Ländern unter Umständen in unterschiedlichen Rechtsnormen.
9 Die jeweiligen Begrifflichkeiten, wie z. B. »hauptamtliche Wachbereitschaft« können in den einzelnen Ländern unterschiedlich sein.

Feuerwehren einzurichten, auszustatten und zu betreiben. Diese sogenannten Werk- oder Betriebsfeuerwehren nehmen grundsätzlich keine öffentlichen Aufgaben in der Gefahrenabwehr wahr. Sie dienen dem Schutz des jeweiligen Unternehmens (z. B. Raffinerien, Chemiebetriebe oder Flugplätze).

Zu den Pflichten der örtlich zuständigen Feuerwehr gehört die detaillierte Einsatzplanung für bestimmte Objekte (Theater, Verkaufsstätten, brandgefährliche Anlagen, Einrichtungen, in denen mit radioaktiven Stoffen umgegangen wird oder dgl.). Dabei wird das Ziel verfolgt, die ggf. einzeln notwendigen Maßnahmen in Abhängigkeit von bestimmten Risiken zu planen und zu trainieren. Bezogen auf ein Krankenhaus oder eine Pflegeeinrichtung greifen somit zwei unterschiedliche Planungen ineinander. Die örtlich zuständige Feuerwehr erarbeitet einen Einsatzplan zur Gefahrenabwehr für das Krankenhaus und die Krankenhausleitung erarbeitet einen Krankenhausalarm- und Einsatzplan, um die Funktionalität aufrechtzuerhalten oder die Kapazität bedarfsorientiert zu erweitern. In diesem Kontext ist es von besonderer Bedeutung, dass die beiden Planungsaktivitäten harmonisiert und kooperativ erarbeitet sowie trainiert werden. Die Führungskräfte der örtlich zuständigen Feuerwehr müssen die krankenhausinternen Prozesse im Gefahrenfall kennen und die Maßnahmen der Feuerwehr zur Gefahrenabwehr müssen den Schlüsselfunktionsträgern des Krankenhauses gleichermaßen bekannt sein. Weiterhin sollten die Angehörigen der Feuerwehr die verschiedenen Örtlichkeiten im Krankenhaus kennen, um sich jederzeit (auch bei Dunkelheit) zurechtfinden zu können. Es hat sich in der Praxis bewährt, wenn sich die Führungskräfte der örtlich zuständigen Feuerwehr und die Schlüsselfunktionsträger des Krankenhauses persönlich kennen. Im Rahmen einer jährlichen gemeinsamen Begehung der verschiedenen Örtlichkeiten des Krankenhauses kann dies gefestigt und aktualisiert werden. Bauliche Maßnahmen oder grundlegende Veränderungen der Raumnutzung müssen der örtlich zuständigen Feuerwehr bekannt gemacht werden, damit diese die entsprechenden Einsatz- und Gefahrenabwehrpläne anpassen kann. Dies ist auch bei einer temporären Veränderung zwingend geboten.

Dabei ist zu berücksichtigen, dass bei einem Schadensereignis (z. B. Brand, Explosion) im Krankenhaus die Gesamteinsatzleitung bei der Feuerwehr liegt und diese auch gegenüber der Krankenhauseinsatzleitung weisungsbefugt ist. Seitens der Feuerwehr wird bei entsprechenden Schadensereignissen eine sogenannte Technische Einsatzleitung (TEL) vor Ort eingerichtet. Der Einsatzleiter der Feuerwehr kann beispielsweise beurteilen, ob und inwieweit er den Brand schnell mit seinen personellen und materiellen Ressourcen unter Kontrolle bringen kann oder ob eine Räumung bzw. Evakuierung von Teilbereichen des Krankenhauses zwingend geboten ist und prioritär umgesetzt werden muss. Um jederzeit eine kooperative und koordinierte Abstimmung zwischen den Maßnahmen der Feuerwehr und der Krankenhauseinsatzleitung (KEL) zu garantieren, ist es gute Praxis, Verbindungspersonen zwischen der Technischen Einsatzleitung (TEL) der Feuerwehr und der Krankenhauseinsatzleitung (KEL) zu etablieren und gemeinsame Übungen zu realisieren.

Weiterhin ist mit der örtlich zuständigen Feuerwehr zu klären, ob und inwieweit sie bei bestimmten Ereignissen im Krankenhaus, die die Funktionalität beeinträchtigen oder die Kapazität nachhaltig reduzieren, temporär personelle oder technische Unterstützungsleistungen erbringen kann.

6.4 Kooperation mit der Polizei

Dieter Dersch

6.4.1 Aufgaben der Polizei

Die Polizei hat ihre Maßnahmen nach pflichtgemäßem Ermessen auf der Basis der ihr gesetzlich übertragenen Aufgaben zu bewältigen. Die polizeilichen Aufgaben sind auf der Grundlage unserer Gesetze in die gefahrenabwehrenden und strafverfolgenden Aufgaben einschließlich der Verfolgung von Ordnungswidrigkeiten zu sehen. Die repressiven Aufgaben werden überwiegend durch die Bundesgesetze geregelt und gelten für alle Polizeien der Länder. Der gefahrenabwehrende Teil ist in den Landesgesetzen niedergelegt und ist im wesentlichen Kern gleich.

Die Aufgabenzuweisung im Gesetz spricht jedoch nur von der Polizei. Damit ist es Aufgabe der Länder und des Bundes, für die Bundespolizei und das Bundeskriminalamt die Organisation zu regeln. Hier ergeben sich Unterschiede in den einzelnen Ländern. Somit sollte jeder Verantwortliche für ein Krankenhaus mit »seiner Polizeidienststelle« Kontakt aufnehmen und die grundsätzlichen Erreichbarkeiten austauschen.

6.4.2 Einsatzlagen der Polizei

Die polizeilichen Einsatzlagen lassen sich grundsätzlich in zwei Bereiche aufteilen. Den wesentlich geringeren Anteil stellen zeitlich planbare Einsätze, wie Demonstrationen vor einem Krankenhaus, dar. Demgegenüber stehen die plötzlich auftretenden Ereignisse, die polizeilich als Sofortlagen bezeichnet werden. In Abhängigkeit von der Einstufung dieser Sofortlagen ergeben sich sehr unterschiedliche Rollen in der Bewältigung des Einsatzes.

Straftaten im KH

Für die Polizei gilt das Legalitätsprinzip. Danach ist die Polizei verpflichtet, ihr bekannt gewordene Straftaten zu verfolgen. Sofern weder die Staatsanwaltschaft noch das zuständige Gericht erreicht werden können, dürfen die eingesetzten Polizeibeamten bei Gefahr im Verzug auch strafprozessuale Maßnahmen anordnen.

Theoretisch sind viele Verstöße gegen die Strafgesetze möglich. Im Wesentlichen sind hier die Hausfriedensbruch-, Körperverletzungs- und Diebstahlsdelikte zu sehen. Als herausragend gilt die Entführung von Säuglingen. Gerade diese beunruhigen das Sicherheitsempfinden der Patienten (aber auch der Bevölkerung) stark und sind aus polizeilicher Sicht zu verfolgen.

Der Hausfriedensbruch, ein unberechtigtes oder gegen den Willen des Verantwortlichen im Krankenhaus Sich-Aufhalten, ist ein sogenanntes Antragsdelikt. Der Mitteiler einer solchen Straftat muss den einschreitenden Polizeibeamten deutlich und schriftlich die Bitte der Krankenhausleitung als Antragsberechtigten mitteilen, dass diese die Verfolgung der Tat wünscht und den Strafantrag unterschreibt. Ohne diesen Antrag ist ein weiteres Tätigwerden der Beamten aus strafprozessualer Sicht nicht möglich.

Die Schädigung der körperlichen Unversehrtheit ist in Abhängigkeit von dem eingesetzten Mittel ein Antrags- oder Offizialdelikt. Diese Taten sind in der heutigen Zeit keine Seltenheit mehr. Zu nennen sind hier die Angriffe auf Ärzte oder das Pflegepersonal. Nutzt der Täter bei der Tatbegehung seine Hände, Arm, Beine oder sogar den Kopf, geht die Polizei von einer einfachen Körperverletzung als Antragsdelikt aus. Hier sollte der Strafantrag sowohl vom Geschädigten als auch von der Krankenhausleitung gestellt werden. Bei einer Qualifizierung, z. B. Tathandlung durch den beschuhten Fuß, liegt eine Qualifizierung vor und die Tat qualifiziert sich zum Offizialdelikt und ist deshalb von Amts wegen zu verfolgen. Gewaltdelikte gegen Kinder, Jugendliche und Frauen – auch einfacher Art – werden grundsätzlich von der Polizei aufgenommen und an die Staatsanwaltschaft zur Entscheidung weitergeleitet. Insoweit werden die behandelnden Ärzte gebeten, erkannte Hinweise auf Straftaten an die Polizei oder die Staatsanwaltschaft weiterzugeben.

Eine Besonderheit stellt die Gefahr von wechselseitigen Körperverletzungen durch eingelieferte Personen dar. Es kann nicht ausgeschlossen werden, dass rivalisierende Personen oder Gruppen nahezu zeitgleich in die Notaufnahme eines Krankenhauses gebracht werden bzw. selbst den Weg dorthin finden. Soweit möglich sind diese Personen sofort zu trennen und ohne Sicht- und Hörkontakt voneinander zu behandeln. Soweit es erforderlich, sollten Polizeibeamte zum Schutz der behandelnden Personen hinzugezogen werden.

Bei den Diebstahlsdelikten handelt es sich um Offizialdelikte. Diese werden von der Polizei immer verfolgt. Neben der Anzeigenaufnahme können auch Spuren gesucht und gesichert werden. In allen Fällen erwarten die eingesetzten Polizeibeamten die größtmögliche Unterstützung von den Bediensteten des Krankenhauses.

Eine Ausnahme sind die Todesermittlungsverfahren. Sobald der Tod aufgrund einer unnatürlichen bzw. ungeklärten Ursache festgestellt wird, muss die Polizei ein Todesermittlungsverfahren einleiten.

Gefahrenlage im oder vom KH ausgehend

Eine Gefahr liegt für die Polizei immer dann vor, wenn das schädigende Ereignis unmittelbar bevorsteht. Die Beispiele sind sehr vielfältig und lassen sich nicht abschließend auflisten. Als besondere Einsatzlage wird hier nur die vom Krankenhaus als Patient abgängige Person angesprochen. Die besondere Gefahrensituation wird aus Sicht der Polizei bei Kindern und Jugendlichen immer unterstellt. Bei Erwachsenen muss eine Eigen- und/oder Fremdgefährdung hinzukommen. Dazu benötigt die Polizei von dem diensthabenden Arzt eine schriftliche Konkretisierung der Eigen- und/oder Fremdgefährdung. Auf dieser Basis werden die polizeilichen Suchmaßnahmen sowie die Ermittlungen vor Ort, d. h. im Krankenhaus eingeleitet. Zusätzlich sind eine Beschreibung der Person inklusive der Bekleidung, mögliche Anlaufstellen und die Richtung, in die sich der Person entfernt hat, sowie der Zeitpunkt des Verschwindens zwingend notwendig. Sofern es aus ärztlicher Sicht besondere Verhaltenshinweise im Falle des Antreffens gibt, sind diese auch mitzuteilen. In Abstimmung mit der örtlichen Polizei können im Vorfeld auch entsprechende Checklisten für eine standardisierte Erfassung der wesentlichen Angaben erstellt werden.

Weiterhin können sich Störungen der Arbeitsabläufe innerhalb eines Krankenhauses sowie im Empfinden anderer Patienten durch den Besuch von Großfamilien ergeben. Diese wirken sich insbesondere dann aus, wenn ein Familienmitglieder Opfer oder Täter einer Straftat ist. Mindestens verbale Auseinandersetzungen sind dann möglich. Auch hier ist zunehmend Gewalt gegen Ärzte und Pflegepersonal festzustellen. In diesen Fällen ist es ratsam, die örtliche Polizei rechtzeitig zu kontaktieren und hinzuziehen.

6.4.3 Größere Einsatzlagen im Krankenhaus

Brand

Brandeinsätze bzw. Brandalarmeinsätze ziehen aus Sicht der Polizei zwei wesentliche

Aufgaben nach sich. Zuerst werden die polizeilichen Maßnahmen den Fachdienststellen, insbesondere der Feuerwehr, einen ungehinderten Einsatz ermöglichen. Hierzu sind überwiegend Verkehrs- und Absperrmaßnahmen notwendig. Sobald das Feuer gelöscht ist und der Brandort durch die Feuerwehr oder den Sachverständigen freigegeben ist, muss die Polizei die Brandursache ermitteln. Ergeben sich hierbei Hinweise auf eine Straftat, wird auch ein Strafermittlungsverfahren eingeleitet.

Ein Feuer im Krankenhaus stellt für die Feuerwehr und die Rettungsdienste eine besondere Herausforderung dar. Diese werden in Absprache mit der Krankenhausleitung die Evakuierung gemäß interner Notfallplanung vornehmen müssen. Diese Planung hat in Abstimmung mit der Krankenhausleitung, der Feuerwehr und Polizei im Vorhinein zu erfolgen. Auf die Polizei kommt in dieser Phase des Einsatzes die Aufgabe zu, den Aktionsraum für die Hilfs- und Rettungsdienste freizumachen und zu halten. Dieser Raum sollte ebenfalls in gegenseitigen Absprachen vorher schon festgelegt sein. Zusätzlich wird mindestens ein Hilfs- und Rettungsweg benötigt. Die verkehrsregelnden Maßnahmen wird die Polizei übernehmen.

Bombendrohung

Diese Fälle sind selten, müssen aber immer ernst genommen werden. Die Androhung erfolgt überwiegend über das Telefon bzw. das Internet. Aus polizeilicher Sicht ist es wichtig, dass die Krankenhausleitung intern Verhaltensweisen festlegt, wie die Polizei informiert wird. Die entgegennehmende Person ist für die Polizei eine wichtige Auskunftsperson und sollte immer für Befragungen zur Verfügung stehen. In Abstimmung mit der örtlichen Polizei können Checklisten vereinbart werden, die den Ablauf, den Inhalt und das Drohszenario dokumentieren. Die wesentlichen Aufgaben der Polizei sind somit in der Abwehr und Gefahren und der Verfolgung der möglichen Straftaten zu sehen. Die zu treffenden Maßnahmen sollten immer in enger Abstimmung mit der Polizei erfolgen.

Geiselnahme

Die Geiselnahme findet sehr selten statt, beunruhigt dann jedoch weite Teile der Bevölkerung. Die ersten Meldungen an die Polizei sind entscheidend für den weiteren Ablauf des Einsatzes. Gerade in komplexen oder sogar in mehreren Gebäuden ist die genaue Angabe des Ortes entscheidend. Hilfreich sind auch ortskundige Personen des Krankenhauses, die den polizeilichen Einsatzkräften den Weg zum Tatort zeigen können. Die medizinische Versorgung ist durch organisatorische, personelle und materielle Maßnahmen vorzubereiten. Hierzu zählen insbesondere die Vereinbarungen mit dem Rettungsdienst. Die Polizei trifft vorrangig Maßnahmen zum Schutz der Geiseln und Unbeteiligter.

Die ersten polizeilichen Maßnahmen treffen grundsätzlich die örtlich zuständigen Beamten. Bei Verdacht einer Geiselnahme werden Spezialkräfte hinzugezogen.

Die ersten polizeilichen Maßnahmen dienen der Stabilisierung der Lage. Dabei ist die hohe emotionale Stimmung der Täter zu berücksichtigen. Den Tätern ist diese Zeit einzuräumen. So können sie sich mit der geänderten Situation vertraut machen. Kurzschlusshandlungen sollen minimiert werden. Charakteristisch für diese Phase sind die extrem hohe psychische Belastung der Täter sowie deren stark eingeschränkte Fähigkeit zum Handeln. Handlungen Dritter, auch der Polizei, werden zu diesem Zeitpunkt als Bedrohung angesehen. Für die Verantwortlichen des Krankenhauses bedeutet dies, keinen Kontakt – bei aller Sorge um die Mitarbeitenden – zu den Tätern oder den Mitarbeitenden aufzunehmen.

Bei Verdacht einer Geiselnahme werden Spezialkräfte hinzugezogen. Die Maßnahmen zur Befreiung der Geiseln werden je nach Gefahrensituation und/oder Planungsgrad ausschließlich von der Polizei durchgeführt. Primäre Aufgabe der Polizei ist es somit, die Geiseln zu befreien und weitere Geiselnahmen zu verhindern. In Ausnahmesituationen kann auch die Flucht der Täter nicht verhindert werden. In Absprache mit der Krankenhausleitung sollte hierzu ein Fluchtweg festgelegt werden. Dieser ist dann eventuell als gemeinsame Aufgabe freizumachen.

Die Geiselnahme gilt als beendet, wenn alle Geiseln befreit und die Täter handlungsunfähig sind. Der unmittelbare Tatort bleibt abgesperrt, da jetzt die strafverfolgenden Maßnahmen beginnen.

Amok

Eine Amoktat ist aus polizeilicher Sicht die andauernde Handlung eines oder in Ausnahmefällen auch mehrerer Täter gegen das Leben oder die körperliche Unversehrtheit betroffener oder unbeteiligter Personen. Damit sind länger und ungewöhnlich starke Gewaltanwendungen und deren Fortsetzung mittels Waffen in Tötungsabsicht immer Anhaltspunkte für eine Amoktat. Der grundsätzlich nicht maskierte Täter handelt von Beginn an und tötet mehr oder weniger wahllos alle Menschen, die sich ihm in den Weg stellen.

Er nimmt seinen eigenen Tod billigend in Kauf oder sucht ihn sogar durch seine Tat.

Somit kommt der Erstmeldung an die Polizei besondere Bedeutung zu. Der gewählte Notruf sollte – soweit möglich – nicht beendet, sondern die Leitung aufrechterhalten bleiben, damit viele Informationen die Polizei erreichen. Hierzu zählt insbesondere, in welchen Teil des Krankenhauses der Täter agiert, die Anzahl der Verletzten/Getöteten und ob der Täter in andere Gebäude/Gebäudeteile wechseln kann. Kenntnisse über Baupläne, Lageskizzen und aktuelle Beschreibungen durch Ortskundige sind für die Polizei von Bedeutung, um die Lage optimal bewältigen zu können. Aus Sicht der Polizei ist ein Handeln durch Dritte nicht gewollt. Die Bewaffnung des Täters stellt eine extreme Gesundheits- und sogar Lebensgefahr dar. Daher treffen die ersten Maßnahmen ausschließlich die zuerst eintreffenden Polizeibeamten, um die Tötungsabsichten des Täters zu unterbinden. Der so auf den Täter entstehende Druck soll ihn von möglichen weiteren Opfern ablenken und somit seine Handlungen unterbrechen.

Für die Krankenhausleitung bedeutet dies äußerste Zurückhaltung.

Die Amoklage gilt als beendet, wenn der Täter handlungsunfähig ist und keine weiteren Tötungsdelikte zu erwarten sind. Der betroffene Bereich bleibt abgesperrt. Jetzt können die notwendigen Rettungsmaßnahmen sowie die polizeilichen Ermittlungen beginnen.

Bedrohungslage

Bedrohungslagen finden überwiegend im familiären und/oder nahen sozialen Umfeld statt. Aus diesem Grunde ist es nicht ausgeschlossen, dass diese Auseinandersetzungen nach begangenen Straftaten im Krankenhaus fortgesetzt werden sollen. Polizeiliche Maßnahmen sollen die Einwirkungsmöglichkeiten auf andere Patienten, das Pflegepersonal und die Ärzte verhindern. Eine Stabilisierung an einem Ort ist somit anzustreben. Bei Verdacht einer Bedrohungslage werden Spezialkräfte der Polizei hinzugezogen. Neben der Festnahme des Täters kommt als anzustrebende Lösung auch dessen Aufgabe nach Verhandlungen durch die Polizei in Betracht.

6.4.4 Führung der Polizei

Die Organisation der Polizei wird durch die jeweiligen Bundesländer festgelegt. Der Bund nimmt diese Regelungsbefugnis für die Bundespolizei und das Bundeskriminalamt wahr. Somit ist es wichtig, sich mit der jeweils örtlich zuständigen Polizeibehörde über die Zusammenarbeit zu verständigen.

Um den Kräfte- und Mitteleinsatz der Polizei in der Bewältigung des täglichen Dienstes und im Einsatz sowie die Zusammenarbeit effektiv und effizient zu ermöglichen, ist die Polizei hierarchisch aufgebaut. Die polizeiliche Führungsebene wird in Abhängigkeit von dem jeweiligen Gefahrengrad und der Klassifizierung des Einsatzanlasses festgelegt. Diese polizeiinternen Regelungen haben keinerlei Auswirkungen auf die Lagebewältigung vor Ort. Dort wird es immer mindestens einen (Teil-)Verantwortlichen geben. Dieser Polizei- oder Abschnittsführer hat für die notwendige Kommunikation zwischen der Einsatzleitung der Feuerwehr und der Krankenhausleitung zu sorgen.

Das professionelle Handeln der Polizei wird auch dadurch gekennzeichnet, dass sie sich auf mögliche Einsatzlagen ohne konkreten Anlass vorbereitet. Diese sogenannten Planentscheidungen werden grundsätzlich, soweit keine polizeiliche Taktik betroffen ist, mit allen Beteiligten und damit auch mit der Krankenhausleitung abgestimmt. Auf dieser Basis wird dann der polizeiliche Einsatz erfolgen.

Führung von der Leitstelle

Im Rahmen der Allgemeinen Aufbauorganisation (AAO) werden alle Aufgaben des täglichen Dienstes durch den Wachdienst wahrgenommen. Die Einsatzleitstelle der Polizei ist das ständige Führungsorgan der Polizei im täglichen Dienst. Als Verantwortlicher (Polizeiführer) handelt immer ein Dienstgruppenleiter der Leitstelle. Dieser ist außerhalb der Bürodienstzeit häufig der Entscheidungsträger der Behörde für die zuerst zu treffenden Maßnahmen. Es ist jedoch nicht möglich, alle Einsätze in der AAO zu bewältigen. Liegt eine solche besondere Lage vor, wechselt die Polizei in die »Besondere Aufbauorganisation« (BAO). Diese ist immer dann erforderlich, wenn die Lage wegen des erhöhten Kräftebedarfs, der Dauer des Einsatzes und der einheitlichen Führung notwendig wird. Bei den sich aktuell entwickelnden besonderen Einsatzlagen übernimmt der Dienstgruppenleiter der Leitstelle oder der Polizeiführer vom Dienst (Rufbereitschaft) die Einsatzleitung.

Führung oder Abschnittsführung vor Ort

Werden der Polizei Einsatzanlässe bekannt, die von der Einsatzintensität gering und im Rahmen der AAO bewältigt werden können, erfolgt die polizeiliche Einsatzleitung durch den örtlichen Dienstgruppenleiter. Diese Position ist, wie auch die Führung auf der Leitstelle, immer besetzt. In besonderen Einsatzlagen wird der örtlich zuständige Dienstgruppenleiter die polizeiliche Führung vor Ort verantwortlich übernehmen und somit für (Teil-)Aufgaben verantwortlich sein. Damit steht der Einsatzleitung der Feuerwehr und der Krankenhausleitung ein kompetenter Ansprechpartner der Polizei zur Verfügung. Diese kommunikative, abstimmende Aufgabe kann jedoch auch auf den Verbindungsbeamten der Polizei delegiert werden.

Verbindungspersonen

Der direkten Zusammenarbeit kommt aus polizeilicher Sicht eine besondere Bedeutung zu. Dieser grundsätzliche Auftrag für die behördliche Polizeiführung setzt die ständige Bereitschaft zum Austausch und zur Abstimmung mit möglicherweise betroffenen/beteiligten Behörden und Institutionen voraus. Auf dieser Basis werden die jeweiligen Pläne bekannt und erforderlichenfalls abgestimmt. Diese sind dann Grundlage für die Einsatzbewältigung im konkreten Fall. Die notwendig gewordenen Abstimmungen über die Zusammenarbeit zwischen den Hilfs- und

Rettungsdiensten, der Krankenhausleitung und der Polizei sollten schnellstens eingeleitet werden. Im Rahmen der Absprachen sind insbesondere der Gefährdungsgrad und -bereich festzulegen. Darüber hinaus sind Regelungen für die Übergabe und -nahme von verletzten Personen zu treffen.

Der polizeiliche Berater selbst hat keine Entscheidungsbefugnisse, kennt jedoch die Abläufe und so das polizeiliche Handeln erläutern. Zusätzlich ist er verantwortlich für die Gewinnung von Informationen, die in die polizeiliche Entscheidung einfließt.

Bei komplexen Einsatzlagen empfiehlt es sich, dass auch die Krankenhausleitung eine Verbindungsperson in den Stab der polizeilichen Einsatzleitung entsendet. Gerade dieser Punkt sollte in den Gesprächen ohne konkreten Anlass abgestimmt werden.

In allen Fällen gilt der Grundsatz, dass die Polizei selbstständig agiert und eigenständige Entscheidungen der Gefahrenabwehr trifft.

6.4.5 Aufgaben der Polizei

Ziele

Die Polizei muss die ihr durch Gesetz übertragenen Aufgaben erfüllen. Damit garantiert sie als Träger des staatlichen Gewaltmonopols die innere Sicherheit.

Die polizeilichen Ziele leiten sich im Einsatz grundsätzlich aus den Zuständigkeiten ab. Sie definieren den mit den taktischen Maßnahmen zu erreichenden Zustand. Sie entstehen entweder unter Beteiligung der Mitarbeiter oder durch Vorgaben. Sie orientieren sich an der konkreten Lage und sind grundsätzlich bindend für alle eingesetzten Polizeikräfte.

Taktische Maßnahmen

Die taktischen Maßnahmen der Polizei sind grundsätzlich in der Polizeidienstvorschrift 100 – Verschlusssache nur für den Dienstgebrauch – geregelt und entfalten bundesweit Wirkung. Jede benannte Maßnahme beschreibt die durch die Gesetze übertragene Eingriffsbefugnis in konkretes Handeln.

In der Zusammenarbeit mit einer Krankenhausleitung kommen wiederkehrend die taktischen Maßnahmen Aufklärung, Absperrung und Verkehrsmaßnahmen in Betracht.

Die Aufklärung dient der Informationserhebung im Hinblick auf die Gefahrensituation, Personen und Räume. So kann der Polizeiführer ständig in der Lage leben und sachgerechte Entscheidungen treffen. Mit den Aufklärungsmaßnahmen greift die Polizei mindestens in das Grundrecht auf die freie Entfaltung der Persönlichkeit ein. Als Rechtsgrundlagen kommen hier gefahrenabwehrende und strafverfolgende Eingriffsbefugnisse in Betracht.

Polizeiliche Absperrmaßnahmen riegeln einen Einsatzraum grundsätzlich ab. Damit ist das Betreten oder Verlassen des Raumes ohne polizeiliche Erlaubnis grundsätzlich nicht mehr gestattet. Mit dieser in das Grundrecht auf die Bewegungsfreiheit eingreifenden Befugnis sollen Gefahren- oder Schadensort begrenzt sowie ein Tatort vor Veränderungen geschützt werden. Als Rechtsgrundlagen kommen hier gefahrenabwehrende und strafverfolgende Eingriffsbefugnisse in Betracht.

In Abstimmung mit der Krankenhausleitung und/oder der Leitung der Feuerwehr wird häufig der Gefahrenradius festgelegt. Die jeweiligen Einschätzungen werden angemessen berücksichtigt. Gerade in Gefahrensituationen muss der kontrollierte Zugang zum Gefahrenbereich ermöglicht werden. Dies geschieht an den Durchlassstellen.

Verkehrsmaßnahmen sollen die Verkehrsströme rund um einen Einsatzort kanalisieren. In Abhängigkeit von der Dauer bzw. dem zeitlichen Vorlauf ist dies eine kommunale Aufgabe. Der Kommune obliegt es, einen Verkehrslenkungsplan zu erstellen. Für die Krankenhausleitung bedeutet dies, in Kooperation mit der Kommune, der Feuerwehr und der Polizei ohne konkreten Anlass einen solchen Plan aufzustellen. Die wesentlichen Punkte eines solchen Planes sind die festzulegenden Sperrpunkte, an den für den Fahrzeugverkehr eine andere Richtung vorgegeben wird. Zusätzlich sind in diesem Plan die An- und Abfahrtswege für die Hilfs- und Rettungsdienste aufzunehmen. Die ggfs. notwendigen Aufstellflächen sind bei der Planung zu berücksichtigen. Auch das Festlegen von Behandlungsplätzen oder Landeplätzen spielt bei der Erstellung eine Rolle. Auf diesen Verkehrslenkungsplan kann dann im Einsatzfall zurückgegriffen werden. Mit den Verkehrsmaßnahmen wird mindestens in das Grundrecht auf die Bewegungsfreiheit eingegriffen. Als Rechtsgrundlagen kommen hier verkehrslenkende Eingriffsbefugnisse aus der Straßenverkehrsordnung in Betracht.

Amts- und Vollzugshilfe

In Deutschland leisten die Behörden sich auf Antrag, der grundsätzlich schriftlich erfolgen sollte, Amtshilfe (Art. 35 GG). Die Amtshilfe selbst stellt keine Befugnisnorm dar. Vielmehr ist es ein Angebot zur Hilfe der Behörden untereinander. Somit muss vorher geklärt seien, ob das jeweilige Krankenhaus den Status einer (Verwaltungs-)Behörde hat. Gemäß § 1 Absatz 3 des Krankenhausgestaltungsgesetzes des Landes NRW sind Krankenhausträger in der Regel freie gemeinnützige, kommunale, private Träger und das Land. Falls sich kein anderer geeigneter Träger findet, sind Gemeinden und Gemeindeverbände verpflichtet, Krankenhäuser zu errichten und zu betreiben. Nur, wenn das Krankenhaus eine Behörde ist, ist auf schriftlichen Antrag die Amts- und Vollzugshilfe möglich. Im Fall der Amtshilfe wird die Verantwortung für die Rechtmäßigkeit und die Durchführung der Maßnahme zum Beispiel auf die Polizei übertragen.

Im Rahmen der Vollzugshilfe bleibt die ersuchende Behörde für die Rechtmäßigkeit der Maßnahme verantwortlich. Die Polizei setzt diese rechtmäßige Maßnahme bei Erforderlichkeit mit Zwang durch. Die Polizei entscheidet dabei auf der Grundlage der rechtlichen Voraussetzungen über die Anwendung von Zwangsmaßnahmen sowie über die Art und Weise der Durchführung.

6.4.6 Aufgaben des Krankenhauses aus Sicht der Polizei

Straftat

Die Mitarbeiter eines Krankenhauses unterliegen nicht wie die Polizeibeamten dem Strafverfolgungszwang. Daher ist es für die Polizei wichtig, dass die Mitarbeiter eines Krankenhauses eine mögliche Straftat der Polizei melden. Damit einhergehend ist auch die Bereitschaft, der Polizei gegenüber sachdienliche Hinweise zu geben. Diese beziehen sich insbesondere auf die Angaben zu den Tatumständen, den verdächtigen Personen und deren Beschreibung sowie die bereits eingeleiteten internen Maßnahmen. Bei Antragsdelikten, wie zum Beispiel dem Hausfriedensbruch, ist das Unterzeichnen eines Strafantrages grundsätzlich Voraussetzung für das polizeiliche Handeln. Somit sollte innerhalb des Krankenhauses geklärt sein, wer diesen Strafantrag – auch außerhalb der Bürozeiten der Verwaltung – für das Haus stellen darf. Bei Straftaten gegen die Mitarbeiter ist es sinnvoll, dass sich die Leitung eines Krankenhauses »hinter den Mitarbeiter stellt« und den Strafantrag unterstützt.

Gefahrenlagen

In einem Krankenhaus sind überwiegend Brandalarme, Brände und vermisste Personen aus polizeilicher Sicht die üblichen Gefahrenlagen.

Feuer stellt eine Bedrohung der Arbeitsfähigkeit des Krankenhauses dar. Deshalb sind die Brandalarme auch immer ernst zu nehmen. Die Polizei wird im Einsatz die Feuerwehr und die Krankenhausleitung durch weiträumige gefahrenabwehrende Maßnahmen unterstützen. Durch regelmäßige Besprechung der beteiligten Organisationen lassen sich Planentscheidungen insbesondere hinsichtlich der Rettungswege, der Aufstellflächen, der Evakuierungs- und der Kommunikationspläne erstellen. Diese können im Krankenhausalarmplan niedergelegt werden. Sollte es zu einem Brand gekommen sein, sind polizeiliche Ermittlungen nach Abschluss der Löscharbeiten erforderlich.

Die häufigere Zusammenarbeit ergibt sich durch die Suche nach aus dem Krankenhaus abgängigen Personen. Bei Kindern und Jugendlichen unterstellt die Polizei immer eine Gesundheits- oder sogar eine Lebensgefahr. Die polizeilichen Suchmaßnahmen werden immer durchgeführt. Erwachsene Personen können grundsätzlich selbst über ihren Aufenthaltsort entscheiden. Somit muss für die Polizei die Konkretisierung der Gefahr vom behandelnden Arzt dokumentiert sein. Diese Gefahr kann für die Person selbst gegeben sein (lebensnotwendige Tabletten müssen innerhalb einer Frist genommen werden) oder von der Person geht eine konkrete Gefahr für Dritte aus.

Die polizeilichen Suchmaßnahmen werden sowohl im Krankenhaus (bei Bedarf) als auch außerhalb durchgeführt. Für die Suche der Polizei im Gebäude bedarf es der ortskundigen Begleitung der Polizei. Nur so können alle Räume gemeinsam nach der vermissten Person überprüft werden. Wichtig für die Suche sind die Angaben nach der Bekleidung, den Besonderheiten, möglicher Anlaufadressen. Auch muss der Rücktransport im Falle des Auffindens geklärt sein. Die Polizei selbst darf grundsätzlich keine erkrankten Personen transportieren.

Hausrecht

Die Befugnis, eine Person aus dem Haus zu verweisen, muss seitens der Krankenhausleitung geregelt sein. Nur so kann die Polizei die notwendigen strafprozessualen Maßnahmen einleiten. Aus gefahrenabwehrenden Gründen wird die Polizei den Berechtigten des Krankenhauses unterstützen. Dies setzt im Einzelfall voraus, dass die unerwünschte Person in Anwesenheit der Polizei durch den Berechtigten des Krankenhauses aufgefordert wird, das Gebäude zu verlassen. Erst nach wiederholter Aufforderung wird die Polizei die Forderung selbst in Form einer polizeilichen Verfügung aussprechen und erforderlichenfalls Zwang androhen.

Zur Durchsetzung des Hausrechtes können die Krankenhäuser auch Sicherheitspersonal einsetzen. Im Rahmen des Vertrages zwischen der Krankenhausleitung und der Sicherheitsfirma müssen die übertragenen Rechte genau geregelt sein.

6.4.7 Erwartungen der Polizei an die Krankenhausleitung

Die Erwartungen lassen sich grundsätzlich aus der generellen Sicht und der im konkreten Einzelfall betrachten. Dem Grundsatz folgend, dass die regelmäßige Kommunikation im Vorfeld die Lösung im konkreten Einsatzfall fördert, sind gemeinsame ergebnisorientierte Besprechungen mit anschließenden Vereinbarungen hilfreich. So kann der Einsatz von Verbindungspersonen in die Krankenhauseinsatzleitung und in den Führungsstab der Polizei abgesprochen sein. Auf den abgestimmten Kommunikationswegen lassen sich dann die notwendigen Informationen austauschen. Dieser Austausch hilft, die jeweiligen Aufgaben, ortsbezogenen Anforderungen sowie die Rollen und das Selbstverständnis zu erklären. Der Reibungsverlust wird sinken.

Neben den allgemeinen Besprechungen können auch Fortbildungsmaßnahmen, zum Beispiel das grundsätzliche Vorgehen der Polizei bei gefahrenträchtigen Situation und die Kommunikation untereinander, trainiert werden. Die so gewonnenen Erkenntnisse können in die Planunterlagen einfließen und helfen, sie besser zu verstehen.

Neben diesen allgemein wichtigen Grundsätzen sind konkret benannte und entscheidungsbefugte Personen des Krankenhauses wichtig.

6.5 Kooperation mit der örtlich zuständigen Gefahrenabwehrbehörde

Peer Rechenbach

6.5.1 Einleitung

Bei der Entwicklung, Planung und Fortschreibung eines effektiven Krankenhausalarm- und Einsatzplans ist eine detaillierte und regelmäßige Abstimmung mit der örtlich zuständigen Gefahrenabwehrbehörde erforderlich. Doch wer repräsentiert die »örtlich zuständige Gefahrenabwehrbehörde« und welchem Zweck dient eine detaillierte Abstimmung? Die Antworten dieser Fragen bedürfen einer Betrachtung der in einem föderalen System bestehenden Aufgaben, Verantwortlich- und Zuständigkeiten.

6.5.2 Gemeinde oder Stadt als örtlich zuständige Gefahrenabwehrbehörde

Not- und Unglücksfälle sowie Brände

Jedes Krankenhaus hat seinen räumlichen Sitz in einer Stadt oder Gemeinde. Auf der Basis der Brandschutz-, Feuerwehr- und/oder Hilfeleistungsgesetze der Länder ist für die Sicherstellung eines effektiven abwehrenden Brandschutzes und der damit verbundenen Einrichtung einer Feuerwehr die Gemeinde oder Stadt zuständig. Dies bedeutet, dass bei einem Brand oder einem technischen Unglücksfall die örtliche Feuerwehr für die Gefahrenabwehr (z. B. Rettung der gefährdeten Menschen und Brandbekämpfung sowie Schutz der Umwelt) zuständig ist und als »örtlich zuständige Gefahrenabwehrbehörde« agiert. Die inhaltlichen Eckdaten des abwehrenden Brandschutzes (z. B. Interventionszeiten, personelle Leistungsfähigkeit, materielle Ausstattung und Umfang der Sonderaufgaben) sind üblicherweise in sogenannte Brandschutzbedarfsplänen der Stadt oder Gemeinde fixiert.

6.5.3 Kreis oder kreisfreie Stadt als örtlich zuständige Gefahrenabwehrbehörde

Massenanfall von verletzten oder erkrankten Personen

Die Städte und Gemeinden gehören üblicherweise einem Kreisgebiet an (Mit Ausnahme der Stadtstaaten Berlin, Hamburg und Bremen, hier bestehen spezielle Regelungen.). Dem Kreis sind wiederum besondere Zuständigkeiten und Verantwortlichkeiten zugewiesen. Größere Städte (meist mehr als 100.000 Einwohner) haben üblicherweise den Status einer »kreisfreien Stadt« und sind damit sowohl für die Aufgaben einer Gemeinde als auch eines Kreises zuständig und verantwortlich. Auf der Grundlage der landesspezifischen Kommunalverfassung, der Rettungsdienst- und der Katastrophenschutzgesetze (Die jeweiligen gesetzlichen Regelungen können in den einzelnen Ländern in unterschiedlich Gesetzesnormen fixiert sein.) haben die Kreise die Zuständigkeit für die Sicherstellung eines effektiven Rettungsdienstes, des Katastrophenschutzes und den Betrieb einer Rettungsleitstelle. In einigen Regionen haben sich die Kreise bzw. kreisfreien Städte bezüglich der Sicherstellung des Rettungsdienstes oder dem Betrieb der Rettungsleitstelle zu überregionalen Zweckverbänden zusammengeschlossen, um eine höhere Effizienz zu gewährleisten. Dies ändert jedoch nichts an der grundsätzlichen Zuständigkeit und Verantwortlichkeit der jeweils beteiligten Kreise. Die inhaltlichen Eckdaten des Rettungsdienstes eines Kreises werden üblicherweise in sogenannten Rettungsdienstbedarfsplänen fixiert. Dabei wird insbesondere der Teilbereich der Notfallrettung als Element der öffentlichen Daseinsvorsorge und Gefahrenabwehr betrachtet. Bei einem Massenanfall von Erkrankten oder Verletzten sind für die operativ-taktischen Maßnahmen die Funktionen des

- organisatorischen Leiters des Rettungsdienstes (OrgL) und
- Leitenden Notarztes (LNA)

von zentraler Bedeutung. Bei der Bewältigung eines Massenanfalls von verletzten oder erkrankten Patienten agiert der Kreis mit den genannten Schlüsselfunktionen als »örtlich zuständige Gefahrenabwehrbehörde«.

Außergewöhnliche Not- und Unglücksfälle oder Großbrände

Bei einer Großschadenslage innerhalb eines Kreisgebiets, für deren Bewältigung verschiedene Feuerwehren aus dem Kreisgebiet zusammengezogen werden müssen, kann der jeweilige Kreisbrandmeister, Kreiswehrführer oder Kreisbrandinspektor (Funktionsbezeichnung ist länderspezifisch unterschiedlich) die Leitung der Gefahrenabwehr übernehmen und hat dann gegenüber allen erforderlichen Akteuren der Gefahrenabwehr eine Weisungskompetenz. In diesen Fällen agiert ebenfalls der Kreis als »örtlich zuständige Gefahrenabwehrbehörde«. Obwohl das Ereignis im Bereich einer Gemeinde bzw. Stadt liegt, geht die Verantwortung zur Schadensbewältigung in diesem Fall auf den Kreis über. Dieser Vorgang muss vom jeweiligen Kreisbrandmeister, Kreiswehrführer oder Kreisbrandinspektor formal festgestellt werden.

Katastrophen

Bei einem Schadensereignis mit schwerwiegenden Ausmaßen steht der Kreis als »örtlich zuständige Gefahrenabwehrbehörde« in der Pflicht, alle erforderlichen Maßnahmen zur Gefahrenabwehr zu planen, einzuleiten und durchzuführen. Dabei müssen in der Regel alle verfügbaren Ressourcen des Kreises sowie der Städte oder Gemeinden aktiviert und eingesetzt werden. In dessen Fällen erklärt der Landrat den Katastrophenfall und ist damit für die Koordinierung und sach- sowie zeitgerechte Durchführung aller Maßnahmen zur Gefahrenabwehr zuständig und verantwortlich. Der Landrat hat damit auch eine Weisungskompetenz gegenüber allen Ressourcen des Kreises sowie der Städte oder Gemeinden. Der Landrat bedient sich dabei einer Technischen Einsatzleitung (TEL) und eines Verwaltungsstabes bzw. spezieller örtlicher Kombinationsformen. In der TEL werden alle Ressourcen der Feuerwehren, des Rettungsdienstes, der Hilfsorganisationen sowie spezieller Katastrophenschutzeinheiten (z. B. Einheiten der Bundesanstalt Technisches Hilfswerk) geführt. Im Verwaltungsstab werden alle sonstigen Ressourcen des Kreises, der Gemeinden oder Städte aktiviert und für spezielle Aufgaben herangezogen (z. B. Betreuung von evakuierten Personen, Aktivierung von Schulen als Notunterkünfte). Die jeweilige Führungsorganisation (z. B. Weisungs- und Handlungsvollmachten) sowie die Stabsgliederungen sind in entsprechenden landesspezifischen und ortsbezogenen Verwaltungsvorschriften fixiert. Entsprechend den örtlichen Risiken bestehen in der Regel Katastrophenabwehrpläne des Kreises (Hochwasserabwehr, Waldbrandbekämpfung, Massenanfall von Verletzten oder Evakuierungspläne). Hier muss im Rahmen der Planung und Fortschreibung des Krankenhausalarm- und Einsatzplanes geklärt werden, welche Risiken und/oder Aufgaben für das Krankenhaus bestehen.

Epidemiologische Ereignisse

Bei epidemiologischen Ereignissen (z. B. Ausbreitung humanpathogener Erreger in einer Schule oder in einem Altenheim, Grippewelle oder das Auftreten einer Tierseuche wie z. B. Maul- und Klauen-Seuche) agiert sofort das Gesundheitsamt des Kreises. In diesen Fällen ist die »örtlich zuständige Gefahrenabwehrbehörde« wiederum der Kreis. Hier ist zu berücksichtigen, dass gemäß dem Bundesinfektionsschutzgesetz das Bundesgesundheitsministerium mit dem Robert-Koch-Institut unmittelbare Weisungen an das örtlich zuständige Gesundheitsamt zur Begrenzung der Ausbreitung geben kann. Ob und inwieweit der Landrat aufgrund der sich möglicherweise schnell ausbreitenden Krankheit den Katastrophenfall erklärt, hängt von der Schwere der Wirkungen auf die betroffenen Menschen und das tägliche Leben des Gemeinwesens ab. Hier ist ebenfalls bei der Planung und Fortschreibung des Krankenhausalarm- und Einsatzplanes zu klären, welche Aufgaben von dem Krankenhaus gewährleistet werden muss.

6.5.4 Polizei als örtlich zuständige Gefahrenabwehrbehörde

Ereignisse, wie Geiselnahmen, Mordanschläge, Amokläufe oder Terroranschläge sind eindeutig in der Zuständigkeit der Polizei. In diesen Fällen muss die Polizei als Einrichtung des jeweiligen Landes die erforderlichen Gefahrenabwehrmaßnahmen sowie die erforderliche Beweissicherung als »örtlich zuständige Gefahrenabwehrbehörde« planen, koordinieren und durchführen. Gleichwohl sind bei diesen Ereignissen sowohl die Feuerwehren, der Rettungsdienst und/oder spezielle Einheiten des Katastrophenschutzes mit ihren jeweiligen Ressourcen beteiligt und für die jeweilige Aufgabenerfüllung verantwortlich. Die Gesamtkoordination obliegt jedoch der Polizei. Dabei kann es auch notwendig sein, dass der Landrat den Katastrophenfall erklärt. Die Funktion der »örtlich zuständigen Gefahrenabwehrbehörde« wird von der Polizei wahrgenommen. Die Gliederung der Polizei der Länder ist in Polizeidirektionen bzw. Präsidien, in Polizeiinspektionen und Polizeiabschnitte bis zu Polizeirevieren gegliedert. Diese Struktur orientiert sich nicht immer an den sonst üblichen Gemeinde- oder Kreisgrenzen. Auf welcher Ebene der jeweilige Polizeiführer angesiedelt ist, hängt von der Schwere des Ereignisses und den damit erforderlichen polizeilichen Ressourcen ab.

Bei den genannten Ereignissen, bei denen die örtlich zuständige Gefahrenabwehrbehörde bei der Gemeinde bzw. der Stadt oder dem Kreis liegt, hat die Polizei auch eine Vielzahl von Aufgaben, z. B. im Rahmen der Beweissicherung und Schuldermittlung, der Verkehrslenkung, durchzuführen. In diesen Fällen erfolgt die kooperative Zusammenarbeit auf der Basis entsprechender landesspezifischer Regelungen.

6.6 Abstimmung mit benachbarten Krankenhäusern

Peer Rechenbach und Thomas Wurmb

In den Katastrophenschutzgesetzen und den Krankenhausgesetzen der Länder ist oft verankert, dass sich die benachbarten Krankenhäuser in Bezug auf Schadenslagen untereinander abstimmen.

So enthält § 24 Absatz (3) des NRW-Gesetzes über den Brandschutz, die Hilfeleistung und den Katastrophenschutz vom 17.12.2015 folgende Anweisung: »Krankenhäuser haben sich gegenseitig zu unterstützen und ihre Planungen aufeinander abzustimmen«.

Der Gesetzgeber geht davon aus, dass beispielsweise bei einer Epidemie in den Krankenhäusern eines Landkreises oder einer Kommune ein Krankenhaus alle infizierten Patienten in Kohortenisolation aufnimmt, damit die anderen Krankenhäuser ihrer Daseinsfürsorge in der medizinischen Versorgung der Patienten nachkommen können.

Ein anderes Beispiel: Beim Massenanfall von Verletzten (MANV) haben sich Krankenhäuser abzustimmen, wie viele Patienten welcher Sichtungskategorie sie in einer bestimmten Zeit aufnehmen können. Ein Beispiel hierfür ist das sog. Ticketsystem in Hessen, bei dem ein bestimmter Verteilungsschlüssel von Patienten im Vorfeld festgelegt und im Einsatzfall dann umgesetzt wird. Ebenso etabliert ist in Hessen das elektronische System des Bettennachweises IVENA, über das dann bei einem Massenanfall von Patienten die Verteilung der Patienten auf die Krankenhäuser erfolgt. Auch hier ist eine enge Abstimmung der Krankenhäuser im Vorfeld notwendig, damit im Einsatzfall das System erfolgreich eingesetzt werden kann. Ein weiteres Beispiel der Abstimmung zwischen den Krankenhäusern ist der sog. Wellenplan. Dieser wurde im Zuge der Fußballweltmeisterschaft 2016 erarbeitet und sieht ein überregionales Verteilungssystem von Patienten vor. Zugrunde gelegt ist diesem Schlüssel eine Selbsteinschätzung der Kliniken, zu welchem Umfang der Patientenversorgung sich die einzelne Klinik in einem bestimmten Zeitraum in der Lage sieht.

Bei den Terroranschlägen vom 13. November 2015 in Paris wurde der sog. »plan blanc« aktiviert. Dieser Plan ist ein eher administratives Rahmenkonzept, wie die Zusammenarbeit der einzelnen Kliniken bei einem solchen Schadensereignis geregelt ist. Hierbei geht es auch um eine Patientenverteilung, den Austausch von Personal und Material und die Kommunikationsstrukturen. Der Plan ist kein Alarm- und Einsatzplan im eigentlichen Sinne, sondern als umfassendes Rahmenkonzept zu verstehen.

Die erhöhte Terrorgefahr hat das Problembewusstsein für den Massenanfall von Patienten erhöht. Ob auf medizinischer Ebene zwischen den Fachgesellschaften oder auf eher politisch-administrativer Ebene werden derzeit Konzepte erarbeitet, gesammelt und abgestimmt, wie medizinisch, taktisch oder organisatorisch auf die neue Bedrohungslage reagiert werden soll. Hierbei tritt verstärkt die Rolle der Krankenhäuser in den Vordergrund. Es geht es zum einen um Aufnahmekapazitäten, zum anderen eben auch um die gemeinsame Nutzung von Material und Personal. Gerade zwischen den Krankenhäusern einer Region sind hier Absprachen erforderlich.

Folgende prinzipielle Überlegungen sollten hier eine Rolle spielen.

Arzttransport statt Patiententransport: Sollte im Krankenhaus A ein Patient behandelt werden, der z. B. einen Gefäßchirurgen benötigt, dann stellt das Krankenhaus B, das über eine gefäßchirurgische Abteilung verfügt, einen Arzt zur Verfügung, der zum Patienten transportiert wird. Gleiches gilt natürlich auch für andere Fachdisziplinen, wie Hals-Nasen-Ohren oder Neurochirurgie. Dies hat den Vorteil, dass Transportkapazität nicht unnötig blockiert wird und der risikoreiche Transport eines schwer verletzten Patienten entfällt.

Gemeinsame Ressourcenplanung: Denkbar wäre die Bestückung und Unterhaltung eines gemeinsamen Lagers für speziell gepackte Operationssiebe. Diese Siebe müssten so ausgelegt sein, dass sie für den Alltagsgebrauch gewälzt werden können, im Schadensfall aber allen beteiligten Krankenhäusern zur Verfügung stehen und v.a. alltagstauglich sind.

Gemeinsame Strategie zur Wiederbestückung des Rettungsdienstes: Im Großschadensfall, besonders aber bei der Bewältigung einer lebensbedrohlichen Einsatzlage kann der Rettungsdienst nach Übergabe seines Patienten an das Krankenhaus nur schwer zu seiner angestammten Rettungswache gelangen, um das Fahrzeug mit Material nachzurüsten. Ein mögliches Konzept, wie dies in Paris im November 2016 umgesetzt ist, wäre die Vorhaltung von Materialpaketen für den Rettungsdienst in den Notaufnahmen. Nach Übergabe kann der Rettungsdienst mit Wiederbestückung durch das vorgepackte Material sofort wieder in den Einsatz eingreifen. Zwischen den Krankenhäusern einer Region sollte hier ein gemeinsames und gleiches Konzept erarbeitet werden, um Ressourcen einzusparen und für den Rettungsdienst ein einheitliches Vorgehen zu gewährleisten.

Festlegung der Kommunikation: Gerade während eines Schadensereignisses ist der Informationsaustausch zwischen den Krankenhäusern vor Ort eine große Herausforderung. Dies gilt für Ereignisse, die sich außerhalb der Krankenhäuser abspielen, wie der Massenanfall von Patienten nach einem Verkehrsunfall oder nach einem Terroranschlag. In gleichem Maße oder darüber hinaus ist die Kommunikation bedeutend bei einem Ereignis, das ein Krankenhaus direkt betrifft. In jedem Falle aber müssen zur erfolgreichen Bewältigung des Einsatzes unmittelbare Absprachen zwischen den Krankenhäusern erfolgen. Die Kommunikationswege und Ansprechpartner müssen im Vorfeld etabliert sein. Hierbei muss man nicht alles neugestalten, vielmehr ist es sinnvoll auf etablierte Strukturen zurückzugreifen. So gibt es im Rahmen der Trauma-Netzwerke klar etablierte Kommunikationsstrukturen, auf die auch im Großschadensfall zurückgegriffen werden kann.

Dekontamination: Bei einer chemischen oder radionuklearen Gefahrenlage ist die Dekontamination ein wesentlicher Pfeiler der Therapie. Zwischen den Krankenhäusern einer Region sollte es hierzu ein abgestimmtes Konzept geben, welches Krankenhaus im Schadensfall die Hauptlast der Dekontamination übernimmt. Dieses Vorgehen würde eine Konzentration der Ressourcen auf ein Krankenhaus bedeuteten, würde den Schulungsaufwand reduzieren und die mögliche Verschleppung und Sekundärkontaminationen vermeiden helfen.

Führungsstrukturen: Die Führungsstrukturen der jeweiligen Krankenhäuser einer Region sollten untereinander bekannt sein. Im Idealfall könnte man einheitliche Führungsstrukturen etablieren, was aber aufgrund der unterschiedlichen Größen und Strukturen der einzelnen Krankenhäuser nur in den seltensten Fällen möglich und realisierbar sein wird. Der gegenseitige Austausch und die damit verbundene Transparenz wird aber in jedem Fall dazu führen, dass sich die Protagonisten im Einsatzfall kennen und bestenfalls auch vertrauen werden.

Zusammenfassung

Zur Bewältigung von komplexen Einsatzlagen ist die Abstimmung der Krankenhäuser vor Ort ein wichtiger Baustein. Der Leiter Krankenhausalarm- und Einsatzplanung (Leiter KAEP) sollte in seiner Region eine Abstimmung der benachbarten Krankenhäuser durch Gründung einer krankenhausübergreifenden Arbeitsgruppe herbeiführen. Ein gutes Vorgehen wäre es auch, wenn diese Initiative von der unteren Katastrophenschutzbehörde ausgeht und diese die Koordination und Gesamtabstimmung übernimmt.

Literatur

Gesetz zur Neuregelung des Brandschutzes, der Hilfeleistung und des Katastrophenschutzes (BHKG), Gesetzes- und Verordnungsblatt GV. NRW., Ausgabe 2015, Nr. 43, S. 885-918

6.7 Kooperation mit dem Öffentlichen Gesundheitsdienst

Martin Dirksen-Fischer

6.7.1 Gliederung und Aufgaben des Öffentlichen Gesundheitswesens

Der Öffentliche Gesundheitsdienst (ÖGD) ist in der Bundesrepublik Deutschland in zumeist drei Ebenen organisiert. Auf Grundlage der jeweiligen Gesetze der Bundesländer zum ÖGD (siehe hierzu das Hamburger Beispiel, Gesetz über den Öffentlichen Gesundheitsdienst in Hamburg) agiert auf lokaler Ebene das Gesundheitsamt. Es bleibt darauf zu verweisen, dass hier auf örtlicher Ebene auch andere Bezeichnungen auftreten, beispielsweise »Fachdienst Gesundheit« oder andere, noch ungewohntere Formulierungen.

Das Gesundheitsamt wird von einem Amtsarzt geleitet, es verfügt über verschiedene Abteilungen, die später noch zum Teil zu erwähnen sind. In Zusammenfassung ist dieses Amt für die Durchsetzung und Sicherstellung entsprechender Standards im Bereich der Öffentlichen Gesundheit im kommunalen bzw. lokalen Bereich zuständig. Dies auf gesetzlicher Grundlage der erwähnten Gesetze auf Landesebene zum ÖGD, aber auch des Infektionsschutzgesetzes (Gesetz zur Verhütung und Bekämpfung von Infektionskrankheiten beim Menschen), der Trinkwasserverordnung (Trinkwasserverordnung in der Fassung der Bekanntmachung vom 10. März 2016) und weiterer, für den kurativ tätigen Arzt nicht immer leicht zu überblickenden Spezialgesetzen. Erwähnt werden sollen auch Institutionen des ÖGD mit sehr speziellen Aufgaben, wie die Hafen- und Flughafenärztlichen Dienste, die nur zum Teil (Hamburg) in eigenen Ämtern wirken und nicht als Nebenaufgabe eines Gesundheitsamtes wahrgenommen werden.

Auf Landesebene wirken Landesgesundheitsämter, die einerseits übergeordnete Aufgaben (Landesgesundheitsberichterstattung u.Ä.) erfüllen, andererseits aber auch die Fachaufsicht über die lokalen Gesundheitsämter führen. Eben diese Landesgesundheitsämter sind in den unterschiedlichen Ländern verschieden benannt und auch sachlich und personell unterschiedlich ausgestattet. Die Vertreter dieser Institutionen haben unter anderem zu entscheiden, wie das auf Bundesebene angesiedelte Robert-Koch-Institut (RKI) lokale Gesundheitsämtern durch die Aussendung von Mitarbeitern etc. dabei unterstützen darf, schwere Infektionsausbrüche zu bekämpfen. Dies dem Grundsatz des

Grundgesetzes folgend, dass Gesundheit zunächst einmal Ländersache ist. Die Bundesländer entscheiden im Wesentlichen, welche Schwerpunkte sie in der Erfüllung und Sicherung der Öffentlichen Gesundheit setzen. Auf Bundesebene gilt es, zunächst das Bundesministerium für Gesundheit (BMG) zu erwähnen. Ihm sind zahlreiche Institutionen nachgeordnet, so das erwähnte Robert-Koch-Institut.

Ein Bundesgesundheitsamt gibt es in Deutschland nicht, dies unterscheidet den Bereich der Öffentlichen Gesundheit beispielsweise vom Bereich der Umwelt. Das Robert-Koch-Institut stellt unter anderem den Kontakt zur Weltgesundheitsbehörde, der WHO, her, wenn Erkrankungen sofort an diese Institution gemeldet werden müssen.

Besonders schwere Erkrankungen müssen von den Gesundheitsämtern über das Landesgesundheitsamt an das RKI umgehend gemeldet werden, es handelt sich hier z. B. um Fälle des § 12 des Infektionsschutzgesetzes. Weiterhin nehmen das BMG und RKI wesentliche Aufgaben im Bereich der »Internationalen Gesundheitsvorschriften« wahr. Siehe hierzu die WHO (»Internationale Gesundheitsvorschriften«) Diese Gesetze regeln das international einheitliche Vorgehen bei wesentlichen Krankheitsausbrüchen wie beispielsweise Ebola, MERS oder der weltweiten Grippepandemie.

Bedeutung des ÖGD für den Kliniker: Es lohnt sich vorab, also vor dem Eintreten eines Großschadensereignisses oder gar einer Katastrophe, mit den lokalen Verhältnissen vertraut zu sein. Im Regelfall bestehen beispielsweise im Rahmen der jährlichen Krankenhaushygiene oder auch anderen Gelegenheiten, ein entsprechendes Arbeitsbündnis zu schaffen. Auch bei der annähernd täglichen Aufgabe der Meldungen nach dem Infektionsschutzgesetz an das Gesundheitsamt besteht Kontakt mit dem ÖGD. Die Ärzte des ÖGD stehen hierbei den klinisch tätigen Kollegen für Rückfragen zur Verfügung.

Krankenhäuser mit einer psychiatrischen Abteilung verbindet in der Regel ein gut funktionierendes Arbeitsbündnis mit dem psychiatrischen und jugendpsychiatrischen Dienst des ÖGD.

Grundsätzlich gilt: Wenn vor einem Großschadensereignis oder einer Katastrophe ein belastbares Bündnis besteht: umso besser. Es erst beim Eintritt solcher Ereignisse aufzubauen, vermag fast nie zu gelingen.

6.7.2 Anforderungen des ÖGD an die Kommunikation mit der Klinik

Die klinisch tätigen Beschäftigten in den Krankenhäusern, aber auch in der ärztlichen Praxis sind ständig mit der Beurteilung der Frage beschäftigt, ob es sich beispielsweise bei mehreren gleich gelagerten Infektionserkrankungen um ein insgesamt relevantes Ausbruchsgeschehen für die Kommune handelt. Häufig wird hier mit Erfahrungswissen gearbeitet, getreu dem Motto: »So viele Erkrankungen gab es mit dem Erreger schon immer im Sommer« und ähnliches.

Wichtige Forderung des Öffentlichen Gesundheitsdienstes ist es hier, dass Krankheitsausbrüche rasch gemeldet werden. Dies gilt auch dann, wenn besonders bedrohliche Einzelerkrankungen auftreten. In der Vergangenheit ist es des Öfteren zu einer Verschleppung der Diagnose und vor allem der Bekämpfung von schweren Erkrankungen gekommen auf dem manchmal langen Weg zwischen Krankenhaus und Praxis und dem ÖGD.

Dies lässt sich nur durch eine zeitnahe und vertrauensvolle Kommunikation der Betroffenen verhindern.

Für den ÖGD bestehen bei der Ausbruchserkennung und -bekämpfung dabei allerdings auch erhebliche Herausforderungen. Treten zum Beispiel Erkrankungsspitzen in eng benachbarten Kliniken oder anderen Institutionen des Gesundheitswesens auf, die durch Bundesländergrenzen getrennt sind oder auch bei Erkrankungsausbrüchen im Ausland (Hotels in Feriengebieten), sind besondere Anforderungen an die Institutionen des ÖGD und seine Reaktionsweise gestellt. Durch beispielsweise wöchentliche Telefonkonferenzen des RKI mit den Verantwortlichen für den Infektionsschutz der Länder wird zu diesen Fragen ein reger Austausch geführt. Die Frequenz dieser Besprechungen kann natürlich jederzeit erhöht werden.

Für die Vertreter des ÖGD ist es deshalb von größter Bedeutung von den klinisch tätigen Kollegen bereits von Verdachtsfällen besonders schwerer Erkrankungen zu erfahren, um die in der Regel umfangreichen Ermittlungen und weiteren Absprachen auf die wirklich relevanten Fälle zu konzentrieren. Ein Versuch, Krankheitsausbrüche in einer Klinik zu verschweigen, gelingt zumeist nicht und sollte auch nicht versucht werden. Die Tatsache, dass Nichtmeldungen mit einem Bußgeld belegt werden können, sei am Rande erwähnt.

Die Verantwortlichen des ÖGD verstehen sich bei der Ausbruchserkennung nicht primär als Kontrolleure, sondern als Partner der Klinik. Es steht ihnen nicht zu, therapeutische Entscheidungen auf Individualebene zu kritisieren, vielmehr geht es darum so rasch wie möglich bevölkerungsrelevante Ausbrüche zu erkennen und zu bekämpfen. Deshalb ist es für die Vertreter des Gesundheitsamtes und ggf. anderer Institutionen des ÖGD notwendig zu erfahren, welche ersten Schritte durch die Klinik nach Beginn eines Ausbruches unternommen wurden (Isolation des Erkrankten, Information von Dritten, (Pressearbeit) Identifikation der möglicherweise exponierten Arbeitskräfte, die mit dem Erkrankten beschäftigt waren etc.).

Das Beispiel der Pressearbeit mag zeigen, wie wichtig ein abgestimmtes Verfahren von Klinik und ÖGD ist. Wenn eine der beiden Seiten ein Krankheitsgeschehen gegenüber den Medien bagatellisierend darstellt und die zweite Seite dies nicht tut, lassen sich die Folgen rasch ausmalen. Eine enge Absprache der beteiligten Pressesprecher ist hier unverzichtbar.

Im Falle eines Infektionsgeschehens sollte der ÖGD bei bedeutsamen Erkrankungen wie erwähnt rasch informiert werden. Den Klinikern sei geraten, sich bereits im Alltag über die Erreichbarkeit des zuständigen Amtes zu informieren. Das zuständige Amt sollte den Kliniken Kontaktdaten entsprechend zur Verfügung stellen, die eben nur für wichtige Alarmmeldungen der Häuser bestimmt sind.

Selbstverständlich wirken die Vertreter des Gesundheitsamtes auch mit in den Institutionen des Katastrophenschutzes. Sie sind für die dort Verantwortlichen die »Gatekeeper« zum Gesundheitswesen. Es ist hierbei wichtig für die Verantwortlichen im Katastrophenschutz zu wissen, ob entsprechende Alarmpläne der Klinik lediglich auf dem Papier bestehen oder auch, im Idealfall, gemeinsam von Behörden und Klinik beübt worden sind, um Schwächen zu erkennen und zu reduzieren. Für die Vertreter des Öffentlichen Gesundheitswesens ist es ferner wichtig, zu wissen ob bei der Erstellung der Pläne der Krankenhäuser realistische Ziele und Vorstellungen formuliert wurden. Ein grandioser Plan, der im Fall der Fälle nicht realistisch ist, schadet mehr als gar kein Plan.

Die Vertreter des Öffentlichen Gesundheitsdienstes sollten bei der Erstellung der Pläne konsultiert werden, dies vor allem wenn es um Schnittstellen zwischen der Klinik und öffentlichen Institutionen (Feuerwehr, Rettungsdienste u. a.) geht.

In der Freien und Hansestadt Hamburg werden, wie auch in manchen anderen Bundesländern, regelmäßige Krankenhausübungen durchgeführt (▶ Kap. 3.4). Durch das Vertrautsein der Verantwortlichen auf Seiten der Behörde einerseits und auf Seiten der Klinik andererseits lässt sich diese so nötige Kooperation leben.

Zu fragen bleibt abschließend, inwiefern die Klinik von dem Wissen des ÖGD profitieren kann.

Im Idealfall ist der ÖGD eng im regionalen Bezug eingebunden mit entsprechenden Ansprechpartnern in verschiedenen Bereich wie zum Beispiel Schulen, aber auch der niedergelassenen Ärzteschaft. Es bestehen im Gesundheitsamt belastbare Erkenntnisse durch entsprechende Berichterstattung und tägliche Routine über die Gesundheit vulnerabler Bevölkerungsgruppen (Ältere, Alkoholabhängige, Obdachlose). Vor allem aber sollte das Gesundheitsamt über regionale Bedingungen und Besonderheiten informiert sein.

Beispielhaft soll hier ein Ausbruch einer kontagiösen Erkrankung in einer Unterkunft für eine Großzahl Flüchtlinge erwähnt werden. Wenn einmal von einer impfpräventablen Erkrankung wie den Masern ausgegangen werden soll, dann muss das Gesundheitsamt so schnell wie möglich informiert werden, um weitere Maßnahmen wie zum Beispiel Impfungen, Isolation von Erkrankten, und ggf. Veranlassung eines Aufnahme- und Verlegungsstopps zu veranlassen. Die Vertreter des ÖGD sind hier auf Informationen aller Beteiligter angewiesen und sollten gleichzeitig auch alle anderen »Player« informieren.

> **Praxistipp**
>
> Stärker als Vertreter der Klinik sind Mitarbeiter des ÖGD vertraut mit den innerbehördlichen Abläufen unter spezieller Berücksichtigung der Zuständigkeiten von Landes- und Bundesbehörden, aber auch bekannt mit den Bedingungen einer erfolgreichen Pressearbeit. Abschließend ist der ÖGD über seine Leitungen eng angebunden an die politischen Verantwortlichen der jeweiligen Gebietskörperschaft und könnte auch hier vermittelnd wirken. Er kann auch sicherstellen, dass wichtige Informationen der Kliniker beispielsweise Verantwortliche im Rettungswesen oder auch im Katastrophenschutz erreicht. Auch im Fall von eben keineswegs auszuschließenden kriminellen oder terroristischen Handlungen, die zu massiven Belastungen für die Klinik führen können, ist der ÖGD für den Kliniker einer der ersten Ansprechpartner.

Literatur

Gesetz über den Öffentlichen Gesundheitsdienst in Hamburg, (Hamburgisches Gesundheitsdienstgesetz - HmbGDG) Vom 18. Juli 2001. Fundstelle: HmbGVBl. 2001, S. 201

Gesetz zur Verhütung und Bekämpfung von Infektionskrankheiten beim Menschen (Infektionsschutzgesetz - IfSG). stelle: https://www.gesetze-im-internet.de/bundesrecht/ifsg/gesamt.pdf. Zugriff am 21.11.2016

»Internationale Gesundheitsvorschriften« Webseite der WHO. http://www.euro.who.int/de/health-topics/emergencies/international-health-regulations/about-the-international-health-regulations Zugriff 21.11.2016, dies in Verbindung mit dem IGV-Durchführungsgesetz. Fundstelle: http://www.gesetze-im-internet.de/igv-dg/ Zugriff am 21.11.2016

Trinkwasserverordnung in der Fassung der Bekanntmachung vom 10. März 2016 (BGBl. I S. 459), die durch Artikel 4 Absatz 21 des Gesetzes vom 18. Juli 2016 (BGBl. I S. 1666) geändert worden ist. https://www.gesetze-im-internet.de/bundesrecht/trinkwv_2001/gesamt.pdf. Zugriff am 21.11.2016

6.8 Aspekte der Anpassung der Planungen an örtliche Bedingungen

Martin Dirksen-Fischer

Im Fall eines Großschadensereignisses oder einer Katastrophe muss festgestellt werden, dass das Ereignis eben immer auch in einem regionalen Kontext stattfindet. Simpel formuliert: Der Brand in einer Reha-Klinik in einem abgelegenen Dorf in den Bergen ist etwas anderes als genau der gleiche Brand in einer Großstadtklinik, die Umgebung zählt, sie ist wichtig. Dies gilt einerseits für die bebaute Umwelt aber auch die unbelebte. Eine Kommune weitab von weiteren Städten wird weniger stark mit schneller Hilfe rechnen können als Gebiete mit einer hohen Bevölkerungsdichte. Nur am Rande kann hier der demografische Wandel mit seinen Auswirkungen auf das Notfallgeschehen erwähnt werden. Immer mehr Kommunen im ländlichen Bereich haben Schwierigkeiten, die notwendigen Kräfte für die freiwillige Feuerwehr zu rekrutieren. Anderseits wird die Anzahl der erkrankten Hochbetagten in den nächsten Jahren im klinischen Bereich weiter steigen.

Im Verlauf sollen hierzu einige Aspekte zur Anpassung der Planung der Krankenhäuser im Bereich der Notfallplanung an örtliche Gegebenheiten erwähnt und diskutiert werden.

Adams et al. (2014) ist zuzustimmen, wenn sie fordern, dass entsprechende Notfallpläne der Kliniken ständig fortzuschreiben sind. Grundbedingung einer solchen Notfallplanung ist das Wissen um eben diese regionalen Bedingungen, die sich nicht immer sofort jedem erschließen.

In einem Gebiet mit ständiger Erdbebengefahr ist mit anderen Problemstellungen zu arbeiten als in Gebieten, in denen dies mehr oder weniger auszuschließen ist. Dieser Sachverstand bzw. das gesammelte Wissen liegt bei den Katastrophenschutzbehörden vor, die konsultiert werden müssen. Und dieses eben nicht nur einmal, sondern im Verlauf immer wieder. Hierbei kann dann auch jeweils aktuelles Wissen über besonders gefährdete Lokalitäten und Einrichtungen gewonnen werden (Chemiebetriebe, Flughäfen und andere Einrichtungen).

Gerade am Beispiel eines Chemiebetriebes lässt sich dieses gut darstellen. Es kann hier im Verlauf der Jahre zu veränderten Produktionsbedingungen kommen. Sprich: Besonders risikohafte Produktionsweisen kommen neu hinzu bzw. fallen weg. Dies kann sehr wohl zu Auswirkungen für das betroffene Krankenhaus führen.

Im Bereich des Bundesamtes für Bevölkerungsschutz und Katastrophenhilfe liegt zu diesen Fragen ein großes, ständig fortgeschriebenes Fachwissen vor. Siehe hierzu das entsprechende Internet-Angebot: www.¬bbk.bund.de.

In ausgesprochen erfreulicher Art und Weise hat sich diese Behörde in den letzten Jahrzehnten sehr stark auch psycho-sozialen Aspekten der Katastrophenabwehr geöffnet. Ein kurzer Blick in Publikationen wie den »Tagungsband Lükex 2015, 3. Thementag: Herausforderungen großflächiger Evakuierungen (Tagungsband Lükex, 2015) macht dies deutlich. So werden hier Evakuierungsplanungen zum Schutz vor Sturmfluten (Poser, 2015) ebenso vorgestellt wie beispielsweise psycho-soziale Aspekte (Dirksen/Dapp, 2015).

Die Zusammenarbeit mit den Kräften der psycho-sozialen Versorgung und ihre Schnittstelle zur klinischen Versorgung ist ebenfalls sehr stark wechselnden örtlichen Bedingungen unterworfen, auch wenn hier in den vergangenen Jahren durch die Arbeit des BBK sehr versucht wurde, Bedingungen zu harmonisieren und aufeinander abzustimmen. Als Beispiel darf gelten, dass die Zusammensetzung und vor allem die Koordinierung des Einsatzes dieser Kräfte starken regionalen Einflüssen unterliegen. Im Rahmen von Krankenhausübungen lässt sich dieses ausprobieren und die Zusammenarbeit im Verlauf ggf. verbessern. Dass das Funktionieren auch der psycho-sozialen Unterstützung auch für die Kliniken wichtig ist, wird deutlich am Beispiel der Angehörigenbetreuung bei Katastrophen. Wenn eben diese Angehörigen rasch und umfassend über den Zustand von vermissten Familienmitgliedern informiert werden, werden sie beispielsweise seltener die Kliniken aufsuchen, um selber zu »recherchieren«.

Auch für den Bereich der Krankenhäuser und deren Vorbereitung auf Großschadensereignissen hat das BBK (2008) eine entsprechende Arbeitshilfe mit Zugriffsmöglichkeit im Internet erstellt.

Auch das BBK fordert dazu auf lokale Katastrophenschützer einzubinden bei der Notfallplanung der Klinik. Hier gilt der Merksatz: Wer sich vor allem schützen will, schützt sich vor nichts. Dem BBK folgend ist zu fordern, dass sich die Verantwortlichen der Klinik bei der Erstellung eines Krankenhausnotfallplanes mit der Prüfung beschäftigen sollte, ob die folgenden Faktoren relevant für die Planung ihres Hauses sind:

- Hochwasser,
- Erdbeben,
- Stürme,
- Pandemien
- und aus dem Bereich der anthropogenen Gefahren: vorsätzliche Handlungen mit kriminellen bzw. terroristischem Hintergrund (BBK, 2008).

Für die Planung von Schadensereignissen und deren Bewältigung ist immer auch vom »Worst Case« auszugehen. Es empfiehlt sich, die entsprechenden Risikoquellen (Chemiebetriebe, Kernkraftwerke, Flughäfen etc.) systematisch zu erfassen.

Eine nicht zu vernachlässigende Gefahrenquelle stellen natürlich Verkehrswege (Autobahnen, Bahnlinien) dar. Das Gleiche gilt auch für Schifffahrtswege, wo mit dem Risiko der Kollision oder des Brandes von Schiffen mit Gefahrstoffen zu rechnen ist, auch wenn es sich um seltene Ereignisse handelt, die eben auch im Binnenland stattfinden können.

Zu erwähnen bleiben natürlich auch weitere Gefahren wie der Stromausfall, Ausfall der IT-Struktur und unbedingt eine sachgerechte und realistische Personalplanung für den Notfall, die eben stark auch regionale Aspekte berücksichtigt. Zum Beispiel: Wie kann das Personal die Klinik auch bei ortstypischen wetterbedingten Gefahrenlagen erreichen?

Es sei betont, dass die Notfallpläne der Klinik immer auch Teil der gesamten Katastrophenabwehr einer Kommune sind – und sein muss. Das möglichst hierachieübergreifende und interdisziplinäre Team, das sich der Notfallplanung des Krankenhauses widmet, muss darum wissen. Es kann in seiner Arbeit gut durch die Angehörigen des Öffentlichen Gesundheitsdienstes unterstützt werden.

Dabei entfaltet der Alarm- und Einsatzplan keine eigene normsetzende Kraft, sondern muss seine Legitimation aus gesetzlichen Grundlagen, Richt- und Leitlinien, Vorschriften, Empfehlungen des RKI u.Ä. ableiten. Die Anforderungen des ÖGD sind bei der Erstellung des Alarm- und Einsatzplans ebenso wie z. B. die Einsatzstrategie der Feuerwehr oder polizeiliche Vorgaben für verschiedenen Szenarien als vorgegebene Rahmenbedingungen zu berücksichtigen. Im Besonderen dürfen die Krankenhausgesetze und Katastrophenschutzgesetze der Länder als Grundlagen dienen. Die Vertreter des Öffentlichen Gesundheitsdienstes haben somit eine steuernde Wirkung, die sich nicht nur bei der Überprüfung und Beprobung der Alarmpläne verdeutlicht.

Herausforderungen an die Notfallplanungen stellen immer auch die Möglichkeiten dar, dass sich durch die unterschiedlichsten Faktoren bedingt plötzlich sehr viel Menschen zeitweilig im Versorgungsgebiet der Klink aufhalten. Es sei hier auf Pendlerbewegungen (Einpendeln aus den sogenannten Speckgürteln der Großstädte), Besucher von Großveranstaltungen (Cave: dies kann auch in kleinen Kommunen passieren, es sei beispielsweise auf die Gemeinde Wacken in Schleswig-Holstein verwiesen mit einem großen Musikfestival), aber auch saisonabhängige Touristenströme verwiesen.

Diese Menschen stellen nicht jedes Mal per se eine Gefahr dar, ihre auch nur vorrübergehende Anwesenheit muss aber mitgedacht werden.

In diesem Zusammenhang muss weiterhin darauf verwiesen werden, dass solche ggf. auch temporären Gefährdungslagen kein statisches Geschehen darstellen. So kann es beispielsweise auch im ländlichen Raum oder im Bereich der Städte dazu kommen, dass große Festveranstaltungen neu etabliert werden, ohne dass dies den Krankenhausverantwortlichen jedes Mal bewusst sein mag.

In der Planung im lokalen Bereich ist immer zu berücksichtigen, dass sehr häufig informelles Wissen der ortsansässigen Bevölkerung vorhanden ist, dass eben dieses aber bei Gebietsunkundigen (Touristen u.Ä.) nicht vorhanden sein muss. Ein eher harmloses Beispiel stellen in diesem Zusammenhang überschwemmte Autos im Bereich von Hochwasserschutzgebieten in Hamburg im Bereich der Elbe dar, die zumeist auswärtige Nummernschilder tragen.

Die Planenden haben dieses Erfahrungswissen der Ortsbewohner bzw. dessen Nichtvorhandensein bei anderen Menschen nicht nur im Bereich der Gefahren durch die Elemente (Ebbe und Flut, aber auch sich rasch ändernde klimatische Bedingungen in den Bergen) mitzudenken.

Last not least: Insbesondere diejenigen Gemeinden und Regionen, die grenznah zu anderen Bundesländern oder dem Ausland liegen, sind besonders gefordert. In einem Europa mit immer weniger Grenzen können Ereignisse im eben nicht so fernen Ausland rasch zu Belastungen und Herausforderungen für den eigenen Klinikbereich werden. Die im Ausland oder der näheren Nachbarschaft liegenden Gefährdungen sind insofern mitzudenken. Auch hier sind gemeinsame, grenzübergreifende Übungen indiziert.

> **Praxistipp**
>
> Die Verantwortlichen in der Klinik sollen so früh wie möglich den Sachverstand des Öffentlichen Gesundheitsdienstes einbinden. Die Vertreter dieser Behörde verfügen über das spezifische Wissen über die entsprechenden Gesetze und Vorschriften. Sie sind im Falle einer Katastrophe als Fachberater an entscheidender Stelle in den Katastrophenstäben tätig. Sie können ihr lokales Wissen den Kliniken zur Verfügung stellen.

Literatur

Adams, HA, Probst, C, Flemming, A, Hildebrand, F, Koppert, W, Krettek, C (2014): »Notfallplanung der Krankenhäuser« in: Patientenversorgung im Großschadens- und Katastrophenfall Medizinische, organisatorische und technische Herausforderungen jenseits er Individualmedizin«, Deutscher Ärzte-Verlag, Köln.

Bundesamt für Bevölkerungsschutz und Katastrophenhilfe, BBK (2008): Schutz Kritischer Infrastruktur: Risikomanagement im Krankenhaus Leitfaden - Auszug von der CD in: Praxis im Bevölkerungsschutz - Band 2. http://www.¬bbk.bund.de/SharedDocs/Downloads/BBK/DE/¬Publikationen/Praxis_Bevoelkerungsschutz/¬Band_2_Risikoman_Krankh_Leitfaden_Aus¬zug_CD-ROM.pdf?__blob=publicationFile Zugriff am 9.10.2016)

Dirksen-Fischer, M, Ulrike Dapp, U (2015): in: BBK (Hrsg.): Tagungsband Lükex 2015: »Psychosoziale Aspekte der Evakuierungsplanung und Durchführung«, Eigenverlag, Bonn, S. 33-36.

Poser, H (2015) in: BBK (Hrsg.): Tagungsband Lükex 2015, 3. Thementag: Herausforderungen großflächiger Evakuierungen, Eigenverlag Bonn, S. 24-32.

Tagungsband Lükex (2015), 3. Thementag: Herausforderungen großflächiger Evakuierungen (Hrsg. BBK, Eigenverlag, Bonn.

7 Spezielle Planungssituationen

7.1 Grundsätze der Evakuierung

Ernst-Peter Doebeling

Die Evakuierung eines Krankenhauses stellt Leitung, Mitarbeiter, Patienten und die Einsatzkräfte der Gefahrenabwehr vor besondere Aufgaben. Krankenhäuser sind Gebäude und Anlagen, in denen Patienten ärztlich und pflegerisch behandelt werden, Geburtshilfe geleistet wird und in denen die Patienten untergebracht sind. Angeschlossen sind oft funktionale Einheiten der Vorsorge und der Rehabilitation sowie Bereiche mit psychisch Kranken und geriatrischen Patienten, die eine eingeschränkte Wahrnehmungs- und Reaktionsfähigkeit bei Gefahrenlagen besitzen.

Lange Zeit war die Krankenhausbauverordnung der siebziger Jahre ein baulicher Maßstab, an dem man sich hinsichtlich der Notfallplanung zur Evakuierung oder Räumung orientieren konnte. Sie stellt auch heute noch, obwohl in den Ländern nicht mehr verbindlich, eine allgemeine Grundlage für die bauliche Gestaltung von Brandabschnitten und Rettungswegen dar. Krankenhäuser fallen unter die Sonderbauverordnungen. Spezielle gesetzliche Regelungen bzw. Empfehlungen gibt es in einigen Ländern, z. B. in Baden-Württemberg und Brandenburg. An dieser Stelle wird bewusst auf die Zitierung gesetzlicher und anderer baurechtlicher Grundlagen verzichtet. Vielmehr wird eine Handlungsempfehlung aus der Praxis für die Praxis gegeben, die als Grundlage die wesentlichen, allgemein anerkannten Grundsätze der baulichen Gestaltung von Krankenhäusern bezüglich Brandabschnitten, Rauchabschnitten und Treppenräumen berücksichtigt.

7.1.1 Räumung oder Evakuierung

Oftmals werden die Begriffe Räumung und Evakuierung synonym verwendet. In der Praxis sind folgende Einsatzlagen zu unterscheiden:

> Fall 1:
> Ein Ereignis, z. B. Brand in einem Patientenzimmer mit Rauchentwicklung in den Flur, zwingt dazu, die akut gefährdeten Patienten im betreffenden Flur ohne Zeitverzug in Sicherheit zu bringen, um eine Schädigung durch den Brand zu verhindern. Es bleibt keine Zeit, die vorhandene Krankenhausevakuierungsplanung zu explizit zu aktivieren. Die Verlegung ist nicht immer ohne Gefährdung für Patienten und Pflegepersonal möglich. Sofern nach Brandlöschung die Patientenzimmer weiter benutzbar sind, werden die Patienten kurzfristig zurückverlegt. Hier spricht man von einer Räumung.

> Fall 2:
> Durch einen Brand wird die Elektroversorgung eines Krankenhauses so geschädigt, dass der Krankenhausbetrieb im

betreffenden Gebäude nicht mehr aufrechterhalten werden kann. Patienten, die auf elektrische Geräte angewiesen sind, werden durch die Situation akut gefährdet und müssen deshalb unverzüglich in einen sicheren Bereich verlegt werden. Dies ist eine Räumung.

Andere Patienten werden vorsorglich und für die Zeit des Stromausfalls, nach vorheriger Planung und Abstimmung, in andere Gebäude gebracht. *Hierbei handelt es sich um eine Evakuierung.*

Fall 3:
Aufgrund eines Hochwassers droht der Funktionsausfall der Stromversorgung eines Krankenhauses. Die Katastrophenschutzleitung entscheidet, das Krankenhaus vorsorglich vorübergehend zu schließen und alle Patienten zu entlassen oder anderweitig unterzubringen. Der Evakuierungsplan des Krankenhauses findet Anwendung. *Es handelt sich um eine Evakuierung.*

Im Weiteren werden die Räumung und Evakuierung getrennt behandelt.

Bauliche und technische Voraussetzungen für Räumung und Evakuierung

Die baulichen Gegebenheiten in Krankenhäusern können sehr unterschiedlich sein. Doch aufgrund der Bauvorschriften und der heute vorhandenen fachlichen Kompetenz der Fachplaner Brandschutz kann von einigen grundsätzlichen Voraussetzungen ausgegangen werden. Allerdings differieren die Begrifflichkeiten.

Brandabschnitte unterteilen Krankenhäuser in Bereiche, die gegeneinander besonders gegen die Übertragung von Brand und Rauch für ca. 90 min geschützt sind. Personen, die sich in einem anderen Brandabschnitt befinden, sind für eine gewisse Zeit vor Brandeinwirkung geschützt. Krankenhäuser mit Pflegestationen in Obergeschossen besitzen in der Regel 2 Brandabschnitte je Geschoss. Dadurch ergibt sich die Möglichkeit, im Brandfall Patienten von einem Brandabschnitt innerhalb einer Geschossebene in den sicheren 2. Brandabschnitt zu verlegen.

Rauchabschnitte sind Teilbereiche von Brandabschnitten, die durch bauliche Maßnahmen, z. B. Rauchschutztüren, besonders gegen die Übertragung von Brandrauch geschützt sind. Hierdurch ergibt sich ein abschnittsweise vor Rauch gesicherter Flur als Rettungsweg. Rauchabschnitte werden durch Rauchschutztüren getrennt. Heutzutage sind zwar viele Rauchschutztüren durch Feststelleinrichtungen mit Rauchmeldern ausgerüstet und schließen bei Rauch automatisch. Aber leider finden sich immer noch Brandschutz und Rauchschutztüren, die mit Keilen offengehalten werden. Deshalb ist eine wichtige Maßnahme des Personals, derartige Türkeile bei einem Brandalarm sofort zu entfernen und die Türen zu schließen.

Flure und Treppenräume bilden die *Hauptrettungswege*. Flure führen entweder unmittelbar ins Freie oder zu Treppenräumen. In Krankenhäusern sind zwei unabhängige Rettungswege über Treppen notwendig. An Flure gelten besondere Anforderungen, z. B. Nichtbrennbarkeit von Einbauten oder Belüftungsmöglichkeit (Rauchabzug). Die Treppenräume als Rettungswege sind feuerbeständig und in der Regel mit selbstschließenden, rauchdichten Brandschutztüren von den Geschossen getrennt.

Aufzüge sind grundsätzlich nicht für eine Räumung bei Brand geeignet, weil bei Rauchentwicklung oder Stromausfall ein sicherer Betrieb nicht gewährleistet ist. Ausnahmen hiervon kann die Einsatzleitung nach Bewertung der Risiken und der Notwendigkeiten machen.

Rettungswege über Leitern der Feuerwehr sind bei Räumung oder Evakuierung Sonderfälle. Derartige Rettungen benötigen bei liegend zu transportierenden Patienten Zeit und Aufwand. Deshalb sollten zunächst alle Verlegungen so weit wie möglich über bauliche Wege erfolgen.

Die *Stromversorgung* eines Krankenhauses muss so ausgelegt sein, dass die wesentlichen Funktionseinheiten über eine Notstromversorgung abgesichert sind. Dies bedeutet nicht, dass alle Pflegeeinheiten an das Notstromsystem angeschlossen sind. Auch kann es bei einem Brand oder sonstigen Schäden, z. B. Wasserschäden, zu einer Zerstörung der Unterverteilungen oder Kabelwege kommen, sodass der Stromweg ausfällt oder aus Sicherheitsgründen abgeschaltet werden muss. Deshalb ist ein großflächiger Stromausfall in einem Krankenhaus nicht auszuschließen.

Die *Beleuchtung* ist an die Stromversorgung gebunden. Fällt diese aus, wird die Minimalbeleuchtung durch die batteriegepufferten Sicherheitsbeleuchtungen aufrechterhalten. Diese erlaubt lediglich eine Orientierung im Gebäude, um z. B. Fluchtwege zu finden.

Brandmeldeanlage
Krankenhäuser sind baurechtlich Sonderbauten und in der Regel flächendeckend mit einer Brandmeldeanlage ausgestattet. Allerdings sind Patientenzimmer nicht überall mit Branddetektoren ausgestattet.

7.1.2 Die Räumung

Räumungskonzeption

Nach der Definition handelt es sich bei der Räumung um eine Notmaßnahme, um Personal, Patienten und Besucher in einer konkreten, in der Regel räumlich begrenzten Gefahrensituation vor Schaden zu schützen. Die Vielzahl möglicher Szenarien (z. B. Brand, Stromausfall, Wassereinbruch) mit kurzer Reaktions- und Rettungszeit verlangt von den verantwortlichen Personen ein hohes Maß an Entscheidungs- und Improvisationsfähigkeit. In der Regel hat das Krankenhauspersonal Räumungsmaßnahmen einzuleiten und durchzuführen, bevor externe Hilfskräfte (Feuerwehr, Rettungsdienst) eingreifen können.

Bei einer Räumung ist eine Gefährdung von Personal und Patienten nicht ausgeschlossen. Es muss eine Abwägung stattfinden, ob die Räumungsmaßnahme mit Personal noch vertretbar ist oder ob insbesondere bei Brand die Räumung durch die Feuerwehr mit entsprechender Schutzausrüstung erfolgen muss. Ebenfalls ist abzuwägen, ob bei Brand mit Rauchentwicklung die Räumung über einen verrauchten Flur gegebenenfalls risikoreicher ist, als das Verbleiben der Patienten im Zimmer bei geschlossenen Türen und Fenstern.

Bei Bränden in mehrgeschossigen Krankenhäusern muss auch bei gutem vorbeugenden Brandschutz damit gerechnet werden, dass Brand über die Fenster und Rauch durch Öffnungen sich zumindest in das darüber liegende Geschoss ausbreiten. Eine ständige Kontrolle der darüber liegenden Bereiche ist deshalb zwingend erforderlich und eine vorsorgliche und vorübergehende Verlegung der Patienten grundsätzlich anzuraten.

Bei der Erstellung des Räumungskonzeptes ist zu klären, ob die aufnehmende Station für die Patientenkategorie der zu räumenden Station geeignet ist (z. B. freie Anschlüsse für medizinische Geräte, Sauerstoffversorgung) und ausreichende Platzreserven vorhanden sind oder geschaffen werden können.

Räumungsgrundsätze

Folgende Grundsätze müssen bei einer Räumung infolge einer unmittelbaren Gefährdung beachtet werden

7.1 Grundsätze der Evakuierung

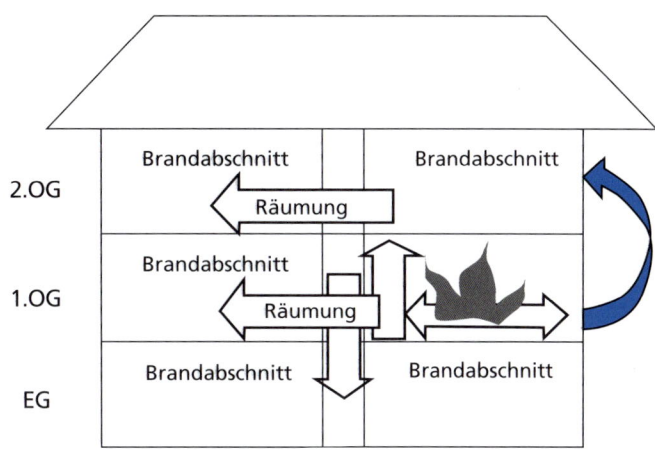

Abb. 7.1:
Bei einem Brand breiten sich Feuer und Rauch horizontal und vertikal nach oben aus. Die gefährdeten Bereiche sind der Brandbereich und mindestens das direkt darüber liegende Geschoss. Die Räumung sollte horizontal in einen getrennten Brandabschnitt oder vertikal nach unten erfolgen.

1. Der Gefahrenbereich muss bestimmt und abgegrenzt werden, um alle Kräfte zielgerichtet am Gefahrenschwerpunkt einzusetzen. Da eine Gefahrenlage von verschiedenen Personen unterschiedlich wahrgenommen werden kann, sind klare Aussagen und Anweisungen, die ein einheitliches Situationsbild vermitteln, notwendig. Geräumt wird immer in Richtung des Ausgangsgeschosses ins Freie, also in der Regel von oben nach unten.
2. Das Räumungsziel und die Methode müssen klar erkennbar sein, z. B. ob es sich um eine Räumung im gleichen Geschoss oder über den Treppenraum in ein tieferes Geschoss handelt.

Beispiel: »Es brennt in der Abteilung 3A im Patientenzimmer 315 im 3. OG. Der Flur ist weitgehend rauchfrei. Es sollen alle gehfähigen Patienten und Besucher in die Cafeteria im EG geleitet werden und dort bleiben. Nicht gehfähige Patienten werden mit ihren Betten nach Station 3B im selben OG verlagert«.

1. Die Maßnahmenkoordinierung muss für das Personal erkennbar sein. Die leitenden Personen müssen sich auf ihre Leitungsfunktion konzentrieren und sich nach Möglichkeit nicht selbst an den Maßnahmen beteiligen. Sie müssen im Gefahrenbereich präsent und ansprechbar sein. Dies erzeugt bei den Mitarbeitern Vertrauen.
2. Nicht notwendige oder den Anweisungen entgegenlaufende Maßnahmen müssen erkannt und konsequent unterbunden werden.

Beispiel: Mitarbeiter beginnen die nicht betroffene Station 3C ebenfalls zu räumen.

1. Patienten sollten in Gefahrensituationen nicht allein gelassen werden. So muss vermieden werden, einen von mehreren Patienten zu verlegen und die anderen zurückzulassen. Besser ist es, Zimmer für Zimmer zu räumen. Wenn möglich sollte mit Kreide an der Zimmertür die Räumung vermerkt werden: »Zimmer leer«.
2. Patienten sollten über die Situation und die vorgesehenen Maßnahmen kurz informiert werden, z. B.: »Es brennt in einem Abstellraum dieses Flurs. Aus Sicherheitsgründen werden Sie in einen Bereich außerhalb dieser Station verlegt.«
3. Bei Eintreffen von Hilfskräften anderer Stationen oder externen Kräften muss der Räumungsleitende die Kräfte ansprechen und einweisen.

4. Bei Brand ist eine Abstimmung der Feuerwehr mit der Leitung im Räumungsbereich notwendig, inwieweit zusätzliche Kräfte für die Räumung benötigt werden, oder ob sich die Feuerwehr auf die Brandbekämpfung konzentrieren kann. Dabei ist zu beachten, dass Schläuche und Einsatzmittel die Verlegung von Betten behindern können. Durch den Feuerwehreinsatz kann auch vermehrt Rauch in Flure eindringen.
5. Nach Abschluss der Räumung ist eine Vollzähligkeitskontrolle aller betroffenen Patienten sowie des Personals durchzuführen.
6. Mit einem zeitlichen Abstand, z. B. 1 Tag, sollte ein Erfahrungsgespräch (Debriefing) mit den Mitarbeitern des Bereiches durchgeführt werden.

Zusammenwirken mit der Feuerwehr und dem Rettungsdienst

Eine Räumung mit nicht gehfähigen oder bettlägerigen Patienten ist immer personalintensiv. Neben dem Pflegepersonal kommen Hilfskräfte der Feuerwehr und des Rettungsdienstes sowie der Sanitätsorganisationen (z. B. Schnelleinsatzgruppen) zur Unterstützung zum Einsatz. Bei Brand übernimmt in der Regel eine Feuerwehrführungskraft die Gesamtleitung, um Gefahrenabwehr und Räumung zu koordinieren. Dabei sollte der Grundsatz gelten: das medizinische Personal bestimmt die medizinischen Anforderungen und Prioritäten, die Feuerwehr die zum Einsatz kommenden Mittel. Bei Räumung in einer Geschossebene kann bei ausreichendem Platz mit Betten verlegt werden. Bei vertikaler Räumung in niedrigere Geschosse nicht, da bei Brand die Benutzung von Aufzügen problematisch sein kann. Die Entscheidung über die Aufzugnutzung trifft die Feuerwehr. Der Einsatz von Feuerwehrdrehleitern ist einem Extremfall vorbehalten, bei dem andere Transportmethoden den Patienten schädigen würden, da diese Art des Transportes zeit- und personalintensiv ist.

Bei einer Räumung im akuten Gefahrenfall kann unter Umständen auf einige wichtige Aspekte der Evakuierung keine Rücksicht genommen werden (z. B. Registrierung der Patienten vor Verlegung, Mitnahme der persönlichen Gegenstände). Deshalb sind nach Abschluss einer Räumung eine systematische Sichtung und Erfassung aller Patienten und deren Aufenthaltsorts dringend erforderlich. Im Anschluss an die Räumung kann eine Lageentwicklung eintreten, die eine Evakuierung des Krankenhauses notwendig macht.

Die geräumte Station ist gegen Betreten durch Unbefugte zu sichern (Diebstahlschutz). Dies gilt insbesondere, wenn nach Abschluss von Brandbekämpfungsmaßnahmen eine unmittelbare Weiternutzung nicht möglich ist.

Schulung und Training für eine Räumung

Während Evakuierung vor allem ein organisatorisches und logistisches Problem darstellt, kommt es bei der Räumung unter akuter Gefährdung auf eine schnelle und richtige Handlungsweise der Beteiligten an. Übliche Verfahren des Umganges mit Patienten müssen durch Sonderverfahren ersetzt werden, wie z. B. den Transport von Patienten über Treppen mit Tragetüchern oder die Schleifmethode mit Matratze. Feuerwehrkräfte kennen nicht die Handgriffe und Tricks des Pflegepersonals im Umgang mit Patienten oder alten und gebrechlichen Menschen. Das kann dazu führen, dass Einsatzkräfte entweder zu unsensibel oder zu ängstlich / vorsichtig mit Patienten umgehen. Eine Lösung kann die Bildung von gemischten Teams sein, bei dem die Pflegekraft durch Anweisungen unterstützt und anleitet.

Deswegen sind Übungen und Schulungen zu Notfallräumungen für Krankenhauspersonal und externe Hilfskräfte zwingend erforderlich.

7.1.3 Die Evakuierung

Im Gegensatz zur Räumung ist eine Evakuierung eine Maßnahme mit vorheriger Planung und Vorbereitung. Sie findet Anwendung, wenn einzelne Bereiche oder ein ganzes Krankenhaus einer konkreten Gefahr ausgesetzt sind (z. B. Entschärfung Fliegerbombe in unmittelbarer Nähe (Ludwigshafen 1997, Trier 2007), Hochwasser (Dresden 2002)) oder wenn aufgrund von Ereignissen mit einer absehbar längeren Funktionsunfähigkeit (z. B. Infrastrukturschaden, Brandschaden, Infektionskeime) gerechnet werden muss und eine fachgerechte Behandlung der Patienten nicht weiter möglich ist. Die Evakuierung von Krankenhäusern ist kein seltenes Ereignis, sondern kommt in Deutschland regelmäßig vor. Aus diesem Grund ist eine Evakuierungsplanung nicht nur aufgrund landesrechtlicher Vorschriften; sondern vor allem mit Blick auf eine sinnvolle und effektive Gefahrenabwehrplanung notwendig.

Evakuierungsplanung

Zur Planung von Evakuierungen gibt es eine ganze Reihe einschlägiger Literatur mit Mustergliederungen für einen Evakuierungsplan. Auch Empfehlungen der Länder geben Hilfestellung bei der Planung (z. B. Rheinland-Pfalz). Der Evakuierungsplan ist kein Oberfeuerwehrplan oder eine erweiterte Brandschutzordnung, sondern ein eigenständiger Plan, für dessen Umsetzung ein strukturierter Planungsprozess wichtig ist.

Planungsprozess

Der Planungsprozess ist als Managementprozess mit den Teilen Analyse – Planung – Überprüfung – Verbesserung zu verstehen. Voraussetzung für einen erfolgreichen Prozess ist eine klare Positionierung der Geschäftsleitung bzw. des Direktoriums (im Weiteren kurz als Management bezeichnet), dass die Evakuierungsplanung kein notwendiges Übel, sondern ein wichtiges Sicherheitselement des Krankenhauses ist. Das Management muss seiner Position durch Festlegung von Planungszielen, Planungsstrukturen, Zuweisung von Aufgaben und Verantwortlichkeiten sowie der notwendigen personellen und finanziellen Ressourcen Ausdruck verleihen. Das Management sollte sich regelmäßig über den Planungsprozess und die Ergebnisse berichten lassen (z. B. regelmäßiger TOP in den Sitzungen des Direktoriums).

Festlegung der Verantwortlichkeiten

Die Verantwortlichkeiten für die Planung sind festzulegen. Oft wird die Planung zusätzlich zu den täglichen Aufgaben z. B. der Fachkraft für Arbeitssicherheit oder dem Brandschutzbeauftragten übertragen, ohne dass geprüft wird, ob die notwendigen Zeitressourcen zur Verfügung stehen und die fachliche Qualifikation gegeben ist. Die verantwortliche Person muss gegebenenfalls geschult werden. Der Verantwortung müssen auch entsprechende Rechte, z. B. für Auskünfte, Planunterlagen, Kontakte mit Gefahrenabwehrbehörden oder Entwurf von Betriebsanweisungen entsprechen. Da die Evakuierungsplanung eine fachübergreifende Aufgabe ist, bei der bauliche, organisatorische und medizinische Aspekte zu berücksichtigen sind, ist eine fachübergreifende Arbeitsgruppe anzuraten. All dies ist zum Scheitern verurteilt, wenn das Management nicht die Weichen richtig stellt.

Mangels personeller Ressourcen wird häufig für die Erstellung des Evakuierungsplanes ein Fachplanungsbüro beauftragt. Dies ist bei guter fachlicher Qualifikation eine sinnvolle Methode, da Fachplaner mit Erfahrung auf einem gegebenen Grundschema aufbauen und mit den rechtlichen Anforderungen vertraut sind. Die Vergabe entbindet aber den Auftraggeber nicht, die entsprechende interne Unterstützungsstruktur aufzubauen. Es muss trotzdem ein Verantwortlicher benannt werden und auch die fachübergreifende Koordination und Abstimmung, z. B. in einer Arbeitsgruppe, ist unabdingbar. Für die Ausschreibung und Beurteilung der Angebote, insbesondere hinsichtlich des Umfanges und der Vollständigkeit, sollten neutrale Fachleute der Gefahrenabwehr hinzugezogen werden.

Bereitstellung der Ressourcen

Neben personellen Ressourcen werden auch finanzielle Ressourcen benötigt. Die Evakuierungsplanung muss dokumentiert und den Mitarbeitern bekannt gegeben werden. Evakuierungshelfer müssen geschult und mit persönlicher Ausrüstung und Kommunikationsmitteln ausgestattet werden. Kosten für externe Schulungen sowie für Mehrarbeitsstunden treten auf, weil insbesondere beim medizinischen Personal der Personaldruck so groß ist, dass innerhalb der Arbeitszeit Schulungen und Übungen kritisch sind. Sehr hilfreich ist es, wenn der Verantwortliche für die Planung ein spezielles Budget zur Verfügung hat. Ansonsten besteht die Gefahr, dass zwar auf dem Papier eine Planung entsteht, sie aber in der Praxis nicht umgesetzt wird.

Analyse der Randbedingungen

Die Planungsdurchführung beginnt mit der Analyse

- der rechtlichen und betrieblichen Planungsvorgaben, die einzuhalten sind,
- des Organisationsplanes des Krankenhauses
- des Geländes und der Verkehrsflächen, um z. B. Zu- und Abfahrten von Transportfahrzeugen festzulegen,
- der Infrastruktur (z. B. Gebäude, Einrichtungen, Brandabschnitte, Rauchabschnitte)
- der medizinisch-fachlichen Gliederung (z. B. Pflegestationen, Intensivstationen, Infektionsstationen)
- der Personalstruktur (z. B. anwesendes Personal Tag/Nacht/Wochenende)
- der Kommunikationsmittel (z. B. Lautsprecheranlagen, Sprechanlagen, Telefonanlage, Personenrufanlage)
- der Krankenhausstruktur der Umgebung zur Planung der Verlegungsmöglichkeiten entsprechend der medizinischen Notwendigkeiten.

Evakuierungsdurchführung

Leitung und Führung

Das Evakuierungskonzept orientiert sich an den Grundlagen der Organisation und Führung bei Schadenslagen der Länder. Ein Leitungsgremium (z. B. Krisenstab, Evakuierungsmanagement, Notfallausschuss genannt) trifft grundsätzliche und strategische Entscheidungen der Evakuierung. Hierzu zählt, ob und in welcher Reihenfolge Gebäude und Abteilungen evakuiert werden, die Alarmierung dienstfreier medizinischer und anderer Kräfte und die Absprache mit anderen Krankenhäusern und der Rettungsleitstelle über die Aufnahmekapazitäten. Sofern nicht im Evakuierungsplan festgelegt, benennt es die Evakuierungsverantwortlichen für Gebäude oder Abteilungen.

Der Evakuierungsleitung nachgeordnet sind Verantwortliche für Gebäude oder Abteilungen. Sie sind für die sichere und medizinisch richtige Verlegung der Patienten sowie deren Reihenfolge zuständig. Unter der Voraussetzung, dass bei einer Evakuierung kein extrem hoher Zeitdruck vorliegt, hat die medizinische Bewertung Priorität.

Auch wenn es im Einzelfall oft notwendig ist, Sonderzuständigkeiten zur Straffung von Abläufen festzulegen, ist es in der Regel sinnvoll, die originären Aufgaben nach Organisationsplan beizubehalten, um vorhandene Kompetenzen optimal zu nutzen.

Auslösung des Evakuierungsplanes und Alarmierung

Ein entscheidendes Element für eine erfolgreiche Evakuierung ist eine klare Evakuierungsentscheidung, der Aufruf des Evakuierungsplanes und die konsequente Alarmierung von Hilfskräften. Zögerliche Entscheidungen führen zu Unsicherheiten und eigenmächtigen Handlungen ohne Abstimmung mit anderen. Hilfreich ist zumindest ein 2-Stufen-Konzept mit Voralarmierung/Bereitstellung und Evakuierung. Die Entscheidungswege müssen so definiert sein, dass die Abwesenheit von bestimmten Personen die Entscheidung nicht wesentlich verzögern kann. Bei einem Entscheidungsgremium sollte dieses aus drei Personen bestehen. Da eine Evakuierung in den seltensten Fällen ohne externe Unterstützung des Rettungsdienstes, der Sanitätsorganisationen und der Feuerwehr erfolgen kann, führt die Auslösung des Evakuierungsplanes auch zur Auslösung eines externen Notfallplanes, z. B. in Verantwortung der Katastrophenschutzbehörde des Landkreises oder der kreisfreien Stadt. Dazu muss keine Katastrophe ausgerufen werden.

Nicht vergessen werden sollte die Möglichkeit, dass ein externes Gremium, z. B. der Katastrophenstab, eine Evakuierungsentscheidung trifft, weil z. B. bei Hochwasser mit einem Dammbruch gerechnet werden muss. Diese Möglichkeit sollte in den Evakuierungsplan aufgenommen werden.

Entlassung oder Verlegung

Aus den Erfahrungen von Evakuierungen ist bekannt, dass ein beträchtlicher Anteil von Patienten nach Hause entlassen werden können. Hierunter fallen Patienten, die auf eine Behandlung oder Operation warten, Patienten, die kurz vor der Entlassung stehen und wartende ambulante Patienten. Die tatsächliche Anzahl der zu Evakuierenden ist in der Regel wesentlich kleiner als die nominale Belegungszahl.

Die Ermittlung der notwendigen Verlegungszahl sowie der Verlegungskategorie ist Aufgabe der Stationen und Abteilungen und dient der Evakuierungsleitung zur zentralen Steuerung. Der Evakuierungsplan hat hierzu ein einheitliches Erfassungsmuster mit einer Patentengliederung vorzugeben, der sich an der Fachabteilung des Krankenhauses orientiert z. B.:

- Intensivpatienten (mit besonderen Anforderungen, z. B. Beatmung)
- Patient liegend/im Rollstuhl sitzend/gehfähig
- Patient entlassungsfähig
- Säugling/Neugeborene/Frühgeborene (z. B. Inkubator)

Zusätzlich sind Anforderungen wie »Betreuung« für demente Patienten oder psychiatrische Patienten zu definieren. Mütter sollten mit ihren Kindern verlegt werden.

Erfahrungen aus Evakuierungen haben gezeigt, dass die in den IT-Systemen vorliegenden Patientendaten oft für die Kategorisierung nicht ausreichend sind und eine individuelle Beurteilung und Erfassung notwendig ist.

Ablauf und Logistik

Bei einer Krankenhausevakuierung ist die Abstimmung der Ablaufkette »Patientenverlegung aus dem Zimmer, Transport im Gebäude, Transport in ein anderes Krankenhaus, dortige Aufnahme« wichtig für die die körperliche Belastung und die Patientenzufriedenheit. Kritikpunkte aus erfolgten Evakuierungen sind oft Wartezeiten auf Fluren, vor Aufzügen, in zugigen Vorräumen oder gar im Freien. Die ideale Ablaufkette ohne Wartezeiten ist aber selten erreichbar. Deshalb sind »Warteräume« im Voraus patientengerecht zu planen und ein Abrufsystem soll unkoordiniertes Verschieben von Patienten aus den Zimmern verhindern.

Der Ablauf einer Evakuierung gestaltet sich wie folgt:

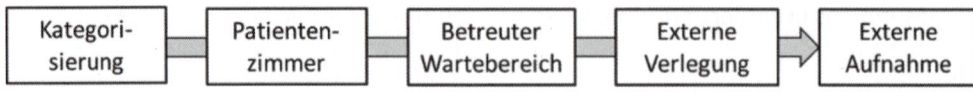

Abb. 7.2: Ablauf Evakuierung

Die Schnelligkeit der Evakuierung einer Station ist kein Qualitätsmerkmal, wenn vor dem Transport der Stau zum Chaos führt.

Weiterhin ist ein logistisches Problem, die unterschiedlichen Patientengruppen »Entlassung«, »Abholung privat«, »Verlegung nach … »auseinanderzuhalten. Hierzu ist bei der Evakuierungsplanung ein Identifikationssystem einzurichten, z. B. über Patientenkarten oder Armbänder (siehe auch Abschnitt *Patientenkennzeichnung, Patientenakten und Patienteneigentum*).

Entlassung oder Verlegung

Die Bilder von Krankenhausevakuierungen zeigen manchmal eine typische lange Reihe von bereitstehenden Fahrzeugen der Hilfsorganisationen, die dann sukzessive zum Einsatz kommen, und zwar für die verschiedenen Patientenkategorien. Hinzu kommen die Abholfahrzeuge von Angehörigen, die ebenfalls die Verkehrswege belasten.

Deshalb ist zu überlegen, ob bei ausreichendem Zeitvorlauf die Entlassungsphase zeitlich getrennt von der Verlegungsphase stattfinden kann. Zunächst werden alle entlassungsfähigen Patienten entlassen und die ambulanten Einrichtungen geschlossen. Dann erst wird die Verlegung gestartet.

Aufgabe der logistischen Planung ist es, die Fahrzeugströme durch Bereitstellungs- und Abholpunkte zu entzerren. Bereitstellungsräume sollten grundsätzlich außerhalb des Klinikgeländes eingerichtet werden. Die allgemeinen Grundsätze des Katastrophenschutzes an Bereitstellungsräume sind zu Grunde zu legen, wenn mit Wartezeiten länger 15 min zu rechnen ist. Hierzu zählen vor allem sanitäre Einrichtungen, Reinigungsmöglichkeiten nach Transporten, Auskunftstellen für auswärtige Einheiten und Informationsmöglichkeiten zur Orientierung bei großen Krankenhäusern.

Wenn Patienten vorzeitig entlassen werden, haben sie oft Operationen und Behandlungen hinter sich und sind nicht normal mobil. Bei Abholung durch Angehörige ist der vorhandene Besucherparkplatz oft keine Option, da die Entfernungen für den Fußweg zu groß sind. Die Angehörigen versuchen dann, bis zur Pforte vorzufahren. Dieses Verhalten ist bei der Planung einzuberechnen und Lösungen sind zu suchen und anzubieten (z. B. durch einen begleiteten Rollstuhlservice mit möglichst kurzen Belegungszeiten).

Information und Kommunikation

Eine Krankenhausevakuierung stellt für die Medien ein außergewöhnliches Ereignis dar, über das unmittelbar und »live« berichtet wird. Die Klinikleitung muss sich darauf einstellen und eine(n) Medienverantwortliche(n) als Sprecher(in) festlegen.

Durch die Medienberichte werden Angehörigen auf die Evakuierung aufmerksam und haben oft Auskunftsbedarf. Diesem ist z. B. durch Einrichtung eines Angehörigentelefons mit Bekanntgabe der Rufnummer Rechnung zu tragen. Je nach Größe des Krankenhauses ist ein einzelner Telefonanschluss nicht ausreichend. Sofern eine Webseite besteht, ist diese ständig mit Informationen aktuell zu halten.

Verlegungsdurchführung

Die Festlegung der Verlegungswege im Gebäude hängt von der Gebäudestruktur, der Art und der Anbindung an Treppenräume,

Anzahl der Aufzüge und der Gestaltung der Räume im EG als Wartezone ab. Der Zeitbedarf der Evakuierung nimmt mit der Geschosshöhe zu. Im Gegensatz zur Räumung bilden die Aufzüge eine wichtige Komponente in der Evakuierungsdurchführung.

Der Evakuierungsplan ist so zu gestalten, dass die gleichzeitige Evakuierung von mehreren Geschossen des Pflegebereiches in denselben Treppenraum und mit demselben Aufzug möglichst vermieden wird und stattdessen Treppenräume und Aufzüge jeweils Evakuierungsbereichen zur Nutzung zugeordnet werden. Aufzüge werden grundsätzlich gesteuert gefahren.

Die Geschwindigkeit der Evakuierung in Obergeschossen ist bei Bettentransport aufgrund des Platzbedarfes in Aufzügen am niedrigsten. Gehfähige Patienten sind am schnellsten zu evakuieren, aber der Begriff »gehfähiger Patient« umfasst ein weites Spektrum: »gehen in der Ebene«, »gehen über Treppen«, »gehen mit Hilfsmitteln (Krücken, Rollator)«. Insbesondere ältere Menschen sind zwar gehfähig, aber oft nicht treppengehfähig oder dies nur in Begleitung. Das bindet Personal. Insofern sollte nach Möglichkeit die Kombination aus Gehen und Rollstuhl überlegt werden, wobei das Warten in Rollstühlen vor dem Transport vermieden werden muss, damit die Anzahl der verfügbaren Rollstühle sich nicht drastisch vermindert. Treppenrollstühle stellen eine sinnvolle Ergänzung dar.

Patientenkennzeichnung, Patientenakten und Patienteneigentum

Viele Krankenhäuser haben bereits auf elektronische Patientenakten umgestellt und halten insbesondere Pflege- und Medikamentenpläne nur noch elektronisch vor. Die herkömmlichen Hinweise in vielen Empfehlungen zur Mitgabe der Patientenakten bei der Evakuierung sind deshalb nicht mehr allgemein anwendbar. Jedes Krankenhaus hat entsprechend seiner Datenstruktur sicherzustellen, dass der Patient im aufnehmenden Krankenhaus eindeutig identifiziert und nach medizinischer Notwendigkeit versorgt werden kann.

Der Übermittlung von Patienteninformationen kommt eine große Bedeutung zu, um eine kontinuierliche Behandlung zu ermöglichen.

Hierzu zählen: die Patientenidentifikation (Patientenkarte), die Auskunft über die Person, die abgebende Station, die vorgesehene aufnehmende Station und die Transportart mit medizinischer Kritikalität. Sinnvollerweise sollten auch die Angaben für die Rückführung des Patienten vorgesehen werden: medizinische Indikation und Behandlungsvorgaben einschließlich des Medikamentenplanes, die Kontaktdaten für Rückfragen und Abstimmungen des abgebenden Arztes.

Lösungen bieten sich über Anhängekarten und / oder farbige Armbänder an, die von Hand mit z. B. Patientennummer, Name, Geburtsdatum, Ausgangsstation und Zielort beschriftet werden können. Die Farbe kann z. B. die Transportart oder Entlassung signalisieren.

Der dezentrale Ausdruck von z. B. Behandlungs- und Medikamentenplänen kann eine Station sehr leicht überfordern, da Drucker nicht nur zur Verfügung stehen, sondern auch funktionieren und mit ausreichend Papiervorrat und Druckerpatronen versehen sein müssen.

Deshalb ist ein »Evakuierungsset« je Station mit den notwendigen Ressourcen sinnvoll. Zentrale Vorhaltungen sind möglich, bieten aber wesentlich schlechtere Möglichkeiten im Rahmen der internen Besprechungen, sich mit dem Notfallset und der Evakuierungsplanung zu befassen.

Die Mitnahme von Patienteneigentum wie Wertsachen, Wäsche, Bekleidung ist in der Planung ebenfalls zu regeln. Insbesondere bei älteren Menschen können Unsicherheit und Orientierungslosigkeit auftreten, die zu berücksichtigen ist. Auch Kriminalität ist vorzubeugen. Ein einheitlicher, beschriftbarer Patientenbeutel (analog zu Sportveranstaltungen wie Marathons oder Triathlons) kann eine Lösungsmöglichkeit darstellen.

Kontrolle

Je größer die Zahl von Personen, die in andere Krankenhäuser verlegt werden müssen, desto größer die Gefahr von Fehlern z. B. durch Verwechslungen und Irrtümern. Insbesondere wenn nicht-professionelle Kräfte des Rettungsdienstes, die mit den Anmelde- und Verfahrensweisen der Leitstelle nicht vertraut sind, die Transporte durchführen, müssen Irrtümer einkalkuliert werden. Deshalb ist ein geeigneter Kontrollmechanismus erforderlich, mit dem der tatsächliche Verbleib der Patienten mit der Planung abgeglichen wird. Hierzu sollte eine Gruppe eingerichtet werden, die den Rücklauf der Informationen und den Abgleich mit der zuständigen Leitstelle durchführt. Gegebenenfalls ist ein Abgleich mit allen aufnehmenden Krankenhäusern erforderlich.

Eine abschließende Aussage, z. B. für die Medien, dass alle Patienten sicher untergebracht wurden, ist nur auf der Basis geprüfter Informationen zu geben.

7.1.4 Ergänzende Maßnahmen

Sicherungsmaßnahmen

Nach einer Evakuierung des Krankenhauses sind insbesondere Funktions- und Lagerräume mit Gefahrstoffen, radioaktiven Stoffen, Medikamenten, Betäubungsmitteln oder hochwertigen Geräten vor Sabotage und Diebstahl zu sichern. Dies sollte in Verbindung mit der Polizei in geeigneter Form geschehen. Gegebenenfalls ist ein Unternehmen der Sicherungsbranche zu beauftragen.

Mitarbeiterkommunikation/Interne Kommunikation

Die interne Kommunikation gegenüber Mitarbeitern ist zwingend. Schließlich bedeutet eine Evakuierung nicht selten die Schließung des Krankenhauses für zumindest einige Tage bis Wochen, bis der Grund der Funktionsunfähigkeit beseitigt ist. Dies stellt Mitarbeiter vor Probleme und erzeugt Ängste um den Arbeitsplatz. Die Mitarbeiter sind über Ursachen der Evakuierung und die zu erwartende Entwicklung auf dem Laufenden zu halten. Eine Ansprechstelle z. B. die Personalabteilung muss deshalb bei vollständiger Evakuierung auch der Verwaltungsbereiche erreichbar sein.

Rückführung

Nicht vergessen werden sollte, dass eine Evakuierung irgendwann die Frage der Rückführung von Patienten aufwirft. Je nach Grund der Evakuierung und Belegungsdichte der aufnehmenden Krankenhäuser kann/muss diese Rückführung zeitnah erfolgen (z. B. nach wenigen Stunden). Dann ist die Rückverlegung nach den gleichen Grundsätzen wie die Evakuierung zu planen und durchzuführen.

Schulung und Training für eine Evakuierung

Eine Evakuierungsplanung ist ein theoretischer Vorgang, bei dem am Ende ein Dokument vorliegt, das mit Worten gefüllt werden muss. Leider glauben viele Krankenhäuser, dass mit Abschluss einer Planung die Aufgaben erledigt sind. Im Gegenteil, danach beginnt der eigentlich wichtigere und schwierigere Teil – die Umsetzung.

Die Implementierung einer Krankenhausplanung hat vier Kernpunkte:

1. Information des medizinischen und nicht-medizinischen Personals über das Vorhandensein einer Planung mit den groben Inhalten in der Übersicht, insbesondere die Auslösekriterien. Beschaffung notwendiger technischer Mittel.

2. Information und Schulung der Verantwortungsträger, die im Plan aufgeführt sind, über ihre Rollen und Aufgaben.
3. Aufnahme der Thematik Evakuierung in die regelmäßige interne Fortbildung und die dezentralen Besprechungen von Stationen und Funktionseinheiten (z. B. analog der jährlichen Behandlung von Unfallverhütung)
4. Regelmäßige Übungen intern und alle 2-3 Jahre mit externen Hilfskräften

7.1.5 Evakuierungsgrundsätze

Folgende Grundsätze sollten bei einer Evakuierung grundsätzlich beachtet werden:

Entscheidung über eine Evakuierung

1. Festlegung des notwendigen Evakuierungsbereiches und Abschätzung der Evakuierungszahlen.
2. Abstimmung mit internen Führungskräften und ggf. mit externen Hilfskräften (Feuerwehr) über Risiken und Gefahren.
3. In-Kraft-setzen des Evakuierungsplanes mit allen Maßnahmen und unverzügliche Einleitung aller Alarmierungen und Informationen nach Evakuierungsplan.
4. Zielvorgabe eines Zeitplanes für den Evakuierungsbeginn und der Zielzeit, wann die Evakuierung abgeschlossen sein soll bzw. muss.

Vorbereitung

1. Bildung einer gemeinsamen Einsatzleitung von betroffenem Krankenhaus, Feuerwehr/Rettungsdienst, Polizei (Verkehrslenkung) und ggf. aufnehmenden Krankenhäusern und Einrichtungen (Verbindungspersonen)
2. Erstellung und Verteilung des aktuellen Kommunikationsplanes
3. Bildung der zentralen und der örtlichen (Stationen, Funktionsbereiche) Führungsorganisation
4. Bestimmung eines Medienverantwortlichen (Sprecher für das Krankenhaus)
5. Ermittlung der zu evakuierenden und zu entlassenden Patienten. Medizinische Beurteilung von Risikopatienten
6. Feststellung der vorhandenen und notwendigen personellen und materiellen Ressourcen
7. Erstellung eines Ablaufplanes mit Prioritäten und Handlungsschritten
8. Information und Briefing der Mitarbeiter
9. Information und Vorbereitung der Patienten und anderer Betroffener
10. Verteilung und Beschriftung der Anhängekarten und ggf. der Wertsachenbeutel
11. Ausdruck der Medizinischen Indikationen und der Medikamentenverordnung für die einzelnen Patienten
12. Aufbau der logistischen Struktur zur Patientenabholung/Patientenverlegung mit Bereitstellungsräumen für Rettungsdienst, Krankentransport, TAXI und Privatabholung
13. Festlegung von Abholpunkten für Fahrzeuge und danach ausgerichtet Bereitstellung von Wartebereichen in Gebäuden
14. Bereitstellung von Lenkungs- und Lotsenpersonal sowie Aufzugsteuerungspersonals
15. Festlegung der Reihenfolge der Evakuierung von Stationen und Funktionsbereichen
16. Bereitstellung von Dokumentationsunterlagen zur Dokumentation des Patientenverbleibs. Einrichtung einer Arbeitsgruppe zur Kontrolle der Patientenverlegung
17. Einrichtung eines Auskunftstelefons für Angehörige

Durchführung

1. Erfassung und Kategorisierung der Patienten
2. Entlassung von Patienten
3. Abruf der zu evakuierenden Patienten stations- bzw. und funktionsbereichsweise
4. Verlegung der Patienten
5. Bei Stau, Belassen der Patienten im Zimmer, bis der Transport zum Ablaufpunkt gesichert ist.
6. Keinen Patienten nach Verlassen des Zimmers längere Zeit unbetreut lassen. Ängste und Verunsicherung insbesondere älterer Patienten ernst nehmen, da sie zu Stressrektionen führen können.
7. Personendokumentation an der Station beim Verlassen mit Zielangabe und beim Transport.
8. Kontrolle, dass alle Patienten am vorgesehenen Krankenhaus aufgenommen wurden.

Abschluss

1. Systematische Abschlusskontrolle aller Räume durchführen. Kennzeichnung der vollständig geräumten Station oder des Funktionsbereiches
2. Meldung an die zentrale Einsatzleitung über den Abschluss der lokalen Evakuierung
3. Sammlung aller Patienten, Transport- und Entlassungslisten an zentraler Stelle
4. Sicherstellung vor unzulässigem Betreten und Diebstahlsschutz (in vielen Fällen haben interne Türen in Krankenhäusern keine Verschlussmöglichkeiten)
5. Ausschalten / Trennung von der Steckdose von Elektrogeräten (z. B. Kaffeemaschinen, Mikrowellen, Heizgeräte)
6. Debriefing des Personals
7. Rückführung der verlegten Patienten nach Ende des Evakuierungsgrundes

7.2 Strategische Überlegungen bei der Evakuierung von Intensivpatienten

Jörg Brederlau

7.2.1 Einleitung

Die komplette Evakuierung einer Intensivstation ist nur selten erforderlich. Sie kann meist ohne Sicherheitsrisiko für alle Beteiligten durchgeführt werden, zumindest solange eine ausreichende Vorplanung möglich ist. Das Risiko von Zwischenfällen bis hin zum Versterben von Intensivpatienten steigt allerdings, je weniger Zeit für die Vorbereitung der Evakuierung verbleibt. Bietet ein sich nähernder Hurricane z. B. eine Vorlaufzeit von bis zu mehreren Tagen, so muß dagegen bei einem Brand auf oder in der Nähe der Intensivstation oder einem akuten Stromausfall notfallmäßig gehandelt und häufig improvisiert werden (Murphy et al., 2011).

Priorität hat immer die Räumung des akut gefährdeten und ggf. auch perakut zu verlassenden Bereiches. Je nach Ausmaß des Schadens und des zu erwartenden Zeitfensters bis zu seiner Behebung wird im weiteren Verlauf zwischen der immer anzustrebenden internen Evakuierung, die vorzugsweise horizontal, ansonsten vertikal durchzuführen ist, und der Evakuierung nach extern unterschieden. Voraussetzung für eine interne Evakuierung ist die Vorhaltung eines Bereichs, in dem Intensivmedizin weiter betrieben werden kann, z. B. eine zweite Intensivstation, ein Aufwachraum oder der Zentral-OP. Probleme bei der Evakuierung nach extern bereiten üblicherweise das Finden ausreichender alternativer Intensivkapazitäten, die Knappheit der zur Verfügung stehenden Transportmittel und die Aufrechterhaltung einer suffizienten und alle Strukturen berücksichtigenden Kommunikation (Espiritu et al., 2014; Rojek et al., 2013).

Die Evakuierung einer Intensivstation birgt allerdings nicht nur das Risiko einer gesundheitlichen Gefährdung der dort intensivmedizinisch betreuten Patienten und des dort arbeitenden Personals, sondern kann im Nachhinein ernste legale und wirtschaftliche Probleme bereiten. Neben der deshalb notwendigen Vorbereitung auf ein solches Szenario in jedem einzelnen Krankenhaus sind die lokalen Maßnahmen in ein regionales Gesamtkonzept einzugliedern, welches die Möglichkeiten und Anforderungen von Rettungsdiensten, Feuerwehr, Katastrophenschutz, benachbarten Krankenhäusern und öffentlichem Gesundheitswesen berücksichtigt (Courtney et al., 2014). Die Datenlage ermöglicht keine evidenzbasierten Empfehlungen. Es ist lediglich möglich, anhand bestimmter Problemkonstellationen Hinweise darauf zu geben, mit welchen Themen sich die Verantwortlichen eines Krankenhauses im Allgemeinen und der Leiter einer Intensivstation im Speziellen im Vorfeld einer möglichen Evakuierung beschäftigen und welche Vorkehrungen sie ggf. treffen sollten (Daugherty et al., 2011; Murphy et al., 2011). Die Wichtigkeit, Evakuierungen von Intensivstationen auch zu trainieren, wird allgemein betont (Femino et al., 2013; King et al., 2014).

Die Problemfelder der Evakuierungsplanung sind

- Lokale und regionale Risikoanalyse
  - Naturkatastrophe, Stromausfall, Feuer, Terroranschlag, Terrordrohung
- Räumlich-bauliche Risiken und Möglichkeiten
  - Möglichkeiten der Abschnittsbildung innerhalb der Intensivstation und innerhalb des Krankenhauses
  - Feuertüren
  - Ventilationsabschnitte der Klimaanlage
  - Automatische Abschaltung der Klimaanlage bei Verrauchung
  - Separierbare Sauerstoffversorgungsstränge
  - Rauch- und Brandabschnitte
  - Mehrere Fluchtwege/Treppenräume
  - Beatmungsmöglichkeiten außerhalb der Intensivstation
    - Voll- vs. Teilevakuierung
    - Interne vs. externe Evakuierung
  - Möglichkeiten des Aufwachraumes und des OPs
- Equipment
  - Respiratoren
    - Intensivrespiratoren
    - Transportrespiratoren
    - Narkoserespiratoren
    - Akkukapazitäten
  - Spritzenpumpen
    - Akkukapazitäten
  - Monitoring
    - Akkukapazitäten
  - Sauerstoffvorräte
  - Interne und externe Transportkapazitäten
  - Notfallmedikamente und ihre Logistik
  - Akkupflege
- Personalressourcen inkl. Ablösungen
- Entlassmanagement (vertikale Triagierung) und regionale Verlegungsmöglichkeiten
- Hygienemanagement
- Kommunikationswege; Redundanz der Kommunikationssysteme
- Professionelle mediale Begleitung
- Dokumentation bei Ausfall des Klinikinformationssystems bzw. des Patientendatenmanagemensystems
- Personalqualifikation
  - Brandschutzausbildung
  - Evakuierungsübungen

Da eine sich ankündigende Evakuierung in Industrieländern mit den heutigen logistischen Möglichkeiten, den zur Verfügung stehenden modernen Transportmitteln und den vorgehaltenen Kommunikationsmöglichkeiten in Analogie zur Abwicklung eines Massenanfalls von Verletzten machbar erscheint, fokussiert dieser Artikel im Folgenden auf Aspekte der notfallmäßigen Räumung/Evakuierung. Dazu werden zwei Szenarien auf einer 40-Betten-Intensivstation beschrieben, sowie – ohne Anspruch auf Vollständigkeit – die sich daraus ergebenden strategischen Überlegungen.

7.2.2 Beispiele

Beispiel 1:

Vollbrand in einem Doppelzimmer durch Suizidversuch - Bett angezündet, Rauchmelder abgeklebt (1 Patient beatmet, 1 Patient nicht beatmet - Suizidant) mit beginnender Verrauchung des Nebenzimmers (1 Patient beatmet), Belegung der Station mit 30 beatmeten (1 Patient an der Kunstlunge (ECMO), 4 Patienten mit Sauerstoffpflichtigkeit) und 8 nicht beatmeten Patienten, 7 Brandabschnitte auf der Intensivstation selbst.

Ein im Vollbrand befindliches Zimmer schließt eine Brandbekämpfung durch Laien wegen der erheblichen Eigengefährdung aus. Rettungsversuche ohne Atemschutz (der Feuerwehr vorbehalten) sind zu unterlassen. Zwingend ist die sofortige Alarmierung der Feuerwehr, die sichere Verhinderung einer weiteren Ausbreitung des Feuers sowie die Vermeidung weiterer Personenschäden. Dazu sind sofort sämtliche Zimmer- und Brandabschnittstüren zu schließen und die Patienten und Mitarbeiter aus dem unmittelbaren Gefahrenbereich in einen nicht gefährdeten Brandabschnitt zu verlegen. In Abhängigkeit vom Ausmaß der Löscharbeiten sowie vom entstandenen Schaden an Einrichtung und Infrastruktur ist zu entscheiden, wie und ob die Intensivstation weiter betrieben werden kann, oder ob eine teilweise oder komplette Evakuierung erforderlich ist. Die Entscheidung, Patienten im Multiorganversagen zu verlegen, deren Überleben von extrakorporalen hochinvasiven Verfahren abhängt, will wohlüberlegt sein, da diese Patienten einem höheren Transportrisiko unterliegen. Hier ist eine gemeinschaftliche Entscheidung von Feuerwehreinsatzleitung und behandelndem Intensivmediziner anzustreben, letztendlich entscheidet jedoch die Feuerwehreinsatzleitung.

Müssen viele Patienten schnell evakuiert werden, so sind in der Regel nicht genügend inhäusige Transportkapazitäten (Transportliegen etc.) vorhanden. Ein zusätzliches Problem entsteht, wenn vertikal evakuiert werden muß und Aufzüge nicht verwendet werden können/dürfen. Unter den Matratzen der Intensivtherapiebetten fest installierte Rettungstücher könnten hier Abhilfe schaffen, ist doch mit diesem Hilfsmittel – eine ausreichende Anzahl von Trägern vorausgesetzt – ein Patient schnell auch durch Treppenräume zu transportieren.

Sondersituation Sauerstoffversorgung: Problematisch ist auf vielen Intensivstationen die zentrale Sauerstoffversorgung, die sich in der Regel nicht zimmerweise unterbrechen läßt, sondern nur strangweise. An einem Strang hängen meist mehrere Behandlungszimmer oder bei kleineren Intensiveinheiten sogar die ganze Station. Ein im Vollbrand befindliches Zimmer kann bei Explosionsgefahr eine Abschaltung der Sauerstoffzufuhr erfordern (nur auf Anweisung der Feuerwehr) und somit nicht nur den im brennenden Zimmer beatmeten Patienten von der Sauerstoffzufuhr abschneiden, sondern auch sauerstoffabhängige Patienten in anderen Zimmern, die primär gar nicht unmittelbar vom Brandgeschehen betroffen wären. In der Regel werden in Krankenhäusern mit zentraler Gasversorgung nicht genügend transportable Sauerstoffflaschen vorgehalten, um kurzfristig alle Intensivrespiratoren mit mobilen Flaschen über einen ausreichend langen Zeitraum betreiben zu können. Pikanterweise ist ein invasiv beatmeter Patient, der in der Regel viel schwerer erkrankt ist als ein nicht beatmeter Patient, primär nicht durch die rasch zur Bewusstlosigkeit führende und die Sauerstoffversorgung des Körpers beeinträchtigende Rauchgasinhalation gefährdet, da seine Atmungsorgane in einem geschlossenen System über das Beatmungsgerät direkt an die zentrale Gasversorgung (Sauerstoff und Druckluft) des Krankenhauses angeschlossen sind. Dies gilt nicht, wenn turbinengetriebene Respiratoren verwendet werden, die über keine Druckluftzuleitung aus der zentralen Gasversorgung verfügen, sondern Umgebungsluft (und damit Rauchgase) ansaugen. Aus diesem Grund sind turbinengetriebene Transportrespiratoren im Brandszenario als nicht vorteilhaft zu bewerten.

Sondersituation Intensivpatient in verrauchtem/brennendem Behandlungszimmer: Intensivmedizinisch behandelte Patienten sind meist von einem oder mehreren Geräten (Beatmungsgerät, Spritzenpumpen, extrakorporale Lungenersatzverfahren) abhängig, deren Versagen/Abstellen sehr zeitnah zum Tod führen kann. Feuerwehrleute sind in der Bedienung dieser Geräte nicht ausgebildet, ärztliches Personal ist nicht nur im Umgang mit schwerem Atemschutz nicht trainiert, sondern auch nicht in der Lage, sich sicher in einer verrauchten Umgebung zu bewegen bzw. auf vom Feuer ausgehende Gefahren adäquat zu reagieren. Ziel kann also nur die schnellstmögliche Rettung des betroffenen Patienten aus dem Gefahrenbereich durch die Feuerwehr sein, um dann schnellstmöglich intensivmedizinisch weiter therapieren zu können, sofern der Patient noch eine Überlebenschance hat. In keinem Fall ist der Selbstschutz des medizinischen Personals und der Einrichtung zugunsten überstürzter vermeintlich heldenhafter Aktionen zu vernachlässigen.

> **Beispiel 2:**
>
> Stromausfall Gesamtklinikum durch akzidentelles Kappen der Hauptstromversorgung bei Baumaßnahmen. Notstromversorgung durch Überspannung ausgefallen.

Für die Stromversorgung des Gesamtklinikums stehen in diesem Fall nur noch die sehr begrenzten Kapazitäten des Zentralakkumulators sowie die in einzelnen Geräten (z. B. Beatmungsgeräte) steckenden Akkus zur Verfügung. Damit ist innerhalb weniger Stunden keine elektrische Energie mehr vorhanden, wenn es nicht gelingt, einen Ersatzgenerator herbeizuschaffen und ans Krankenhausstromnetz anzuschließen. Dies muß höchste Priorität haben.

Neben dem Ausfall der Kommunikationseinrichtungen und der Softwaresysteme befinden sich die Intensivpatienten akut durch den absehbaren Ausfall der Beatmungsgeräte, der Spritzenpumpen sowie der Vitaldatenmonitore in Lebensgefahr. Innerhalb bestimmter Leistungsgrenzen kann die Funktion der Beatmungsgeräte durch Handbeatmungsbeutel übernommen werden. Voraussetzung hierfür ist die Organisation entsprechender personeller Ressourcen (1 Person pro Intensivpatient nur zur manuellen Beatmung). Spritzenpumpen werden zu Applikation vieler Medikamente eingesetzt. Zwingend erforderlich sind sie jedoch nur für hoch- und kurzwirksame Medikamente zur Kreislaufstabilisierung (z. B. Katecholamine). Daher ist jedwede andere Verwendung unverzüglich zu stoppen, um möglichst lange auf funktionsfähige Pumpen zugreifen zu können. Im Extremfall könnten auch Katecholamine per Schwerkraftinfusion infundiert werden, was jedoch einen erfahrenen Intensivtherapeuten pro Patient erfordert (Narkosebedingungen). Gelingt es nicht, die Stromversorgung kurzfristig wieder sicherzustellen, ist bei dem geschilderten Beispiel nur eine komplette Evakuierung aller Intensivpatienten in umliegende Krankenhäuser möglich.

7.2.3 Zusammenfassung

Evakuierungen von Intensivstationen sind zwar selten, wenn sie jedoch erforderlich werden, hochkomplex und nicht ohne Risiko für Patienten, Mitarbeiter und den Krankenhausbetreiber. Deshalb sollten die notwendigen organisatorischen Abläufe nach Durchführung einer Risikoanalyse in entsprechenden Alarmplänen hinterlegt und ihre praktische Umsetzung regelmäßig geübt werden.

Literatur

Courtney, B. et al. (2014) Legal Preparedness. Care of the critically ill an injured during pandemics and desasters: CHEST consensus statement. Chest 146 (4 Suppl.): e134S-e144S.

Daugherty, E. et al. (2011) Preparing your intensive care unit to respond in crisis: Considerations for critical care clinicians. Crit Care Med 39: 2534-2539.

Espiritu, M. et al. (2014) Evacuation of a neonatal intensive care unit in a disaster: Lesssons from hurricane Sandy. Pediatrics 134: e1662-e1669.

Femino M. et al. (2013) Hospital-based imergency preparedness: Evacuation of the neonatal intensive care Unit – the smallest and most vulnerable population. Pediatr Emer Care 29: 107-113.

King, M. et al. (2014) Evacuation of the ICU. Care of the critically ill an injured during pandemics and desasters: CHEST consensus statement. Chest 146 (4 Suppl.): e44S-e60S.

Murphy, G. et al. (2011) ICU fire evacuation preparedness in London: a cross-sectional study. Br J Anaesth 2006: 695-698.

Rojek, A. et al. (2013) Review article: Evacuating hospitals in Australia: What lessons can wie learn form the world literature? Emergency Medicine Australasia. 25: 496-502.

7.3 Besonderheiten bei der Evakuierung von psychiatrischen Patienten

7.3.1 Besonderheiten bei der Evakuierung bei psychiatrischen Patienten aus Sicht der medizinischen Versorgung

Claudia Fuchs-Meyer und Marc Graf

Spezifische Herausforderungen der verschiedenen psychiatrischen Störungsbilder

Psychiatrische Störungsbilder führen zu mehr oder weniger spezifischen Defiziten unterschiedlicher psychischer Funktionen. Beeinträchtigungen auf den Ebenen der Wahrnehmung, Reizverarbeitung, Interpretation, Wertung, des Gedächtnisses, der Affekte (Gefühle), der Handlungsplanung, der Impulskontrolle und des Antriebs führen zu Handlungen, welche nicht normalpsychologischen Gesetzen folgen und deshalb, ohne Kenntnis der Störungsbilder einerseits sowie des spezifischen Patienten andererseits, zu unvorhersehbaren Reaktionen führen können. Darüber hinaus sind, wegen dieser Beeinträchtigungen, betroffene Menschen durch normalpsychologische Interventionen oft nicht lenk- und erreichbar. Die Kenntnis der psychiatrischen Störungsbilder sowie der daraus möglichen Reaktionstypen kann somit für die Planung und spätere Durchführung einer Evakuation Bedeutung erlangen. Schutzziel bei einer Evakuierung von Patienten mit einer psychischen Störung ist die physische und psychische Unversehrtheit der Patienten sowie der Schutz von Dritten, primär Mitarbeiterinnen und Mitarbeiter des Krankenhauses, dann aber auch von nicht involvierten Personen.

Im Folgenden werden die im Hinblick auf eine Evakuation wesentlichen psychiatrischen Störungsbilder nach der Systematik von ICD-10, dem aktuellen diagnostischen Manual der Weltgesundheitsorganisation WHO, bezüglich der für eine Evakuation potentiell problematischen Psychopathologie kurz zusammengefasst.

F0 Organische Störungen

Grundsätzlich kann für die organisch verursachten psychischen Störungen gesagt werden, dass wegen der sehr heterogenen organischen Ursachen (von der Intoxikation über den Infekt, den Tumor hin zur Degeneration sowie andere) und den verschiedenen betroffenen Hirnarealen kaum prototypische Verhaltensmuster zu definieren sind. In vielen Fällen dominieren zum Teil schwerwiegende Impulskontrollstörungen und verzerrte Wahrnehmungen der Realität. Häufig leiden die Betroffenen auch an körperlichen Begleiterscheinungen wie epileptischen Anfällen oder anderen motorischen Beeinträchtigungen.

Zu erwähnen sind in diesem Kapitel natürlich spezifisch die wohl am häufigsten auftretenden hirnorganischen Störungen, nämlich die Demenzen: Die oben genannten psychopathologischen Auffälligkeiten treffen für die Demenzen generell zu, die körperlichen Begleiterkrankungen und Defizite sind häufig. Solche Patienten werden in spezifischen gerontopsychiatrischen Abteilungen zusammengefasst.

F1 Störungen durch den Konsum psychotroper Substanzen

Mit Ausnahme der Patientinnen und Patienten, welche sich gerade in der akuten Phase eines Entzuges, respektive noch in der Intoxikation, befinden oder bei welchen schwerwiegende Langzeitschäden (zum Beispiel beim Wernicke-Korsakow-Syndrom) bestehen, sind solche Patienten und Patientinnen in der Regel normalpsychologisch erreichbar, das heißt, sie sind in der Lage, ihre Umgebung realitätsnah wahrzunehmen, inklusive der Anweisungen des Krankenhauspersonals und diesen zu folgen. Störungen durch den Konsum psychotroper Substanzen weisen aber häufig Komorbiditäten mit affektiven und schizophrenen sowie Persönlichkeitsstörungen auf.

F2 Störungen des schizophrenen Formenkreises

Bei diesen Störungen stehen hinsichtlich Evakuation folgende Beeinträchtigungen im Vordergrund: Schwerwiegende Wahrnehmungsstörungen im Sinne von meist akustischen und/oder optischen Halluzinationen, eine beeinträchtigte Interpretation der Realität durch wahnhaftes Erleben und Denken, formale Denkstörungen (Denkblockaden, Zerfahrenheit), schwerwiegende Ambivalenz bis hin zur Unfähigkeit, einen Entscheid fällen zu können sowie schwerwiegende Antriebsstörungen (meist reduziert, aber auch gesteigert), um nur die wichtigsten zu nennen. Zusätzlich sind diese Patienten durch die Einnahme von Neuroleptika in Folge von extrapyramidal-motorischen Symptomen motorisch erheblich beeinträchtigt, meist rigide, verlangsamt und unkoordiniert. Oft besteht zudem eine mehr oder weniger stark ausgeprägte situative und örtliche Desorientiertheit.

F3 Affektive Störungen

Je nach qualitativer Ausprägung in Richtung Depression oder Manie zeigen sich Antriebsmangel (bis hin zur vollständigen Lethargie) oder -steigerung, bei schwerwiegender Ausprägung im Rahmen einer Psychose, Störungen der Realitätswahrnehmung, ähnlich wie bei den schizophrenen Störungen und natürlich Suizidalität.

F4 Neurotische, Belastungs- und somatoforme Störungen

In dieser Kategorie, hinsichtlich Evakuation wesentlich, sind die posttraumatische Belastungsstörung sowie die Angst- und Panikstörungen zu nennen: Es muss damit gerechnet werden, dass Stress im Rahmen einer Evakuation zu einer Aktualisierung des pathologischen Erregungsniveaus mit einer potenziell exzessiven Steigerung der Angst und bei der posttraumatischen Belastungsstörung bis hin zur Dissoziation (Entkoppelung der psychischen Funktionen) mit Stupor (Erregungsstarre) oder anderen nicht-situationsadäquaten Reaktionen führt.

F6 Persönlichkeitsstörungen

Während die meisten typischen Patienten mit Persönlichkeitsstörungen noch annähernd normalpsychologischen Gesetzmäßigkeiten folgen, trifft dies für schwerwiegend ausgeprägte Störungsbilder nicht mehr zu: Je nach qualitativer Ausprägung ist bei einer Evakuation mit gesteigerter Angst, Rigidität des Verhaltens, umgekehrt Impulsivität und paradoxen Verhaltensweisen zu rechnen. Bei den Borderline-Störungen kann es zudem zu psychosenahen Zustandsbildern sowie wie bei der posttraumatischen Belastungsstörung zu dissoziativen Zuständen kommen: Dabei sind die Betroffenen für das Personal nicht mehr ansprech- und erreichbar. Zu erwähnen ist insbesondere bei der Borderline-Persönlichkeitsstörung das hohe Risiko für selbstverletzendes Verhalten bis hin zum Suizidversuch.

F7 Störungen der Intelligenz

Intelligenzgeminderte Personen zeigen, je nach Ausprägung der Störung, eine Beeinträchtigung bis Unfähigkeit zur realitätsnahen Wahrnehmung der Situation. Darüber hinaus führen Störungen der Affektregulation sowie der Impulsivität zu Angst- und Panikreaktionen, überschießendem bis aggressivem Verhalten oder im Gegenteil Starre.

Dies bedeutet für die Evakuation von psychisch kranken Patienten, dass das Personal erstens für die unmittelbare Betreuung der jeweiligen Patienten in der Lage sein muss, störungsspezifische und sehr individuelle Interventionen vorzunehmen. Zweitens muss das Personal den eingesetzten Rettungsorganisationen entsprechende Hinweise für den Umgang mit den Patienten geben können.

Besonderes Augenmerk ist auf Patienten mit freiheitsbeschränkenden Maßnahmen zu legen: Patienten, welche wegen unmittelbarer Selbst- oder Fremdgefährdung oder zur Reizabschirmung in Isolationszimmern eingeschlossen sind oder insbesondere schwerwiegend verhaltensgestörte Patienten, häufig bei Demenzen, deren Bewegungsfreiheit durch Bettgitter oder anderes eingeschränkt ist.

Evakuationspläne müssen bei psychiatrischen Patienten darüber hinaus so gestaltet sein, dass suizidale Patienten während und nach der Evakuierung weder entweichen noch sich selber gefährden können. Zusätzlich trägt das Personal psychiatrischer Abteilungen auch die Verantwortung, Drittpersonen vor potenziell fremdgefährlichen Patienten zu beschützen, dies trifft insbesondere auch bei Patienten zu, welche zivilrechtlich untergebracht sind.

Für akut indizierte psychiatrische als auch somatische Interventionen müssen die entsprechenden und Notfallinstrumente auch nach einer Intervention niederschwellig verfügbar sein.

> **Praxistipp**
>
> Suizidale Patienten müssen während und nach der Evakuierung begleitet werden.

Organisatorische Besonderheiten bei der Evakuierung/Räumung von psychiatrischen Abteilungen/Kliniken am Beispiel einer forensisch psychiatrischen Klinik

Die geplante Evakuierung, wie auch die notfallmäßige Räumung einer forensisch-psychiatrischen Abteilung oder Klinik, stellt eine besondere Herausforderung sowohl für das Personal als auch für die Patienten dar.

Muss im Zuge eines Ereignisses das ganze Klinikgebäude evakuiert werden, braucht es zusätzliche Maßnahmen, um die Versorgung der Patientinnen und Patienten sicherzustellen. Im Speziellen sind Vorkehrungen zu treffen, um eine Entweichung von Patienten zu verhindern. Grundsätzlich muss jede forensisch-psychiatrische Klinik Evakuierungs- und Notfallpläne entwickeln, welche sowohl bauliche als auch medizinische Aspekte berücksichtigt. Dies kann nur individuell geschehen und erfordert eine enge Zusammenarbeit bei der Entwicklung von Evakuierungskonzepten mit den verschiedenen Behörden (Feuerwehr, Polizei, Rettungsdienst). Neben ihrer Professionalität im eigenen Bereich sollte diesen Berufsgruppen eine Einführung im Umgang mit psychiatrischen Patienten ermöglicht werden. In den Universitären Psychiatrischen Kliniken Basel besteht deshalb das Angebot des sogenannten Seitenwechsels: Mitarbeiter und Mitarbeiterinnen von externen Schnittstellenpartnern haben die Möglichkeit, ein bis mehrere Tage auf einer forensisch-psychiatrischen Abteilung zu hospitieren, um den Umgang und die speziellen Bedürfnisse dieser Patientengruppe näher kennenzulernen. Neben dem Abbau von Unsicherheiten gegenüber den Patienten führt dies zu einem vertieften Austausch und Verständnis zwischen den im Evakuierungsfall zusammenarbeitenden externen Berufsgruppen und dem Personal der Klinik.

Nachfolgend sind Überlegungen und Maßnahmen beschrieben, welche im Rahmen der Entwicklung eines Evakuierungskonzeptes für die forensisch-psychiatrische Klinik der Universitären Psychiatrischen Kliniken Basel erarbeitet wurden. Diese können mit entsprechenden Anpassungen auf andere Kliniken übertragen werden.

Ausgangslage

Die forensisch-psychiatrische Klinik Basel verfügt über zwei geschlossene Abteilungen für Erwachsene mit 18 respektive 19 Betten und einer geschlossenen Jugendforensischen Abteilung mit maximal 12 belegten Betten. Die Klinik befindet sich auf einem Campusareal, auf welchem sich neben mehreren Verwaltungsgebäuden zehn Klinikgebäude der Erwachsenenpsychiatrie befinden. Auf jeder Abteilung gibt es drei Isolationszimmer, jedes dieser Zimmer bildet einen eigenen Brandabschnitt. Innerhalb der Jugendforensischen Abteilung ist jedes Patientenzimmer ein eigener Brandabschnitt. Des Weiteren sind die Abteilungen in zwei Brandabschnitte eingeteilt, sodass im Brandfall, wenn immer möglich, horizontal evakuiert werden kann. Jeder Brandabschnitt hat Zugang zu einem Treppenhaus (West- und Ostflügel) über welches die darunterliegenden Stockwerke bzw. die gesicherten Außenbereiche - eingezäunter Garten einerseits und geschlossene Anlieferungsschleuse anderseits - erreicht werden können.

Vorbereitende Maßnahmen

Brandschutzübungen

Für das Personal ist die Teilnahme an den regelmäßig stattfindenden Brandschutzübungen obligatorisch. Kenntnis der korrekten Abläufe von Alarmierung, Sicherung und erster Schadensminderung sind ebenso wichtig wie ruhiges, sicheres Auftreten und den Umständen sowie den individuellen Bedürfnissen der jeweiligen Patienten angepasstes Verhalten des Personals.

Die horizontale Evakuierung wird mit Patienten und Personal geübt. Die Übungen werden vom Brandschutzbeauftragten der Klinik begleitet, welcher nach den Übungen neben dem Personal und auch den Patienten für Rückmeldungen und Fragen zur Verfügung steht.

Risikoanalysen

Mit Risikoanalysen können vorab individuelle Problematiken eruiert werden: Hierbei werden die verschiedenen Evakuierungsmöglichkeiten, Teil-Evakuation horizontal und vertikal, sowie die Total-Evakuation des Klinikgebäudes, in Szenarien beschrieben und für identifizierte Probleme Maßnahmen festgelegt.

Benötigte und vorhandene Personalressourcen

In der Risikoanalyse muss insbesondere berücksichtigt werden, zu welcher Tages- bzw. Nachtzeit eine mögliche Evakuierung stattfindet, da im Nachtdienst deutlich weniger Personal zur Verfügung steht. Pro Abteilung übernimmt ein ausgebildeter, diensthabender Mitarbeiter die Abteilungsverantwortung. Die Funktion des Abteilungsverantwortlichen muss in unserer Klinik jeder Mitarbeiter und jede Mitarbeiterin wahrnehmen können. Grundsätzlich werden die Abteilungen der forensisch-psychiatrischen Klinik Basel im Alarmfall durch Mitarbeitende der Erwachsenen-psychiatrischen Klinik sowie von einem Sicherheitsmitarbeiter unterstützt. Bei einer Evakuierung, bei welcher das gesamte Gebäude verlassen werden muss, wird immer die Polizei zur Unterstützung hinzugezogen. Die Patientengruppen werden in jedem Fall von diplomierten Pflegefachkräften begleitet und betreut.

Evakuierung von Isolationsbereichen

Da bei isolierten Patienten ein erhöhtes Risiko der Eigen- oder Fremdgefährdung besteht, können diese im Rahmen der horizontalen, stockwerkbezogenen Evakuierung nicht mit den übrigen Patienten in die Sammelräume des entsprechenden Brandabschnittes gebracht werden. Die Situation wäre für das diensttuende Personal eventuell nicht beherrschbar und birgt eine zusätzliche Gefahr für die anderen Patienten. Isolationszimmer werden – wenn immer möglich – erst evakuiert, sobald ausreichend Polizei vor Ort ist. Im Falle einer horizontalen Evakuierung der Abteilung müssen Patienten aus Isolationszimmern in jedem Fall vertikal, in die Isolationsbereiche der übrigen Abteilungen, evakuiert werden.

Verlegungen von Patienten

Innerhalb des Klinikareals

Der Transport und die Begleitung der Patienten zum Ausweichort muss sichergestellt werden: In der Regel sind Gebäude, die im Notfall als Ausweichort dienen, nicht für die Unterbringung forensisch-psychiatrischer Patienten ausgerichtet und entsprechen den geforderten Sicherheitsbestimmungen zur Verhinderung von Entweichungen nicht, sodass vorübergehend kurzfristig zusätzlich Mitarbeitende von Sicherheitsfirmen und Polizei aufgeboten werden müssen.

Außerhalb des Klinikareals

Müssen Patienten längerfristig anderenorts untergebracht werden, benötigt dies Absprachen mit anderen forensisch-psychiatrischen Kliniken. Gegebenenfalls können auch Haftanstalten forensische Patienten vorübergehend aufnehmen. Hierbei muss sichergestellt werden, dass die Patienten am Verlegungsort die ihren Diagnosen entsprechende Behandlung und Betreuung durch qualifizierte Behandlungsteams erhalten.

Patientenversorgung

Neben der Verpflegung und Versorgung mit den Dingen des täglichen Bedarfs muss der Zugriff auf Medikamente sichergestellt werden. Im Fall der horizontalen Evakuierung einer einzelnen forensisch-psychiatrischen Abteilung kann diese bei uns auf die Medikamente der beiden anderen Abteilungen zurückgreifen. Wird das gesamte Gebäude evakuiert, müssen für alle Patienten entsprechende Medikamente sowie Reservemedikamente bereitgehalten werden. Dies kann bei uns über die anderen, sich auf dem Campusgelände befindlichen Kliniken sichergestellt werden.

Ein Ereignis, welches zu einer Evakuierung führt, kann ausgesprochen belastend sein und zu Exazerbationen bestehender Störungen respektive neu auftretenden Belastungsstörungen führen. Deshalb sind solche Ereignisse mit den Patienten, in analoger Art und Weise wie mit den Mitarbeitern, im Sinne eines Debriefings zu klären.

> **Praxistipp**
>
> Für psychiatrische Patienten müssen im Fall einer Evakuierung Reservemedikamente bereit gehalten werden.

Literatur

Bromet, EJ (2000) Psychiatrische Probleme infolge von Naturkatastrophen und von Menschen ausgelösten Katastrophen. In Helmchen H., Henn F., Lauter H., Sartorius N. (Hrsg.) Psychiatrie der Gegenwart Band 3 Psychiatrie spezieller Lebenssituationen. Berlin-Heidelberg: Springer S. 463 - 481

Dalhoff W, Knippertz HJ, Timmerberg CH (1977) Fluchtleitsysteme zur Evakuierungvon Menschen aus Gebäuden bei Gefahr: VFDB-Zeitschrift Forschung und Technik im Brandschutz S. 37–40, S. 46–51

Giess A, Müller-Gauss U (2012) Den Ernstfall trainieren. Sicherheitsforum 4/12 S. 17 – 18

7.3.2 Besonderheiten der Evakuierung bei psychiatrischen Patienten aus der operativ-taktischen Sicht der Werkfeuerwehr einer psychiatrischen Großklinik

Uli Hofmaier

Die Maßnahme Evakuierung von psychisch Erkrankten bei Schadensereignissen stellt eine Situation dar, welche die von einem Schadensereignis betroffenen Stationen aufgrund der zu erwartenden Anzahl von Patienten überfordert. Überwiegend sind Patienten einer psychiatrischen Klinik gehfähig, es gibt aber auch einen Anteil von mobilitätseingeschränkten bis bettlägerigen Patienten. Zumeist finden sich auf den Stationen Patienten gleicher Mobilität – dies kann dann entsprechend einsatztaktisch geplant werden. Viele Stationen unterscheiden sich in der Behandlungsstruktur, von der Reha-Station über die Akutaufnahmestation bis hin zu gerontopsychiatrischen Stationen mit überwiegend immobilen Patienten, welche aufgrund ihres Krankheitsbildes jegliches Gefühl für Raum oder Zeit verloren haben. Eine Räumung oder Evakuierung ist für alle Betroffene, Patienten wie Mitarbeiter, eine außergewöhnliche Situation. Die Personen können unter Stress irrational handeln und stehen teilweise unter Medikamenteneinfluss.

Eine Besonderheit stellen die forensischen Stationen dar. Forensische Patienten sind gerichtlich untergebrachte Straftäter mit einer Suchtproblematik und/oder psychiatrischen Erkrankung im Hintergrund.

In psychiatrischen Kliniken ist es unerlässlich, dass alle Gebäude flächendeckend von einer Brandmeldeanlage überwacht werden. Zudem sollten Anlagen für die Rauchableitung in den Treppenräumen vorhanden sein. Kleine Brandabschnitte und auch das Vorhandensein technischer Möglichkeiten zur Rettung von Patienten sind hier absolut wichtig.

Viele Stationen in einer psychiatrischen Klinik sind so genannte »geschlossene Stationen«, d. h., die Ein- und Ausgangstüren sind zugeschlossen. In einigen Kliniken entriegeln die Ausgangstüren bei Brandalarm selbstständig, hierbei ist eine besondere Sicherung der Türen erforderlich, damit Patienten nicht unkontrolliert die Stationen oder Gebäude verlassen können. Durch diese automatische Entriegelung ist die Grenze zur Selbstrettung schnell erreicht. Der überwiegende Teil psychiatrischer Patienten benötigt bei einer Räumung oder Evakuierung Begleitpersonal, teilweise sind je nach Schweregrad der Erkrankung auch mehrere Mitarbeiter nötig. Aus vielen Ereignissen hat sich herausgestellt, dass eine gute Planung entscheidend für eine Räumung oder Evakuierung in einer psychiatrischen Klinik ist. Einsatz- und Evakuierungspläne sollten den Mitarbeitern regelmäßig z. B. im Rahmen der Brandschutzunterweisung vorgestellt werden. Bei der Erstellung der Pläne ist es unabdingbar, dass diese mit den am Patienten behandelnden Berufsgruppen der Klinik und den Behörden und Organisationen mit Sicherheitsaufgaben abgestimmt werden, denn diese tragen im Ereignisfall die Hauptverantwortung. Die Pläne sind regelmäßig auf Aktualität zu überprüfen und ggf. anzupassen. Bekommt eine Station einen neuen Behandlungsauftrag, z. B. werden jetzt nicht mehr suchtkranke, sondern psychiatrisch aggressive Patienten behandelt, ist dies den Behörden und Organisationen mit Sicherheitsaufgaben mitzuteilen, da es hier zu einer Änderung der Einsatztaktik kommen kann.

Oberstes Ziel einer jeden Räumung oder Evakuierung ist es, die betroffenen Patienten schnellstmöglich einer Regelversorgung unter räumlichen und medizinischen Aspekten zuzuführen.

Die Maßnahmen umfassen:

- Erste Hilfe
- Sichtung und Registrierung auf Station bzw. an der Patientenablage
- Notfallmedizinische Versorgung
- Transport in Krankenhäuser
- Unterbringung in Notunterkünften
- Unterbringung sicherungsbedürftiger Patienten

In das Konzept sind folgende Berufsgruppen oder Abteilungen des Krankenhauses und externe Gefahrenabwehrorganisationen einzubinden:

- Gefahrenabwehrorganisationen (soweit vorhanden)
- Ärzte
- Diensthabende Pflegekräfte
- Dienstfreie Mitarbeiter
- Stationen
- Zentralküche
- Technischer Dienst
- Geschäftsleitung

Für die Regelversorgung bei Schadensereignissen sind verschiedene, dem Umstand angemessene Notunterkünfte vorzusehen. Die Benutzung dieser Räumlichkeiten sollte in Stufen festgelegt werden und bezieht sich auf die Bettenanzahl. Bei der Berechnung der Stufen muss von der höchsten Anzahl an Patienten und Mitarbeiter im größten Gebäude oder der größten Station, welche es zu evakuieren gilt, ausgegangen werden.

Die externen Feuerwehren kommen in einer psychiatrischen Einrichtung schnell an ihre Grenzen. Die Türen sind verschlossen, die Räumlichkeiten nicht oder nur bedingt bekannt und den Umgang mit psychiatrischen Patienten sind sie nicht gewohnt. Hier gibt es erhebliche Unsicherheiten und teilweise auch Ängste im Umgang mit Patienten.

Wie in vielen anderen Kliniken auch ist die personelle Besetzung im Spät-/Nachtdienst und an den Wochenenden meist sehr gering und weiteres Personal von Nachbarstationen oder anderen Abteilungen steht nur bedingt zur Verfügung. Dies erfordert klare Regelungen über den Ablauf einer Räumung oder Evakuierung. Nach Eintreffen der ersten Hilfskräfte übernimmt ein Mitarbeiter der Station an der Eingangstür die Dokumentation der Patienten anhand eines Belegungsplanes. Hierbei ist die Unterstützung des diensthabenden Arztes sinnvoll, er kann durch eine Kurzprüfung des psychischen Zustandes die geeignete Notunterkunft zuweisen. So können dekompensierende Patienten gleich auf eine entsprechende Krankenstation weitergeleitet werden. Um bereits in der Anfangsphase eines Ereignisses ausreichend Personal zur Verfügung zu haben, ist eine umfassende Alarmierung weiterer Kräfte erforderlich. Die Alarmierung der Feuerwehren (mehrere Löschzüge) und Einheiten des Rettungsdienstes sowie der Sanitätsorganisationen erfolgt durch die Rettungsleitstelle und das dem Ereignis entsprechenden Alarmstichwort. Mitarbeiter der Klinik können über ein Notrufgerät mit entsprechender automatischer Telefonansage alarmiert werden.

Wenn ein Brand entsteht, muss das Personal zunächst möglichst schnell wirksame Löschmaßnahmen einleiten, da der Rauch schnell in andere Bereiche der Station bzw. des Gebäudes eindringen kann. Die zuerst angewandte Taktik ist die horizontale Räumung in einen geschützten Bereich auf gleicher Ebene und der vertikalen Maßnahme vorzuziehen. Räumungen oder Evakuierungen in ein außerhalb liegendes Gebäude sind für die Mitarbeiter und Rettungskräfte aufgrund des geringen Betreuungsschlüssels immer problematisch, besonders im Hinblick auf forensische Patienten oder im Verlauf der Unterbringung in der Notunterkunft dekompensierende Patienten. Deshalb wenn möglich immer innerhalb des Gebäudes bleiben, eine kurzfristige Unterbringung auf einer Nachbarstation ist in den meisten Fällen möglich; hält das Ereignis zeitlich länger an, sind die vorgesehenen Notunterkünfte zu beziehen.

Notunterkünfte müssen entsprechend geeignet sein, so sollten z. B. ausreichend Toiletten vorhanden, ebenso die Sicherung der Türen und Fenster gewährleistet sein. Es empfiehlt sich, die Größe des Raumes nicht zu groß zu wählen, mehrere kleinere Räume beruhigen die Patienten, ein Lärmpegel wie auf einem Marktplatz heizt die ohnehin besondere Stimmung zusätzlich an. Es muss auch bedacht werden, ob die Unterbringung in der Notunterkunft nur kurz (ein paar Stunden) oder über einen längeren Zeitraum, in dem auch Schlafende vorgesehen sind, geplant werden muss. Hierbei muss man den Platz und die Trennung von schlafenden (mit Bett oder Notliege) und nicht schlafenden Patienten berücksichtigen.

Die Räumung oder Evakuierung in ein außerhalb gelegenes Gebäude erfordert ein umfangreiches Transportvolumen, bei dem die Hilfsorganisationen sehr hilfreich sind, jedoch in der Anfangsphase eines Einsatzes nicht ausreichend zur Verfügung stehen. Es ist wichtig, eine Führungskraft für den Betrieb der Notunterkunft zu stellen. Ihr werden alle Hilfskräfte unterstellt, deshalb sollten ihr die Strukturen der wichtigen Bereiche der Klinik bekannt sein. Bei Vorhandensein einer Werkfeuerwehr empfiehlt diese sich für Führungsaufgaben.

Klinikmitarbeiter von nicht betroffenen Stationen und externe Einsatzkräfte, welche die Patienten in den Notunterkünften betreuen, sind über die Patientenstammdaten oder Behandlungsverläufe nicht informiert. Hilfreich ist hier, die Patienten zu kennzeichnen – z. B. ein grünes oder rotes Eventarmband sagt aus, ob ein Patient alleine oder in Begleitung vor die Tür darf. Möglich ist auch das Beschreiben des Armes mit einem Filzstift. Das Verwenden der Verletztenanhängekarte der Sanitätsorganisationen hat sich als nicht sehr hilfreich herausgestellt, psychisch erkrankte Patienten akzeptieren nur selten, wenn etwas ihnen Unbekanntes bzw. schwer Erklärbares angehängt wird.

Auch müssen Vorkehrungen getroffen werden, damit die Patienten ihrer regelmäßigen und zusätzlichen Medikamentenversorgung zugeführt werden. Soweit möglich, sollten bei einer Räumung oder Evakuierung die Medikamente der betroffenen Station mitgenommen werden. Aufgrund der IT-gestützten Patientendokumentationen kann auf das Mitführen dieser verzichtet werden und z. B. ein Notfalllaptop in der Notunterkunft benutzt werden. Je nach Schwere des Ereignisfalls und der damit verbundenen Störung der Infrastruktur ist es jedoch ratsam, auch die handschriftlich geführte Dokumentation mitzunehmen.

Wie schon beschrieben, ist die Zusammenarbeit mit den externen Hilfsorganisationen sehr wichtig. Diese sollte im Vorfeld in entsprechenden Konzepten mit einer klaren Aufgabenverteilung abgebildet werden. So können z. B. schon bei einem Brandmeldealarm die Führungskräfte der Sanitätsorganisationen mit alarmiert werden. Der Gesamteinsatzleiter kann so die weitere Vorgehensweise mit den entsprechenden Führungskräften planen und diese können weitere Einsatzkräfte frühzeitig alarmieren.

Für eine Räumung oder Evakuierung ist die schnelle Belüftung der verrauchten Fluchttreppenräume und Teilbereiche der betroffenen Station mittels Druckbelüftung durch entsprechende Gerätschaften der Feuerwehr unabdingbar. Nur dann können Mitarbeiter und Patienten sich in Sicherheit bringen. Der Einsatz von Fluchthauben erweist sich bei psychiatrisch erkrankten Patienten überwiegend als nicht durchführbar – Erkrankung und Ängste verhindern ein vorschriftsmäßiges Anbringen der Haube. Auch ist sehr oft zu beobachten, dass Atemschutzträger der Feuerwehr mit ihren Schutzmasken bei den Patienten zusätzliche Ängste auslösen, die irrationale Handlungen nach sich ziehen können.

Um Rauchschäden und die Ausbreitung des Rauches im gesamten Treppenraum und Gebäudes zu vermeiden, empfiehlt sich der Einsatz von Rauchschutzvorhängen. Durch das Öffnen von Türen für das Verlegen von Schlauchleitungen durch die Feuerwehr kann es zu einer sofortigen Rauchausbreitung kommen. Eine gute Belüftungstaktik ist in diesem Bereich maßgeblich, nicht nur, um die Ausbreitung von Rauch und Wärme innerhalb des Gebäudes zu unterbinden, sie unterstützt auch den Innenangriff der Feuerwehr, verringert Gebäudeschäden, erhöht die Überlebenschancen von im Feuer und Rauch eingeschlossener Personen und hält die Flucht- und Rettungswege rauchfrei.

Der Einsatz mehrerer Lüfter hintereinander, z. B. vor dem Treppenraum, der Station und dem Brandabschnitt ist sehr sinnvoll, da die Treppenräume durch Rauch- und Wärmeabzugsanlagen durch die Lüfter von außen zwar entraucht werden, jedoch im eigentlichen Abschnitt keine oder kaum Luft ankommt, um hier zu entrauchen. Ein weiterer Vorteil ist, dass viele Einsatzkräfte sehr nah an die eigentliche Einsatzstelle kommen. Auch Atemschutzträger können dadurch schnell in das Geschehen eingreifen.

Jede Art der Behinderung, ob Rollstuhlfahrer, Rollator-Fahrer, Gehbehinderte, Bettlägerige bedarf unterschiedliche Maßnahmen der Rettung. Das Vorhalten oder Mitbringen geeigneter Rettungsmittel wie Evakuierungsstühle oder Rettungsmatratzen ist zu planen. In einer gerontopsychiatrischen Abteilung sollten in allen Betten unter der Matratze sogenannte Evakuierungstücher installiert, bei Stationen mit anderen Krankheitsbildern können die Evakuierungstücher punktuell bei z. B. gehbehinderten Patienten eingesetzt werden. Die Praxis zeigt, wie wertvoll solche Hilfsmittel für die Rettung der Patienten sind.

> **Merke**
>
> Eine sorgfältige Risiko- und Nutzenabwägung zwischen den Möglichkeiten eines Missbrauchs und der Notwendigkeit des Gebrauchs der Rettungstücher im Brandfall ist bei psychiatrischen Patienten unerlässlich.

Zusammenfassend ist das oberstes Ziel in einem Ereignisfall, die betroffenen Patienten schnellstmöglich einer Regelversorgung unter räumlichen und medizinischen Aspekten zuzuführen. Dies kann durch Konzepte, welche unter Beachtung der verschiedenen Krankheitsbilder in Abstimmung mit externen Hilfsorganisationen erreicht werden. Hilfsmittel wie z. B. Evakuierungstücher unter den Matratzen gehunfähiger Patienten tragen zur schnellen Rettung bei. Das regelmäßige Überprüfen der vorhandenen Konzepte ist ebenso wichtig wie die Unterweisung der Mitarbeiter.

7.4 Besonderheiten der Evakuierung von Kinder- und Neonatologischen Stationen

Felix Kolibay

Für die Evakuierung von Bereichen, in denen Kinder behandelt werden, gelten grundsätzlich die gleichen Überlegungen und Regeln wie für erwachsene Patienten. Einige ganz wenige, aber im Einzelfall wichtige Besonderheiten sollen in diesem Kapitel Erwähnung finden.

Die grundlegenden Voraussetzungen der Krankenhausalarm- und Einsatzplanung sollten natürlich auch in den Bereichen Anwendung finden, in denen Kinder behandelt werden. Hierzu gehören die Festlegung der Alarmierungswege für zusätzliches Personal im Schadensfall, eine im Vorhinein definierte Struktur einer Krankenhauseinsatzleitung sowie im Vorhinein definierte Flucht- bzw. Evakuierungswege und spezielles Equipment für diese Altersgruppe.

Bei der Betrachtung der heterogenen Gruppe »Kinder« muss den Besonderheiten der verschiedenen Altersgruppen Rechnung getragen werden. So ist ein Teil der Kinder (Neugeborene, Säuglinge) allein aufgrund des Lebensalters oder der Entwicklungsstufe nicht in der Lage, eigenständig zu laufen.

Darüber hinaus sind Kinder bis zu einem bestimmten Punkt auf Grund fehlender Gefahreneinschätzung nicht in der Lage, eine gefährliche Situation einzuschätzen und entsprechend dem Selbsterhaltungstrieb mit einem Entfernen vom Schadensort zu reagieren. Beispielhaft seien hier die gehäuft auftretenden Sturzereignisse aus größerer Höhe in unbeobachteten Momenten bei Kleinkindern erwähnt.

Generell benötigen Kinder, insbesondere Kleinkinder, natürlich einen wesentlich höheren Personalaufwand. Insbesondere kleinere Kinder können auch einfachen Evakuierungsanordnungen im Gegensatz zu Erwachsenen und größeren Kindern noch nicht selbständig folgen. Sie benötigen eine engmaschige Begleitung, um einen Gefahrenbereich sicher zu verlassen und in einen gefahrlosen Bereich zu gelangen. Die Patientenklientel ist auf den Kinderstationen in der Regel sehr heterogen. Deshalb kann ein einfacher Personalbedarf für eine Evakuierungs- oder Räumungssituation nicht sicher kalkuliert werden. Je nach

Vorhandensein vieler kleinerer und bettlägeriger Patienten resultiert ein entsprechend höherer Personalbedarf. Im Zweifel gilt natürlich: je mehr Personal, desto besser. Hierbei ist aber auch zu bedenken, dass eine umso stringentere Führung erforderlich ist, je mehr Hilfspersonal im Einsatz ist.

7.4.1 Kinder und Jugendliche

Das Vorgehen bei einer Evakuierung unterscheidet sich bei diesen Altersgruppen nur unwesentlich vom Vorgehen bei Erwachsenen. Gerade Kindergarten- und Schulkinder dürften mit solchen Szenarien vertrauter sein als die meisten Erwachsenen, da sogenannte »Feueralarme« in vielen Kindergärten und Schulen geübt werden. Zu berücksichtigen sind die sicherlich bei einer großen Zahl von Patienten vorhandenen Angehörigen, die ggf. in einem solchen Szenario ebenfalls als hilfsbedürftige, da ortsunkundig, Personen gelten und so nicht sicher ohne entsprechende Führung und Anweisungen einen möglichen Gefahrenbereich sicher verlassen können. Darüber hinaus ist, selbst wenn die Eltern selbst nicht vor Ort anwesend sein sollten, die schnellstmögliche Information der besorgten Eltern durch die Klinik sinnvoll und notwendig.

7.4.2 Neugeborene und Säuglinge

Bei Neugeborenen, Säuglingen und Kleinkindern stellt sich die Situation deutlich komplexer dar. Im Rahmen einer nicht zeitkritischen Evakuierung ist der Transport in den vorhandenen Kinderbetten möglich. Sofern aber ein vertikaler Transport erforderlich wird und keine Aufzüge zur Verfügung stehen, ist der einfache Transport in den Betten nicht mehr möglich. Hier müssen dann entweder Tragehilfen zum Einsatz kommen oder die Kinder im Zweifel auf dem Arm des Personals oder der Eltern in einen sicheren Bereich verbracht werden.

Weiterhin ist zu berücksichtigen, dass zumindest Neonaten, Säuglinge und Kleinkinder sich häufig mindestens in der Begleitung eines Elternteils in der Klinik befinden. Die Eltern können einerseits in einem Evakuierungsszenario unterstützend tätig werden, andererseits sind sie in der Regel ortsunkundig, so dass auch sie bei einer Evakuierung durch das Personal entsprechend geführt werden müssen.

7.4.3 Intensivstationen

Die größte Herausforderung, auch im Kinderbereich, stellt die Evakuierung von Intensivbereichen dar. Für die Evakuierung einer Kinderintensivstation gelten grundsätzlich dieselben Voraussetzungen wie für Erwachsene. Die Flucht- und Evakuierungswege müssen dem Personal bekannt sein, sinnvollerweise finden in regelmäßigen Abständen entsprechende Übungen statt. Entscheidenden Einfluss auf das Vorgehen hat natürlich die Art des zugrundeliegenden Schadensereignisses: Ist zum Bespiel bei einem Brand aufgrund einer Verrauchung eine unmittelbare Räumung notwendig? Muss aufgrund eines drohenden Stromausfalls eine eventuell weniger zeitkritische Evakuierung des Bereiches erfolgen? Weiterhin ist entscheidend, ob ein horizontaler Transport in einen sicheren Bereich erfolgen kann oder ein vertikaler Transport erforderlich ist. Im zweiten Fall ist dann ein wesentlicher Faktor, ob die Patienten im Bett über Aufzüge transportiert werden können oder ob über Treppen fußläufig evakuiert werden muss.

Wichtig ist zusätzlich eine vordefinierte Kommandostruktur, d. h. es sollte definiert sein, welche Personen Prokura haben, die Entscheidung über eine Evakuierung von Intensivbereichen zu treffen. Im Falle einer notwendigen Räumung, z. B. bei einem Brand, stellt sich diese Frage nicht, da die

Patienten unmittelbar aus dem Gefahrenbereich verbracht werden müssen, um deren Leben zu retten. Anders gelagert ist die Problematik, wenn z. B. aufgrund eines drohenden Stromausfalls oder der Beschädigung eines Teils der Infrastruktur über eine Evakuierung entschieden werden muss. In jedem Fall stellt ein Transport für Intensivpatienten ein erhöhtes Risiko dar, welches gegen den Verbleib auf einer Station mit möglicherweise nicht mehr intakter Infrastruktur abgewogen werden muss. Die Verantwortlichen sollten sich bewusst sein, dass sie nach einem solchen Szenario mit folgendem Fragenkomplex konfrontiert werden: Wer hat wann auf der Basis welcher Kenntnisse die Evakuierung veranlasst? Diese Fragen werden insbesondere dann gestellt, wenn es im Rahmen einer Evakuierung zu Komplikationen oder gar Todesfällen bei den Patienten kommt.

Unter den Intensivbereichen ist der Bereich der neonatologischen Intensivmedizin nochmals mit besonderem Blick zu betrachten. Hier werden die kleinsten, oftmals schwerkranken Patienten in einem sehr speziellen Setting behandelt. Der Unterschied zu anderen Intensivbereichen, in denen Erwachsene oder ältere Kinder behandelt werden, besteht vor allem in dem sehr speziellen, neonatologisch-intensivmedizinischen Fachwissen. Während sich beispielsweise die Beatmungstherapie und die medikamentöse Therapie in den verschiedenen Bereich der Intensivtherapie erwachsener Patienten letztlich nur wenig unterscheiden, kommen im Bereich der Neonatologie sehr spezielle Therapien und Gerätschaften (z. B. Inkubatoren) zum Einsatz, die eben regelhaft nur neonatologischem Fachpersonal, sowohl ärztlich als auch pflegerisch, vertraut sind. Demzufolge gibt es eine Reihe von Besonderheiten, die für diesen Bereich von Bedeutung sind.

Die »Evacuation Guidelines for Neonatal intensive care units« (ILLINOIS EMERGENCY MEDICAL SERVICES FOR CHILDREN: A guide to assist NICU Professionals and Emergency Planners in their planning and preparation for evacuations; published in February 2009) aus Illinois, veröffentlicht im Februar 2009, enthalten eine hervorragende Übersicht über Publikationen, die sich mit Evakuierungsszenarien dieser Einheiten auseinandersetzen. Aus all diesen Berichten ergibt sich eine Reihe von Kernpunkten, die sowohl heute noch aktuell sind als auch genauso für ähnliche Szenarien in Deutschland gelten. Hierzu gehören unter anderem:

- Vordefinierte Kommandostrukturen für den Ernstfall
- Kommunikationsmöglichkeiten unabhängig von Telefonen oder Strom
- Taschenlampen für jedes Zimmer vorhalten
- Batteriepufferung der Beatmungsgeräte sicherstellen
- Papierdokumentation vorbereiten
- Perfusoren müssen geladene Akkus haben
- nur die Medikamente über Perfusoren applizieren, die lebenswichtig sind
- wenn externe Transporte erforderlich sind, ausreichend geeignete Fahrzeuge bereitstellen lassen
- Begleitung der Transporte durch neonatologisches Fachpersonal
- Nicht mehrere kritisch kranke Patienten gleichzeitig in dieselbe aufnehmende Klinik transportieren
- Ausreichend Personal zum vertikalen Transport kritisch kranker Neugeborener erforderlich
- Personal für die Betreuung/Information der Eltern bereitstellen

Dies sind natürlich nur einige grundlegende Punkte, die insgesamt für die Evakuierung einer neonatologischen Intensivstation bedacht werden müssen. Essenziell sind in jedem Fall eine suffiziente Vorplanung und idealerweise regelmäßige Übungen entsprechender Szenarien.

Zusammenfassung

Evakuierungen oder gar Räumungen von Bereichen, in denen Kinder behandeln werden, stellen eine besondere Herausforderung dar. Für ein solches Szenario sind spezielle Vorbereitungen notwendig, die teilweise im Vorhinein geplant werden können, andererseits aber muss auch ein entsprechendes Training des Personals erfolgen. Wesentlich in diesen Bereichen ist zudem eine offene und aktive Kommunikation mit den Eltern, für die die mögliche Gefahrensituation des eigenen Kindes eine besondere Belastung darstellt.

8 Aspekte ausgewählter Einsatzsituationen

8.1 Das konsequenzbasierte Modell

Thomas Wurmb

Krankenhäuser sind hochkomplexe Unternehmen mit einem wichtigen Auftrag in der Daseinsvorsorge. Eine Störung der geregelten Routineabläufe in einem Krankenhaus verursacht eine hochkomplexe Lage, die von dem jeweiligen Krankenhaus möglichst schnell bewältigt werden muss, um den ursprünglichen Zustand wiederherzustellen. Im Mittelpunkt steht hierbei die Patientenversorgung durch Ärzte und Pflegekräfte. Die Durchführung dieser Kernaufgabe gilt es, auf möglichst umfassende Art gegen Schadensereignisse abzusichern. Diese Absicherung erfolgt durch eine umfassende Alarm- und Einsatzplanung.

8.1.1 Traditionelle Nomenklatur der Krankenhausalarm- und Einsatzplanung

Bei der Erstellung von Krankenhausalarm- und Einsatzplänen werden die möglichen Schadensereignisse in interne und externe Schadenslagen eingeteilt (Adams et al., 2012, 2015; Cwojdzinski et al., 2008). Die Einteilung basiert auf der räumlichen Zuordnung, wo sich ein Schaden ereignet. Klassischerweise wird der Massenanfall von Patienten, sei es durch einen Unfall mit einer Vielzahl an verletzten Patienten oder ein Infektionsgeschehen mit einer großen Anzahl infizierter Patienten, zu den externen Ereignissen gezählt. Ein Ausfall der elektrischen Energieversorgung, ein Ausfall der IT oder auch ein Brandereignis am eigenen Krankenhaus werden zu den internen Schadenslagen gezählt. Neben den vielen Vorteilen, die diese Nomenklatur und Einteilung hat, gibt es aber auch Nachteile. So kann beispielsweise ein Infektionsgeschehen mit einem Massenanfall von Patienten am eigenen Krankenhaus ausbrechen. Die Zuordnung zu dem Cluster »externe Schadensfälle« ist dann nicht mehr zutreffend und die Eindeutigkeit der Einteilung geht verloren. Das gleiche gilt für den Massenanfall von Verletzten. So kann ein Brandereignis am eigenen Krankenhaus, das eigentlich zu den internen Lagen zählt, einen Massenanfall von Verletzten hervorrufen, was eigentlich wieder eine externe Lage darstellt. Auch hier ist die Eindeutigkeit der Zuordnung nicht mehr gegeben. Ebenso kann sich eine zunächst externe Lage (z. B. Terroristischer Anschlag) mit einer Vielzahl von Verletzten in das Krankenhaus verlagern, wenn beispielsweise Täter mit Sprengstoffgürteln als Patienten in das Krankenhaus eingeliefert werden.

Über diese zunächst rein formalen Ungenauigkeiten der Einteilung hinaus gibt es aber weitere Probleme. Diese betreffen beispielsweise die Einsatzführung. Bei einer internen Lage könnte man annehmen, dass auch das Krankenhaus selbst die Gesamteinsatzleitung hat. Dies gilt aber nur für einige interne Lagen, wie z. B. den IT-Ausfall. Ganz anders sieht es bei einem Brandereignis am Krankenhaus oder bei einem Ereignis mit kriminellem Hintergrund aus. Bei einem Brandereignis liegt die Gesamteinsatzleitung bei der Feuerwehr, bei einem Ereignis mit kriminellem Hintergrund liegt die Gesamteinsatzleitung bei der Polizei. Der Begriff »intern« ist hier also eher irreführend.

Weiter ergeben sich aus der rein deskriptiven Einteilung »Intern/Extern« keine Konsequenzen für die Planung oder auch Einsatzabwicklung selbst. Allenfalls die Vorlaufzeit des Krankenhauses zur Vorbereitung auf eintreffende Patienten könnte bei externen Ereignissen länger sein als bei internen Ereignissen, was eine gewisse Konsequenz bei der Einsatzvorbereitung hat. Dies gilt aber auch nur in einem eingeschränkten Maße. So wurde ein Krankenhaus in Paris in der Anschlagsnacht vom 13.11.2015 durch schwer verletzte Selbsteinweiser auf das Anschlagsgeschehen aufmerksam (Haug, 2015).

8.1.2 Das konsequenzbasierte Modell der Krankenhausalarm- und Einsatzplanung

Kürzlich wurde ein neues Modell für die Krankenhausalarm- und Einsatzplanung vorgestellt (Wurmb et al., 2016). Das sog. konsequenzbasierte Modell hat einen neuen Ansatz. Statt auf den Ort, an dem sich das Schadensereignis abspielt, bezieht es sich auf die Konsequenz, die sich durch das Ereignis für das Krankenhaus ergibt. Man kann diese Konsequenzen aus allen denkbaren Schadensereignissen letztlich auf zwei Cluster reduzieren: die Störung der Funktionalität oder die Reduktion/Überlastung der Versorgungskapazität. Funktionalität und Versorgungskapazität sind dabei keine unabhängigen Einheiten. Vielmehr besteht zwischen beiden ein direkter Zusammenhang. Eine Störung der Funktionalität hat im weiteren Verlauf auch eine Beeinträchtigung der Kapazität zur Folge und umgekehrt bewirkt eine akute oder auch chronische Überlastung der Kapazität eine Einschränkung der Funktionalität in anderen betroffenen Bereichen. Das entscheidende bei dem konsequenzbasierten Ansatz ist, dass dieses Modell unmittelbare »therapeutische« und planerische Konsequenzen hat. Hierbei sind vor allem die Auseinandersetzung mit den direkten Auswirkungen der Störung auf die Funktionalität und die Versorgungskapazität und den Entwurf entsprechender Maßnahmenbündel zur Bewältigung dieser Störungen notwendig (Wurmb et al., 2016).

Eine primäre Störung der Funktionalität entsteht immer dann, wenn die Voraussetzungen (z. B. baulich, technisch, logistisch, organisatorisch oder personell) für eine Erfüllung der Kernaufgabe, nämlich der Patientenversorgung, nicht mehr gegeben sind. Eine Störung der Funktionalität ist mit einer potenziellen Patientengefährdung assoziiert, da die wesentliche Basis für eine sichere Patientenversorgung gefährdet oder ausgefallen ist.

Bei der Erstellung des Krankenhausalarm- und Einsatzplanes muss nun beachtet werden, welches Szenario an welcher Stelle eine unmittelbare Bedrohung oder Störung der Funktionalität verursacht und wie diese schnellstmöglich behoben werden kann (Haug, 2015). Ein solcher Ansatz führt dann automatisch zu der Planung von Gegenmaßnahmen und zur Einplanung von Ausweich- und Alternativverfahren zur Wiederherstellung der gestörten Funktionalität.

Typische Szenarien, die eine primäre Störung der Funktionalität verursachen, sind ein Ausfall der elektrischen Energieversorgung, ein Ausfall der Wasserversorgung, ein IT-Ausfall oder auch extreme Naturereignisse mit Gebäudeschäden.

Eine weitere wichtige Frage ist nun, welches Ausmaß die jeweilige Funktionseinschränkung auf die Versorgungskapazität hat. Die Konsequenzen, die sich aus der Beantwortung dieser Frage ergeben, sind von hoher Wichtigkeit für die Planschreibung. So können Vorkehrungen getroffen werden, das entstandene Ungleichgewicht zwischen Bedarf und Kapazität wiederherzustellen. Zu solchen Vorkehrungen gehören beispielsweise die Festlegung von Ausweichbehandlungsplätzen, die Reduktion des Routinebetriebes oder die Benennung von essenziellen Behandlungsschwerpunkten (Wurmb et al. 2016).

Eine primäre Überschreitung der Versorgungskapazität entsteht immer dann, wenn es akut oder selten auch prologiert (z. B. Influenzaepidemie) zu einem starken Ansteigen der Patientenzahlen kommt (Wurmb et al. 2016). Ein klassisches Beispiel ist der Massenanfall von Verletzten. Hierbei kann man keine absoluten Zahlen liefern, ab wann es für ein Krankenhaus zu einer Überschreitung der Versorgungskapazität kommt. Dies hängt entscheidend von der Größe und Struktur des jeweiligen Hauses ab. Entscheidend für die Alarm- und Einsatzplanung ist es, Maßnahmen festzuschreiben, die zunächst darauf ausgerichtet sind, die ankommenden Patienten medizinisch angemessen zu versorgen, um dann in einem zweiten Schritt Maßnahmen zu planen, die Versorgungsangebot und Versorgungsbedarf angleichen. Gelingt dies nicht, droht eine empfindliche Störung der Funktionalität des Krankenhauses, von dem auch Bereiche betroffen sein können, die mit dem auslösenden Ereignis per se nichts zu tun haben. Planerisch müssen alle Anstrengungen unternommen werden, um dem entgegenzuwirken.

Literatur

Adams HA, Flemming A, Hidebrand F, Tecklenburg A, Koppert W, Krettek C (2012) Der Notfallplan des Krankenhauses. Anästh Intensivmed; 53:62-81

Adams HA, Flemming A, Krettek C, Koppert W (2015) Der Notfalplan des Krankenhauses. Med Klin Intensiv Notfallmed 110:37-48.

Cwojdzinski D, Kammel P, Schneppenheim UW, Suckau M, Ulbrich T (2008) Leitfaden Krankenhaus Alarmplanung. Berlin: Fachverlag Matthias Grimm

Haug CJ (2015) Report from Paris. N Engl J Med 373:27 2589-2593

Wurmb T, Rechenbach P, Scholtes K (2016) Alarm- und Einsatzplanung an Krankenhäusern: Das konsequenzbasierte Modell. Med Klin Intensivmed Notfallmed DOI 10.1007/s00063-016-0190-8

8.2 Ereignisse mit primärer Störung der Funktionalität

8.2.1 »Bedrohliche Lagen« – Bombendrohung

Björn Hossfeld und Matthias Helm

Einleitung

Jahrzehnte nach der Bedrohung durch die Rote Armee Fraktion (RAF) sind terroristische Anschläge in Deutschland wieder zur Realität geworden. Die aktuellen Ereignisse im Rahmen der Attacken in Ansbach, Würzburg, München und Berlin haben sehr deutlich gezeigt, wie dringend Konzepte für die Bewältigung solcher Lagen benötigt werden (Paschen, 2017). Ein Ziel terroristischer Anschläge ist es, Schrecken und Verunsicherung in der Bevölkerung zu verbreiten und auf diese Weise das gesellschaftliche Leben einzuschränken. Krankenhäuser zählen aufgrund ihrer Aufgabe zur kritischen Infrastruktur

(▶ Kap. 1.3) und haben deshalb ein durchaus hohes Gefährdungspotential (BBK, 2012): Der hohe Publikumsverkehr (Patienten, Besucher, Mitarbeiter, Fremdfirmen) bedingt eine eingeschränkte Kontrollmöglichkeit und einen nahezu unbeschränkten Zugang auch mit »Gepäck.« Verbunden mit dem psychologischen Moment eines Anschlags auf »schutzbefohlene« Patienten, die sich infolge eingeschränkter Mobilität nicht selbst retten können (Oppermann et al., 2003), macht dies Krankenhäuser zu einem »weichen« Ziel.

Sternberg und Kollegen (Sternberg et al., 2004) haben die Ursachen von Klinikevakuierungen in den USA in einem Zeitraum von 30 Jahre ausgewertet. Dabei boten Brände zwar mit etwa einem Viertel den Hauptgrund, allerdings lagen »human threats« (welche die Bombendrohung inkludieren) mit einem Achtel bereits an dritter Stelle der Ursachen für eine Klinikevakuierung. Dabei muss es sich nicht um einen terroristischen Hintergrund handeln. Die Beispiele aus Lörrach (Böhringer/Schernhammer, 2011) und Berlin-Steglitz haben eindrucksvoll gezeigt, wie ein Amoklauf in der Klinik zu einer bedrohlichen Lage wird. Dies unterstreicht die Notwendigkeit und Bedeutung einer adäquaten Notfallplanung, welche die Evakuierung nicht nur bei Bränden miteinschließt.

Fallbeispiel 1 (Helm et al., 2009)

Am Montag, den 16. Juli 2007 geht um 12:48 Uhr in der Redaktion der Neu-Ulmer Tageszeitung ein Anruf ein, in dem ein »mit ausländischem Akzent« sprechender Anrufer ankündigt, im örtlichen Bundeswehrkrankenhaus (BwK) seien sieben Sprengsätze verteilt, die um 15:00 Uhr detonieren würden. Vor dem Hintergrund, dass die Sicherheitsbehörden zu diesem Zeitpunkt eine islamistische Zelle in der Region beobachten, und dass das BwK im Rahmen von Sanierungsarbeiten gerade noch freieren Zugang bietet als sonst, entscheidet der Einsatzleiter der Polizei, diese Drohung ernst zu nehmen. Daraufhin veranlasst die Rettungsleitstelle um 13:25 Uhr eine umfangreiche Alarmierung aller verfügbaren Rettungsmittel, der Leitenden Notarzt-(LNA)-Gruppe und Organisatorischen Einsatzleiter (OrgEL) Rettungsdienst Ulm/Alb-Donau sowie aller ehrenamtlichen Einsatzgruppen des Katastrophenschutzes der Hilfsorganisationen. Darüber hinaus werden die Nachbarleitstellen informiert. Die Einsatzführung obliegt in einer solchen »bedrohlichen Lage« der Polizei, verantwortlich für die (notfall-)medizinische Organisation ist die Sanitätseinleitung (SanEL) aus LNA und OrgEL in Absprache mit der Klinikeinsatzleitung (KlinEL).

Ein erster orientierender Durchgang des Polizei-Einsatzleiters sowie der SanEL ergab mehrere nicht unmittelbar zuzuordnende Objekte, zusätzlich schlugen Kampfmittelspürhunde der nahegelegenen Dienststelle der Militärpolizei mehrfach an. Daraufhin entschlossen sich Polizei, KlinEL sowie SanEL in gemeinsamer Abstimmung, gegen 13:30 Uhr das Bundeswehrkrankenhaus mit zu diesem Zeitpunkt etwa 600 Patienten und 800 Mitarbeitern notfallmäßig zu evakuieren.

Die KlinEL besteht aus einem *koordinierenden Arzt*, der *koordinierenden Pflegedienstleitung* und einem *koordinierenden Technischen Leiter* (▶ Kap. 4.1.2) (Gretenkort/Harke, 2001). Am BwK Ulm ist der Koordinierende Arzt ein Oberarzt der Klinik für Anästhesiologie & Intensivmedizin, der gleichzeitig aktives Mitglied der LNA-Gruppe Ulm/Alb-Donau ist.

Als nächster Schritt wurde wie im Alarmplan des BwK vorgesehen das Personal über die Abteilungsleiter informiert und aufgefordert, im Rahmen des anstehenden Schichtwechsels die Klinik nicht zu verlassen. Dienstfreies Personal wurde alarmiert und aufgefordert, in die Klinik zu kommen.

Die Patienten wurden in drei Kategorien unterteilt:

I gehfähig
II nicht-gehfähig/bettpflichtig
III intensivpflichtig

Patienten der Kategorie I wurden in eine nahegelegene (ca. 1,5 km) Großsporthalle verlegt und dort durch Einheiten des Katastrophenschutzes und Personal der eigenen Klinik betreut. Der Transport dorthin erfolgte neben Fahrzeugen des Rettungsdienstes mit einem Bus der Feuerwehr und zwei Bussen der Ulmer Verkehrsbetriebe.

Für Patienten der Kategorie II ist ein Transport in die nur durch einen Parkplatz vom BwK getrennten Rehabilitationskliniken Ulm (RKU) vorgesehen. Dieser konnte aufgrund der sommerlichen Wetterlage mit geringen Personalaufwand erfolgen, indem die Patienten mit Betten und Rollstühlen dorthin geschoben wurden.

Intensivpatienten der beiden Intensivstationen in der 2. Etage des BwK gelegenen und voll belegten Intensivstation (24 Pat./12 beatmet) wurden nach Abklärung durch die Rettungsleitstelle Ulm in die Universitätskliniken Ulm sowie in Krankenhäuser in räumlicher Nähe (max. 25 km) verlegt. Der Transport erfolgte bodengebunden mit RTW begleitet durch jeweils eine Intensivpflegekraft, die auch in den Zielkliniken bei den Patienten verblieb und das Team der aufnehmenden Intensivstationen unterstütze. Diese bodengebundenen Transporte erfolgten mit absoluter Priorität. Teilweise wurden die RTW mit Medizintechnik (akku-gepufferte Perfusoren, Beatmungsgeräte, Monitore) der abgebenden Intensivstationen ergänzt.

Günstig im Vergleich zu einem Brandfall erwies sich, dass alle acht Aufzüge des Hauses zum Patiententransport genutzt werden konnten. Diese wurden durch Mitarbeiter des technischen Betriebsdienstes und des hauseigenen Brandschutzes mit zur Vorfahrt berechtigenden Schlüsseln besetzt. Dies ermöglichte eine reibungslose Evakuierung aller Ebenen des Hauses. Gehfähige Patienten wurden durch Personal über die acht (Flucht-)Treppenhäuser des BwK nach unten geführt.

Eine besondere Situation war im OP-Bereich geboten, in dem zum Zeitpunkt der Evakuierung bereits relevante Anteile des Routineprogramms beendet waren. Die meisten der noch laufenden Operationen konnten zeitnah beendet werden, allerdings liefen auch noch drei größere Eingriffe, bei denen dies nicht ohne Einschränkungen für die Patienten möglich gewesen wäre. Da der OP-Bereich abgesetzt vom Haupthaus, teilweise unterirdisch angelegt einen erhöhten baulichen Schutz gegenüber äußeren Einwirkungen bietet und die Gefahr eines abgestellten Sprengsatzes in einem abgeschlossenen, nur ausgewählten Mitarbeitern zugänglichen Bereich als gering eingeschätzt wurde, wurde mit Einverständnis des dort tätigen Personals auf eine provisorische Beendigung dieser noch laufenden Eingriffe verzichtet.

Auf diese Weise konnte die Evakuierung (mit Ausnahme des OP-Bereichs) bis 14:45 Uhr abgeschlossen werden. Zum angekündigten Detonationszeitpunkt um 15:00 Uhr passierte nichts, ebenso während eines Sicherheitspuffers von weiteren zwei Stunden, währenddessen das Gebäude auch für die Spezialkräfte der Polizei gesperrt blieb.

Im Anschluss wurde die bereits während der Evakuierungsmaßnahmen begonnene Durchsuchung des Gebäudes wiederaufgenommen. Zum Einsatz kamen 50 Sprengstoffspürhunde der Bundeswehr sowie der Polizei, die aus ganz Bayern und Baden-Württemberg zum Teil mit Hubschraubern zugeführt werden mussten.

Letztlich konnten keine Sprengsätze gefunden werden. Das wiederholte Anschlagen der Hunde konnte durch Nitropräparate (z. B. Nitrospray) erklärt werden. Somit konnte das BwK seitens der Sicherheitskräfte gegen 19:30 Uhr freigegeben und die Patienten zurückgeführt werden. Die Rückführung, bei der alle Patienten über die Zentrale

Notfallaufnahme geschleust und registriert wurden, war gegen 23:00 Uhr abgeschlossen und die Klinik konnte den Routinebetrieb wiederaufnehmen.

Fallbeispiel 2

Acht Jahre nach der im Fallbeispiel 1 beschriebenen Evakuierung meldet sich an einem Samstag in der Telefonzentrale des BwK Ulm ein Anrufer, der erklärt, im Bereich der Aufzüge der Klinik sei ein Sprengsatz deponiert.

Umgehend wird die Polizei und die KlinEL und die Rettungsleitstelle alarmiert. Diese entsendet die SanEL. Die alarmierten Kräfte treffen sich wenige Minuten später in der Zentralen Interdisziplinären Notfallaufnahme des BwK. Der Bereich vor den Aufzügen wird auf allen Ebenen durch militärisches Personal gesperrt und Patienten und Besucher über die Treppenhäuser geleitet. Neue Besucher werden nicht mehr in die Klinik eingelassen. Durch den technischen Betriebsdienst werden alle Aufzüge wie im Alarmplan vorgesehen auf die Ebene 01 gefahren. Bei der Inspektion derselben fällt auf, dass die Deckenluke in einer Aufzugkabine nicht richtig verschlossen ist (▶ Abb. 8.1). Nun werden die Türen zu den Aufzugschächten eine Ebene höher geöffnet, um die Aufzugkabinen von oben zu betrachten. Ausgerechnet neben der unvollständig verschlossenen Deckenluke steht ein etwa 10 l großer Kanister ohne Aufschrift, welcher deutlich weniger verstaubt ist als seine Umgebung (▶ Abb. 8.2).

Abb. 8.1: Unvollständig geschlossene Deckenluke im Aufzug

Abb. 8.2: Aufgefallener Kanister neben Deckenluke der Aufzugkabine

Zwischenzeitlich treffen Sprengstoffspürhunde der Militärpolizei ein, die allerdings bei diesem Kanister nicht anschlagen. Daraufhin werden alle Aufzugkabinen sowie die aus dem Keller zugänglichen Aufzugschächte und die auf dem Dach befindlichen Maschinenhäuser der Aufzüge mit Hilfe der Hunde untersucht (▶ Abb. 8.3). Diese Suche bleibt ergebnislos.

Abb. 8.3:
Überprüfung des Kanisters durch Sprengstoffspürhund

Parallel wird die Mitarbeiterin der Telefonzentrale, die den Anruf entgegengenommen hat, polizeilich vernommen und berichtet von einer eher jugendlichen Stimme sowie von Gelächter im Hintergrund des Anrufers. Aus diesen Informationen gewinnt die Gesamteinsatzleitung den Eindruck, dass die Bedrohung deutlich niedriger sei als 2007. Nachdem mit zeitlicher Verzögerung auch der Techniker der mit der Wartung der Aufzüge betrauten Firma erreicht werden kann, und dieser erklärt, dass es sich bei dem Kanister um Öl zur Pflege der Stahlseile handele, den er einen Tag zuvor stehen gelassen habe, wird der Einsatz ohne Evakuierung abgebrochen.

Bei gleicher Ausgangssituation zeigen die Beispiele völlig unterschiedliche Verläufe. Dies bestätigt die Notwendigkeit einer umfassenden Lagebeurteilung, welche bei »bedrohlichen Lagen« vor allem dem verantwortlichen Polizeiführer obliegt. Ebenso wäre Evakuierung in einem Brandfall Entscheidung des Einsatzleiters Feuerwehr. Unabhängig von dieser Entscheidung ist die KlinEL für die Durchführung der Evakuierung bis vor die Kliniktür und die SanEL für den notwendigen Transport durch Kräfte des Rettungsdienstes und Katastrophenschutzes in aufnehmende Einrichtungen zuständig. Durch Patientenübergabe sowie die Mitführung von Personal und Material ergeben sich allerdings Überschneidungen, die eine enge Absprache erforderlich machen (▶ Abb. 8.4). Vieles kann durch die Erstellung eines Krankenhausalarmplanes und gemeinsame Übungen im Vorfeld bereits geklärt werden.

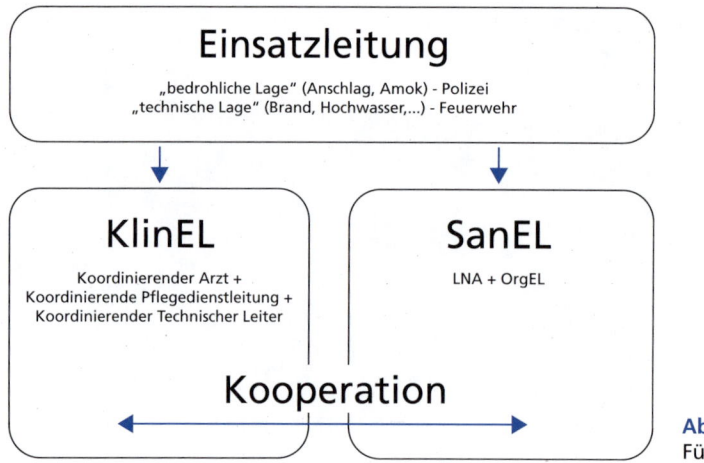

Abb. 8.4: Führungsgliederung

Konsequenzen für den Krankenhausalarmplan

Der Krankenhausalarm- und Einsatzplan wird ausführlich in Kapitel 3 besprochen. Für die Evakuierung in einer »bedrohlichen Lage« sollten jedoch folgende Punkte bedacht werden:

Treffpunkt mit externen Einsatzleitungen

In vielen Alarmplänen ist für den Brandfall ein fester Treffpunkt mit dem Einsatzleiter der Feuerwehr vorgesehen, der auch in Folge von Übungen oder Brandmelde-Alarmen auf beiden Seiten bekannt ist. Ist ein solcher Treffpunkt auch mit eintreffenden Polizeikräften vorgesehen und beidseitig bekannt?

Bewertung für die Gefährdung einzelner Bereiche

Im Fallbeispiel 1 wurde der OP aufgrund baulicher Besonderheiten und des beschränkten Zugangs als für einen Sprengstoffanschlag weniger gefährdeter Bereich eingestuft. Diese Entscheidung wurde vom eingesetzten Personal mitgetragen. Hier mag die Erfahrung aus den Auslandseinsätzen der militärischen Mitarbeiter Einfluss genommen haben. Wichtig ist jedoch, einzelne Bereiche einer Klinik bereits im Vorfeld nach solchen Gesichtspunkten zu betrachten und Mitarbeiter stets in solche Entscheidungen offen miteinzubeziehen. Eine Gefährdung der Gesundheit oder gar des Lebens der Mitarbeiter darf nicht in Kauf genommen werden. Weder die Ausbildung noch die Ausrüstung des Klinikpersonals rechtfertigen eine berufliche Verpflichtung zum Einsatz in einem Gefahrenbereich.

Identifizierung von Mitarbeitern

In einer »bedrohlichen Lage« wird die Polizei den Zugang zum Klinikgelände beschränken. Um nachalarmiertes Klinikpersonal ungehindert und zeitnah an den Arbeitsplatz gelangen zu lassen, hat es sich bewährt, dass sich Mitarbeiter als solche ausweisen können. Ein Mitarbeiter-Ausweis, wie er an einem Bundeswehrkrankenhaus üblich ist, ermöglicht es, sich gegenüber der Polizei als zugangsberechtigt zum Klinikgelände auszuweisen. Entsprechend sollte ein solches Dokument – sofern nicht vorhanden – eingeführt und die Mitarbeiter über den Sinn informiert werden.

Bereitstellungsraum für Rettungsdienst

Bei einem Brandfall braucht die Feuerwehr ungehinderten Zugang zum Gebäude, bei einer Bombendrohung geht »Gefahr« vom Gebäude aus. In beiden Fällen ist die Zufahrt für Rettungsfahrzeuge nötig, um Patienten zu transportieren. Allerdings dürfen wartende Fahrzeuge nicht zur Behinderung für andere Einsatzkräfte werden. Deshalb ist ein Bereitstellungsraum für den Rettungsdienst in räumlicher Nähe zur Klinik zu definieren, von dem die jeweils benötigten Fahrzeuge abgerufen werden können.

Kommunikationsmittel

Die Kommunikation der einzelnen Bereiche muss aufeinander abgestimmt sein. Während Polizei, Rettungsdienst und Feuerwehr als Behörden und Organisationen mit Sicherheitsaufgaben (BOS) über (zukünftig digitalen) BOS-Funk verfügen, stehen für die KlinEL in der Regel solche Geräte nicht zur Verfügung. Auch hier können Absprachen und Übungen helfen, die Kommunikation zu verbessern, sei es durch Beschaffung solcher Geräte für die Klinik oder die Abgabe von mobilen Funkgeräten (z. B. durch die Feuerwehr) an die KlinEL für die Dauer des Einsatzes. Im Zweifel können Personen (z. B. Studenten) als fußläufige Melder eingesetzt werden, um Informationen weiterzugeben.

Übungen

Übungen sind mit vielen »Künstlichkeiten« verbunden, trotzdem führen sie zu Handlungssicherheit beim Personal. Wenn jeder weiß, was er zu tun hat, wo er mit seinen Patienten hin muss, wird ein disziplinierter Ablauf der Evakuierung ermöglicht. Die Kompetenz des Personals wird sich in der Realsituation möglicherweise in der Ruhe der Patienten auszahlen und das Risiko für Stressreaktionen minimieren (Meyer et al. 2006). Während die Rettungsdienste die Kliniken aus dem täglichen Miteinander in der Notfallmedizin und dem Patiententransport kennen, sind für andere Einsatzkräfte Übungen besonders sinnvoll. Diese bieten die Möglichkeit, die Infrastruktur zu erfassen und sich gegenseitig kennenzulernen. Da wie eingangs beschrieben »human threats« an dritter Stelle der Evakuierungsursachen liegen, sollten regelmäßige Übungen nicht nur die Rettungsdienste und Feuerwehren, sondern im Hinblick auf »bedrohliche Lagen« stets auch die Polizei miteinschließen (▶ Kap. 3.3).

Presse und Öffentlichkeitsarbeit

Die Verantwortung für die Informationsweitergabe in einer »bedrohlichen Lage« obliegt den Sicherheitsbehörden und damit dem Pressesprecher der Polizei, mit dem sich KlinEL und SanEL absprechen. Interviews werden ausschließlich zu vereinbarten Pressekonferenzen durch berechtigte Personen gegeben. Auch Auskünfte aus Kliniken sollten mit Polizei und zu diesem Zeitpunkt bereits mit der Staatsanwaltschaft abgesprochen werden. Für alle eingesetzten Kräfte gilt entsprechend ein Verbot, Informationen oder Bildmaterial über soziale Medien weiterzugeben. Die Nutzung solcher Medien durch Patienten lässt sich nur schwer kontrollieren. Allerdings hat sich im Rahmen bisheriger Lagen gezeigt, dass die gezielte Information der Bevölkerung seitens spezieller Polizei-Stäbe über soziale Medien hilfreich sein kann.

Fazit

Die Evakuierung infolge einer »bedrohlichen Lage« muss in jedem Klinikalarmplan vorgesehen, das Vorgehen mit Polizei und Mitarbeitern kommuniziert und in Übungen erprobt sein. Die Einsatzführung und Entscheidung zur Evakuierung obliegt in solchen Lagen der Polizei. KlinEL und SanEL müssen die Evakuierung in enger Abstimmung organisieren. Zielkliniken und -objekte müssen bekannt sein. Ablauf und Patiententransport sollten in gemeinsamen Übungen trainiert werden, um im Realfall zu einem reibungslosen Ablauf beizutragen.

Literatur

Böhringer HD, Schernhammer J (2011) Amokläuferin setzt Wohnung in Brand und tötet drei Menschen. Großeinsatz für Rettungskräfte im südbadischen Lörrach. Brandschutz 65:549–555
Bundesamt für Bevölkerungsschutz und Katastrophenhilfe (BBK) (2012) Schutz kritischer Infrastruktur: Risikomanagement im Krankenhaus. www.bbk.bund.de. ISBN: 3-939347-14-0. Herausgeber: Bundesamt für Bevölkerungsschutz und Katastrophenhilfe (BBK), Bonn
Helm M, Jost C, Frey G, Stahl W, Geisser W, Lampl L (2009) Notfallmäßige Klinikevakuierung nach Bombendrohung–Erfahrungen einer 500-Bettenklinik. Anästh Intensivmed; 50: 712-20
Gretenkort P, Harke H (2001) Ärztliche Leitungsfunktion bei einer innerklinischen Gefahrenlage. Anästh Intensivmed; 42: 170-5

Meyer W, Balck F, Dinkel A et al. (2006) Psychische Verarbeitung nach einem terroristischen Anschlag. Notfall- u. Rettungsmed; 9: 321-6
Oppermann S, Wirtz S, Schallhorn J, Moecke H (2003) Das Krankenhaus als Notfallort. Notfall- & Rettungsmedizin; 6: 591-5.
Paschen HR (2017) Terrorlagen in Europa. Der Notarzt; 33: 61–2
Sternberg E, Lee GC, Huard D (2004) Counting Crisis: US Hospital Evacuations 1971-1999. Prehosp Disast Med; 19: 150-7

8.2.2 IT-Störungen im Krankenhaus am Beispiel des Lukaskrankenhauses Neuss

Klaus Reinartz

Einleitung

Informationstechnologie gehört zunehmend zum festen Bestandteil eines Krankenhauses. Krankenhausinformationssysteme (KIS) sind im klinischen Bereich unerlässlich. Ärzte, Pflegekräfte und Verwaltungskräfte nutzen das KIS zur Dokumentation bzw. Abrechnung mit den Krankenkassen. Im KIS werden sämtliche Untersuchungsbefunde wie beispielsweise Labor- und Radiologiebefunde sowie ärztliche und pflegerische Dokumentationen archiviert. Sie sind im Regelfall berufsgruppenspezifisch von jedem PC im Krankenhaus bearbeit- und abrufbar. Neben dem KIS existieren Subsysteme in einzelnen Abteilungen, die durch Schnittstellen verbunden sind. Schnittstellen und Fernwartungszugänge sind anfällig für unerlaubte Zugriffe.

Die IT-Architektur unseres Hauses bestand zu dem gegebenen Zeitpunkt aus ca. 120 Servern und ca. 1000 PC-Arbeitsplätzen. Das KIS ist eine zentrale Komponente für die klinische Arbeit, daneben existiert eine Standardsoftware für alle verwaltungsorientierten Bereiche.

Neben dem KIS existiert eine Vielzahl von Subsystemen und Hilfssystemen.

Zu nennen sind hier das zentrale Bildverwaltungssystem PACS sowie das zentrale Laborsystem.

Weitere Subsysteme gibt es im Bereich der Herzkatheter-Messplätze, Endoskopie, Onkologie und Strahlentherapie.

Bestellsysteme für Medikamente und medizinisches Verbrauchsmaterial sowie ein Logbuch für die Logistikzentrale ergänzen das System.

Zur Kommunikation nutzen die Mitarbeiter des Krankenhauses E-Mails, zur Information das Intranet und Internet.

Das Ereignis

An einem Mittwoch im Februar 2016 bemerkten zunächst Mitarbeiter der Radiologie sowie der zentralen Notaufnahme, dass das KIS besonders langsam lief. Auch in der IT-Abteilung wurden Störungen im Netzwerkbetrieb bemerkt. An einigen Arbeitsplätzen erschien nach Start von Windows ein Hinweis in englischer Sprache, dass Dateien verschlüsselt würden und dies durch eine Geldzahlung rückgängig gemacht werden könne. In diesem Moment war klar, dass das Krankenhaus Opfer eines IT-Angriffs geworden war. In Absprache mit der Geschäftsführung entschloss sich die Leitung der IT-Abteilung umgehend, alle Systeme notfallmäßig, aber dennoch geordnet herunterzufahren. Dies führte dazu, dass innerhalb einer halben Stunde nach der Entscheidung alle Systeme, die im Haus verfügbar sind, für die Mitarbeiter des Krankenhauses nicht mehr nutzbar waren. Das Ziel des Herunterfahrens war die Vermeidung eines Verlustes oder Missbrauchs der höchst sensiblen Patientendaten.

Sämtliche Fachabteilungen und Stationen wurden über Rundruf sowie durch Multiplikatoren über die Situation informiert.

Festnetztelefon und auch das interne WLAN-Telefonsystem waren nicht betroffen und blieben als Kommunikationsmöglichkeit erhalten.

Folgen in einzelnen Bereichen

Zentralambulanz und Zentrale Notaufnahme

In der Notaufnahme ebenso wie im stationären administrativen Aufnahmebereich war es aufgrund des Fehlens der beiden KIS nicht mehr möglich, Patientendaten elektronisch zu erfassen.

Dies bedeutete, dass keine Aufnahmenummern als zentrales Steuerungselement mehr existierten. Der komplette Betrieb musste auf die papiergestützte Erfassung der Patientendaten umgestellt werden. Dies bedeutete eine große Herausforderung für die Zentralambulanz, die täglich 150-200 Patienten versorgt.

Alle Notfallscheine für die Patienten der Zentralambulanz wurden nun handschriftlich erstellt. Zur besseren Übersicht wurden die Räume der Ambulanz auf einem Flipchart dargestellt und die Patientenbewegungen mit der Hand dokumentiert. Das Flipchart wurde am Pflegeleitstand platziert und durch die Mitarbeiter des Pflegedienstes ständig aktualisiert.

Die handschriftlich ausgefüllten Notfallscheine und die einlaufenden Befunde wurden in Formularkästen ebenfalls am Pflegeleitstand gelagert und jeweils in der Reihenfolge sortiert.

Der hausinterne Transportdienst für Patienten und Material, der normalerweise über eine interne Logistikleitstelle organisiert wird und über ein webbasiertes Logbuch angefordert wird, wurde umgehend dezentralisiert und die anwesenden Mitarbeiter des Transportdienstes wurden auf taktisch wichtige Bereiche verteilt, so wurden auch zwei Mitarbeiter der Notaufnahme direkt zugewiesen.

Bei neu eintreffenden Patienten war es nicht mehr möglich, auf Vorbefunde aus früheren Aufenthalten zurückzugreifen. Dies machte erweiterte Anamnesen und aufwändige Nachfragen bei Angehörigen und Hausärzten erforderlich.

Um die ganze Umstellung der Logistik möglichst ohne Gefährdung von Patienten zu erreichen, wurde die Notaufnahme zunächst bei der Rettungsleitstelle abgemeldet. Der Ärztliche Leiter Rettungsdienst sowie die benachbarten Krankenhäuser wurden über das Ereignis informiert. Die Abmeldung wurde für ca. 36 Stunden aufrechterhalten. Fußläufig eintreffende Patienten wurden angenommen, in Einzelfällen wurden sie jedoch an andere Krankenhäuser verwiesen, was teilweise die Organisation eines Transportes erforderte.

Im weiteren Verlauf nach 36 Stunden, nachdem das handschriftliche System und die Übersichtstafeln im Wesentlichen etabliert waren und das ärztliche und pflegerische Personal sich auf die neue Situation eingestellt hatte, wurde die Aufnahme über den Rettungsdienst wieder geöffnet.

Ausnahmen bildeten nur die Versorgung von polytraumatisierten Patienten, Patienten mit akuten Herzinfarkten sowie präklinisch reanimierte Patienten.

Dies geschah in enger Abstimmung mit den jeweiligen Fachabteilungen.

Nachdem sich abzeichnete, dass der Ausfall mehrere Tage dauern würde, wurde von Mitarbeitern der Notaufnahme durch Anschaffung mehrerer Laptops und Programmieren einer Access-Datenbank ein Notaufnahmenetzwerk zur Patientendatenaufnahme und Drucken von Patientenetiketten etabliert.

Die Laptops arbeiteten kabelgebunden in einem unabhängigen lokalen Netzwerk.

Sinn dieser Maßnahme war es, die Nachbearbeitung nach Wiederanfahren der IT-Systeme wegen der besseren Lesbarkeit zu erleichtern und die Patientensicherheit durch geringere Verwechslungsgefahr gegenüber dem Handschriftlichen zu erhöhen.

Die behandelten Patienten wurden über die aktuelle Situation informiert. Der überwiegende Teil der Patienten reagierte auf die entstehenden Verzögerungen und vermehrten Nachfragen mit großem Entgegenkommen.

Insgesamt konnte die entstandene Situation durch die extrem engagierte Mitarbeit aller Beteiligten sehr gut entschärft werden.

Labor

Im Zentrallabor werden täglich Laboruntersuchungen für 550 stationäre Patienten sowie mehr als 300 ambulante Patienten durchgeführt. Die Abschaltung der IT-Systeme bewirkte, dass zwar die einzelnen Analysegeräte lauffähig blieben, eine Verwaltung der Daten sowie Zuordnung der Ergebnisse zu bestimmten Patienten jedoch nicht mehr möglich war.

Dies führte zu einer massiven Einschränkung der Kapazitäten. Alle Eingaben mussten jeweils an den einzelnen Analysegeräten vorgenommen werden. Die Ergebnisse wurden anschließend handschriftlich vom Display des Analysegerätes abgeschrieben und dann den einzelnen Patienten wieder zugeordnet.

Durch den erhöhten Aufwand sank die Laborkapazität auf ca. 10 % des Normalen. Für die Notaufnahme bedeutete dies, Laborwerte deutlich restriktiver anzufordern.

Die Wartezeit auf einzelne Befunde betrug statt 60 Minuten im Normalbetrieb nunmehr bis zu 3 Stunden. Gleiches galt für die Intensivstationen und die Operationsabteilung. Deshalb wurden elektive Operationen verschoben und Patienten mit anstehenden Notfalloperationen in andere Krankenhäuser verlegt.

Wegen der zentralen Bedeutung wurde der Rekonstruktion des Laborsystems eine sehr hohe Priorität eingeräumt.

Das Laborsystem blieb für mehr als eine Woche abgeschaltet.

Radiologie

Ähnlich gravierend waren die Auswirkungen im Bereich der Radiologie. Sowohl das Radiologieinformationssystem (RIS) als auch das Bildverwaltungssystem (PACS) stand nicht mehr zur Verfügung.

Zwar konnten Untersuchungen an den meisten Modalitäten (konventionelles Röntgen, Computertomografie, Magnetresonanztomographie und Angiographie) autark durchgeführt werden. Es mussten aber jeweils die Patientendaten an jeder Modalität separat eingegeben werden. Die Bildergebnisse konnten nur an den Kontrollmonitoren der jeweiligen Modalität angesehen und befundet werden.

Fernübertragungen an andere Kliniken sowie Erzeugung von Bild-DVDs waren nicht mehr möglich.

Ärzte, die ein Röntgenbild befunden wollten, mussten sich dazu jeweils an den Röntgenarbeitsplatz begeben.

Zwischenzeitlich mussten die lokalen Festplattenspeicher an einigen Geräten durch die Herstellerfirmen erweitert werden, um Bildverluste zu vermeiden.

Dabei wurden alle Geräte auch auf Schäden überprüft.

Die Kernfunktionalitäten in der Radiologie standen in wesentlichen Teilen nach ca. zehn Tagen wieder zur Verfügung, die vollumfänglichen Nutzung aller Systeme konnte nach etwa drei Wochen wiederhergestellt werden.

Erst danach konnte die nachgelagerte Dokumentation der Leistungen erfolgen, deren Voraussetzung allerdings die vollständige Erfassung der jeweiligen Patienten im zentralen KIS war.

Auswirkungen auf weitere Abteilungen

Zusammenfassend stellen sich folgende weitere schwerwiegende Beeinträchtigungen dar:
Im Bereich der onkologischen Ambulanz standen die Therapieprotokolle für mehr als eine Woche nicht zur Verfügung. Operationsplanungen mussten mühsam händisch rekonstruiert werden.

Für die Ärzte entstand im OP ein zusätzlicher Aufwand: Die Operationsberichte mussten ebenfalls handschriftlich erstellt werden.

In der Kardiologie war der Herzkatheterbereich mit seinen 3 Messplätzen stark betroffen. Zwar war auch hier an den einzelnen Plätzen das Arbeiten möglich, eine Bilddokumentation, insbesondere zur Weitergabe an externe herzchirurgische Abteilungen, war aber nicht möglich. Speicherung erfolgte wie in der Radiologie nur dezentral auf den Festplatten der Geräte. Da auch hier der Speicherplatz schnell knapp wurde, erfolgten umgehend Speichererweiterungen.

Akutuntersuchungen bei Herzinfarkten und Untersuchungen bei Hochrisikopatienten wurden über den gesamten Zeitraum nicht durchgeführt, besonders wegen der fehlenden Dokumentationsweitergabe und den beschriebenen Mängeln im Bereich Labor und Radiologie.

Ein wenig beachteter, aber wichtiger Bereich war die Strahlentherapie. Da hier Bestrahlungen aus medizinischen Gründen um höchstens acht Tage verschoben werden konnten, aber ohne Zugriff auf vorhandene Planungsdaten auch keine Verlegung oder Verbringung in andere Abteilungen möglich war, bestand höchste Priorität.

Auf den Bettenstationen musste ebenfalls die Dokumentation ausschließlich papiergestützt erfolgen, neben dem medizinischen Bereich auch beim Verpflegungsmanagement.

Auswirkungen im Bereich der Verwaltung

Die vielfältigen Auswirkungen im Verwaltungsbereich sollen hier nur kurz dargestellt werden. Abrechnungsdaten lagen keine vor und konnten somit auch nicht an Kostenträger weitergegeben werden. Dies galt auch für die zeitkritische Abgabe von Qualitätsdaten. Mitarbeiter aus dem Bereich Patientenabrechnung und Controlling erhielten kurzfristig Urlaub oder Freizeitausgleich. Dies geschah im Wesentlichen in der Absicht, Freistunden für die sehr aufwändige Nacharbeit nach Inbetriebnahme des IT Systems verfügbar zu haben.

Ein heikler Punkt war die Erstellung der monatlichen Gehaltsabrechnungen. Die Abrechnungen mussten manuell erstellt werden, ebenso die Überweisungen.

Management der Situation

Unmittelbar nach dem Herunterfahren aller Systeme richtete die Geschäftsführung die Krankenhauseinsatzleitung (KEL) ein. Mitglieder der KEL umfassten u. a. den Ärztlichen und den Kaufmännischen Geschäftsführer, die Pflegedirektorin, ein bis zwei leitende Mitarbeiter der IT-Abteilung, die Justiziarin, den Abteilungsleiter Medizinmanagement, die hauptamtliche Pressesprecherin sowie den Autor als Leitender Notarzt Krankenhaus.

In den folgenden Tagen wurden in unterschiedlichen Besetzungen Informationsveranstaltungen durchgeführt, um die Mitarbeiter regelmäßig über den aktuellen Stand zu informieren. Da auch das E-Mail-System nicht mehr in Betrieb war, erfolgten die Informationen an Mitarbeiter schriftlich über Handzettel und Aushänge, die in den folgenden Tagen mehrfach täglich durch die Presseabteilung aktualisiert an die Abteilungen und Stationen verteilt wurden.

Um die Kommunikation innerhalb der Krankenhauseinsatzleitung zu ermöglichen und kurzfristig zu Treffen einzuladen sowie Informationen weiterzugeben, wurde vom Krisenstab eine WhatsApp-Gruppe eingerichtet, die über mehr als drei Wochen hervorragend funktionierte.

Zu den ersten Beschlüssen der Krankenhauseinsatzleitung gehörte die Entscheidung, die Ereignisse in unserem Haus öffentlich zu machen. Hierzu wurden regelmäßig Presseerklärungen abgegeben, die Pressesprecherin stand rund um die Uhr für Rückfragen zur Verfügung. Viele regionale und überregionale Zeitungen sowie Radio und Fernsehstationen berichteten darüber. Die Entscheidung, die Öffentlichkeit einzubeziehen, wurde bewusst getroffen, um eine größtmögliche Transparenz zu erreichen.

Eine zweite Entscheidung führte zur Einbeziehung von Ermittlungsbehörden. Das Landeskriminalamt NRW (LKA) sowie das Bundesamt für Sicherheit in der Informationstechnologie (BSI) wurde informiert. Das LKA übernahm mit seiner Abteilung für Cyberkriminalität umgehend Ermittlungen, auch das BSI entsandte zwei Mitarbeiter zur Unterstützung in unser Haus.

Die Entscheidung, Ermittlungsbehörden zu informieren und mit einzubeziehen, hatte zur Folge, dass die Wiederherstellungsarbeiten dadurch zunächst erheblich verzögert wurden. So wurden durch das Landeskriminalamt der komplette E-Mail-Server, diverse PCs sowie weitere IT-Komponenten beschlagnahmt und zur Untersuchung in das LKA mitgenommen. Schon sehr bald war klar, dass es sich bei dem Auslöser des Ereignisses um eine sogenannte Ransomware (Erpressungssoftware) handelte. Diese Ransomware war durch als Rechnung getarnte E-Mails, die dann geöffnet wurden, in unsere Systeme eingeschleust worden. Eine Abwehrsoftware gab es zu diesem Zeitpunkt nicht.

Es dauerte einige Tage, bis das LKA die Schadsoftware isolieren konnte. Die isolierte Software wurde an verschiedene Datensicherheitsunternehmen im In- und Ausland weitergegeben, die in kurzer Zeit eine Antisoftware entwickeln konnten. Dies war die Voraussetzung, um an einen Re-Start der Systeme denken zu können.

Die IT-Abteilung wurde aufgrund enger personeller Ressourcen von externen Beratungs- und Dienstleistungsfirmen unterstützt.

Aufgabe war es, die Ermittlungsbehörden zu unterstützen, den Wiederanlauf vorzubereiten und eine völlig neue Netzwerkarchitektur zur Verbesserung von Datenschutz und Datensicherheit zu installieren.

Nach Erhalt der Antischadstoffsoftware wurden viele PCs durch neue Clients, die Programme unter Visualisierungssoftware wie Citrix® zur Verfügung stellen und nicht mehr über eigene Festplatten verfügen, installiert.

Die verbleibenden herkömmlichen PCs, meist in Büros und bei leitenden Mitarbeitern, mussten ausführlich gescant und gesäubert werden.

Dies erforderte einen weiteren massiven Einsatz von Mitarbeitern.

Nach 10 Tagen konnte das KIS wieder in Betrieb genommen werden, zuvor schon zeitkritische Systeme wie die Strahlentherapie.

Mit großem Einsatz wurde die Nachbuchung der Patientendaten begonnen und das aktuelle Patientenbild im Haus wiederhergestellt.

Die Subsysteme wurden nach einer Prioritätenliste des Krisenstabes nacheinander wieder in Betrieb genommen. Ein Datenverlust oder Hinweise zu Datenmissbrauch fanden sich glücklicherweise in keinem der wiederhergestellten Systeme.

Fazit

Innerhalb weniger Minuten wurde die Technologie in unserem Krankenhaus aus EDV-Sicht um mindestens 15-20 Jahre zurückversetzt. Dies erforderte Kenntnisse und Maßnahmen, die jüngeren Mitarbeitern gar nicht mehr bekannt waren. Im Vorfeld waren im Rahmen des Risikomanagements kaum Vorkehrungen für das Eintreten eines solchen Schadensfalls getroffen worden.

Darüber hinaus erwies sich insbesondere die lange Dauer der Störung als für viele Mitarbeiter überraschend.

Das Ereignis hat allen Mitarbeitern sehr deutlich die Abhängigkeit des gesamten Krankenhauses von der IT gezeigt.

Das Ereignis hat aber auch gezeigt, dass ein Rückschritt auf frühere papiergestützte Verfahren soweit möglich ist, dass die Patientenversorgung ohne Gefährdung, wenn auch mit Einschränkungen, möglich ist.

Ein gut funktionierender Krankenhausalarm- und Einsatzplan muss in regelmäßigen Abständen aktualisiert und beübt werden. Besonderes Augenmerk beim Risikomanagement ist auf die stetig ansteigende Cyberkriminalität zu richten. Der letzte größere Hackerangriff hat in England mehrere Krankenhäuser des englischen National Health Service (NHS) attackiert. Ein derartiger Angriff ist auch in deutschen Krankenhäusern erneut denkbar. Jede Störung der Funktionalität eines Krankenhauses erfordert einen erhöhten personellen Aufwand in quantitativer und qualitativer Hinsicht.

In Zukunft wird die Strategie verstärkt auf prophylaktischen Maßnahmen wie Schulung von Mitarbeitern im Umgang mit Emails und Passwortverwendung liegen.

Im technischen Bereich sind neueste Sicherheitstechnologien unbedingt auf dem neusten Stand zu halten und haben Vorrang vor neuen Projekten.

8.2.3 Erfahrungen aus realen Brandereignissen

Georgios Leledakis

Krefeld. Bei einem Brand in einem Lagerraum der Orthopädie/Schmerzklinik im zweiten Obergeschoss des HELIOS-Klinikums wurde am späten Mittwochabend niemand verletzt. Laut Polizei wurde die Stationsleiterin durch den Alarm des Brandmelders gegen 21.15 Uhr auf das Feuer aufmerksam. Im Lagerraum habe sie den Brand entdeckt. Als die ersten Einsatzkräfte der Feuerwehr eintrafen, war die angrenzende Krankenstation wegen der starken Rauchentwicklung bereits von Kollegen der Spät- und Nachtschicht weitgehend geräumt worden. Knapp 80 Patienten wurden auf anderen Stationen untergebracht. Verletzt wurde niemand. Die Einsatzkräfte der Berufs- und der Freiwilligen Feuerwehr leitete unter anderem mit Hilfe mehrere Löschtrupps mit Atemschutzgeräten umfangreiche Maßnahmen zur Brandbekämpfung und Entrauchung der betroffenen Bereiche ein.

Von der Feuerwehr gab es am Tag danach ein großes Lob für das Klinikpersonal, das vorbildlich auf die Situation reagiert und die Evakuierung der Patienten in die Wege geleitet habe. Einige hätten die Station eigenständig verlassen können, andere seien in ihren Betten in Sicherheit gebracht worden. »Eine absolute Glanzleistung des Personals«, sagt Feuerwehrsprecher Kai Günther.

Die Mehrzahl der Patienten konnte noch in der Nacht zurück aufs Zimmer, andere mussten kurzfristig verlegt werden, weil einige Räume zunächst gesperrt blieben. Im Einsatz waren beide Wachen der Berufsfeuerwehr so wie die Freiwillige Feuerwehr Fischeln und der Rettungsdienst mit insgesamt 45 Einsatzkräften.

Wodurch das Feuer ausgelöst wurde, ist derzeit noch unklar. Die Polizei hat die Ermittlungen zur Brandursache übernommen. (zit. Westdeutsche Zeitung, 2015)

Erleichterung über den glücklichen Ausgang, aber auch Enthusiasmus und Stolz über das gemeinsam erzielte positive Ergebnis sprechen aus dieser Pressemeldung. Der Leser ahnt, dass es auch ganz anders hätte ausgehen können. Welcher Einsatzablauf verbirgt sich hinter diesen Zeilen, und was war die Grundlage für den erfolgreichen Verlauf? Der Zeitablauf dieses Einsatzes wird im Detail dargestellt.

Lage und Einsatzablauf

An einem Werktag um 21:13 Uhr bricht in einem Lagerraum einer Bettenstation im zweiten Obergeschoss im C-Gebäude des HELIOS Klinikum Krefeld, Krankenhaus der Maximal Versorgung mit 1023 Betten, ein Feuer aus, verbunden mit einer starken Rauchentwicklung. Die quadratisch gestaltete Station bildet einen Brandabschnitt und besitzt ringförmig durchgehende Flure, die durch Rauchschutztüren in einzelne Rauchabschnitte unterteilt sind. Versorgt wird die Station zu diesem Zeitpunkt von vier Pflegekräften. Aktuell ist die Station mit 76 Patienten belegt, von denen 16 nicht gehfähig und zwei zusätzlich sauerstoffpflichtig sind. Zehn Patienten liegen in den vier Patientenzimmern, die sich im gleichen Rauchabschnitt wie der betroffene Lagerraum befinden.

Die Meldung der Brandmeldeanlage erreicht um 21:14 Uhr gleichzeitig die Leitstelle der Feuerwehr und die Klinikpforte. Das Personal wird am Stationsarbeitsplatz durch einen Alarm auf dem Brandmeldetableau (gleicher Alarm gleichzeitig an allen anderen Stationsarbeitsplätzen der Klinik) auf das Brandereignis aufmerksam. Den Pförtner erreicht zusätzlich eine Schadensmeldung über die hausinterne Notrufnummer. Dem vorliegenden Alarmplan folgend, drückt der Pförtner den Knopf des Alarmservers und alarmiert dadurch die Koordinierende Klinikeinsatzleitung (Ko-KlinEL), die Geschäftsleitung und den Sicherheitsdienst. Die Mitglieder der Ko-KlinEL sammeln zu diesem frühen Zeitpunkt Informationen zur aktuellen Schadenslage. Sie nutzen dafür eigens zu diesem Zweck im Ko-Stützpunkt bereitliegende, Telefone. Zudem bereiten sie den direkten Kontakt zum Feuerwehr-Einsatzleiter bei dessen Eintreffen am Klinikeingang vor.

Auf der vom Feuer betroffenen Station erscheint den Pflegekräften nach Sichtung des Brandortes ein Löschversuch aussichtslos. Sie orientieren sich am Alarm-, Verständigungs- und Evakuierungsplan (AVEP), welcher für den Fall von akuter Gefahr durch Feuer und Rauch die sofortige Räumung und das »Handeln nach eigenem Ermessen« vorsieht, solange die Feuerwehr noch nicht vor Ort ist und ein telefonsicher Kontakt zur Ko-KlinEL noch nicht etabliert ist (Haag 2008).

Allgemeine Grundsätze der Brandschutzordnung	Klinikeinsatzleitung (KlinEL) im Brand- und Gefahrenfall: Koordinierender Arzt (Ko-Arzt) / Koordinierende Pflegedienstleitung (Ko-PDL) / Koordinierende Technische Leitung (Ko-Technik) — Die Mitglieder der Klinikeinsatzleitung sind zur klinikinternen Umsetzung von Entscheidungen der Technischen Einsatzleitung, FW, RettD, Polizei, GesundeAmt etc. allen Klinikmitarbeitern gegenüber weisungsbefugt.				
	Alarmierungsstufen für patientenführende Bereiche Auf Anweisung der Klinikeinsatzleitung sind die genannten Maßnahmen zu treffen (nähere Erläuterungen im zugehörigen Alarmplan der Klinik):				
	1	**2**	**3**	**4**	**A**
		Klinikeinsatzleitung teilt eigene Telefonnummer für Rückmeldung/Rückfragen mit. Erfragt werden: aktuelle Patientenzahl (liegendtransportpflichtig/gehfähig) sowie aktuell verfügbare Mitarbeiterzahl auf der Station/im Funktionsbereich.				
Alarmierung: Im Brand- und Gefahrenfall: Brandmelder betätigen + Tel. xxxx	Keine Gefährdung Entwarnung keine Maßnahmen	Gefährdung nicht ausgeschlossen allgemeine Vorbereitungen	Drohende Gefahr Evakuierungsvorbereitungen	Akute Gefahr durch Feuer oder Rauch, sofortige Räumung erforderlich	Aufnahmebereich für Patienten betroffener Stationen
	Patienten informieren, ggf. beruhigen Nutzen Sie die Gelegenheit, um die Sicherheitsvorkehrungen auf Ihrer Station zu überprüfen und untereinander zu besprechen!	Führungsaufgaben festlegen. Diensthabendes Personal auf die Station rufen. Aufschiebbare Tätigkeiten beenden. Vollzähligkeit der Patienten kontrollieren. Besucher hinausbitten. Anweisungen der KlinEL abwarten.	Führungsaufgaben festlegen. Patienten informieren, Transportkategorie (gehfähig/liegendtransportpflichtig) festlegen, kennzeichnen und registrieren. Patiententransport vorbereiten (Lagerung, Wetterschutz, Patientenakten). Rückmeldung an KlinEL. Anweisungen abwarten. Keine selbstständige Transportentscheidung!	Zuerst Menschenrettung, dann evtl. Brandbekämpfung. Handeln Sie nach eigenem Ermessen! Warten Sie nicht auf Anweisungen der KlinEL! Befolgen Sie jedoch Anweisungen der Feuerwehr, sobald diese eingetroffen ist bzw. der KlinEL, sobald ein Kontakt möglich ist! Denken Sie an Ihre eigene Sicherheit!	Vorkehrungen für die Aufnahme zusätzlicher Patienten Führungsaufgaben festlegen. Aufnahmekapazität feststellen. Aufnahme von zusätzlichen Patienten vorbereiten. Rückmeldung an KlinEL. Anweisungen abwarten.
WER MELDET? WO BRENNT ES? WAS BRENNT? MENSCHEN GEFÄHRDET? Menschenrettung Brandbekämpfung Keine Aufzüge benutzen Türen schließen Fenster öffnen Besonnenes Verhalten					

Abb. 8.5: AVEP (Alarm-, Verständigungs- und Evakuierungs-Plan mit Notfallnummer, Führung mit KO-Funktionen (KlinEL) und Alarmierungsstufen)

Die Mitarbeiter der Station beginnen sofort mit der Räumung des Stationsabschnitts, der bereits durch automatisierte Rauchschutztüren abgetrennt ist. Bei diesem Vorhaben kommt ihnen entgegen, dass die betroffenen Patienten ausnahmslos gehfähig sind. Ein kurzer Kontakt mit Brandrauch ist auf dem Fluchtweg unvermeidlich. Die Ko-KlinEL informiert um 21:19 Uhr die Leitstelle der Feuerwehr und die Geschäftsleitung über die bis dahin vorliegenden Informationen. Zu diesem Zeitpunkt ist die Feuerwehr auf dem Gelände, aber noch nicht auf der Station eingetroffen, während der Brand sich auszuweiten droht.

Da sich die Station immer noch in einer Phase der Unsicherheit befindet, wird das

»Handeln nach eigenem Ermessen« nach AVEP fortgesetzt. Die Entscheidung über weiterführende Maßnahmen kann nur auf der Grundlage fortgesetzter sachbezogener Fortbildungen und Übungen zum Räumungskonzept treffsicher gefällt werden. Für das Klinikpersonal ist das Bewusstsein von Bedeutung, dass sich parallel zu den Akutentscheidungen im Hintergrund eine Klinikeinsatzleitung etabliert, die die eingeleiteten Räumungsmaßnahmen unmittelbar aufgreift und für die evakuierten Patienten einen sicheren Aufnahmebereich vorbereitet, in welchem sie medizinisch und psychologisch weiterbetreut werden.

Daher räumen die Mitarbeiter auch die bisher vom Rauch nicht betroffenen Abschnitte der Station, einschließlich der nicht-gehfähigen Patienten. Dem ihnen bekannten Konzept folgend ist das erste Ziel die horizontale Verschiebung über die breite Magistrale in das sichere Nachbargebäude (eigener Brandabschnitt) mit dem späteren Abschluss durch ein großes Brandschutztor.

Bei der Besprechung mit dem Feuerwehr-Einsatzleiter kann der Ko-Arzt bestätigen: um 21:30 Uhr, also 16 Minuten nach Auslösung des Brandalarms und noch vor Eintreffen des ersten Löschtrupps auf der Station, sind sämtliche Patienten im sicheren Bereich angekommen und können dort versorgt werden. Um 21:31 Uhr wird das Brandschutztor auf der Magistrale geschlossen. Nach Beginn der Löscharbeiten durch die Feuerwehr um 21:33 Uhr ist das Feuer sieben Minuten später gelöscht und weitere zwei Minuten später können die Entrauchungsmaßnahmen gestartet werden.

Unter Leitung der Ko-KlinEL beginnt im sicheren Aufnahmebereich die Versorgung der evakuierten Patienten, insbesondere auch die Untersuchung der mit dem Brandrauch in Kontakt geratenen Personen. Von den direkt benachbarten Intensivstationen stehen dafür zusätzlich drei Ärzte und 10 Pflegekräfte und von den Normalstationen weitere fünf Pflegekräfte zur Verfügung. Die zwei sauerstoffpflichtigen Patienten können direkt auf die Intermediate-Care-Station verlegt werden. Die Versorgung der gehfähigen Patienten kann durch weiteres, im Gebäude befindliches Personal im Notfallzentrum im Erdgeschoss sichergestellt werden. Bis zum Abschluss aller Feuerwehrmaßnahmen bleiben die Stationen oberhalb des Brandherdes auf Alarmierungsstufe 3 des AVEP. Der Informationsfluss zwischen Stationen, Feuerwehr- und Klinikeinsatzleitung erfolgt kontinuierlich über die speziell bereitgestellten Telefone.

Nach der offiziellen Beendigung des Einsatzes durch die Feuerwehr (Entrauchung, Kontrolle der Raumtemperatur und Freigabe der Lüftungsanlage sind erfolgt) werden die Patienten um 0:30 Uhr in ihre Zimmer zurückgebracht. Zehn Patienten müssen dabei in anderen Teilen der Klinik untergebracht werden, da ihre bisherigen Zimmer durch die extreme Rauchentwicklung zunächst unbewohnbar bleiben.

Strukturelle Elemente der Frühphase

Interne Kommunikation

Der AVEP (▶ Abb. 8.5) ist als Übersichtsschaubild an allen Stationsarbeitsplätzen im Blickfeld. Er bildet numerisch und farblich den aktuellen Gefährdungsgrad hinsichtlich eines Brand- und Gefahrenfalls ab und enthält stichwortartig die erforderlichen Maßnahmen zur Vorbereitung und Durchführung einer Evakuierung (Alarmierungsstufen 2 und 3). Dabei ist auf der Alarmierungsstufe 4 berücksichtigt, dass es in der Anfangsphase noch keine etablierte Führung geben kann und die erforderliche Räumung vom anwesenden Personal eigenständig in Gang zu setzen ist. Der AVEP enthält auch eine Alarmierungsstufe A, mit welcher nicht vom Schadensereignis betroffene Stationen mobilisiert werden, um bei Bedarf evakuierte Patienten aufzunehmen.

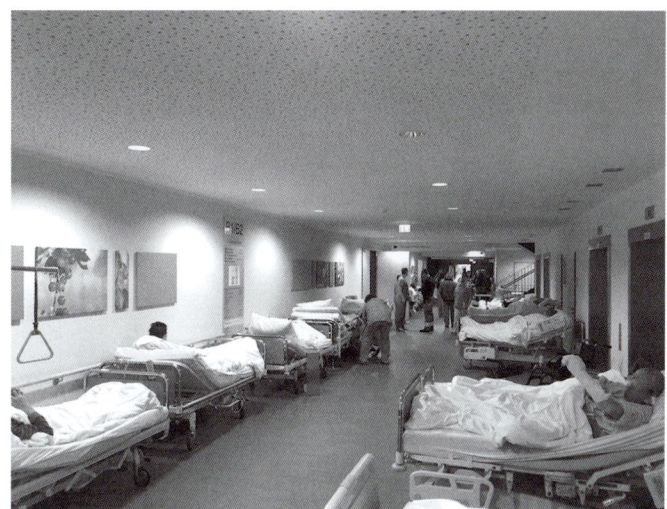

Abb. 8.6:
Aufnahme-Bereich: Flur Gebäude B mit evakuierten Patienten aus dem verrauchten Bereich

Führungskonzeption »Krefelder Modell«

Im »Krefelder Modell« (Gretenkort, 2001) gibt es eine Koordinierende Klinikeinsatzleitung (Ko-KlinEL), die sich aus dem Ko-Arzt (diensthabender Arzt der operativen Intensivstation), einer Ko-Pflege (diensthabende Pflegekraft des interdisziplinären Notaufnahmezentrums) und einer Ko-Technik (Rufdienst der Abteilung Bau und Technik) zusammensetzt. Die Ko-KlinEL bildet die Schnittstelle (Gretenkort, 2002) zwischen Feuerwehr und Mitarbeitern des Klinikums und trägt die Entscheidungs- und Weisungsbefugnis auf der operativ-taktischen Ebene – sowohl in der Frühphase als auch in späteren Phasen einer krisenhaften internen oder externen Krisensituation.

Diskussion

Der Zeitablauf dieses Brandeinsatzes im HELIOS Klinikum Krefeld wird im Detail in der folgenden Grafik (▶ Abb. 8.7) dargestellt,
In diesem Konzept wird eine »Reanimationsgrenze« bei 17 Minuten nach Brandausbruch angenommen. Die taktischen Planungszeiträume, insbesondere die Hilfsfrist für den ersten Löschangriff, müssen sich zusammen mit dem erforderlichen Ressourceneinsatz dieser Zeitgrenze unterordnen. Zugleich wird der effektive Kräfteeinsatz innerhalb dieser ersten Hilfsfrist deutlich, welcher zwar einen Löschangriff ermöglicht, aber keine Reserven für Räumungs- oder Evakuierungsmaßnahmen umfasst. In gleicher Weise kann nicht davon ausgegangen werden, dass sich in diesem kurzen Zeitraum immer eine Einsatzleitung etablieren kann, die die erforderlichen Räumungsmaßnahmen unmittelbar veranlassen kann.

Der beschriebene Einsatz zeigt jedoch, dass die autarke Handlungsbereitschaft des Stationspersonals es ermöglicht, selbst die komplexe Aufgabe der Räumung einer großen Pflegestation zeitkritisch und im Rahmen von vorgegebenen Grenzen zu bewältigen. Die optimalen baulichen Bedingungen und die großzügig angelegten Räumlichkeiten in dem modernen Klinikneubau dürfen nicht den Blick darauf verstellen, dass im Sinne des Brandschutzes in jedem Krankenhaus die baulichen und organisatorischen Brandschutzmaßnahmen eine Einheit bilden. Ohne gezielte Fortbildung des Personals und ohne ein klares Räumungskonzept ist auch ein gutes Brandschutzkonzept keine Erfolgsgarantie für die Bewältigung eines Krisenfalls.

8 Aspekte ausgewählter Einsatzsituationen

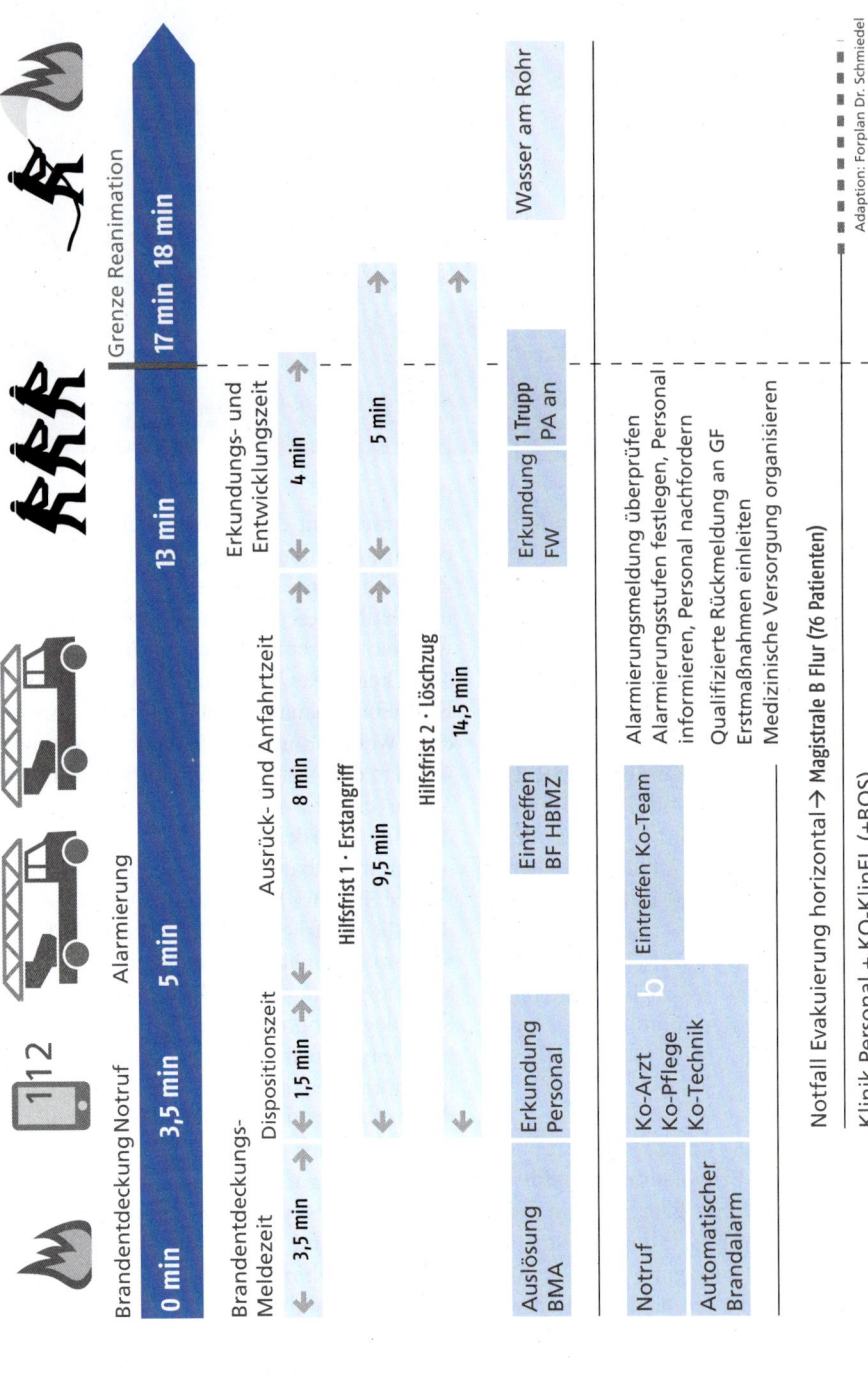

Abb. 8.7: Zeitablauf des Brandeinsatzes im HELIOS Klinikum Krefeld in Anlehnung an die »Schutzzieldefinition nach AGBF Bund«. (Eigene Darstellung nach FORPLAN DR. SCHMIEDEL GmbH)

Es darf daraus nicht abgeleitet werden, dass eine Klinikeinsatzleitung überflüssig wäre. Sie ist vielmehr Garant für eine Schadensminimierung, für die nahtlose und unverzügliche Weiterbetreuung der Patienten und für eine fortgesetzte Kommunikation mit der Feuerwehr und Geschäftsleitung.

Fazit

Bei diesem Brandereignis konnte bereits 16 Minuten nach Auslösung des Alarms eine Station komplett geräumt werden. Vor Eintreffen der Feuerwehr befanden sich alle Patienten im sicheren Aufnahmebereich. Zu verdanken ist dies vor allem den sachgerechten und gut vorbereiteten Entscheidungen des Personals vor Ort. Die weitere Versorgung der Patienten konnte störungsfrei durch die Ko-KlinEL organisiert werden, Schäden für die Patienten entstanden nicht. Zum positiven Ausgang dieses Ereignisses haben maßgeblich beigetragen: ideale bauliche Bedingungen, intensive Vorbereitung des Personals auf den Ernstfall sowie ständige Kommunikation zwischen allen Beteiligten nach dem »Krefelder Modell« als Ergebnis von 15 Jahren interdisziplinärer Entwicklungsarbeit (Gretenkort, 2009; Leledakis 2017).

Literatur

Forplan Schmiedel, R. (2006). Schutzzieldefinition der AGBF Bund http://www.forplan.de/agbf-schutzziel.html. Zugriff am 06.11.2016

Gretenkort, P., Harke, H. (2001). Ärztliche Leitungsfunktion bei einer innerklinischen Gefahrenlage. Anästhesiologie und Intensivmedizin 42:170-175

Gretenkort, P., Harke, H., et al. (2002). Interface between hospital and fire authorities – a concept for management of incidents in hospitals. Prehospital and Disaster Medicine 17(1):42-47.

Haag, W. (2008). Thoraxklinik Heidelberg, Homepage http://www.nofaevaku.org/nofahaus/index.htm. Zugriff am 06.11.2016

Gretenkort, P. (2009). Die Rolle der Krankenhauseinsatzleitung in Krisensituationen. Der Notarzt 25:194-199

Leledakis, G. (2017). Brand und Notfallevakuierung im Krankenhaus der Maximalversorgung. Der Notarzt 33:104-108 DOI http://dx.doi.org/10.1055/s-0042-117786

Westdeutsche Zeitung (2015). Berichterstattung vom 12.02.2015, Zugriff am 06.11.2016. http://www.wz.de/lokales/krefeld/keine-verletzten-und-schnelle-evakuierung-bei-brand-im-klinikum-1.1860080

8.2.4 Ausfall der elektrischen Energieversorgung

Dirk Fähling

Einleitung

In allen unseren Lebensbereichen ist die uneingeschränkte Versorgung mit elektrischer Energie essenziell. Dieser Tatbestand erfährt in den Krankenhäusern und Pflegeeinrichtungen eine deutliche Steigerung, da die fach- und sachgerechte Versorgung der Patienten in der Diagnostik, der Therapie und der Pflege ohne elektrische Energieversorgung nicht durchführbar ist. In Teilbereichen ist die Aufrechterhaltung lebenswichtiger Funktionen bei schwer kranken Patienten ohne elektrische Energie nicht möglich. Gleichwohl kann eine Störung der elektrischen Versorgung jederzeit eintreten und bedarf deshalb einer detaillierten Berücksichtigung bei der Erstellung des Krankenhausalarm- und Einsatzplans. Der Ausfall der elektrischen Versorgung in Teilbereichen oder vollständig verursacht immer eine nachhaltige Störung der Funktionalität und fordert auch im günstigsten Fall eine personelle Verstärkung in verschiedenen Bereichen.

Grundsätze der elektrischen Energieversorgung

Kritische Infrastrukturen, zu denen auch die Krankenhäuser zählen, müssen sich auch auf den Ausfall der elektrischen Versorgung vorbereiten. Die Gefahr eines Ausfalls der elektrischen Energieversorgung ist trotz der fortgeschrittenen Technik größer geworden. Nach dem Atomausstieg in Deutschland hat die Bundesregierung Gesetze erlassen, auf deren Grundlage ein Bilanzkreismanagementsystem aufgebaut wurde. Dieses System soll die vier Übertragungsnetzbetreiber Amprion, 50 Hertz, Tennet und Transnet überwachen, indem die Bilanzkreise bzgl. Stromverbrauch und Stromerzeugung ausgeglichen werden, denn schon geringe Abweichungen können zum Ausfall der elektrischen Energieversorgung führen.

Für die Beseitigung der Störungen sind die Kraftwerks- und insbesondere die Netzbetreiber (Übertragungs- und Verteilernetzbetreiber) verantwortlich. Die Bundesregierung kann mit der Bundesnetzagentur in Abhängigkeit je nach Ursache der Störung im begrenzten Umfang Einfluss nehmen. Dabei ist zu berücksichtigen, dass die Übertragungsnetzbetreiber in einem Verbundnetz agieren, welches sich von Nordskandinavien bis nach Sizilien erstreckt (European Network of Transmission System Operators for Electricity, ETSO). Die Länder und Kommunen mit den örtlich zuständigen Gefahrenabwehrbehörden können nur Maßnahmen zur Bekämpfung der negativen Wirkungen auf das gesellschaftliche und wirtschaftliche Leben ergreifen. Dabei kann es beispielsweise erforderlich werden, dass Patienten aus der häuslichen Pflege oder aus Pflegeheimen mit fehlender Netzersatzanlage in Krankenhäuser verlegt werden, damit die ggf. erforderliche elektrische Energieversorgung der lebenswichtigen Medizingeräte ermöglicht werden kann. Somit kann es erforderlich sein, dass die Kapazität der regionalen Krankenhäuser gesteigert werden muss.

Die Krankenhäuser sind mit einer so genannten Netzersatzanlage (NEA) ausgerüstet (im allgemeinen Sprachgebrauch auch als Notstromanlage oder Sicherheitsstromversorgung bezeichnet). Grundsätzlich ist diese Netzersatzanlage so konzipiert, dass bei einem Ausfall der elektrischen Versorgung diese nach einer kurzen Unterbrechung (max. 15 Sekunden) vollständig für wichtige bzw. kritische Bereiche wiederhergestellt wird und für mindestens 24 Stunden funktionsfähig bleibt. Um auszuschließen, dass bei der kurzen Umschaltphase lebenswichtige Versorgungselemente ausfallen oder wichtige Daten verloren gehen, werden verschiedene Geräte (z. B. Medizinprodukte wie Spritzenpumpen, Beatmungsgeräte, Personalcomputer) mit einer so genannten unterbrechungsfreien Stromversorgung (USV) versorgt (▶ Tab. 8.1). Diese USV kann im jeweiligen Gerät durch einen eigenen Akku (wie z. B. bei einem Notebook) oder durch eine zentrale USV-Anlage realisiert sein. Die USV-Anlage muss so konzipiert sein, dass diese tatsächlich unterbrechungsfrei ist oder die Umschaltzeit weniger als 500 Millisekunden dauert. Die Funktionsfähigkeit der Netzersatzanlage ist regelmäßig (z. B. monatlich) durch einen mehrere Stunden andauernden Probebetrieb zu prüfen. Mindestens einmal im Jahr ist im Rahmen eines Probelaufs auch die elektrische Versorgung des Netzes abzuschalten. Dabei ist zu prüfen, ob und inwieweit insbesondere die USV-Anlage einen sicheren Betrieb gewährleistet.

Medizinische Geräte oder Anlagen, die für die akute Versorgung des Patienten lebenswichtig sind (z. B. OP-Beleuchtung, Herzkatheter, Beatmungsgeräte), müssen autark betrieben werden können und für mindestens drei Stunden von der elektrischen Energieversorgung unabhängig sein (zusätzliche Sicherheits-versorgung, ZSV). Die Kapazität kann auf eine Stunde reduziert werden, wenn eine ausreichend dimensionierte Netzersatzanlage vorhanden ist.

Tab. 8.1: Arten der Stromversorgung

Stromart (Abkürzung)	Bedeutung	Erklärung
AV	Allgemeine Versorgung	Allgemeine Stromversorgung
USV	Unterbrechungsfreie Stromversorgung	Wird eingesetzt in der Umschaltphase von AV auf Netzersatzanlage (NEA)
SV	Sicherheitsstromversorgung	Wird durch Notstromaggregate bereitgestellt Monatlicher Probelauf zwingend erforderlich
ZSV	Zusätzliche Sicherheitsversorgung	Kurze Umschaltzeit von < 500 ms Versorgt mindestens drei Stunden die medizinischen Geräte (gesetzliche Vorgabe)

Die Versorgung mit elektrischer Energie aus dem Netz ist in Deutschland mit hoher Sicherheit gegeben. Gleichwohl können durch

- Fehlschaltungen in einzelnen Versorgungsbereichen,
- Naturereignisse (insbesondere Blizzards oder Hochwasser),
- Cyberangriffe auf die Infrastruktur der Netzbetreiber,
- Terroranschläge oder durch
- Tiefbauarbeiten

Schäden an Schaltanlagen, Transformatoren, Kabeln oder Leitungen eintreten, die ursächlich für einen Ausfall sind. So wurde infolge von Tiefbauarbeiten am 30. Mai 2017 im Norden Hamburgs eine Versorgungsleitung zerstört. Dieser Fehler hatte die Überlastung einer zweiten Leitung zur Folge, die dann ebenfalls ausfiel. Als Folge waren zwei Hamburger Krankenhäuser (über 1.600 Betten) für über sechs Stunden von der normalen Energieversorgung abgeschnitten und mussten den Betrieb mit der Netzersatzanlage gewährleisten. Es ist zu berücksichtigen, dass Fehler in der elektrischen Anlage des Krankenhauses gleichermaßen einen Ausfall der elektrischen Versorgung, einen vollständigen Ausfall oder den partiellen Ausfall einzelner Abteilungen verursachen können. In diesen Fällen bietet der Betrieb der Netzersatzanlage meistens keine ausreichende Alternative. Wenn es in diesen Fällen nicht gelingt, den Fehler innerhalb von wenigen Stunden instand zu setzen, muss möglicherweise eine Evakuierung des Krankenhauses eingeleitet werden. Neben den lokalen Störungen, die einzelne Krankenhäuser betreffen, ereignen sich auch immer wieder Großstörungen, wie folgende Beispiele belegen:

- 14.08.2003 Nordamerika,
  50 Mio. Menschen hatten fast drei Tage keine elektrische Versorgung
- 28.08.2003 London,
  1 Mio. Menschen hatten mehr als 40 Minuten keine elektrische Versorgung
- 23.09.2003 Skandinavien,
  4 Mio. Menschen hatten 6 Stunden keine elektrische Versorgung
- 28.09.2003 Italien,
  57 Mio. Menschen hatten fast 18 Stunden keine elektrische Versorgung
- 06.11.2005 Deutschland,
  250.000 Menschen hatten 7 Tage keine elektrische Versorgung
- 04.11.2006, Europa
  Teile von Deutschland, Frankreich, Belgien, Österreich, Italien und Spanien hatten bis zu 120 Minuten keine elektrische Versorgung
  Der bisher größte Stromausfall in der Geschichte der Menschheit betraf am

31. Juli 2012 über 600 Millionen Menschen Nord- und Ostindien. Ursache lag in der Überlastung des Stromnetzes.

Mögliche Ursachen des Ausfalls der elektrischen Energieversorgung speziell im Krankenhaus sind z. B.:

- durch technisches oder menschliches Versagen können gravierende Beeinträchtigungen im Bilanzkreismanagement eintreten
- durch eine Aktion der organisierten Kriminalität oder einen terroristischen Anschlag werden technische Infrastrukturen im Verteilernetz erheblich gestört
- schwere Naturereignisse wie Starkregen mit Hochwasser, Sturm, eine hohe Schneelast oder Blitzeis können einen Stromausfall zur Folge haben

Handlungskonzepte

Alle Einrichtungen zur medizinischen Versorgung der Bevölkerung sind von der elektrischen Energieversorgung unmittelbar abhängig. Die Planung und Umsetzung des Krankenhausalarm- und Einsatzplans muss dies entsprechend würdigen. Zunächst muss sichergestellt sein, dass das medizinische und pflegerische Personal bei einer Störung der elektrischen Versorgung in Teilbereichen des Krankenhauses jederzeit einen qualifizierten Haustechniker aktivieren kann, der kurzfristig im Krankenhaus die Fehlersuche und -beseitigung einleiten kann. Dies setzt voraus, dass diese Techniker mit der Struktur der elektrischen Versorgung des Krankenhauses vertraut sind. Vielfältige bauliche Veränderungen, z. B. die Installation neuer technischer Geräte in die bestehende Struktur, lassen ein komplexes System von elektrischen Leitungen und Schalteinrichtungen entstehen, die bei der Fehlersuche analysiert werden müssen, um bestehende Fehler zu beseitigen. Auch in diesen Fällen kann es vorkommen, dass eine Instandsetzung nicht kurzfristig realisiert werden kann. Dies verursacht dann eine nachhaltige Störung der Funktionalität, die durch geeignete Maßnahmen der Krankenhauseinsatzleitung aufgefangen werden muss (Verlegung der Patienten auf andere Stationen, Verstärkung des Personals oder dgl.).

Liegt die Ursache der Versorgungsstörung nicht an der elektrischen Anlage des Krankenhauses, sondern beim Verteilnetzbetreiber, sorgt zunächst nach einer kurzen Unterbrechung die Netzersatzanlage für eine ausreichende elektrische Energieversorgung des Krankenhauses. In diesen Fällen ist sofort mit dem Verteilnetzbetreiber zu klären, wie lange diese Störung anhalten könnte. In der Regel sind solche Störungen innerhalb weniger Stunden (< 3 Stunden) beseitigt und die normale Versorgung ist wieder gewährleistet. Kann der Netzbetreiber diesbezüglich keine klare Auskunft geben oder liegt eine Großstörung vor, muss sich das Krankenhaus auf einen längerfristigen Ausfall der Versorgung einstellen. Dabei sind zunächst alle Patienten vom Pflegepersonal über den Zustand zu informieren und um Verständnis zu bitten, dass einzelne Dienstleistungen nicht oder nur zeitverzögert erbracht werden können. Weiterhin ist zu prüfen, welche medizinischen Maßnahmen (z. B. Operationen) nicht begonnen werden, um potenzielle Komplikationen auszuschließen. Seitens der Haustechnik (facility management) müssen umfangreiche Prüfungen und Steuerungsmaßnahmen umgesetzt werden. Alle elektrischen Verbraucher, die nicht zwingend für den Krankenhausbetrieb erforderlich sind, sollten abgeschaltet werden. Entsprechende Listen sollten in der Planung erstellt werden. Häufig ist die Netzersatzanlage nicht ausreichend dimensioniert, um alle elektrischen Versorgungseinrichtungen gleichzeitig zu betreiben. Die kontinuierliche Erweiterung der elektrischen Anlagen, Gebäudeerweiterungen oder dgl. haben nicht gleichzeitig zu einer Erweiterung der Netzersatzanlage geführt. Es muss geprüft werden, wie lange der Kraftstoffvorrat den Betrieb der Netzersatzanlage problemlos gewährleistet. Es muss sichergestellt werden, dass eine Betankung zu einem Zeitpunkt organisiert wird, der einen störungsfreien Betrieb gewährleistet. Dabei ist zu berücksichtigen, dass insbesondere bei einer Großstörung viele Bedarfsträger eine Betankung ihrer Vorratsbehälter anfordern.

Leider lehrt die Erfahrung, dass über 15 % der Netzersatzanlagen im Bedarfsfall die kontinuierliche und ausreichende Versorgung mit elektrischer Energie über einen längeren Zeitraum von mehr als 8 Stunden nicht oder nicht ausreichend gewährleisten. Ursächlich dafür sind mangelnde Wartung, unzureichende Probeläufe, fehlender Kraftstoffvorrat und unzureichende Dimensionierung.

Bei einem großflächigen Ausfall der elektrischen Energieversorgung nehmen die Probleme mit jeder weiteren Stunde exponentiell zu. Die bleibt nicht ohne nachhaltige Wirkungen auf den Krankenhausbetrieb. Neben den Einschränkungen in der Funktionalität muss eine Steigerung der Kapazität gelingen, da möglicherweise weitere Patienten aus der häuslichen Pflege oder den Pflegeheimen in die Krankenhäuser verlegt werden müssen. Weiterhin ergeben sich personelle Probleme, da das ablösende Personal das Krankenhaus aufgrund der Verkehrsbeschränkungen nicht oder nur zeitlich verzögert erreichen kann (z. B. Ausfall der U- und S-Bahnen). Weiterhin fallen kontinuierlich die Möglichkeiten der Kommunikation (Telefon, Mobiltelefon, Internet und dgl.) aus.

Ausblick

Aufgrund der politischen Bewertung, dass der großflächige Ausfall der elektrischen Energieversorgung in den künftigen Planungen in allen Bereichen unserer Gesellschaft verstärkt berücksichtigt werden muss, ergibt sich die Frage nach Lösungen für den nachhaltigen Betrieb eines Krankenhauses. Eine technische Lösung ist die Nutzung von so genannten Blockheizkraftwerken, die mit Erdgas als Energieträger betrieben werden. Mit diesen Anlagen ergibt sich die Möglichkeit, sowohl den Wärmebedarf als auch den Bedarf an elektrischer Energie durch eine eigene Anlage zu decken. Insbesondere bei Krankenhäusern mit einer Kapazität von 600 Betten ist dies eine wirtschaftlich vertretbare Lösung, die insbesondere bei der notwendigen Erneuerung der Netzersatzanlage und/oder Heizungsanlage eines Krankenhauses intensiv geprüft werden sollte. Die notwendigen zusätzlichen technischen Komponenten, die erforderlich sind, um einen Betrieb auch bei einem Ausfall der elektrischen Versorgung durch den Netzbetreiber zu gewährleisten (so genannter Inselbetrieb mit Schwarzstartfähigkeit), sind realisierbar.

8.3 Ereignisse mit primärer Überlastung der Kapazität

8.3.1 MANV/MANI und der Stellenwert des Krankenhauses

Peter Sefrin

Bei einem Massenanfall von Verletzten und Erkrankten (MANV) bzw. Infektiösen (MANI) kommt der stationären und ambulanten medizinischen Versorgung in Krankenhäusern eine entscheidende Rolle zu. Wie die jüngste Vergangenheit gezeigt hat, hat die Wahrscheinlichkeit des Auftretens von Ereignissen mit einem Massenanfall von Patienten und Betroffenen im Rahmen von traumatischen und nichttraumatischen Ereignissen zugenommen.

Definition

Ein Massenanfall Verletzter oder Erkrankter ist im Gegensatz zu einer Katastrophe ein vorübergehendes Ereignis bei einer momentanen Diskrepanz zwischen Hilfsbedürftigkeit und Hilfsmöglichkeiten. Beim Eintritt eines MANV fällt dessen Bewältigung in die Zuständigkeit des Rettungsdienstes. Die Kapazitätsgrenzen des Rettungsdienstes für eine individuelle Versorgung werden dabei schnell erreicht und überschritten. Ein MANV liegt dann vor, wenn die Anzahl der Verletzten oder Erkrankten eine über das gewöhnliche Einsatzgeschehen hinausgehende, besondere Vorgehensweise des Rettungsdienstes unter Führung einer Sanitätseinsatzleitung (SanEL) erfordert. Im Katastrophenfall ist die Infrastruktur der betroffenen Region zerstört und erlaubt z. B. nicht die Zuweisung der Patienten zur weiteren medizinischen indikationsgerechten Versorgung in ein Krankenhaus. Hier müssen eventuell Zwischenlösungen, z. B. durch die Errichtung eines Behandlungsplatzes, gefunden werden.

Basis der behördlichen Vorgaben zur Bewältigung eines MANV/MANI ist die Definition des DIN (Deutschen Instituts für Normung): Begriffe im Rettungswesen DIN 1305:2014-04:

Massenanfall 3.39 – Notfall mit einer großen Anzahl von Verletzten oder Erkrankten sowie anderen Geschädigten oder Betroffenen

Mit dieser Definition wird deutlich, dass bei differenten Schadensereignissen eine große Zahl von Verletzten oder Erkrankten vorliegen kann, die neben einer Versorgung vor Ort eine medizinische Versorgung auch in stationären Einrichtungen benötigt. Unter MANV wird meist eine externe Schadenslage verstanden, wobei es jedoch auch intern in einem Krankenhaus zu einem Massenanfall von Patienten kommen kann.

Die Bewältigung eines MANV/MANI fällt originär in die Zuständigkeit des Rettungsdienstes und damit in die der Länder. Diese haben in ihren Rettungsdienstgesetzen spezielle Konzepte in Form von Erlassen und Rundschreiben erstellt, in denen der MANV gesondert definiert ist.

Es gibt insgesamt vier Versorgungsstufen für den MANV (I–IV), die sich an der Anzahl der Patienten orientieren und abhängig von der regionalen Leistungsfähigkeit verschiedener Versorgungsorganisationen sind.

> *MANV I* – bis 50 Personen (geregelt im Rettungsdienstgesetz der Länder)
> *MANV II* – bis 100–500 Personen (geregelt im Katastrophenschutz oder Hilfeleistungsgesetz der Länder)
> *MANV III* – bis 500–1000 Personen (geregelt im Katastrophenschutz oder Hilfeleitungsgesetz der Länder, zusätzlich Bund-Länder-Vereinbarungen)
> *MANV IV* – über 1000 Personen (geregelt durch Bund-Länder-Vereinbarungen)

Kennzeichen der Hilfe beim MANV ist über die regionale hinaus die überregionale Hilfeleistung, die mit dem Begriff *Ü-MANV* bezeichnet wird. Nachdem das Ziel der Bewältigung eines MANV die möglichst schnelle Wiederherstellung adäquater Versorgungsmöglichkeiten ist, werden aus benachbarten Regionen Einsatzmittel herangeführt, die die vorhandenen Kräfte verstärken. Neu sind vom Bund demnächst vorgehaltene Einheiten zum überörtlichen Einsatz, die *Medical Task Forces*. Das sind arztbesetzte sanitätsdienstlich taktische Einheiten mit Spezialfähigkeiten im Zivilschutz und für die länderübergreifende Katastrophenhilfe.

Die jeweiligen regionalen Konzepte, die es inzwischen in großer Häufigkeit gibt, unterscheiden sich durch Geographie, rettungsdienstliche Strukturen, die Kliniklandschaft und die Bevölkerungsdichte. Eine bundesweite Übertragbarkeit der Konzepte ist durch die föderale Gestaltung und Organisation des Rettungsdienstes und des Katastrophenschutzes der Länder erschwert bis unmöglich.

Verpflichtung der Krankenhäuser

Krankenhäuser müssten laut Gesetzgeber grundsätzlich die bedarfsgerechte Versorgung der Bevölkerung mit individuellen ambulanten und stationären Leistungen sicherstellen. Dies gilt auch für den MANV. Neben der ambulanten Behandlung von Patienten der Sichtungskategorie III ist das Krankenhaus als eine Einrichtung zur Erst- und Weiterversorgung – vor allem der Patienten der Sichtungskategorie I + II – wesentlicher Bestandteil der Versorgungskette. Krankenhäuser sind grundsätzlich verpflichtet, Vorkehrungen für einen Mehranfall oder besondere Ereignisse zu treffen. Im Zivilschutz-Neuordnungsgesetz (ZSNeuOG) heißt es im § 15 Abs. 4: »Die zuständigen Behörden können anordnen, dass die Träger von Krankenhäusern Einsatz- und Alarmpläne aufstellen und festschreiben.« Die rechtliche Verpflichtung findet sich dann entweder im Katastrophenschutzgesetz der Länder – wie z. B. in Bayern (Art. 8 BayKSG – Bayer. Katastrophenschutzgesetz 1996/2005) – oder im Krankenhausgestaltungsgesetz wie in Nordrhein-Westfalen (§ 10 Abs. 2 KHGG-NRW 2007). Die Gesetze der Länder verlangen jedoch nicht nur die Erstellung von Alarm- und Einsatzplänen, sondern darüber hinaus auch, dass diese mit anderen Beteiligten und den Trägern benachbarter Krankenhäuser aufeinander abzustimmen sind (z. B. Abschnitt V, § 22 Abs. 1 Landes-K-Schutz-Gesetz Schleswig-Holstein). Abgestimmt werden müssen sie auch mit der unteren Katastrophen-Schutz-Behörde. Weiterhin wird in diesem Bundesland gefordert, dass auch »Aussagen über die Möglichkeit der Ausweitung der Kapazität« getroffen werden müssen (§ 22 Abs. 3 KSG SH). Schließlich enthalten die Gesetze auch eine Verpflichtung, die erstellten Pläne zu beüben, wie z. B. in Hamburg, wo es heißt, dass die »Krankenhäuser an entsprechenden Übungen teilnehmen müssen« (§ 3 Abs. 3 Hbg KHG).

Die geforderten Planungen betreffen nicht nur Reaktionen auf innere, sondern vor allem auch externe Schadens- und Gefahrenlagen, die differente Ursachen haben können.

Gefahrenlagen

In der Vergangenheit lag der Schwerpunkt der Ursachen für einen MANV im Bereich des öffentlichen Straßenverkehrs, z. B. bei der Kollision einer größeren Anzahl von PKW (Massenunfall auf der BAB), dem Unfall eines voll besetzten Reisebusses oder eines besetzten Schienenverkehrsmittels. Neu hinzu gekommen sind Massenintoxikationen (z. B. Salmonellen bei Massenverpflegung, Einnahme von Psychopharmaka) oder Masseninfektionen (Noro-Virus-Infektion im Altenheim oder in Massenunterkünften). Auch bei den häufigen Bränden kann es zu Inhalationstraumen einer größeren Anzahl von Betroffenen kommen. Neu sind Amok- und Terrorlagen mit einer Vielzahl von Verletzten. Im Rahmen von asymmetrischen Bedrohungslagen können auch Krankenhäuser selbst zum Ziel von terroristischen Anschlägen werden. Nicht außer Acht gelassen dürfen auch CNR-Gefahrenlagen wie z. B. Freisetzung von Schadstoffen bei Störfällen oder Gefahrgutunfälle.

Patientenzuweisung

Um den Patienten nicht nur eine Basisversorgung anzubieten, sondern um eine möglichst adäquate individualmedizinische Optimalversorgung zu garantieren, ist eine Verteilung im Sinne einer Dislokation auf möglichst viele Krankenhäuser erforderlich. Die Vorteile des Zuweisungskonzeptes (nach Sefrin und Kuhnigk 2008) sind:

- Nach präklinischer Sichtung und evtl. Durchführung von Notfallmaßnahmen ist die Zuführung zu den einzelnen Krankenhäusern absehbar
- Keine Überlastung der einzelnen Krankenhäuser mit Patienten unterschiedlichster Verletzungsschwere
- zeitgerechte Verfügbarkeit klinischer Versorgungskapazitäten
- Schaffung eines Zeitpuffers für innerklinische Umorganisation durch zeitliche Staffelung der Zuweisung
- Größtmögliche individualmedizinische Versorgung
- Reduktion des Kommunikationsaufwandes zwischen Leitstelle, Sanitätseinsatzleitung und Klinik

Damit kann auch einer Überlastung einzelner Krankenhäuser begegnet werden. Schon unter Regelbedingungen wird in den Leitstellen ein Bettennachweis geführt, der für eine gezielte Verteilung der Patienten im Normalbetrieb sorgt. Umso mehr gilt für den Massenanfall – z. B. für Schwerverletzte – ein passendes Traumazentrum oder für infektiöse Patienten eine Möglichkeit der Isolierung zu finden. In jedem Fall sollten bei der Verteilung der Patienten die Behandlungsmöglichkeiten der einzelnen Zielkrankenhäuser berücksichtigt werden, d. h., nicht unbedingt das nächste Krankenhaus muss das Zielkrankenhaus sein.

Vorausgesetzt, im präklinischen Bereich sind ausreichend boden- und luftgebundene Transportkapazitäten vorhanden, so wird die Sanitätseinsatzleitung gemeinsam mit der Leitstelle eine der verschiedenen Zuweisungskonzepte versuchen zu realisieren. Die Basis der Entscheidung der Zuweisung ist die vor Ort stattfindende Identifikation der Patienten mit hoher Behandlungspriorität (Sichtung). Im Vorfeld müssen die Aufnahmekapazitäten vom Rettungsdienst in Absprache mit den Krankenhäusern festgelegt werden. Mehrere Länder verfügen dabei über reine Kapazitätsnachweise (Savinsky et al., 2016), andere haben eigene unterlegte Verteilungskonzepte. Die strukturierte und gezielte Verteilung der Patienten ist ein wesentlicher Faktor, der einen entscheidenden Einfluss auf den Erfolg des Einsatzes beim MANV nimmt, da die klinischen Ressourcen in möglichst optimaler Weise genutzt werden können (Sefrin/Messerer, 2011).

Schon 2006 in Vorbereitung auf die Fußballweltmeisterschaft wurden in Bayern Überlegungen angestellt, wie auf einen Massenanfall im Bereich der Krankenhausversorgung reagiert werden kann, nachdem bereits im Vorfeld im Gefahrenbericht der Schutzkommission beim Bundesministerium des Inneren festgestellt wurde, dass für die stationäre Versorgung Defizite bestehen (Bundesamt für Bevölkerungs- und Katastrophenhilfe, 2006). Nach Abfrage der Krankenhäuser in Bayern im Hinblick auf die maximal zuzuweisende Patientenzahl wurde ein Zuweisungskonzept (»Wellenplan«) erstellt, bei dem Patienten ringförmig entsprechend ihrer Schädigungsintensität in verschiedenen Zeitabständen (zwischen 20 bis 30 Minuten) ohne vorherige Rücksprache und Anmeldung in die um den Schadensort liegenden Krankenhäuser verlegt werden sollten.

Der Wellenplan ist eine definitive Verteilungsmatrix der Zulieferung von Patienten in Abhängigkeit von der Verletzungsschwere mit einer zeitlichen Staffelung der Zuweisung. Die Verteilungsmatrix des Wellenplans sieht in einer initialen Welle die Zuweisung der Patienten der Sichtungskategorie I (evtl. Sichtungskategorie II) vor, während in späteren Wellen weniger stark geschädigte Patienten auch in weiter entfernte Krankenhäuser transportiert werden. Dabei erweist es sich als Vorteil, dass in der Frühphase unter Umständen nur das diensthabende Personal des Krankenhauses zur Verfügung steht und erst nach Auslösung des Alarmplans auf weitere Personalreserven zurückgegriffen werden kann.

Der zeitliche Abstand zwischen den einzelnen Wellen hängt im Wesentlichen davon ab, wie hoch die Transportkapazität des Rettungsdienstes ist. Die zeitversetzte Zuweisung verschafft dem Krankenhaus den notwendigen Zeitpuffer, um den Routinebetrieb auf einen MANV umzustellen, laufende Operationen zu beenden und falls erforderlich den Krankenhausalarmplan zu aktivieren (Sefrin/Messerer, 2011). Damit können einerseits regionale Überlastungen mit Einschränkungen der Versorgungsleistungen vermieden und andererseits eine bestmögliche Nutzung vorhandener Versorgungskapazitäten erreicht werden. Voraussetzung für ein Funktionieren eines Zuweisungskonzeptes ist nicht nur eine möglichst im jeweiligen Krankenhaus konsentierte und reale Angabe der Kapazitäten, sondern auch die Umsetzung der dafür erforderlichen Vorbereitungen. Kritischer Punkt ist und bleibt die Validität der hinterlegten Strukturdaten. Es reicht nicht, die Aufnahmekapazität des Krankenhauses an der Zahl der Betten auszurichten.

Weitere wesentliche Punkte sind bei der Beurteilung der Kapazität

- die Anzahl der Aufnahme- bzw. Schockräume
- die Verfügbarkeit des dafür erforderlichen Personals
- die Bereitschaft von OP-Sälen
- die Mobilisierung von zusätzlichen OP-Teams in Abhängigkeit der Zeit und
- die maximale intensiv-medizinische Behandlungskapazität (einschließlich Beatmungsmöglichkeiten).

In Hessen wurde das hessische Krankenhauskataster etabliert und seit 2010 der interdisziplinäre Versorgungskapazitäten-Nachweis (IVENA) eingeführt. Über dieses System wird im Regelbetrieb des Rettungsdienstes für jeden Patienten ein geeignetes Krankenhaus zugewiesen. IVENA bietet aber auch ein MANV-Modul für die Patientenverteilung an.

In Niedersachsen wurde ein Programm ComPaS (Computergestütztes Patientenverteilungs-System) etabliert. Sowohl die Strukturdaten als auch die geografischen Daten aller Notfallversorgungskrankenhäuser sind über ComPaS abrufbar und unterstützen die Patientenverteilung im Falle eines MANV.

Die Leitstelle der Feuerwehr in Hamburg verfügt über eine Übersicht zu den Fachabteilungen der Notfallversorgungskrankenhäuser. Ein Nachweis über die verfügbaren Krankenhausbetten wird nicht geführt. Ebenso gibt es keine Festlegungen über die maximalen Zuweisungskapazitäten der Notfallversorgungskrankenhäuser. Im MANV-Fall wird einer der beiden diensthabenden Leitenden Notärzte in die Leitstelle beordert. Von dort aus nimmt er mit dem an der Schadensstelle tätigen LNA Kontakt auf (Marung et al., 2014). Gemeinsam werden die dann die benötigten Behandlungskapazitäten nach Sichtungskategorien festgelegt. Der LNA in der Leitstelle alarmiert die notwendige Anzahl geeigneter Notfallversorgungskrankenhäuser und spricht die benötigten Behandlungskapazitäten mit den jeweiligen Notaufnahmen ab (Savinsky et al., 2016).

In der Literatur sind keine evidenzbasierten Formeln zur Berechnung der Behandlungskapazitäten im Großschadens- und Katastrophenfall vorhanden. Einzig in Berlin wurde 1988 eine Formel zur Ermittlung von Anhaltszahlen erstellt, bei der die Zahl der Beatmungsgeräte, der OP-Säle und der Not-OP-Säle verknüpft wurden (Versorgungskapazität = [Beatmungsgeräte/3]+[OP-Säle/2]+[Not-OP-Säle]x2,5) (Adams et al., 2014).

Abweichend von diesen Konzepten wurde in Hannover, adaptiert an die regionalen Besonderheiten, das Konzept der Erstversorgungsklinik (EVK) eingerichtet. Es handelt sich dabei um ein auf einen MANV gesondert vorbereitetes Akutkrankenhaus, das nach Alarmierung den Regelbetrieb einstellt, in den Notfallbetrieb übergeht und alle personellen und materiellen Ressourcen auf die Notfallversorgung der eingelieferten Notfallpatienten konzentriert. Es wird lagegerecht durch Einsatzkräfte der Feuerwehr und des Rettungs- und Sanitätsdienstes unterstützt (Adams et al., 2014). Neben dem dafür notwendigen Notfallplan ist auch eine ausreichende Bevorratung von Medikamenten, Medizin- und Blutprodukten garantiert. Nach Erststabilisierung in der EVK werden die Patienten mittels Sekundärtransporten in weiter entfernte Kliniken transportiert.

Auch bei einem Massenanfall sollte die Versorgung von Notfallpatienten nach individualmedizinischen Kriterien eine kategorische und nicht relativierbare Forderung an die Krankenhäuser sein. Hierzu ist ein spezielles Krisenmanagement erforderlich (Adams et al. 2014). Wichtig dabei ist eine stabile und strukturierte Zusammenarbeit der Funktionsträger beim MANV in der Präklinik und der Krankenhauseinsatzleitung.

Literatur

Adams HA, Flemming A, Lange C et al. (2014) Das EVK-Konzept. In: Adams, HA et al. (Hrsg.) Patientenversorgung im Großschadens- und Katastrophenfall. Köln: Dtsch. Ärzte-Verlag. S. 515–537.
Bayer. Katastrophenschutzgesetz vom 24.7.1996, zuletzt geändert am 12.5.2015
Bundesamt für Bevölkerungs- und Katastrophenhilfe (2006) 3. Gefahrenbericht der Schutzkommission beim Bundesminister des Inneren. Dresden: Druckhaus Dresden.
Gretenkort P (2009) Die Rolle der Krankenhauseinsatzleitung bei Krisensituationen. Notarzt 25: 194–199.
Krankenhausgestaltungsgesetz Nordrhein-Westfalen (KHGG NRW) vom 11.12.2007
Marung H, Birkholz T, Dittmar MS (2014): Der Leitende Notarzt – etablierte Konzepte und neue Anforderungen. Notfallmed up2date 4: 307–327.
Savinsky G, Stuhr M, Kappus S et al. (2016) Organisation beim Massenanfall von Verletzten – ein Update. Notarzt 32: 69–75.
Sefrin P, Messerer Ch (2011) Optimierung der Schnittstelle von Präklinik zur Klinik. Der Wellenplan als Instrument der stationären Zuweisung von Schwerverletzten bei Großschadenslagen. Anästh. Intensivmed 52: 834–844.
Sefrin P, Kuhnigk H (2008) Großschadensereignisse – Behandlungskapazitäten und Zuweisungsstrategien. Anaesth Intensivmed Notfallmed Schmerzther 43: 232–235.

8.3.2 Krisenmanagement am Beispiel von EHEC und HUS, Mai/Juni 2011 in Hamburg

Elke Huster-Nowack

Einleitung

Im Mai 2011 tauchte der EHEC-Erreger (EHEC: Enterohämorrhagische Escherichia coli) wie aus dem Nichts auf. Die Symptome: Bauchschmerzen, schwerer Durchfall und Übelkeit. Manche Betroffene erlitten bleibende Nierenschäden, 53 Menschen starben in Deutschland an den Folgen der Infektion.

Insgesamt rund 3800 Menschen hatten sich mit dem Darmkeim EHEC angesteckt, rund 850 davon entwickelten das sogenannte hämolytisch-urämische Syndrom (HUS), eine lebensgefährliche Komplikation.

Nach fieberhafter Suche aller Beteiligten wurden ägyptische Bockshornkleesamen von einem niedersächsischen Gartenbaubetrieb als Verursacher der Erkrankung identifiziert.

In den Monaten Mai und Juni 2011 wurde die Freie und Hansestadt Hamburg hinsichtlich ihres Krisenmanagements vor große Herausforderungen gestellt.

Mit dem Begriff »Epidemie« verbinden wir in der Regel ein historisches Ereignis, was sich dank des Fortschritts in Gesundheitsvorsorge und -versorgung heute in industrialisierten Ländern nicht mehr wiederholen wird.

Dabei erinnern wir uns in diesem Zusammenhang an große Epidemien und Pandemien in früheren Jahren wie beispielsweise an die Spanische Grippe, die von 1918 bis 1920 die Welt heimsuchte und bis zu 50.000.000 Todesopfer forderte. Hamburg ereilte 1892 die Cholera-Epidemie, an deren Ende 8600 Todesopfer zu beklagen waren.

Infektionskrankheiten haben auch heute hinsichtlich ihres gesundheitlichen Bedrohungspotenzials nicht an Bedeutung verloren, obwohl seither die medizinische und pharmakologische Entwicklung enorme Fortschritte zu verzeichnen haben. Ebola und Zika-Virus sind nur zwei aktuelle Beispiele, die in den Ausbruchsgebieten verheerende Wirkungen zeigen und über Reisende auch weit verbreitet werden.

In den vergangenen 15 Jahren ist das deutsche Gesundheitswesen schon mehrfach durch das Auftreten von Infektionskrankheiten in besonderem Maße gefordert worden. Vorrangig denke ich hier an die Vogelgrippe und die sogenannte Schweinegrippe.

Beide Infektionskrankheiten hatten das Potenzial, die gesamte Bevölkerung zu treffen und wurden deswegen zu Recht als besondere Bedrohung wahrgenommen.

Krisenmanagement in Hamburg Mai/Juni 2011

Wie für Infektionskrankheiten typisch, erfolgte der EHEC-Ausbruch unvermittelt und mit einer zunächst noch nicht abzusehenden Dimension und betraf weite Teile von Norddeutschland. Da diese Fälle sich auf viele Gesundheitsamtsbereiche in Hamburg verteilt haben und es für alle Gesundheitsämter zur normalen Routine gehört, dass sporadisch einzelne EHEC- bzw. HUS-Fälle auftreten, erweckt nicht jeder erste gemeldete EHEC- oder HUS-Fall den Eindruck, hier könne es sich um den Beginn eines ungewöhnlichen Ereignisses handeln. Die Freie und Hansestadt Hamburg ist zwar eine Einheitsgemeinde, Verwaltungsaufgaben werden aber in erheblichem Umfang dezentral in den sieben Bezirken wahrgenommen. Jeder Bezirk verfügt über ein Gesundheitsamt, das wesentliche Aufgaben des Öffentlichen Gesundheitsdienstes (ÖGD) erfüllt.

Erst in der Gesamtschau war im Mai 2011 eine Häufung der Erkrankungsfälle zu erkennen. Hamburg war wegen seiner konzentrierten Versorgungskapazitäten prädestiniert dafür, eine Häufung bei den HUS-Fällen zu erkennen. Dies war möglich, da die Krankenhauskapazitäten innerhalb Hamburgs in einem Bezirk stark konzentriert sind.

So kam es, dass das Gesundheitsamt des betreffenden Bezirks am 19. Mai 2011 der Hamburger Landesgesundheitsbehörde (Behörde für Gesundheit und Verbraucherschutz) als zuständige Landesbehörde mitteilte, dass es eine ungewöhnliche Häufung von HUS-Behandlungsfällen im Universitätsklinikum Hamburg-Eppendorf gebe.

Zu diesem Zeitpunkt gab es bereits etwa 60 EHEC-Erkrankungsfälle, die dann im weiteren Verlauf zum Teil ein hämolytisch-urämisches Syndrom (HUS) entwickelten.

Hamburg hat unverzüglich das etablierte Krisenmanagement aktiviert und den EHEC-Ausbruch dann auch zum frühestmöglichen Zeitpunkt bundesweit bekannt gemacht.

Obwohl es keine Versäumnisse gab, zeigt der Verlauf aber auch, dass die Erkrankungswelle zum Zeitpunkt des Bekanntwerdens schon sehr weit fortgeschritten war. In der Woche vom 16.–22.5.2011, als der Hamburger Alarm ausgelöst wurde, ging nur eine einzige HUS-Meldung im Robert-Koch-Institut (RKI) ein, zu wenig, um hieraus ein Ausbruchssignal abzuleiten.

In der Woche nach der Alarmierung, also vom 23.–29.5.2011, kam die Meldewelle dann im RKI an, da liefen die Maßnahmen vor Ort in Hamburg aber schon auf Hochtouren. Hintergrund dieser Verzögerung war die wöchentliche Taktung der Meldekette vom Bezirk zum Land und dann zum Bund.

Inzwischen hat eine Gesetzesänderung stattgefunden und derartige Daten werden täglich an das RKI weitergeleitet.

Festzuhalten ist, dass

- der EHEC-Ausbruch schwerpunktmäßig und großflächig den norddeutschen Raum erfasste,
- Hamburg bei den ersten Anzeichen einer HUS-Häufung in den Hamburger Krankenhäusern den Bund alarmiert hat (das RKI) und
- das reguläre Meldewesen zu diesem Zeitpunkt noch kein Ausbruchssignal auf Bundesebene generierte und eine Alarmierung auf diesem Wege nur mit einem gewissen Zeitverzug funktioniert hätte.

Zurück zum Verlauf: Krisenmanagement durch Kooperation

Bereits am 20. Mai 2011 traf die Berliner Task-Force des RKI in Hamburg ein und nahm sofort ihre Arbeit auf. An diesem Tag war die Infektionswelle zum größten Teil schon abgelaufen, die Erkrankungswelle stand kurz vor ihrem Höhepunkt und die Welle der Meldungen an die bezirklichen Gesundheitsämter stand gerade am Anfang.

Die zuständige Hamburger Landesgesundheitsbehörde hat unverzüglich nach Bekanntwerden der Infektionshäufung die entsprechenden Strukturen zu etabliert und einen regelmäßigen, zunächst täglichen Austausch im Rahmen von Krisensitzungen in der Landesgesundheitsbehörde eingerichtet, in dem sich alle Beteiligten auf den aktuellen Sachstand gebracht haben, um einen etwaigen Zeitverzug zu vermeiden.

Eingesetzt wurde nach kurzer Zeit auch eine behördeninterne Task Force der beteiligten Fachbereiche Infektionsschutz und Verbraucherschutz, die für eine kritische Herangehensweise sorgte.

Ein besonders wichtiges, aber auch herausforderndes Element waren tägliche Telefonkontakte zwischen dem Bereich des gesundheitlichen Katastrophenschutzes der Landesgesundheitsbehörde und den Krankenhausleitungen mit festem Ansprechpartner (auch am Wochenende) über den aktuellen Belegungsstand und ggf. freie Behandlungskapazitäten, die für eine vertrauensvolle und offene Zusammenarbeit gesorgt haben.

Angesichts stark steigender Patientenzahlen in den ersten Tagen des Ausbruchs waren die Hamburger Krankenhäuser besonders gefordert.

Ohne Vorwarnung füllten sich die Aufnahmebereiche der Hamburger Notfallkrankenhäuser zusehends mit Patienten, die mit einer noch nicht bestätigten Verdachtsdiagnose eher vorsorglich aufgenommen wurden, aber auch mit solchen Patienten, die bereits deutliche Krankheitssymptome aufwiesen und deren gesundheitlicher Zustand sich schnell dramatisch verschlechterte.

Gerade diese Patienten forderten die Krankenhäuser im Besonderen, da in größerem Umfang Dialysen durchgeführt werden mussten und vielfach sogar eine intensivmedizinische Betreuung notwendig wurde.

Das führte dazu, dass zeitweise Zentrale Notaufnahmen der Krankenhäuser für die reguläre Versorgung nicht zur Verfügung standen und deren Patienten von anderen

Krankenhäusern in Absprache zwischen den Beteiligten aufgefangen werden mussten.

Es gab sechs Hamburger Plankrankenhäuser, in denen die Mehrzahl der Erkrankten versorgt wurde. Die Mitarbeiterinnen und Mitarbeitern dieser Krankenhäuser waren besonders gefordert und haben sich extrem tatkräftig für die Bewältigung der für alle Beteiligten schwierigen Situation eingesetzt.

Derartige Belastungssituationen erforderten einerseits ein wirkungsvolles interdisziplinäres Zusammenarbeiten aller Fachgruppen und andererseits ein Höchstmaß an persönlichem Engagement, das von jedem einzelnen von Ihnen aufgebracht wurde. Die Mitarbeiter der Krankenhäuser haben weit über die reguläre Arbeitszeit hinaus und unter Zurückstellung persönlicher Interessen, vielfach auch persönlicher Verpflichtungen, zusätzliche Dienste geleistet, um die Patienten optimal zu versorgen.

Für Patienten, die an der besonders schweren Ausprägung der EHEC-Infektion, dem hämolytisch-urämischen-Syndrom (HUS) litten und deren Nierenfunktion stark beeinträchtigt war, wurden in kurzer Zeit viele Dialyseplätze benötigt.

Hier stießen auch die gut ausgestatteten Hamburger Krankenhäuser an die Grenzen ihrer apparativen Leistungsfähigkeit.

Aufgrund der guten Vernetzung zwischen der stationären und der ambulanten Versorgung bekamen die Krankenhäuser kurzfristig Unterstützung durch die Hamburger Dialysepraxen. Diese stellten entsprechenden Fachpersonals. für die Plasmapherese und Dialyse zur Verfügung. Zusätzlich benötigte Geräte konnten kurzfristig organisiert werden.

Zudem haben die nicht an der Betreuung von EHEC- bzw. HUS-Patienten unmittelbar beteiligten Krankenhäuser unkonventionell durch die Überlassung von Personal und die Übernahme der Notfallversorgung einen wesentlichen Beitrag zum Erhalt der gesundheitlichen Versorgung in Hamburg geleistet.

Auch über Hamburgs Grenzen hinaus funktionierte die Kooperation mit anderen Krankenhäusern hervorragend.

Da in den Nachbarländern Niedersachsen und Schleswig-Holstein teilweise erheblich weniger Erkrankte zu verzeichnen waren, erfolgte die Verlegung von mehreren insbesondere dialysepflichtigen Patienten schnell und unbürokratisch.

Die erforderlichen Notfalltransporte in die Krankenhäuser wurden von der Feuerwehr Hamburg und den Hamburger Rettungsdiensten geleistet. Auch sie waren besonders beansprucht und mussten flexibel auf die diversen, nicht kalkulierbaren Teilsperrungen der Notaufnahmen der im großen Umfang beteiligten Krankenhäuser reagieren.

Das galt in gleichem Sinn für die niedergelassenen Ärzte. Sie werden bei derartigem Ausbruchsgeschehen in der Regel als erste mit vielfach noch unspezifischen Krankheitssymptomen konfrontiert.

Ihnen kam die wichtige Rolle zu, die richtige Diagnose zu stellen und die notwendigen Therapieschritte festzulegen. Mit Sorgfalt und Bedacht muss die teilweise sicherlich nicht leicht zu treffende Entscheidung vorgenommen werden, ob eine stationäre Einweisung erforderlich ist. Dies ist ihnen sehr gut gelungen, da ein Zusammenbruch des stationären Bereiches zu keinem Zeitpunkt drohte und selbst im Lichte des teilweise schweren Verlaufs der Erkrankung nur wenige Todesfälle zu beklagen waren.

Das ist auch ein Verdienst der medizinischen Untersuchungslabore, die schnell und zuverlässig Auskunft darüber gaben, ob die Erkrankung auf EHEC-Bakterien zurückzuführen war und ob zudem ein gefährlicher Subtyp vorlag, der für die Ausbildung des HU-Syndroms verantwortlich ist.

Auf dieser Grundlage konnte umgehend mit der richtigen Therapie begonnen werden. Die Labore haben bis an die Grenze der Belastbarkeit Untersuchungen durchgeführt und Diagnosen gestellt.

In diesem Zusammenhang wurde erneut deutlich, dass es einen großen Vorteil bedeutet mit dem Institut für Hygiene und Umwelt in Hamburg über ein »staatliches Labor« zu verfügen.

Bei der Ermittlung der Ursachen für den Ausbruch kam dem Öffentlichen Gesundheitsdienst und dem Verbraucherschutz eine zentrale Bedeutung zu. Diese Ermittlungstätigkeit erfordert viel Erfahrung und Fingerspitzengefühl, insbesondere im Umgang mit Patienten und deren Angehörigen.

Zu Recht erwarten die Bürger, dass eine staatliche Institution in einer solchen Situation aktiv mit allen zur Verfügung stehenden Mitteln dafür arbeitet, die Infektionsquelle aufzuklären und einzudämmen. Hierin lag die eigentliche Schwierigkeit, da zwar der Erreger bekannt war, jedoch nicht die Infektionsquelle. Bei vorangegangenen EHEC-Infektionen konnte diese gar nicht gefunden werden.

Bei dem EHEC-Ausbruch im Mai 2011 wurde rasch deutlich, dass Lebensmittel bei der Übertragung die maßgebliche Rolle spielen. Daher war nicht nur der medizinische Bereich des Öffentlichen Gesundheitsdienstes, sondern auch der gesundheitliche Verbraucherschutz erheblich gefordert.

Die Suche nach der Infektionsquelle glich der berühmten Suche nach der Nadel im Heuhaufen.

Die Mitarbeiter der Verbraucherschutzämter, der Fachbehörde sowie des Hamburger Instituts für Hygiene und Umwelt haben viele hundert Lebensmittelproben – wie es im Fachjargon heißt – »gezogen« und Untersuchungen durchgeführt.

Das Spektrum der Untersuchungen war dabei ungemein vielfältig. Es reichte von der Untersuchung noch vorhandener Lebensmittel im Haushalt der Erkrankten über Lebensmittel in Kantinen und Restaurants, die kurz vor Ausbruch der Erkrankung verzehrt wurden, bis hin zu Kontrollen in den Läden und auf dem Hamburger Großmarkt. In enger Abstimmung mit den zuständigen Bundesbehörden und mit Unterstützung der Hamburger Polizei erfolgte eine nahezu detektivische Ermittlungsarbeit.

Bereits nach wenigen Tagen führte das zu dem viel beachteten Ergebnis, dass EHEC-Erreger auf Salatgurken nachgewiesen werden konnten. Kurze Zeit später stellte sich durch weitere Analyseschritte heraus, dass es sich dabei nicht um den gleichen Subtyp des Krankheitserregers handelte, der für den EHEC-Ausbruch verantwortlich war. Aber es war sicher richtig, die Öffentlichkeit umgehend zu warnen.

Sehr schnell wurde im weiteren Verlauf klar, dass klassische Vehikel, wie z. B. Rohmilch oder Fleisch, wohl keine Rolle spielen würden.

Am Anfang gab es zunächst die Schwierigkeit, dass in den Gesundheitsämtern kein speziell für diese Situation passender Fragebogen für die Gespräche mit den Bürgerinnen und Bürgern zur Verfügung stand. Verwendet wurde daher zunächst ein Fragebogen, der kurze Zeit zuvor im Rahmen eines EHEC-Ausbruchs bei Kindern angewandt wurde.

Parallel dazu führte die RKI-Task-Force Befragungen bei HUS-Erkrankten im Krankenhaus durch. Nach und nach wurden die Befragungen spezifischer und aussagekräftiger.

Auch bei Herstellern von Lebensmitteln wurde eine Vielzahl von Beprobungen durchgeführt. Dabei gelang es sogar, einzelne EHEC-Erreger nachzuweisen, aber der Ausbruchskeim O104:H4 wurde hier nicht gefunden. Hier zeigte sich die auch die Schwierigkeit des Keimnachweises, auch vor dem Hintergrund des zeitlichen Verzugs.

Das Hamburger Institut für Hygiene und Umwelt hatte mit seinen engagierten Mitarbeiterinnen und Mitarbeitern maßgeblichen Anteil an der Detektivarbeit; an der Aufklärung der EHEC-Epidemie waren im Institut mehr als 50 Personen beteiligt, von der Infektionsepidemiologie über die mikrobiologische Diagnostik beim Menschen bis hin zu den Lebensmitteluntersuchungen.

Der Verzicht der Bevölkerung auf Salat und rohes Gemüse führte in der 3. Woche des Ausbruchs zu einem Rückgang von Neuerkrankungen. Die Konzentration der Ermittlung auf den Verzehr von Rohkost und die gezielte Untersuchung von Salat und Gemüse haben letztlich zu den später identifizierten Sprossen als Infektionsquelle geführt. Sie werden in aller Regel in rohem Zustand als Beilage zu anderen Nahrungsmitteln verzehrt. Ein gravierendes Problem war hierbei, dass sich die Erkrankten nicht daran erinnerten, die Sprossen verzehrt zu haben.

Auch wenn es labordiagnostisch keinen absolut schlüssigen Nachweis dafür gegeben hat, dass Sprossen der eigentliche Auslöser für die EHEC-Epidemie waren, ließen alle Ermittlungsergebnisse zusammengenommen keinen anderen Schluss zu.

Auch die Hamburger Bevölkerung hat sich intensiv an der Ermittlung der Ursachenquelle beteiligt. In zahlreichen Anrufen, E-Mails und Briefen wurden Hinweise gegeben, die für die Arbeit des Öffentlichen Gesundheitsdienstes sehr unterstützend waren.

Besonders positiv hat sich der Telefonische Hamburg-Service bewährt, der sehr kurzfristig die Funktion einer Hotline übernommen hat und sozusagen an vorderster Front den Anruferinnen und Anrufern Hilfestellung leistete, aber ihnen auch beruhigend zur Seite stand.

Finanzierung der Leistungen der Krankenhäuser

Erwähnt werden muss in diesem Zusammenhang das Engagement der Leitungen der stark betroffenen Krankenhäuser, die mit großem Verantwortungsbewusstsein den Blick auf die optimale Versorgung der Patienten gerichtet und nicht zuerst an die Finanzierung gedacht haben.

Die Finanzierung musste gleichwohl geregelt werden, damit die Krankenhäuser sich in vergleichbaren Situationen auch zukünftig auf die akut erforderlichen medizinischen und organisatorischen Maßnahmen konzentrieren können, ohne finanziell in eine Notlage zu geraten.

Erreicht werden konnte in einer beispielhaften Initiative der Hamburger Krankenkassen, dass die betroffenen Hamburger Krankenhäuser unterstützt wurden und »pragmatische Lösungen« für die Budgetfolgen gefunden werden konnten. Das war wichtig, damit besonders belastete Krankenhäuser für das, was in dieser außergewöhnlichen Situation erforderlich war, nicht finanziell bestraft wurden.

Zusammenfassung

Die positive Erfahrung war, dass Hamburg durch die Pandemie 2009 über funktionierende Kommunikations- und Kooperationsstrukturen verfügte und dass diese gut »eingeübt« waren.

Das Robert-Koch-Institut wurde sofort informiert und war bereits am zweiten Tag nach der Mitteilung über das gehäufte Auftreten von Erkrankungen mit dem EHEC-Erreger in Hamburg vor Ort und hat die Ermittlungstätigkeit der Gesundheitsämter gezielt unterstützt.

Das Bundesamt für Verbraucherschutz und Lebensmittelsicherheit sowie das Bundesinstitut für Risikobewertung haben ihre wissenschaftliche Expertise ebenfalls frühzeitig in die Tätigkeit des Verbraucherschutzes eingebracht und damit maßgeblich zur erfolgreichen Zusammenarbeit zwischen Bund und Ländern beigetragen.

In Hamburg hatte damit die gerade in 2011 neu gegründete Gesundheits- und Verbraucherschutzbehörde ihre Bewährungsprobe bestanden. Das hat maßgeblich zum Vertrauen der Bevölkerung in Verbraucherschutz und Gesundheitspolitik angesichts der EHEC-Krise geführt.

Hierzu gehörte innerhalb der Verwaltung:

- Tägliche Lagebesprechungen und Bildung einer Task-Force auf Landesebene,
- Übergreifend für Gesundheitsschutz und Lebensmittelaufsicht und unter Einbeziehung der Gesundheitsämter, anschließende Telefonschaltkonferenz der Gesundheitsämter und im jeweiligen Gesundheitsamt nachfolgend eine interne Lagebesprechung.
- Tägliche Telefonate zwischen der Krankenhausplanungsbehörde und den Krankenhausleitungen (auch am Wochenende) über den aktuellen Belegungsstand und ggf. freie Behandlungskapazitäten sorgten für eine vertrauensvolle und offene Zusammenarbeit.

Der Wachsamkeit eines Hamburger Gesundheitsamtes ist es zu verdanken, dass die Task-Force des Bundes nach Bekanntwerden der ersten Hinweise unverzüglich herbeigerufen werden konnte. Die Ermittlungsmaßnahmen von Bund und Ländern kamen zunächst parallel in Gang und wurden im weiteren Verlauf miteinander verknüpft.

Die in der Pandemie eingeübten Kommunikationsstrukturen haben sich segensreich ausgewirkt. Hierdurch gelang es, eine stabile und effektive Kommunikation und Kooperation »aus dem Stand heraus« zu aktivieren.

Die eingespielte Kooperation zwischen Gesundheitsämtern und den Lebensmittelaufsichtsbehörden auf der einen Seite und mit den Akteuren im Gesundheitswesen (Kassenärztliche Vereinigung mit niedergelassenen Ärzten, Notdiensten, Er und Krankenhäusern) auf der anderen Seite erwies sich auch im Krisenfall als hinreichend belastbar.

Bewährt hat sich, dass die Gesundheitsämter keine eigene Öffentlichkeitsarbeit durchführten, das hätte unweigerlich zu einer kontraproduktiven »Vielstimmigkeit« geführt. Nur durch die Kommunikation »mit einer Stimme« lässt sich eine konsistente und verständliche Risiko-Kommunikation gegenüber der Presse bzw. mit den Bürgerinnen und Bürgern realisieren und durchhalten.

Sehr hilfreich war die Einbeziehung des zentralen Behörden-Call-Centers »Hamburg-Service«, leicht erreichbar über die zentrale Nummer »115«. Diese Nummer lässt sich leicht einprägen und diese Informations-Schiene lässt sich auch effektiv in der Öffentlichkeit kommunizieren.

Stichwortverzeichnis

A

Abschnittsführer 219
Absperrmaßnahmen 94, 217, 220
Absprache 96, 104, 217–218, 230, 242, 268, 272, 275, 292, 296–297
Abstimmung 226
Abwehrender Brandschutz 156–157
Aktionismus 140
Akute Gefahrensituationen 213
Alarm-, Verständigungs- und Evakuierungsplan (AVEP) 280
Alarmierung 43, 47, 62, 84, 90, 96, 104, 109–110, 130, 132, 134, 141, 152, 156–157, 159, 161, 163, 166–169, 242–243, 250, 255, 259, 268, 294, 296
Alarmierungsstufe 282
Alarmierungsübung 106, 108
Alarmierungszeit 210
Alarmplan 135
Alarmplanung 135
Alarmstufen 95–96, 163, 181
Allgemeine Aufbauorganisation 219
Amok 218, 292
Amts- und Vollzugshilfe 221
Anerkennung 120–121
Angst- und Panikreaktion 254
Anlagentechnischer Brandschutz 156
Antriebsstörung 253
Arbeiter Samariter Bund (ASB) 209
Arbeitsgruppe 228
Arbeitsgruppe Krankenhausalarmplanung 134
Ärztlicher Leiter 205
Assistenzteam 141
Aufklärung 34, 117, 220, 298
Aufnahmekapazitäten 226
Auftragsblätter 133, 136
Aufzüge 103, 237, 244–245, 250, 262, 269–271
Augenhöhe 123–124
Ausbruchmanagement 123–125

B

Babynotarztwagen 205
Bauliche Maßnahmen 214
Baulicher Brandschutz 156
Bauordnung 79
BBK 233
Beatmungsgerät, Ausfall des 251
Beauftragter für Gefahrenlagen 130, 136
Bedrohliche Lagen 171, 267
Bedrohung 140, 166, 170–171, 217, 222, 266–267, 271, 295
Bedrohungslage 139, 218, 226
Begehung 214
Behandlungskapazität 210
Behandlungsplatz 170, 207, 211
Behörde 41, 112–113, 219, 221, 230, 232, 234, 291, 295
Belüftung 260
Beobachter 106, 108–110, 112–113
Bereitstellungsraum 273
Berufsfeuerwehr 213
Besondere Aufbauorganisation 219
Betrieblicher Brandschutz 156
Bettennachweis 61, 292
– IVENA 226
Bevölkerungsschutz 73
Bewältigung 29, 42, 46–47, 56, 58, 63–64, 72–73, 76, 78, 83, 89, 96, 102–104, 107, 113, 129–130, 137, 140, 142, 145, 162, 164, 189, 207, 215, 219, 224, 227, 233, 266–267, 283, 290–291, 297
Bilanzkreismanagementsystem 286
Blended Learning 127
Blockheizkraftwerke 289
Bombendrohung 267
Brand 29–30, 42, 58, 67, 82–83, 95, 97, 141, 148–151, 153, 157, 159–160, 187, 191, 201, 213–214, 216, 221–223, 232, 236–240, 248, 259, 262, 268, 279, 281–284
Brandabschnitte 94–95, 237, 242, 249–250, 255, 258
Brandalarm 282
Brandbekämpfung 213, 223, 240, 250, 280
Brandereignis 147, 150, 280, 285

Brandfall   76, 94, 147, 153, 158, 160, 237, 255, 260–261, 269, 272–273
Brandgefahr   213
Brandmeldeanlage   152, 156, 159, 168, 238, 257, 280
Brandrisiken   150–151
Brandschutz   36, 42, 62, 79, 88, 152, 155–156, 158, 160, 176, 213, 223, 226, 237–238, 274
Brandschutz-, Feuerwehr- oder Hilfeleistungsgesetzen   213
Brandschutzdienststelle   156
Brandschutzhelfer   152, 156
Brandschutzkonzept   155, 158–159, 283
Brandschutzschulung   151–152
Brandschutzunterweisung   258
Brandschutzzelle   157
Brandschutzziele   153
Brandursache   150–151, 217, 280
Bundesamtes für Bevölkerungsschutz und Katastrophenhilfe   232
Bundesärztekammer   204
Bundesgesundheitsministerium   225, 229
Bundesinfektionsschutzgesetz   225
Bundesländer   26, 40, 72–73, 155, 218, 228–229
Bundesnetzagentur   286
Bürgertelefon   103, 187

C

Chaosphase   107, 141
Checklisten   36, 62, 100, 107–108, 110–111, 132, 138, 181, 191, 216–217
Coaching   127
Commitment   119–120, 125

D

Daseinsvorsorge   210
Dekontamination   100, 207–208, 211–212, 227
Demobilisierung   133
Desorientiertheit   253
Deutsche Lebensrettungsgesellschaft (DLRG)   209
Deutsches Rotes Kreuz (DRK)   209
Development-Center   127
Diebstahl   246
Dienstgruppenleiter   219
Dissoziation   254
Dokumentation   259–260
Drastik   194
Dynamik   85, 138, 141

E

Ehrenamtliche Helfer   209
Einsatzorganisation   142
Einsatzplanung   31, 42, 44, 47, 61, 72, 76, 78–80, 87, 89–91, 93, 103–104, 138–139, 142, 161, 210, 214, 261, 265–267
Einsatztagebuch   98
Einsatzvorbereitung   133, 210
Einsatzwesten   100, 102
Eintrittswahrscheinlichkeit   194
Einwirkungsmöglichkeiten   218
Entscheidungsfähigkeit   87, 124, 138
Entscheidungsträger   169, 219
Entwicklungsarbeit   285
Epidemie   226
Epidemiologisches Ereignis   225
Erdbeben   232
Erfahrungswissen   234
Ermessen   215, 280–282
Ersatznotaufnahme   208
Erstmeldung   218
Erstversorgungskliniken   170
Evakuierung   36, 46, 94–95, 108, 141, 143, 153, 157–160, 214, 217, 236–238, 240–252, 254–263, 268–274, 280, 282, 287
Evakuierungshelfer   242
Evakuierungskonzept   140, 159, 255
Evakuierungspläne   90, 93–94, 225, 258
Evakuierungsstühle   260
Evakuierungstücher   260–261
Evakuierungswege   94, 105, 261–262
Explosion   82, 97, 139, 214
Externe Schadenslage   169

F

Fachgesellschaften   226
FAQ-Katalog   194
Feuer   23, 30, 43, 47, 49, 61–62, 83, 94–95, 97, 100, 103, 106–107, 110–113, 126, 131–135, 138, 143, 148–149, 151–154, 156–160, 162, 171, 176–177, 208, 211–214, 217, 219–223, 230, 232–233, 238–240, 243, 247, 249–251, 255, 260, 266, 269, 272–273, 279–283, 285, 293–294, 297
Feuerwehr   23, 30, 43, 47, 49, 61–62, 94–95, 97, 100, 103, 106–107, 110–113, 131–135, 138, 143, 148–149, 152–154, 156–157, 159–160, 162, 171, 208, 211–214, 217, 219–223, 230, 232–233, 238, 240, 243, 247, 249–251, 255, 260, 266, 269, 272–273, 279–283, 285, 293–294, 297

Feuerwehr-Dienstvorschrift 100   131
Fluchthauben   260
Fluchttreppenräume   260
Föderales System   223
Forensische Patienten   257, 259
Fortbildung   31, 33, 57, 127, 247, 283
Freiheitsbeschränkende Maßnahmen   254
Freiwillige Feuerwehr   213
Frühphase   135
Führen mit Auftrag   126
Führung   28, 47, 66, 87, 90, 97, 115, 117–119, 121–127, 129–132, 134–135, 142, 144–145, 156, 160, 212, 218–219, 242, 262, 281–282, 290
Führung der Polizei   218
Führungsarbeit   98, 105, 118, 126
Führungskonzepte   129
Führungskultur   115
Führungsmittel   135
Führungsorganisation   225
Führungsstruktur   142, 227
Funktionalität   208
Fußballweltmeisterschaft   226

G

Gefahr   33, 45, 64, 111, 136, 149, 155, 157–160, 185, 192, 198, 215–216, 222, 225, 234, 241–242, 246, 256, 269, 273, 280, 286
Gefährdung   73, 135, 140, 142, 151, 170, 198, 207–208, 236, 238, 240, 249, 272, 276, 279
Gefährdungsbeurteilung   124
Gefahrenabwehr   35, 40, 44, 72, 88, 100, 103, 125, 206, 210, 213–214, 220, 223–224, 236, 240, 242
Gefahrenabwehrbehörde   103, 223–225
Gefahrenlage   131, 157, 208, 216, 227, 239, 285
Gefahrenschwerpunkte   150, 152
Gefahrensituation   216, 218, 220, 238, 264
Geiselnahme   30, 83, 217–218
Gesamteinsatzleitung   214
Gesamtstaatliche Verantwortung   72
Geschäftsführer   80, 89, 116, 185, 278
Gesetzgebung   27, 39
Gesundheitsamt   36, 61–62, 97, 103, 124–125, 138, 225, 228–231, 295, 300
Gewaltanwendungen   218
Grippewelle   225
Großraumrettungswagen (GRTW)   205
Großschadenslage   205
Großveranstaltungen   210

H

Haftung   33–34, 50
Hamburger Modell   113
Hämostyptika   100
Handbuch Krankenhausalarm- und Einsatzplanung   76
Händedesinfektion   116–117
Handlungsanweisungen   63, 90, 92, 99–100, 104–105, 107–108, 115, 138, 145, 156, 160
Handlungsfähigkeit   45, 74, 109, 124, 138, 142, 170
Handlungsunfähigkeit   218
Hausfriedensbruch   215, 221
Hausrecht   131, 222
Hessisches Sozialministerium   89, 131–132
Hilfsfrist   206, 283
Hilfsfrist der Feuerwehr   153
Hilfsorganisationen   47, 49, 61–62, 86, 103, 166, 205, 208–211, 224, 244, 259–261, 268
Hoheitliche Aufgabe   213
Horizontale Evakuierung   255
Hospital Incident Command System   132
Humanpathogener Erreger   225
Hygieneplan   124–125

I

Identifizierung   273
Image   192
Imageenttäuschung   192
Impulskontrollstörung   253
Indikator   66, 177
Infektionsprävention   115
Infektionstransportwagen   205
Informationen   29, 33, 36, 69, 76, 102, 108–111, 123–125, 138, 140–141, 143–144, 162, 166, 168, 170, 174, 178, 180–181, 183, 185, 188, 193, 195, 199–202, 218, 220, 222, 231, 244, 246–247, 271, 273–274, 278, 280–281
Informationsaustausch   227
Infrastruktur   137
Inselbetrieb   289
Intensivstation   29, 66, 95, 116, 149, 159–160, 248–250, 263, 269, 283
Intensivtransportfahrzeug   211
Intensivtransporthubschrauber   205
Intensivtransportwagen   205
Internationale Gesundheitsvorschriften   229
Interne Kommunikation   282
Interne Schadenslage   169
Interorganisationale Kooperation   143
Interorganisationale Zusammenarbeit   143
Interventionszeitpunkt   197

Intoxikation 253
Issues Management 192

J

Johanniter Unfallhilfe (JUH) 209

K

Kampfmittelspürhunde 268
Kapazität 208
Katastrophe 224
Katastrophenabwehrpläne 225
Katastrophenfall 224
Katastrophenschutz 23, 27, 40, 42–44, 56–58, 60, 62, 72–73, 79, 112, 209, 224, 226, 230–231, 249, 290
Katastrophenschutzbehörde 209
Katecholamine 251
Klinikevakuierung 268
Ko-Arzt 282–283
Kohortenisolation 226
Kollegiale Beratung 127
Kommunalverfassung 224
Kommunikation 23, 29, 32–33, 36–37, 84, 89–90, 93–95, 106–107, 109–110, 113, 115, 122–123, 130–132, 135–136, 140, 143, 145, 156, 160, 166–167, 176–177, 179–180, 184–189, 192–193, 195, 198–199, 219, 222, 227, 229, 244, 246, 249, 264, 273, 275, 278, 282, 285, 289, 300
Kommunikationsstruktur 226
Kommunikationswege 227
Kompetenzschutz 140, 142
Komplexität 30, 79, 93, 129, 138
Kontrollverlust 142
Konzept 226
Koordinierende Klinikeinsatzleitung 133, 280
Koordinierender Arzt (Ko-Arzt) 133, 268
Ko-Pflege 283
Körperliche Beeinträchtigungen 253
Körperverletzung 34, 215
Ko-Technik 283
Krankenbeförderung 210
Krankenhausalarm- und Einsatzplan 205
Krankenhausalarm- und Einsatzplanung 44, 47, 72, 76, 79–80, 83, 86, 88–91, 93, 103–104, 114, 138, 208–209, 211–212, 228, 261, 265–266
Krankenhaus-Alarmplanung 134
Krankenhauseinsatzleitung (KEL) 61, 85, 90, 92, 95–98, 102–104, 106, 108–109, 112, 129–130, 132, 134–135, 138, 140–141, 143, 145, 167, 208, 214, 261, 278, 288, 294

Krankenhauseinsatzübungen 44
Krankenhausentgeltgesetz 39
Krankenhausentscheidungsträger 130, 132, 134
Krankenhausfinanzierungsgesetz 39
Krankenhausgesetz 233
Krankenhausgesetzgebung 40
Krankenhausinterne Prozesse 214
Krankenhausinvestitionen 40
Krankenhausleitung 33, 62, 70, 78–80, 85–86, 88, 109, 123–124, 127, 162, 214–220, 222
Krankenkassen 40–41, 274, 299
Krankenkraftwagen 210
Krefelder Modell 133
Kreisbrandinspektor 224
Kreisbrandmeister 224
Kreise 224
Kreiswehrführer 224
Krise 29, 36, 64, 70, 72–74, 89, 104, 108, 113, 115, 118, 123–125, 129, 132, 137–139, 141, 143, 169, 171–172, 174–175, 178–189, 191–193, 198, 203, 209, 300
Krisenmanagement 28–29, 35–37, 63–64, 70–72, 74, 76, 89, 107, 115, 130, 137, 139–140, 145, 175, 180, 294–296
Krisenprävention 118–123, 126
Krisensituation 283
Kritische Infrastruktur 23, 25, 64, 72–73, 286

L

Lagebesprechung 109, 300
Lageskizzen 218
Länder 24, 27, 35, 39, 44, 50, 56–57, 63, 73, 78, 210–211, 213, 215, 223, 225–226, 230, 233, 241–242, 286, 290–292
Landeskrankenhausgesetz 27, 35, 43
Landrat 224
Latenzphase 192
Laterale Führung 127
Leadership 115, 118
Legalitätsprinzip 27, 215
Leistungsbereitschaft 120–121
Leistungsmotivation 120
Leitender Notarzt (LNA)« 205
Leiter Krankenhausalarm- und Einsatzplanung (Leiter KAEP) 91
Lokal begrenzte Ereignisse 137

M

Malteser Hilfsdienst (MHD) 209
Management von Ausbrüchen 115
MANV 140, 205
Markenwert 192

Masern 231
Massenanfall von Verletzten (MANV) 31
Materialpaket 227
Medikamente 254, 257
Medikamentenversorgung 260
Medizinischen Task Forces (MTF) 211
Menschenbild 119
Mitarbeitertreffpunkt 90, 96–97, 103

N

Netzersatzanlage (NEA) 286
Netzwerk 68, 113–114, 276
Nichtstaatliche Organisationen 209
Non-Governmental-Organization (NGO) 209
Nosokomiale Infektionen 115
Notarzt 204
Notarztbörsen 205
Notarzteinsatzfahrzeug (NEF) 204, 210
Notarztwagen (NAW) 204, 211
Notaufnahme 169
Notfall 37, 63, 115, 123, 130, 133, 137–139, 143, 145, 169, 172, 187, 203, 233, 256, 290
Notfall-Dokumentations-Set 172
Notfallplan 97, 138, 294
Notfallplanung 138, 232
Notfallrettung 210
Notfallsanitäter 204, 210
Notfallversorgung 43, 102–103, 145–146, 294, 297
Notfallwagen 100
Notstromanlage 286
Notstromversorgung 238, 251
Notunterkünfte 258–259

O

Öffentliche Daseinsvorsorge 204
Öffentliche Gesundheit 229
Öffentlicher Gesundheitsdienst (ÖGD) 228–229
Öffentliches Gesundheitswesen 230
Öffentlichkeitsarbeit 98, 102, 115–116, 124, 130, 142–143, 201–202, 273, 300
Offizialdelikt 215
ÖGD 228
Operativ-taktische Ebene 283
Operativ-taktische Leitungsaufgaben 133
Organisationsentwicklung 127
Organisationskultur 143
Organisatorischer Leiter Rettungsdienst (OrgL) 205
Örtliche Feuerwehr 213
O-Töne 197

P

Panik 144
Paradoxe Verhaltensweisen 254
Patientenablagen 211
Patientendokumentationen 260
Patientenverteilung 226
PDCA-Zyklus 80, 92
Personal 280, 283, 285
Pflichtfeuerwehr 213
Planentscheidungen 219, 222
Planung 25, 29, 32, 36, 41, 48, 62, 73–74, 78, 81, 83, 90, 104, 108, 113, 134, 136–139, 141, 143, 145, 155–156, 205, 207–208, 217, 221, 223, 225, 232–234, 237, 241–242, 244–246, 252, 258, 266, 288
Planungsaktivitäten 214
Polizei 23, 30, 62, 97–98, 103, 107, 110, 112–113, 131–132, 134–135, 138, 143, 171, 214–222, 225, 246–247, 255–256, 266, 268–270, 273–274, 279–280, 298
Polizeibehörde 84, 133, 219
Polizeiführer 219–220, 225, 271–272
Pressegespräch 197
Pressekonferenz 197
Pressemitteilung 197
Projektarbeit 89, 91, 133
Projektgruppe 44, 79, 87, 89–94, 97, 100, 103–104, 106–107
Psychiatrische Patienten 258, 260–261
Psychiatrische Störungsbilder 252
Psychose 253
Psycho-soziale Notfallversorgung 145

Q

Q 12 des Gallup-Instituts 121
Qualitätsmanagement 36, 70, 80, 88

R

Radioaktiver Stoff 214, 246
Rauchgasinhalation 149, 251
Rauchmelder 148–149, 250
Rauchschutzvorhänge 260
Raumordnung 206
Räumung 148, 153, 156–160, 214, 236–241, 245, 248, 250, 255, 257–260, 262, 280–283
Räumungskonzepte 157
Reaktive Statements 194
Realübung 136
Rechtliche Grundlagen 43, 153
Regelwerke 154–155

Resilienzanalyse 68, 70
Ressourcen 209–210
Ressourcenmanagement 90, 100
Ressourcenplanung 227
Rettungsassistent 204, 210
Rettungsdienst 23, 41–43, 61–63, 72, 94–95, 97, 100, 103, 106–107, 131, 170–173, 204–210, 217, 224–225, 227, 238, 240, 247, 255, 268, 273, 276, 280, 292
Rettungsdienstbedarfsplan 41, 204–205, 210
Rettungsdienstgesetz 210
Rettungsdienstzweckverband 204
Rettungshubschrauber (RTH) 204
Rettungskonzepte 157
Rettungsleitstelle 224
Rettungssanitäter 210
Rettungstücher 95, 105, 250, 260–261
Rettungswagen 204
Risikoanalyse 35, 61–62, 67, 74–75, 81–82, 86–87, 90, 92, 139, 163, 249, 252, 256
Risikomanagement 32–33, 35, 39, 67, 72, 74–76, 81, 88–89, 150–151, 193–194, 279
Risikomatrix 82, 92–93
Risikominimierung 72, 150–152
Robert-Koch-Institut 225, 228–229
Runderlass 41

S

Sammelplätze 62, 90, 94–95, 103
Sammelpunkt 171
Sanitätsdienstliche Versorgung 211
Schadensbewältigung 224
Schadensereignis 45, 85, 109–110, 170, 210, 214, 224, 226, 257, 266, 282
Schnittstellenkommunikation 131
Schulungen 36, 49, 81, 91, 95, 100, 104–106, 111, 113, 116–117, 127, 139–140, 177, 240, 242
Schutz 72–74, 77, 81, 102, 142, 145, 156, 159, 168, 170, 197, 214, 216–217, 223, 232, 253, 269, 291
Schutzzieldefinition 284
Schutzziele 35, 61, 81, 153–154, 208, 252
Schwachstellenuntersuchung 150
Schwarzstartfähigkeit 289
Sekundärkontamination 227
Selbst- und Fremdgefährdung 254
Selbsteinweiser 111, 144, 266
Selbstverantwortung 115, 122
Selbstverletzendes Verhalten 254
Selbstwirksamkeit 120
Sicherstellung 224
Sichtungskategorie 206
Sichtungsstelle 206

Sofortlagen 215
Spezial- oder Schnell-Einsatz-Gruppen (SEG) 211
Spezialkräfte 217–218, 269
Sprachregelung 194
Stabsarbeit 98, 104, 106, 132, 138, 141, 146
Stabsmäßige Aufgabenteilung 131
Stabsrahmenübung 108, 111
Störungsspezifische und individuelle Interventionen 254
Strafantrag 215, 221
Strategie 184, 207, 227, 279
Stress 110, 140–141, 144–146, 254, 257
Strukturelle Elemente der Frühphase 282
Stupor 254
Suchmaßnahmen 216, 222
Suizidversuch 254

T

Taktische Medizin 172
Technische Rettung 213
Technisches Hilfswerk 224
Terroranschlag 137, 206–207, 226–227, 249
Terrorgefahr 226
Terroristische Bedrohung 170
Terroristischer Anschlag 267
Themenmanagement 192
Ticketmodell 206
Ticketsystem 226
Tierseuche 225
Tit for Tat 119
Todesermittlungsverfahren 216
Tourniquets 100, 172–173
Train-the-Trainer 127
Transparenz 227
Treppenräume 258

U

Übungen 32, 42–44, 49, 63, 68–69, 80–81, 89, 91, 104, 106–107, 110, 112–114, 130, 136, 139, 145, 152, 173, 208, 214, 234, 240, 242, 247, 255, 262–263, 272–274, 282, 291
Übungsanweisung 108–109
Übungsauswertung 111
Übungsdurchführung 108, 110
Übungsplanung 108
Übungsverlauf 108–112
Übungsziel 107–109, 111–113
Umdenken 46–47
Unbestimmtheit 129, 138
Unternehmens- oder Produktimage 193

V

Verantwortung 117–125
Verantwortungszuschreibung 198
Verbindungspersonen 214
Verhandlungen 218
Verkehrsmaßnahmen 220
Verletztenanhängekarte 259
Verletztenmuster 110, 113
Verteilernetzbetreiber 286
Verteilungsschlüssel 226
Vertrauen 117–121, 124–126
Vertrauensverlust 192
Verwaltungsstab 224
Verwaltungsvorschriften 41, 57, 225
Verwundbarkeitsanalyse 65, 81–82
Verzerrte Realität 253
Vigilanzschulung 170
Vorsorge 26, 50, 52, 58, 61, 64, 70, 192–193, 236

W

Waffen 218
Wahrnehmungsstörungen 253
Werk- oder Betriebsfeuerwehr 214
Werkfeuerwehr 259
Wiederaufbau 64
Wiederausstattung des Rettungsdienstes 172
Wiederbestückung 227
Wissensmanagement 69, 123
Worried well 144

Z

Zeitdruck 29, 108, 140, 175, 242
Zentrale Notaufnahme 105–106, 275, 296
Zivilschutz 73, 209
Zusammenarbeit 30, 43–44, 47, 57, 76, 79, 103–104, 112, 124, 126, 130–131, 133, 143, 159, 208, 219–220, 222, 225–226, 232, 255, 260, 294, 296, 299–300
Zweckverband 224

von Eiff/Dodt/Brachmann/Niehues/
Fleischmann (Hrsg.)

Management der Notaufnahme

Patientenorientierung und optimale Ressourcennutzung als strategischer Erfolgsfaktor

2., überarbeitete und erweiterte Auflage 2017
562 Seiten, 171 Abb., 36 Tab. Kart.
€ 89,-
ISBN 978-3-17-023350-8

auch als EBOOK

Die Notaufnahme ist eine wichtige Organisationsdrehscheibe im Krankenhausbetrieb, da zwischen 30 und 70 % aller Patienten über die ZNA aufgenommen werden. Von daher ist ein patientenorientiertes, medizinisch effizientes und wirtschaftliches Management der Notaufnahme eine wesentliche Erfolgsvoraussetzung für die nachhaltige Wettbewerbsfähigkeit eines Krankenhauses. Die vorliegende überarbeitete und erweiterte 2. Auflage vermittelt wissenschaftlich fundiert und praxisorientiert, wie interdisziplinäre Notaufnahmen organisiert, gesteuert, personalwirtschaftlich geführt und in den Akutbetrieb integriert werden. Aspekte der Krankenhausfinanzierung, des Erlösmanagements und des Controlling finden ebenso Berücksichtigung wie Konzepte des Qualitäts- und Risikomanagements sowie rechtliche Besonderheiten der Arbeit in Notaufnahmen.

Prof. Dr. Dr. Wilfried von Eiff, Direktor des Center for Health Care Management and Regulation an der HHL Leipzig Graduate School of Management und Leiter des Centrums für Krankenhaus-Management, Münster. **Prof. Dr. Christoph Dodt**, Chefarzt Notfallzentrum Städtisches Klinikum München Bogenhausen.
Dr. Matthias Brachmann, Geschäftsführer der bcmed GmbH, Düsseldorf/Ulm.
Dr. Christopher Niehues, Geschäftsführer des Instituts für Management der Notfallversorgung und Krankenhausberater der HC&S AG – Healthcare Consulting & Services, Münster. **Dr. Thomas Fleischmann**, Chefarzt der Klinik für Interdisziplinäre Notfallmedizin des Westküstenklinikums Heide.

Leseproben und weitere Informationen unter www.kohlhammer.de

W. Kohlhammer GmbH
70549 Stuttgart

Kohlhammer